气体检测与计量

主　编　邓立三
主　审　闫国起　苗　瑜
　　　　李金陆　刘道栓

黄河水利出版社
·郑州·

内 容 提 要

本书介绍了气体检测基础知识、气体检测的量值溯源和传递、气体传感器技术以及气体检测仪器。在气体传感器技术中主要介绍了半导体型、催化燃烧型、电化学型、离子化检测型、热导型、红外线吸收型和顺磁型传感器技术；在气体检测仪器中介绍了可燃气体检测报警器、催化燃烧式甲烷测定器、光干涉式甲烷测定器、热导式氢分析器、催化燃烧型氢气检测仪、一氧化碳检测报警器、六氟化硫检漏仪、二氧化硫气体检测仪、硫化氢气体检测仪、化学发光法氮氧化物分析仪、甲醛气体检测仪、氧化锆氧分析器、原电池法气体氧分析器、电化学氧测定仪、顺磁式氧分析器、烟气分析仪、汽车排放气体测试仪、呼出气体酒精含量探测器。

本书可供城市燃气、石油、化工、煤炭、冶金、质检等行业中从事气体检测计量及气体检测仪器制造、检定、校准、维修的人员阅读参考。

图书在版编目(CIP)数据

气体检测与计量/邓立三主编. —郑州：黄河水利出版社，2009.11

ISBN 978-7-80734-738-5

Ⅰ.气…　Ⅱ.邓…　Ⅲ.①气体-检测②气体分析-计量
Ⅳ.O659　TB99

中国版本图书馆 CIP 数据核字(2009)第 189960 号

出 版 社：黄河水利出版社

地址：河南省郑州市顺河路黄委会综合楼 14 层　　邮政编码：450003

发行单位：黄河水利出版社

发行部电话：0371-66026940、66020550、66028024、66022620(传真)

E-mail：hhslcbs@126.com

承印单位：黄河水利委员会印刷厂

开本：787 mm×1 092 mm　1/16

印张：18.75

字数：433 千字　　印数：1—1 300

版次：2009 年 11 月第 1 版　　印次：2009 年 11 月第 1 次印刷

定价：55.00 元

前 言

目前，随着我国经济的飞速发展，城市化进程日益加快，人民生活条件得到充分改善，城市燃气迅速推广和普及，个人汽车拥有量急剧增加，形成对石油、化工、煤炭、冶金、能源和原材料的大量需求。人们在充分享受现代化舒适生活的同时，也正在饱尝大量的安全事故和环境恶化的苦果，煤矿瓦斯爆炸、天然气井喷、城市燃气泄漏爆炸、大气环境的破坏、汽车废气的污染、化学有毒有害气体的中毒、酒后驾车的交通事故、进入密闭空间的人员窒息等事故不断发生，每年发生的特别重大安全事故数和因安全事故死亡的人数之多，令人触目惊心。石油、化工、煤矿、道路交通、建筑、能源、危险化学品等领域安全事故的频繁发生，给人民群众的生命与财产造成了重大的损失。造成如此众多事故的原因有很多，造成事故的媒介也有很多，如液体、气体、粉尘等，本书仅讨论气体的检测与计量。开展气体安全检测与监控技术研究，全面提高我国气体安全检测与监控的科学技术水平，对有效减少事故隐患，预防和控制重特大事故的发生，遏制群死群伤和重大经济损失，以及保障国家经济与社会的可持续发展具有重大现实意义。

气体检测仪表种类繁多，涉及的学科和专业面较广，是一门多学科交叉的技术性科学，内容非常广泛。本书较系统地阐述了气体检测与计量所涉及的基本理论、技术原理、计量检定方法，主要介绍了气体检测基础知识、气体检测的量值溯源和传递、气体传感器技术和各类检测报警仪器，对各类气体的基本特性、化学计量基础、配气装置和测量不确定度评定也进行了简要介绍。在介绍气体检测技术时，本书没有介绍气相色谱仪，也没有介绍粉尘的检测知识。本书可以作为城市燃气、石油、化工、煤炭等领域的气体检测计量、质检中心气体报警仪器检定和报警仪器生产单位的培训教材。

本书由河南省质量技术监督局苗瑜高级工程师提出选题、郑州燃气集团邓立三高级工程师担任主编。郑州燃气集团闫国起高级工程师、李金陆高级工程师、刘道栓高级工程师和河南省质量技术监督局苗瑜高级工程师担任本书主审，并提出了许多有益的建议和意见。本书编写过程中，参考了国内多位专家教授的相关著作、文章及研究报告，还得到了河南省计量测试学会王颖华、河南省燃气协会彭皖民和崔亚惠等同仁的大力支持，以及河南汉威电子股份有限公司及省内从事气体检测工作广大同仁的帮助，在此一并表示衷心感谢！

由于作者水平有限，且编写时间紧迫，本书难免有不完善或错误之处，真诚欢迎广大读者提出宝贵意见，批评指正。

邓立三

2009 年 7 月

目 录

第一章　气体检测基础知识

第一节　概　述

随着石油、化工、煤炭、冶金等工业快速发展，人民生活条件得到充分改善，与此同时，伴随着工业生产而产生的各种各样有毒有害气体也迅速增加，造成的气体中毒事故也不断增多，对人民的生命财产安全和生存环境构成很大威胁。城市燃气的普及同样伴随着燃烧爆炸事故的不断增加。因此，对可燃气体和有毒有害气体的检测显得尤为重要，确定有毒有害气体的种类和浓度已经成为相关行业的劳动安全和环境保护的重要内容。密闭空间（反应罐、油罐、缺乏良好通风的车间、地下管道、地下排水沟、地下储藏罐、船舱等）是需要进行有害气体检测的重要场所，任何即将进入和已经进入密闭空间进行工作的人员，都必须时刻监测工作场所的可燃气体和有毒有害气体的浓度。石油化工和其他化工企业是有毒有害气体存在较为普遍的场所，从原材料、生产过程到产品储运等各个环节都可能发生易燃易爆气体、有毒有害气体的泄漏。

煤矿是人类最早认识到需要对有毒有害气体进行检测的场所，矿井中可能遇到的有毒气体包括一氧化碳、硫化氢、氮氧化物、二氧化硫等，还包括氧气不足的情况。当然，矿井中存在的甲烷（瓦斯）可能是煤矿工人所遇到的最大威胁，由于甲烷无色无味，所以可能在不知不觉之间达到发生爆炸的浓度。当甲烷积聚到了立即爆炸的浓度，任何火源的出现，比如工人的矿灯都会引起爆炸事故。一氧化碳是矿工们关心的重要危险之一，它也由于缺乏警报特性常常会使工人处于极为危险的浓度之下，使用一些小动物，比如著名的“矿井金丝鸟”，就成为早期定量检测有毒气体无可奈何的方法。随着气体检测技术的不断进步，今天已经有很多检测仪器可以对这些有毒有害气体进行检测和监控。

氧气检测对于进入密闭空间和进入某些低于地面开放空间都十分重要，原因就在于高于空气密度的其他气体，如汽油、硫化氢等会在下方空间聚集，从而置换出空间中的氧气。氧气浓度检测要考虑到两个浓度点：氧气浓度太低会造成窒息；而超过常量的过量氧气，可能会引起燃烧或其他化学反应的加速。在正常空气中氧气的浓度大约是 20.9%，与之平衡的（超过 78%）的主要是氮气，另外还包括少量的水蒸气、一氧化碳和其他微量气体。

大气污染的主要来源是火电厂，其次是钢铁厂、水泥厂、化工厂、化肥厂。其烟气中含有 SO_2、NO、CO 等有毒有害气体。大量有毒有害气体排入大气，与大气中的 H_2O、O_2 发生反应，会生成硫酸、硝酸分子，是形成酸雨的主要原因。酸雨破坏了生态系统平衡，造成土壤酸化和营养成分流失、森林破坏、湖泊酸化、鱼类减少、重金属溶出，危害十分严重。

伴随工业化和城市化的进程，汽车拥有量急剧增加，有害尾气已成为城市大气污染的重要来源，它不断破坏生态环境，危害人类健康，摧毁城市形象并进而妨碍经济发展。汽车尾气污染已成为城市乃至全球的一大公害。汽车尾气排放指各种燃油车辆排出废气的总称，它含有100多种不同的化合物，其中对人危害最大的有一氧化碳（CO）、碳氢化合物（HC）、氮氧化物（NO_x）、铅（Pb）的化合物及碳的颗粒物，它们都是污染环境、伤害人体健康的致癌物质，对城市环境及整个自然生态系统造成极大的破坏，成为威胁人类生存的杀手。因此，汽车排放气体的检测也是亟待解决的课题。

甲醛是一种重要的化工原料和有机溶剂，是制造油漆、塑料、橡胶、染料等的原料。目前，应用于家庭装修的材料中不可避免地含有甲醛。另外，甲醛作为消毒剂、防腐剂、熏蒸剂等也普遍存在于人们的身边，严重危害着人们的健康。甲醛是一种毒性很大的气体，在我国有毒化学品优先控制名单上，甲醛高居第二位。甲醛已经被世界卫生组织确定为致癌和致畸形物质，是公认的变态反应源，也是潜在的强致突变物之一。甲醛对人体呼吸道黏膜和皮肤有强烈的刺激作用，吸入过量的甲醛可导致流泪、流涕、咳嗽等症状，并引发呼吸道疾病。长期接触甲醛常会引起呼吸道疾病、鼻炎癌、结肠癌、月经紊乱、白血病、智力和记忆力下降等，对儿童、孕妇、老人的伤害更为严重。目前，由甲醛造成的室内空气、大气环境和食品污染已引起了人们的高度关注。

在社会飞速发展的同时，各种行驶车辆急剧增加，酒后驾驶造成的交通事故频频发生，在许多国家，车祸已成为第一位意外死亡原因。据事故调查统计，50%～60%的车祸与饮酒有关。加强对酒后驾驶的查处，是当前减少由酒后驾驶造成的恶性交通事故的重要途经之一，呼出气体酒精检测是现今有效实用的一种技术手段。

随着测量技术、电子技术和计算机技术的发展，我们已经有了各种各样检测和监测气体种类和浓度的方法，但毋庸讳言，拥有一台气体检测仪器或者一套气体检测系统，并不能完成有毒有害气体和可燃气体的检测和监测的所有工作。首先，有毒有害气体和可燃气体的检测是一项复杂的系统工程，我们需要在研究和认识各种有毒有害气体的出现概率、危险性和毒性的基础上，通过确认检测方案、设定报警限度，并切实列出排除危险的应急措施，才能更好地利用各类现有的气体检测技术，确保人员及环境的安全，保证正常生产活动的顺利进行。另外，有毒有害气体的检测也是一项复杂和知识性很强的技术工作。如果对待测环境和环境中可能出现的气体种类、性质、分布、发展没有充分的了解，我们很难选择一个合适的气体监测检测仪器或系统。例如，在选购气体检测仪器的时候，仅仅说“我需要检测一氧化碳浓度”还远远不够，你还要对自己需要检测的环境有更多的了解。比如，可能发生的一氧化碳气体浓度范围和变化趋势如何？浓度最大可能到多少？是稳定的还是变化的？这个环境中还有没有存在其他的气体泄漏的可能？这些气体是什么性质的气体？其种类和浓度是否会对这种检测方式构成干扰？是在一个密闭的还是在一个开放的环境中？

目前，气体检测仪器品种繁多，较为常用的有可燃气体检测报警器、甲烷测定仪、氧气测定仪、一氧化碳测定仪、二氧化碳测定仪、二氧化硫测定仪、硫化氢测定仪、氮氧化物测定仪、甲醛检测仪、烟气分析忧、汽车排放气体测试仪、呼出气体酒精探测器等。虽然检测原理不尽相同，但其计量检测方法相似，气体分析仪器在环境监测、过程分析等方面得到广泛应用。随着人类在利用环境、开发环境和改造环境、发展经济等方面进一步深入，为了安全生产，防止有毒有害气体污染，控制环境污染，治理环境污染，防止环境恶化，气体检测仪器发挥出越来越重要的作用。为了达到安全生产的目的，大量的可燃气体检测报警器等气体检测仪器得到应用，分布于企业和存在安全隐患场合的各个角落，就像一双双电子眼保护着人类的安全，使相关人员随时掌握着可燃气体泄露情况。对于可燃气体检测报警器的选择，当前使用最广泛的是催化燃烧式可燃气体检测报警器，并且可以根据使用情况选择便携式或固定式可燃气体检测报警器。生产或储存岗位长期运行的泄漏检测选用固定式可燃气体检测报警器，其他像检修检测、应急检测、进入检测和巡回检测等选用便携式（或袖珍式）可燃气体检测报警器。

对于有毒有害气体测定仪的选择也应该严格要求。首先，确认所要检测气体种类和浓度范围。每一个生产部门所遇到的气体种类都是不同的，在选择气体检测仪时就要考虑到所有可能发生的情况。其次，根据使用的场合，选择固定式还是便携式仪器。固定式仪器是在工业装置上和生产过程中使用较多的测定仪。它可以安装在特定的检测点上对特定的气体泄漏进行检测。固定式仪器一般为两体式，传感器和变送器组成的检测头安装在检测现场，电路、电源和显示报警装置组成的二次仪表安装在安全场所，用于监视。固定式仪器在工艺和技术上具有连续、长时间稳定等特点。同时，还要注意将它们安装在特定气体最可能泄漏的部位，比如，要根据气体的相对密度将传感器安装在最有效的高度等。便携式仪器操作方便，体积小巧，仪器采用碱性电池或充电电池供电，一般可以连续工作近 12 h，随身携带非常方便。所以，这类仪器在各类工厂和卫生部门的应用越来越广泛。如果是在开放的场合使用这类仪器，可以使用随身佩戴的扩散式气体检测仪，因为它可以连续、实时、准确地显示现场的有毒有害气体的浓度。这类的新型仪器有的还配有振动警报附件，以避免在嘈杂环境中听不到声音报警。如果是进入密闭空间，比如反应罐、储料罐或容器、下水道或其他地下管道、地下设施、农业密闭粮仓、铁路罐车、船运货舱、隧道等工作场合，在人员进入之前，就必须进行检测，而且要在密闭空间外进行检测。此时，就必须选择带有内置采样泵的多气体检测仪。因为密闭空间中不同部位（上、中、下）的气体分布和气体种类有很大的不同。另外，进入密闭空间后，还要对其中的气体成分进行连续不断的检测，以避免由于人员进入、突发泄漏、温度等变化引起挥发性有机物或其他有毒有害气体的浓度变化。如果用于应急事故、检漏和巡视，应当使用泵吸式、响应时间短、灵敏度和分辨率较高的仪器，这样可以很容易并且快速地判断泄漏点的方位。

可燃气体与有毒有害气体同时存在时，应该选择复合式测定仪，并且测量时应该遵守一定的方法。例如在一个密闭空间，一般意义上可燃气体的相对密度较轻，它们大部分分布于密闭空间的上部，一氧化碳和空气的密度差不多，一般分布于密闭空间的中部，而像硫化氢等较重气体则存在于密闭空间的下部。同时，氧气浓度也是必须检测的种类之一。另外，如果考虑到罐内可能的有机物质的挥发和泄漏，就需要一个可以检测有机气体的检测仪。因此，一个完整的密闭空间气体检测仪应当是一个具有内置泵吸功能，以便可以非接触、分部位检测；具有多气体检测功能，以便检测不同空间分布的危险气体，包括无机气体和有机气体；具有氧检测功能，防止缺氧或富氧；体积小巧，不影响工人工作的便携式仪器。只有这样才能保证进入密闭空间的工作人员的绝对安全。

对于煤矿的瓦斯，石油化工企业的硫化氢、一氧化碳以及城市燃气中的天然气、人工煤气，要想准确知道其浓度或含量，必须借助于检测仪器，而检测仪器的准确性需要通过标准气体和配气装置进行量值传递。本书将重点介绍化学计量基础、气体传感器技术、气体检测仪器的检定校准等有关内容。

第二节　可燃气体介绍

一、可燃气体爆炸与燃烧基本概念

爆炸:爆炸是指物质从一种状态,经过物理或化学变化,突然变成另外一种状态,并放出巨大的能量的过程。急剧释放的能量,将使周围的物体遭受猛烈的冲击和破坏。

爆炸下限:爆炸下限是指可燃气体、蒸气或粉尘与空气组成的混合物,遇点火源产生爆炸的最低浓度。

可燃性气体的浓度过低或过高是没有危险的,它只有与空气形成混合气或更确切地说遇到氧气形成一定比例的混合气才会发生燃烧或爆炸,燃烧是伴有发光发热的激烈氧化反应。

发生燃烧(即在点燃后,火焰会由燃点开始扩散)必须符合四个条件:气体中必须含有适量的助燃物(氧气)、适量的可燃物(燃气等)、点火源以及足够能量维持的火链反应。这四个条件一般被称为“火四边体”。如果这四个其中的任何一个没有或不足,燃烧都不可能发生。“火四边体”包括:

(1)可燃物(气体:燃气等;液体:酒精、汽油、煤油、柴油等;固体:粉尘、纤维粉尘等)。

(2)助燃物(氧气)。

(3)点火源(包括明火、电气火花、机械火花、静电火花、高温、化学反应、光能等)。

(4)能量维持的火链反应。

可燃气体燃烧可以分为两类:一类是扩散燃烧,即挥发的或从设备中喷出、泄漏的可燃气,遇到点火源混合燃烧;另一类是可燃气与空气混合着火燃烧,这种燃烧反应激烈而速度快,一般会产生巨大的压力和声响,又称之为爆炸。

燃烧与爆炸没有严格的区分。有关权威部门和专家已经对目前发现的可燃气体作了燃烧爆炸分析,制定出了可燃气体的爆炸极限。可燃气体可以发生燃烧的最低体积浓度称为燃烧下限(LFL:Lower Flammable Limit)。空气混合物中可燃气体可能被点燃而后爆炸的最低体积浓度称为爆炸下限(LEL:Lower Explosive Limit)。可以看出,燃烧下限 LFL 和爆炸下限 LEL 两者在定义上并不完全相同,但在实际应用上为方便,可以不加区分,互相替代使用。不同的可燃物有不同的 LFL/LEL,低于 LFL/LEL 的气体或蒸气,由于对氧气的比例太低,不可能发生燃烧和爆炸。

大多数的可燃气体或蒸气还具有一个高限体积浓度,在此浓度值之上,可燃气体也不会发生燃烧和爆炸。燃烧上限(UFL:Upper Flammable Limit)是蒸气和气体在空气中支持燃烧的最大体积浓度。在表述上,它与爆炸上限(UEL:Upper Explosive Limit)通常也不加区分。高于 UFL/UEL 时,因为蒸气或气体同氧气的浓度比例太大,或者说由于氧气不足,以至于无法反应使燃烧扩散,也不会发生爆炸和燃烧。LEL 和 UEL 的关系如图 1-1 所示。

在 LFL/LEL 和 UFL/UEL 之间的差值就是可以燃烧或爆炸的浓度区间。如果符合燃烧或爆炸的条件，在此浓度区间内的可燃气体或蒸气就会发生燃烧或爆炸。

低于下限，混合气中的可燃气体的含量不足，不能引起燃烧或爆炸；高于上限，混合气中的氧气的含量不足，也不能引起燃烧或爆炸。另外，可燃气体的燃烧或爆炸还与气体的压力、温度、点火能量等因素有关。爆炸极限一般用体积百分比浓度表示。

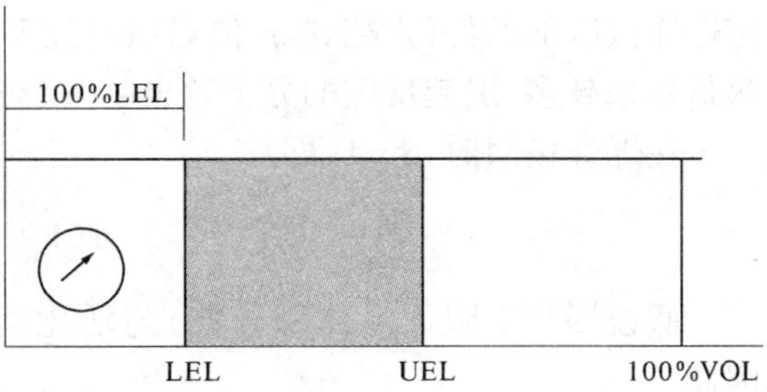

图 1-1　LEL 与 UEL 的关系

二、可燃气体爆炸理论

广义地讲，爆炸可分为核爆炸、物理爆炸和化学爆炸。化学爆炸是反应速度非常快的化学反应。爆炸性混合物，是指两种或两种以上组分组成的爆炸性物质，其组成一是可燃物（还原剂），二是助燃物（氧化剂），这种物质的爆炸实际上是一种化合反应，但少数也含有分解反应。这类爆炸主要包括：混合炸药的爆炸，可燃气体、蒸气及可燃粉尘与空气（或氧气）的混合物所发生的爆炸。这种爆炸实际上是一类快速燃烧反应，即动力燃烧。可燃气体与空气均匀混合，遇火源即发生爆炸，这种混合气通常称为爆炸性混合气体。

（一）爆炸极限理论

燃烧和爆炸从化学反应的角度看并无本质区别。当混合气体燃烧时，燃烧波面上的化学反应可表示为

$$A + B \rightarrow C + D + Q \tag{1-1}$$

式中，A、B 为反应物；C、D 为产物；Q 为燃烧热。

A、B、C、D 不一定是稳定分子，也可以是原子或自由基。化学反应过程的能量变化可用图 1-2 表示。初始状态Ⅰ的反应物（A + B）吸收活化能达到活化状态Ⅱ，即可进行反应生成终止状态Ⅲ的产物（C + D），并释放出能量 W，$W = Q + E$，其中 E 为活化能。

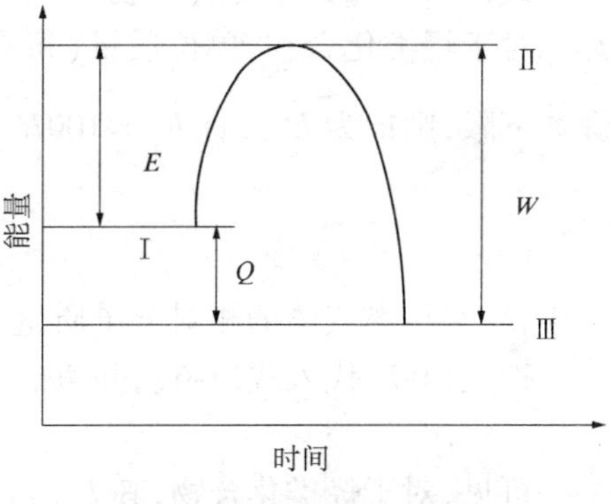

图 1-2　化学反应过程的能量变化

假定反应系统在受能源激发后，燃烧波的基本反应浓度，即反应系统单位体积的反应数为 n，则单位体积放出的能量为 nW。如果燃烧波连续不断，放出的能量将成为新反应的活化能。设活化概率为 $\alpha(\alpha \leqslant 1)$，则第二批单位体积内得到活化的基本反应数为 $\alpha nW/E$，放出的能量为 $\alpha nW^2/E$。后批分子与前批分子反应时放出的能量比 β 定义为燃烧波传播系数，即

$$\beta = \frac{\alpha nW^2/E}{nW} = \alpha\frac{W}{E} = \alpha\left(1 + \frac{Q}{E}\right) \tag{1-2}$$

对于燃烧波传播系数 β 的数值：当 $\beta < 1$ 时，表示反应系统受能源激发后，放出的热量越来越少，因而引起反应的分子数也越来越少，最后反应会终止，不能形成燃烧或爆炸。当 $\beta = 1$ 时，表示反应系统受能源激发后均衡放热，有一定数量的分子持续反应。这是决

定爆炸极限的条件（严格说，β 值略微超过1时才能形成爆炸）。当 $\beta>1$ 时，表示放出的热量越来越多，引起反应的分子数也越来越多，从而形成爆炸。

在爆炸极限时，$\beta=1$，即

$$\alpha\left(1+\frac{Q}{E}\right)=1 \tag{1-3}$$

假设爆炸下限 $L_{下}$（体积分数）与活化概率 α 成正比，则有 $\alpha=KL_{下}$，K 为比例常数。因此

$$\frac{1}{L_{下}}=K\left(1+\frac{Q}{E}\right) \tag{1-4}$$

当 Q 与 E 相比 Q 非常大时，式(1-4)可以近似写成

$$\frac{1}{L_{下}}=K\frac{Q}{E} \tag{1-5}$$

式(1-5)近似地表示出爆炸下限 $L_{下}$ 与燃烧热 Q 和活化能 E 之间的关系。如果各可燃气体的活化能接近于某一常数，则可近似得出

$$L_{下}\,Q=E/K=常数 \tag{1-6}$$

式(1-6)说明爆炸下限与燃烧热近似成反比，也就是说，可燃气体分子燃烧热越大，其爆炸下限就越低。各同系物的 $L_{下}\,Q$ 都近于一个常数，表明上述结论是正确的。表1-1列出了一些可燃物质的燃烧热和爆炸极限，以及燃烧热和爆炸下限的乘积。本书附表3列出了130种可燃气体的爆炸极限。利用爆炸下限与燃烧热的乘积成常数的关系，可以推算同系物的爆炸下限。但此法不适用于氢、乙炔、二硫化碳等少数可燃气体爆炸下限的推算。

式(1-6)中的 $L_{下}$ 是体积分数，文献数据大都为20 ℃的测定数据；Q 则为摩尔燃烧热。对于烃类化合物，单位质量（每克）的燃烧热 q 大致相同。如果以mg/L为单位表示爆炸下限，则记为 $L'_{下}$，有 $L_{下}=100L'_{下}\times\frac{22.4}{1\,000M}\times\frac{273+20}{273}$，于是：

$$L_{下}=\frac{2.4L'_{下}}{M} \tag{1-7}$$

式中，M 为可燃气体的相对分子质量。

把式(1-7)代入式(1-6)，并考虑到 $Q=Mq$，则可得到

$$2.4qL'_{下}=常数 \tag{1-8}$$

可见，对于烃类化合物，其 $L'_{下}$ 近于相同。

（二）影响爆炸极限的因素

爆炸极限不是一个固定值，它受各种外界因素的影响而变化。如果掌握了外界条件变化对爆炸极限的影响，在一定条件下测得的爆炸极限值，就有着重要的参考价值。影响爆炸极限的因素主要有以下几种。

1. 初始温度

爆炸性混合物的初始温度越高，混合物分子内能越大，燃烧反应越容易进行，则爆炸极限范围就越宽。所以，温度升高使爆炸性混合物的危险性增加。表1-2列出了初始温度对丙酮和煤气爆炸极限的影响。

表 1-1　可燃物质的燃烧热与爆炸极限

物质名称	Q(kJ/mol)	$L_下 \sim L_上$(%)	$L_下 Q$	物质名称	Q(kJ/mol)	$L_下 \sim L_上$(%)	$L_下 Q$
甲烷	799.1	5.0～15.0	3 995.7	乙丁醇	2 447.6	1.7～	4 160.9
乙烷	1 405.8	3.2～12.4	4 522.9	丙烯醇	1 715.4	2.4～	4 117.1
丙烷	2 025.1	2.4～9.5	4 799.0	戊醇	3 054.3	1.2～	3 636.9
丁烷	2 652.7	1.9～8.4	4 932.9	异戊醇	2 974.8	1.2～	3 569.0
异丁烷	2 635.9	1.8～8.4	4 744.7	乙醛	1 075.8	4.0～57.0	4 267.7
戊烷	3 238.4	1.4～7.8	4 531.3	巴豆醛	2 133.8	2.1～15.5	4 522.9
异戊烷	3 263.5	1.3～	4 309.5	糠醛	2 251.0	2.1～	4 727.9
己烷	3 828.4	1.3～6.9	4 786.5	三聚乙醛	3 297.0	1.3～	4 284.4
庚烷	4 451.8	1.0～6.0	4 451.8	甲乙醚	1 928.8	2.0～10.1	3 857.6
辛烷	5 050.1	1.0～	4 799.0	二乙醚	2 502.0	1.8～36.5	4 627.5
壬烷	5 661.0	0.8～	4 698.6	二乙烯醚	2 380.7	1.7～27.0	4 045.9
癸烷	6 250.9	0.7～	4 188.2	丙酮	1 652.7	2.5～12.8	4 213.3
乙烯	1 297.0	2.7～28.6	3 564.8	丁酮	2 259.4	1.8～9.5	4 087.8
丙烯	1 924.6	2.0～11.1	3 849.3	2-戊酮	2 853.5	1.5～8.1	4 422.5
丁烯	2 556.4	1.7～7.4	3 437.2	2-己酮	3 476.9	1.2～8.0	4 242.6
戊烯	3 138.0	1.6～	5 020.8	氰酸	644.3	5.6～40.0	3 606.6
乙炔	1 259.4	2.5～80.0	3 150.6	醋酸	786.6	4.0～	3 184.0
苯	3 138.0	1.4～6.8	4 426.7	甲酸甲酯	887.0	5.1～22.7	4 481.1
甲苯	3 732.1	1.3～7.8	4 740.5	甲酸乙酯	1 052.1	2.7～16.4	4 129.6
二甲苯	4 343.0	1.0～6.0	4 343.0	氢	238.5	4.0～74.2	954.0
环丙烷	1 945.6	2.4～10.4	4 569.3	一氧化碳	280.3	12.5～74.2	3 502.0
环己烷	3 661.0	1.3～8.3	4 870.2	氨	318.0	15.0～27.0	4 769.8
甲基环丙烷	4 255.1	1.2～	4 895.3	吡啶	2 728.0	1.8～12.4	1 932.9
松节油	5 794.8	0.8～	4 635.9	硝酸乙酯	1 238.5	3.8～	4 707.0
醋酸甲酯	1 460.2	3.2～15.6	4 602.4	亚硝酸乙酯	1 280.3	3.0～50.0	3 853.5
醋酸乙酯	2 066.9	2.2～11.4	4 506.2	环氧乙烷	1 175.7	3.0～80.0	3 527.1
醋酸丙酯	2 648.5	2.1～	5 430.8	二硫化碳	1 029.3	1.2～50.0	1 284.5
异醋酸丙酯	2 669.4	2.0～	5 338.8	硫化氢	510.4	4.3～45.5	2 196.6
醋酸丁酯	3 213.3	1.7～	5 464.3	氧硫化碳	548.0	11.9～28.5	6 472.6
醋酸戊酯	4 054.3	1.1～	4 460.1	氯甲烷	640.2	8.2～18.7	5 280.2
甲醇	623.4	6.7～36.5	4 188.2	氯乙烷	1 234.3	4.0～14.8	4 937.1
乙醇	1 234.3	3.3～18.9	4 050.1	二氯乙烯	937.2	9.7～12.8	9 091.8
丙醇	1 832.6	2.6～	4 673.5	溴甲烷	723.8	13.5～14.5	9 773.8
异丙醇	1 807.5	2.7～	4 790.7	溴乙烷	1 334.7	6.7～11.2	9 004.0
丁醇	2 447.6	1.7～	4 163.1				

表 1-2　初始温度对丙酮和煤气爆炸极限的影响

物质	初始温度(℃)	$L_下$(%)	$L_上$(%)
丙酮	0	4.2	8.0
	50	4.0	9.8
	100	3.2	10.0
煤气	20	5.0	13.4
	100	5.45	13.5
	200	5.05	13.8
	300	4.40	14.25
	400	4.00	14.70
	500	3.65	15.35
	600	3.35	16.40
	700	3.25	18.75

2. *初始压力*

爆炸性混合物初始压力对爆炸极限影响很大。一般爆炸性混合物初始压力在增压的情况下,爆炸极限范围扩大。这是因为压力增加,分子间更为接近,碰撞几率增加,燃烧反应更容易进行,爆炸极限范围扩大。表 1-3 列出了初始压力对甲烷爆炸极限的影响。在一般情况下,随着初始压力增大,爆炸上限明显提高。在已知可燃气体中,只有一氧化碳随着初始压力的增加,爆炸极限范围缩小。

表 1-3　初始压力对甲烷爆炸极限的影响

初始压力(MPa)	$L_下$(%)	$L_上$(%)
0.101 3	5.6	14.3
1.013	5.9	17.2
5.065	5.4	29.4
12.66	5.7	45.7

初始压力降低,爆炸极限范围缩小。当初始压力降至某个定值时,爆炸上、下限重合,此时的压力称为爆炸临界压力。低于爆炸临界压力的系统不爆炸。因此,在密闭容器内进行减压操作对安全有利。

3. *惰性介质或杂质*

爆炸性混合物中惰性气体含量增加,其爆炸极限范围缩小。当惰性气体含量增加到某一值时,混合物不再发生爆炸。惰性气体的种类对爆炸极限的影响也不同。如甲烷,氩、氦、氮、水蒸气、二氧化碳、四氯化碳对其爆炸极限的影响依次增大。汽油、氮气、燃烧废气、二氧化碳、氟里昂-21、氟里昂-12、氟里昂-11 对其爆炸极限的影响则依次减小。

在一般情况下,爆炸性混合物中惰性气体含量增加,对其爆炸上限的影响比对爆炸下限的影响更为显著。这是因为在爆炸性混合物中,随着惰性气体含量的增加,氧的含量相对减少,而在爆炸上限浓度下氧的含量本来已经很小,故惰性气体含量稍微增加一点,即产生很大影响,使爆炸上限急剧下降。

对于爆炸性气体,水等杂质对其反应影响很大。如果无水,干燥的氯没有氧化功能;干燥的空气不能氧化钠或磷;干燥的氢氧混合物在 1 000 ℃时也不会产生爆炸。痕量的水会急剧加速臭氧、氯氧化物等物质的分解。少量的硫化氢会大大降低水煤气及其混合物的燃点,加速其爆炸。

4. 容器的尺寸和材质

实验表明,容器管道直径越小,爆炸极限范围越小。对同一可燃物质,管径越小,火焰传播速度越小。当管径(或火焰通道)小到一定程度时,火焰便不能通过。这一间距称为最大灭火间距,亦称为临界直径。当管径小于最大灭火间距时,火焰便不能通过而被熄灭。

容器大小对爆炸极限的影响也可以从器壁效应得到解释。燃烧是自由基进行一系列连锁反应的结果。只有自由基的产生数大于消失数时,燃烧才能继续进行。随着管道直径的减小,自由基与器壁碰撞的几率增加,有碍于新自由基的产生。当管道直径小到一定程度时,自由基消失数大于产生数,燃烧便不能继续进行。

容器材质对爆炸极限也有很大影响。如氢和氟在玻璃器皿中混合,即使在液态空气温度下,置于黑暗中也会产生爆炸。而在银制器皿中,在一般温度下才会发生反应。

5. 能量

火花能量、热表面面积、火源与混合物的接触时间等,对爆炸极限均有影响。如甲烷在电压 100 V、电流强度 1 A 的电火花作用下,无论浓度如何都不会引起爆炸。但当电流强度增加至 2 A 时,其爆炸极限为 5.9% ~13.6%;3 A 时为 5.85% ~14.8%。对于一定浓度的爆炸性混合物,都有一个引起该混合物爆炸的最低能量。浓度不同,引爆的最低能量也不同。对于给定的爆炸性物质,各种浓度下引爆的最低能量中的最小值,称为最小引爆能量,或最小引燃能量。表 1-4 列出了部分气体的最小引爆能量。

光对爆炸极限也有影响。在黑暗中氢与氯的反应十分缓慢,在光照下则会发生连锁反应,引起爆炸。甲烷与氯的混合物,在黑暗中长时间内没有反应,但在日光照射下会发生激烈反应,两种气体比例适当则会引起爆炸。表面活性物质对某些介质也有影响。如在球形器皿中 530 ℃时,氢与氧无反应,但在器皿中插入石英、玻璃、铜或铁棒,则会发生爆炸。

(三)爆炸极限的计算

1. 根据化学计量浓度近似计算

爆炸性气体完全燃烧时的化学计量浓度可以用来确定链烷烃的爆炸下限,计算公式为

$$L_{下} = 0.55c_0 \tag{1-9}$$

式中,c_0 为爆炸性气体完全燃烧时的化学计量浓度。

如果空气中氧的含量按照 20.9% 计算,c_0 的计算公式则为

$$c_0 = \frac{1}{1 + \frac{n_0}{0.209}} \times 100 = \frac{20.9}{0.209 + n_0} \tag{1-10}$$

式中,n_0 为 1 分子可燃气体完全燃烧时所需的氧分子数。

表 1-4　部分气体的最小引爆能量

气体	体积分数(%)	能量(mJ/mol)
甲烷	8.50	0.280
乙烷	4.02	0.031
丁烷	3.42	0.380
乙烯	6.52	0.016
丙烯	4.44	0.282
乙炔	7.73	0.020
甲基乙炔	4.97	0.152
丁二烯	3.67	0.170
环氧乙烷	7.72	0.105
氧化丙稀	4.97	0.190
甲醇	12.24	0.215
乙醛	7.72	0.376
丙酮	4.87	1.150
苯	2.71	0.550
甲苯	2.27	2.500
氨	21.8	0.770
氢	29.2	0.019
二硫化碳	6.52	0.015

如甲烷完全燃烧时的反应式为 $CH_4 + 2O_2 \rightarrow CO_2 + 2H_2O$，这里 $n_0 = 2$，代入式(1-10)，并应用式(1-9)，可得 $L_下 = 5.2$，即甲烷爆炸下限的计算值为 5.2%，与实验值 5.0% 相差不超过 10%。

此法除用于链烷烃以外，也可用来估算其他有机可燃气体的爆炸下限，但当应用于氢、乙炔，以及含有氮、氯、硫等的有机气体时，偏差较大，不宜应用。

2. 由爆炸下限估算爆炸上限

常压下 25 ℃的链烷烃在空气中的爆炸上、下限有如下关系

$$L_上 = 7.1 L_下^{0.56} \quad (1-11)$$

如果在爆炸上限附近不伴有冷火焰，上式可简化为

$$L_上 = 6.5\sqrt{L_下} \quad (1-12)$$

把式(1-12)代入式(1-9)，可得

$$L_上 = 4.8\sqrt{c_0} \quad (1-13)$$

3. 由分子中所含碳原子数估算爆炸极限

芳香族烃类化合物的爆炸极限与化合物中所含碳原子数 n_c 有如下近似关系

$$\frac{1}{L_下} = 0.1347 n_c + 0.04343 \quad (1-14)$$

$$\frac{1}{L_{上}} = 0.013\,37 n_c + 0.051\,51 \tag{1-15}$$

4. 根据闪点计算爆炸极限

闪点指的是在可燃液体表面形成的蒸气与空气的混合物，能引起瞬时燃烧的最低温度，爆炸下限表示的则是该混合物能引起燃烧的最低浓度，所以两者之间有一定的关系。易燃液体的爆炸下限可以应用闪点下该液体的蒸气压计算。计算公式为

$$L_{下} = 100 \times p_{闪}/p_{总} \tag{1-16}$$

式中，$p_{闪}$ 为闪点下易燃液体的蒸气压；$p_{总}$ 为混合气体的总压。

5. 多组元可燃气体混合物的爆炸极限

两组元或两组元以上可燃气体或蒸气混合物的爆炸极限，可应用各组元已知的爆炸极限按照式(1-17)求取。该式仅适用于各组元间不反应、燃烧时无催化作用的可燃气体混合物。

$$L_m = \frac{100}{\frac{V_1}{L_1} + \frac{V_2}{L_2} + \cdots + \frac{V_n}{L_n}} \tag{1-17}$$

式中，L_m 为混合气体的爆炸极限(%)；$L_i(i=1,2,\cdots,n)$ 为 i 组元的爆炸极限(%)；$V_i(i=1,2,\cdots,n)$ 为扣除空气组元后 i 组元的体积分数(%)。

6. 可燃气体与惰性气体混合物的爆炸极限

对于有惰性气体混入的多组元可燃气体混合物的爆炸极限，可应用下式计算

$$L_m = L_f \times \frac{\left(1 + \frac{B}{1-B}\right) \times 100}{100 + L_f \times \frac{B}{1-B}} \tag{1-18}$$

式中，L_m 为含惰性气体混合物的爆炸极限(%)；L_f 为混合物中可燃部分的爆炸极限(%)；B 为惰性气体含量(%)。

对于单组元可燃气体和惰性气体混合物的爆炸极限，也可以应用式(1-18)估算，只需用该组元的爆炸极限代换式(1-18)中 L_f 即可。因为不同惰性气体的阻燃或阻爆能力不同，式(1-18)的计算结果不够准确，但仍不失为有一定参考价值。

7. 压力下爆炸极限的计算

压力升高，物质分子浓度增大，反应加速，释放的热量增多。在常压以上时，爆炸极限多数变宽。压力对爆炸范围的影响，在已知气体中，只有一氧化碳例外，其随着压力增加而爆炸范围变小。从低碳烃化合物在氧气中爆炸上限的研究结果得知，在 0.1 ~ 1.0 MPa 范围内比较准确的是以下实验公式。

CH_4：
$$L_{上} = 56.0(p - 0.9)^{0.040} \tag{1-19}$$

C_2H_6：
$$L_{上} = 52.5(p - 0.9)^{0.045} \tag{1-20}$$

C_3H_8：
$$L_{上} = 47.7(p - 0.9)^{0.042} \tag{1-21}$$

C_2H_4：
$$L_{上} = 64.0(p - 0.2)^{0.083} \tag{1-22}$$

C_3H_6：
$$L_{上} = 43.5(p - 0.2)^{0.095} \tag{1-23}$$

式中，$L_{上}$ 为气体的爆炸上限(%)；p 为大气压力(0.101 325 MPa)。

三、防爆技术

可燃气体的出现会形成一个潜在的爆炸性环境。所谓潜在的,就意味着它们并不是时刻出现的,有的出现频率高,有的出现频率低。在这种情况下,就存在危险性大的场所和危险性小的场所之分。因此,有必要对这些危险场所进行场所划分。划分的目的就在于运用统计学的原理,按照场所中气体环境出现的频率和存在的时间长短,将场所的危险进行程度分类,以便按照危险区域类型采用不同的防爆措施和不同种类的气体检测仪器。

世界各国对危险场所区域划分不同,但大致分为两大派系:中国和欧洲大多数国家采用国际电工委员会(IEC)的划分方法,而以美国和加拿大为主要代表的其他国家采用北美划分方法。

(一)危险场所分区

我国国家标准 GB 3836.14—2000《爆炸性气体环境用电气设备第 14 部分:危险场所分类》(等效于国际标准 IEC 60079—10:1998)规定防爆场所分为三个区:0 区、1 区、2 区。

0 区:爆炸性气体环境连续出现或长时间存在的场所;

1 区:在正常运行时可能出现爆炸性气体环境的场所;

2 区:在正常运行时不可能出现爆炸性气体环境,如果出现也是偶尔发生,并且仅是短时间存在的场所。

0 区一般只存在于密闭的容器、缸罐等内部气体空间,在实际防爆设计过程中 1 区也很少涉及,大多数情况属于 2 区。

美国、加拿大等北美国家危险区域的划分依据 NEC(美国国家电气规程)的定义,对气体划分为 1 区、2 区(没有 0 区)。

两者之间的对应关系大致如下:

气体　NEC 1 区—IEC 0 区、1 区,NEC 2 区—IEC 2 区。

IEC 中“区”的英文表示为 Zone,而在 NEC 中“区”的英文表示为 Division(简写为 Div.)。

表 1-5 为危险场所的划分。

表 1-5　危险场所的划分

爆炸性物质	区域定义	中国标准	北美标准
气体(CLASS Ⅰ)	在正常情况下,爆炸性气体混合物连续或长时间存在的场所	Zone 0	Div. 1
	在正常情况下爆炸性气体混合物有可能出现的场所	Zone 1	
	在正常情况下爆炸性气体混合物不可能出现,仅在不正常情况下偶尔或短时间出现的场所	Zone 2	Div. 2
粉尘或纤维(CLASS Ⅱ/Ⅲ)	在正常情况下爆炸性粉尘或可燃纤维与空气的混合物可能连续、短时间频繁地出现或长时间存在的场所	Zone 10	Div. 1
	在正常情况下爆炸性粉尘或可燃纤维与空气的混合物不能出现,仅在不正常情况下偶尔或短时间出现的场所	Zone 11	Div. 2

（二）防爆基本原理

防止爆炸，就是要避免爆炸发生的三个条件同时存在（也有称为四要素的，这里三个条件分别指可燃物、助燃物、点火源）。由于氧气（空气）无处不在，难以控制，因此控制易爆气体和引爆源为两种最常见的防爆原理。而在仪表行业中还有另外一种防爆原理：控制爆炸范围。仪表中常见的三种防爆原理：①控制易爆气体；②控制爆炸范围；③控制引爆源。

1. 控制易爆气体

人为地在危险场所（我们把同时具备发生爆炸所需的三个条件的工业现场称为危险场所）营造出一个没有易爆气体的空间，将仪表安装在其中。典型代表为正压型防爆方法。工作原理是：在一个密封的箱体内，充满不含易爆气体的洁净气体或惰性气体，并保持箱内气压略高于箱外气压，将仪表安装在箱内。常用于在线分析仪表的防爆和将计算机、PLC、操作站或其他仪表置于现场的正压型防爆仪表柜。

2. 控制爆炸范围

人为地将爆炸限制在一个有限的局部范围内，使该范围内的爆炸不至于引起更大范围的爆炸。典型代表为隔爆型防爆方法。工作原理是：为仪表设计一个足够坚固的壳体，按标准严格地设计、制造和安装所有的界面，使在壳体内发生的爆炸不至于引发壳体外危险性气体（易爆气体）的爆炸。隔爆型防爆方法的设计与制造规范极其严格，而且安装、接线和维修的操作规程也非常严格。该方法决定了隔爆的电气设备、仪表往往非常笨重，操作须断电等，但许多情况下也是最有效的办法。

3. 控制引爆源

人为地消除引爆源，既消除足以引爆的火花，又消除足以引爆的表面温升。典型代表为本质安全型防爆方法。工作原理是：利用安全栅技术，将提供给现场仪表的电能量限制在既不能产生足以引爆的火花，又不能产生足以引爆的仪表表面温升的安全范围内。按照国际标准和我国的国家标准，当安全栅安全区一侧所接设备发生任何故障（不超过250 V 电压）时，本质安全型防爆方法确保危险现场的防爆安全。

（三）电气设备的防爆结构

根据国家标准 GB 3836—2000《爆炸性气体环境用电气设备》，我国的防爆电气设备防爆结构型式有9种，防爆方法对危险场所的适用性见表1-6。

GB 3836.2 爆炸性气体环境用电气设备第2部分：隔爆型“d”；

GB 3836.3 爆炸性气体环境用电气设备第3部分：增安型“e”；

GB 3836.4 爆炸性气体环境用电气设备第4部分：本质安全型“i”；

GB 3836.5 爆炸性气体环境用电气设备第5部分：正压型“p”；

GB 3836.6 爆炸性气体环境用电气设备第6部分：充油型“o”；

GB 3836.7 爆炸性气体环境用电气设备第7部分：充砂型“q”；

GB 3836.8 爆炸性气体环境用电气设备第8部分：无火花型“n”；

GB 3836.9 爆炸性气体环境用电气设备第9部分：浇封型“m”；

GB 3836.10 爆炸性气体环境用电设备第10部分：气密型“h”。

1. 隔爆型电气设备“d”

这是一种具有隔爆外壳的电气设备。隔爆外壳能承受已进入外壳内部的可燃性混合

表 1-6　防爆方法对危险场所的适用性

序号	防爆型式	代号	国家标准	防爆措施	适用区域
1	隔爆型	d	GB 3836.2	隔离存在的点火源	Zone1,Zone2
2	增安型	e	GB 3836.3	设法防止产生点火源	Zone1,Zone2
3	本质安全型	ia	GB 3836.4	限制点火源的能量	Zone0～2
	本质安全型	ib	GB 3836.4	限制点火源的能量	Zone1,Zone2
4	正压型	p	GB 3836.5	危险物质与点火源隔开	Zone1,Zone2
5	充油型	o	GB 3836.6	危险物质与点火源隔开	Zone1,Zone2
6	充砂型	q	GB 3836.7	危险物质与点火源隔开	Zone1,Zone2
7	无火花型	n	GB 3836.8	设法防止产生点火源	Zone2
8	浇封型	m	GB 3836.9	设法防止产生点火源	Zone1,Zone2
9	气密型	h	GB 3836.10	设法防止产生点火源	Zone1,Zone2

物内部爆炸而不损坏,并且通过外壳上的任何接合面或结构孔不会引燃一种或多种气体或蒸气所形成的外部爆炸性环境。

隔爆型是它把能点燃爆炸混合物的仪表部件封闭在一个外壳内,该外壳特别牢固,能承受内部爆炸性混合物的爆炸压力,并阻止向壳外的爆炸性混合物传爆。这就是说,隔爆型仪表的壳体内部是可能发生爆炸的,但不会传到壳体外面,因此这种仪表的各部件的接合面,如仪表盖的螺纹圈数、螺纹精度、零点、量程调整螺钉和表壳之间,变送器的检测部件和转换部件之间的间隙,以及导线口等,都有严格的防爆要求。

隔爆型仪表除了较笨重外,操作比较简单,不需要如安全栅之类的关联设备。但是在打开表盖前,必须先把电源关掉,否则万一电路间产生火花,便会直接暴露在大气之中,从而出现危险。

2. 增安型电气设备"e"

这是一种在正常运行条件下不会产生电弧、火花的电气设备,一般还采取一些附加措施以提高其安全程度,比如在结构上采取措施(如密封等),提高其安全程度,以避免在正常规定的过载条件下出现点燃,防止其内部和外部部件可能出现危险温度、电弧或火花。

3. 本质安全型电气设备"i"

本质安全通常指某个系统,而不是指某一个设备。人们通常说一个变送器或传感器是本质安全时,只是一种简化说法,实际上,本质安全是指变送器或传感器经电缆与关联设备(安全栅等)所组成的本质安全系统。本质安全系统框图示意如图 1-3 所示。

1)本质安全电路

本质安全电路指在规定条件(包括正常工作和规定的条件)下产生的任何火花或任何热效应均不能点燃规定的爆炸性气体环境的电路。

2)本质安全设备

本质安全设备指在其内部的所有电路都是本质安全电路的电气设备。

3)关联设备

关联设备指内部装有本质安全电路和非本质安全电路,且结构使非本质安全电路不

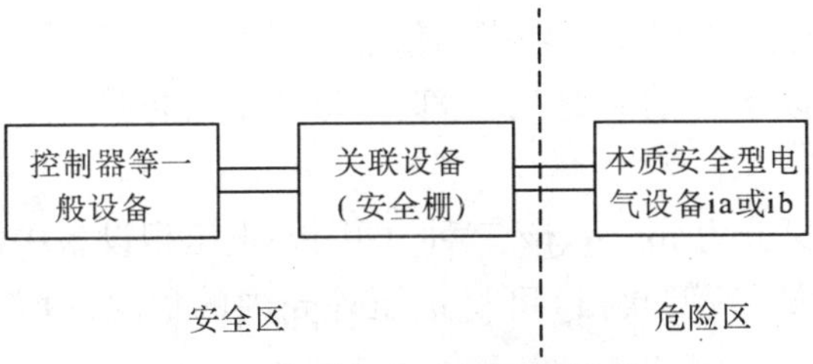

图 1-3 本质安全系统框图示意

能对本质安全电路产生不利影响的电气设备。关联设备在危险场所安装使用时，应加其他型式防爆外壳保护，例如隔爆型、正压型等；在安全场所安装使用时，其外壳可选用一般型。在本质安全系统中与本质安全设备有电气连接，接口部分有限压、限流环节（限制能量）的电气设备可认为是关联电气设备，如齐纳型安全栅、隔离式安全栅、本质安全电源、光电隔离接口电器等。

本质安全型仪表又叫安全火花型仪表。它的特点是仪表在正常状态下和故障状态下，电路系统产生的火花和达到的温度都不会引燃爆炸性混合物。它的防爆主要由以下措施来实现：①采用新型集成电路元件等组成仪表电路，在较低的工作电压和较小的工作电流下工作；②用安全栅把危险场所和非危险场所的电路分隔开，限制由非危险场所传递到危险场所的能量；③仪表的连接导线不会形成过大的分布电感和分布电容，以减少电路中储能。

本质安全型仪表的防爆性能不需采用通风、充气、充油、隔爆等外部措施实现，而是通过其电路设计本身实现，因而是本质安全。这类仪器能适用于一切危险场所和一切爆炸性气体、蒸气混合物，并可以在通电的情况下进行维修和调整。但是，对于本质安全型固定式仪表，由于必须使用控制器（或系统），所以不能单独使用，必须和本质安全关联设备（安全栅）、外部配线一起组成本质安全系统，才能发挥防爆功能。

本质安全型仪表有 ia、ib 两种，它们之间的区别如下。

ia 等级：在正常工作状态下，以及电路中存在一个故障或两个故障时，均不能点燃爆炸性气体混合物。在 ia 型电路中，工作电流被限制在 100 mA 以下。

ib 等级：在正常工作状态下，以及电路中存在一个故障时，不能点燃爆炸性气体混合物。在 ib 电路中，工作电流被限制在 150 mA 以下。

ia 型仪表适用于 0 区和 1 区，ib 型仪表仅适用于 1 区。或者说，从本质安全角度讲，ib 型仪表适用于煤矿井下，ia 型仪表适用于工厂。

4. 正压型电气设备“p”

这是一种通过保持内部保护气体的压力高于周围爆炸性环境压力的措施来达到安全的电气设备。

正压型（p 型）向仪表外壳内充入正压的洁净空气、惰性气体，或连续通入洁净空气、不燃性气体，并保持外壳内部保护气体的压力高于周围危险性环境的压力，从而阻止外部爆炸性气体混合物进入壳内，而使电气部件的危险源与之隔离。

正压型设备的防爆措施包括正压外壳保护或正压吹扫保护两个方面。正压外壳保护是指通过正压的方法阻止外部爆炸性气体混合物进入仪表壳体内，从而使仪表电气部件的危险源与之隔离。正压吹扫保护是指当仪表壳体内存在爆炸性气体泄漏隐患时，及时将其稀释至爆炸下限以下。前者是对外部危险气体的防护，后者是对内部危险气体的防护。

正压保护的型式又分为px、py、pz三种，即国外正压型设备中的X、Y、Z型吹扫。

（1）px型正压保护（X型吹扫）可将正压外壳内的危险区域等级从1区降至非危险区。

（2）py型正压保护（Y型吹扫）可将正压外壳内的危险区域等级从1区降至2区。

（3）pz型正压保护（Z型吹扫）可将正压外壳内的危险区域等级从2区降至非危险区。

正压外壳内应保持的最低正压值（相对于外部压力）：px型和py型为50 Pa，pz型为25 Pa。当正压值降至制造厂规定的最小值时，px型正压保护的安全连锁装置自动切断电源并发出报警信号，而py型和pz型只发出报警信号。

5. 浇封型电气设备“m”

这是一种整台设备或其中部分浇封在浇封剂中，在正常运行和认可的过载或认可的故障下均不能点燃周围的爆炸性混合物的电气设备。

特殊型（s型）是除d、e、i、p、m之外的特殊型式，或者是上述几种形式的组合，采用这种结构型式的防爆仪表称为特殊型仪表。

（四）爆炸性气体危险性分类

根据可能引爆的最小火花能量，我国和欧洲及世界上大部分国家和地区将爆炸性气体分为三个危险等级：Ⅰ类—矿井甲烷；Ⅱ类—爆炸性气体、液体蒸气、薄雾；Ⅲ类—爆炸性粉尘、纤维。其中，气体爆炸性物质按照其传爆能力分为Ⅰ、ⅡA、ⅡB、ⅡC四个等级，ⅡC级传爆能力最大，故最危险。气体分类和最小引爆能量见表1-7。

表1-7　气体分类和最小引爆能量

工况类别	气体分类	代表性气体	最小引爆能量（mJ）
矿井下	Ⅰ	甲烷	0.280
矿井外的工厂	ⅡA	丙烷	0.180
	ⅡB	乙烯	0.016
	ⅡC	氢气	0.019

美国和加拿大先将散布在空气中的爆炸性气体分成三个类别：Ⅰ—气体和蒸气；Ⅱ—尘埃；Ⅲ—纤维。然后将气体和尘埃分组（见表1-8）。

表1-8　气体和尘埃分组

组名	A	B	C	D	E	F	G
代表性气体和尘埃	乙炔	氢气	乙烯	丙烷	金属尘埃	煤炭尘埃	谷物尘埃

我国国家标准规定了引燃温度的分组，爆炸性气体混合物的引燃温度是指能被点燃的温度极限值。引燃温度分为六个组别 T_1 ~ T_6，T_6 级别的爆炸性气体混合物最危险（见表 1-9）。

表 1-9　气体温度组别

温度组别	安全的物体表面温度(℃)	常见爆炸性气体
T_1	$T>450$	甲烷、氢气、丙烯腈等 46 种
T_2	$450\geqslant T>300$	乙炔、乙烯等 47 种
T_3	$300\geqslant T>200$	戊烷、汽油、丁烯醛等 36 种
T_4	$200\geqslant T>135$	乙醛、乙醚等 6 种
T_5	$135\geqslant T>100$	二硫化碳
T_6	$100\geqslant T>85$	醋酸乙酯和亚硝酸乙酯

第三节　有毒有害气体介绍

一、有毒有害气体的基本概念

气体是指以气态存在的一切物质。例如，空气、氮气、氧气、水蒸气、一氧化碳、液化石油气等。本节仅对有毒气体和有害气体进行介绍。

（一）有毒气体

有毒气体是指气体通过呼吸道吸入或与皮肤、眼睛等接触，且作用于人体，并能引起人体机能发生暂时或永久性病变的无机和有机类气体。例如，氨气、氯甲烷、一氧化碳、二氧化硫、硫化氢等有毒气体；烟雾和混有有毒粉尘的气体；还包括其他有毒固体、晶体、液体等挥发的有毒气体，如液氯、液氨、硫酸、苯、苯酚、间甲酚、沥青、硫磺等挥发的有毒气体。

（二）有害气体

有害气体是指无毒气体，可能由于存在量过大而引起氧气不足，造成人员窒息等伤害的气体。例如，氮气、氖气、氦气等惰性气体虽然没有毒，但如果在空气中的含量过高，也可导致人体窒息，从而引起人体机能发生病变，造成伤害。又如，氧气在空气中含量过低，能够造成人体缺氧性病变，造成伤害；含量过高，又极易发生火灾、爆炸及其他危害。再如，高压水蒸气、高压空气、二氧化碳等气体可给人造成烫伤、冻伤和物理性伤害等危害。因此，在特定的环境中，我们把某些无毒的气体统称为有害气体。

二、气体中毒与中毒机理

（一）中毒

有毒物质作用于人体，并能引起人体机能发生暂时或永久性病变的症状叫做中毒。例如，人误食了农药、吸入一氧化碳、硫酸撒到皮肤上、眼睛接触到刺激性气体等，所引起病变的症状，叫做中毒。

（二）气体中毒

有毒有害气体作用于人体的皮肤、眼睛或吸入体内，引起人体机能发生暂时或永久性病变的症状，叫做气体中毒。例如，吸入苯的蒸气、身体和眼睛与氨气接触所引起的病变症状等称为气体中毒。

（三）有毒气体中毒机理

1. 刺激性危害

吸入有毒气体、皮肤和眼睛接触有毒气体可引起黏膜刺激或灼伤，使肌体组织发炎，如眼结膜炎、鼻炎、咽炎、支气管炎、肺炎、肺水肿等。该类有毒气体如 H_2S、NH_3、Cl_2、CO、SO_2、HF、光气（CCl_2O）、氮氧化物（NO_x）等。

2. 腐蚀性危害

强酸（HCl、SO_2）、强碱（NH_3）性气体渗透皮肤作用强，可吸收组织中的水分（脱水）而放热，或吸热极速，并与蛋白质或脂肪结合，使组织细胞被烧死或冻死，导致发炎、溃烂，甚至也有部分进入组织血液，造成全身性的中毒。

3. 神经麻醉性危害

有机溶剂和吸入性麻醉药有强亲脂性（脂溶性高）。脑组织和细胞膜脂类含量高，因而上述物质可通过血脑屏障进入脑而抑制脑功能。该类物质如苯、汽油、甲醇、乙醚等。

4. 窒息性危害

窒息性危害即缺氧，又分为一般窒息性（物理窒息或机械窒息）和化学窒息性两种。一般窒息性是指空气中某些低毒或无毒气体（如 CO_2、N_2、H_2、He 等）增多，致使空气中的含氧量降低，阻止了氧气进入肺部，造成窒息性危害。化学窒息性是指某些气体（如 CO、HCN、NaCN、H_2S 等）能与血液中的血红蛋白结合，使血液失去输氧功能，造成窒息性危害。因脑和心肌对缺氧敏感，易产生损害。

5. 溶血性危害

溶血性危害主要是指造成溶血性贫血危害，即红细胞破坏加速，而骨髓造血功能代偿不足时发生的一类贫血。造成该类危害的物质如砷化氢、二硝基苯等。

6. 致敏性危害

致敏性危害是指对人体皮肤和黏膜产生过敏反应。造成该类危害的物质如对苯二胺、甲苯二异氰酸酯等。

三、有毒有害气体侵入人体的途径

有毒有害气体侵入人体的途径主要是呼吸道，通过呼吸道进入肺部，损害人体的机能；其次是皮肤和眼睛。腐蚀性气体对人的皮肤和眼睛伤害较大，非腐蚀性气体对人的皮肤和眼睛伤害较小。

（一）无毒类有害气体可造成人缺氧性窒息

无毒类有害气体，如氮气、水蒸气、液化石油气等气体，在空气中的浓度比例过高时可造成人缺氧性危害。轻者可造成头痛、恶心、眩晕等,重者可造成窒息死亡。因此,对无毒性的气体也要保持足够的警惕性,防止造成窒息危险。

(二)中毒类以上有毒气体极易造成中毒者猝死

中毒类以上的有毒气体如二硫化碳、氰化氢、氰化钠、氰化钾、氯化钡、碳酸钡、硫化氢、一氧化碳等,极易造成中毒者猝死。因此,在接触中毒类以上的有毒气体时一定要保持高度的警惕性;一定要佩戴隔绝式呼吸器,万万不可粗心大意,以免造成人员伤亡。

(三)腐蚀性气体不仅能造成呼吸系统损害,还能灼伤皮肤及眼睛

腐蚀性气体也是事故现场重点防护的有毒气体。能与水、水蒸气发生反应的有毒气体,通过与人的汗液、眼泪等接触、反应,给人的皮肤和眼睛造成侵害。浓度较低时可造成皮肤刺痒、眼睛流泪和视线不清;浓度较高时,可造成皮肤灼伤糜烂、眼睛失明等伤害。

常见腐蚀性气体有酸类(硫酸、盐酸、硝酸、铬酸)、氯及其化合物(光气、四氯化硅、四氯化钛、三氯化锑、三氯化磷、三氯化砷)、氮的氧化物(氧化亚氮、一氧化氮、二氧化氮)、氨、酯类(硫酸二甲酯、二异氰酸甲苯酯、氯甲酸甲酯)、二氧化硫、三氧化硫、金属化合物(氧化镉、硒化氢、羟基镍)、氟代烃类、八氟异丁烯、氟聚合物的裂解残液气和热解气、军用毒气(氮芥气、亚当氏气、路易氏气)等,可造成中毒性气管炎、中毒性支气管炎、急性喉阻塞、中毒性肺水肿等呼吸系统损害。

四、有毒有害气体的危险特性

有毒有害气体的危害主要体现在燃烧性、毒害性、窒息性、腐蚀性、爆炸性以及可能发生或加速氧化、分解、聚合等化学反应等方面。由于气体的扩散不受地形的限制,一些自然条件,比如风向、温度等都会影响气体的扩散速度,在泄漏和事故现场形成不断变化的燃烧爆炸或毒害危险区,进而波及更多的地方,形成比固体或液体泄漏更大的危险。

(一)燃烧性

多数有毒有害气体都具有可燃性,气体的燃烧往往同时伴有发光、发热等激烈的反应,由于燃烧产物的体积急剧膨胀,从而对周围的人员和环境造成巨大的压力冲击和高温破坏。因此,防护可燃气体的发生、扩散以及对火源的控制一直是石化、化工、煤矿、市政安全工作的重中之重。

根据燃烧条件,燃烧必须同时具备可燃物、助燃物和点火源以及连续反应的链式环境。这一般称为"火四边体"(参见本章第二节内容)。

对可燃气体而言,一旦泄漏并与空气接触,就已存在可燃物和助燃物两个条件。如果泄漏持久,可燃性气体的浓度和空气(氧气)就会达到一定的比例范围,若再存在火源,则发生爆炸就无法避免。而不断泄漏的可燃气体供应形成链式反应,就引起持续燃烧。因此,要消除可燃气体的燃烧危险性,就必须严防可燃气体泄漏到空气中,同时阻止火源引入其中,或在可燃气体容易泄漏的场所,严格控制火源的出现,比如,撞击、摩擦、绝热压缩、冲击波、明火、加热、高温、热辐射、电火花、电弧、静电、雷击、紫外线、红外线、放射线辐射、化学反应热、催化作用等。

（二）毒害性

有毒气体的毒害性可以通过吸入或皮肤接触途径侵入人体，它们与人体组织发生化学或物理化学作用，从而造成对人体器官的损害，破坏人体的正常生理机能，引起功能或器质性病变，导致暂时性或持久性病理损害，甚至危及生命。

有毒气体的毒性影响与有毒气体的本身性质、侵入人体的途径及侵入数量、暴露接触时间长短、作业人员防护设施用品及身体素质等各种因素有关。

在各类涉及有毒化学品的工作场所，可能会存在各种各样的有毒气体，国家对有毒物质在作业场所空气中的最高容许浓度有明确规定（见本书附表2）。需要注意的是，这一规定是作为正常工作或临时工作时可允许有毒气体存在的浓度（比如TWA、STEL等）的依据，换句话说，是作为不能引起慢性中毒的最低标准浓度，也是在工作环境中允许工人工作的最高浓度。当然，由于持续泄漏和通风不畅等原因，这些已经存在的有毒气体的浓度也可能通过不断积累达到中毒和致死浓度。

（三）窒息性

在实际工作中，由于不燃（惰性）气体存在而造成窒息危害（缺氧）的现象经常出现。大多数惰性气体，比如氮气、氖气、氦气等都无色无味，其化学性质稳定且不易分解。一旦窒息性气体大量存在，就会使得氧气浓度下降，造成密闭空间内局部区域氧气含量下降。例如，为驱散密闭容器内的有毒有害气体，我们经常要使用惰性气体进行置换，此时若未能及时引入空气，工人立即进入其内部进行检修作业，就会发生氧气不足，或者说窒息的危险；另外，在密闭空间或有限场所进行长时间消耗氧气的工作（比如焊接），也可能造成这种窒息危险。要预防工业气体窒息危害，必须按国家标准GB 8958—1988《缺氧危险作业安全规程》，采取安全防护措施，加强氧含量检测，由专人监护作业，防止危险发生。

（四）腐蚀性

很多具有强氧化还原性的有毒气体都具有腐蚀性，如氯气就是一种具有高毒性及腐蚀性的有毒有害气体，在发生氯气泄漏的突发事件时，氯气的毒性和腐蚀性都应作为此类气体的主要危险加以防护。

（五）爆炸性

爆炸是指一个物质从一种状态转化为另一种状态，并在瞬间以机械功的形式放出大量能量的过程。爆炸有物理性爆炸和化学性爆炸两种。物理性爆炸是物质因状态和压力发生突变等物理变化而形成的，压缩气体超压及液化气受热汽化引起的爆炸就属于物理性爆炸。物理性爆炸前后物质的化学成分及性质均无变化。化学性爆炸是指由于物质发生极其激烈的化学反应，产生高温、高压并释放出大量的热量而引起的爆炸。化学性爆炸以后物质的性质和成分均发生变化。可燃气体混合物爆炸、分解爆炸就属于化学爆炸。

有害气体的爆炸危险特性主要指化学性爆炸，在工作中，需要特别注意那些化学性质非常活泼（主要指容易氧化、分解或聚合）的气体。比如，氯气具有很强的氧化性，它可氧化活泼金属和氢气，生成氯化物，同时发热燃烧。含过氧基的氧化剂比氧气的氧化性更强（如环氧乙烷），它遇到胺、醇等多种有机物会发生强烈的氧化反应。

与上面谈到的在开放区域的燃烧性相比，有害气体的爆炸性更多体现在密闭空间中的可燃气体或化学活性较高气体造成的危害。

五、有毒有害气体的存在领域

可以说，在人类工作的任何环境中，都可能遇到有毒有害气体的威胁。因此，毫不夸张地讲，只要有人工作的地方，管理者都要关心在此工作环境中可能的有毒有害气体的存在。石油化工是有毒有害气体容易发生和产生危险的重要场所。石油化工的原料、中间产品、产品大多属于危险化学品，其固有的巨大能量和危险性会给人们的生命财产安全带来极大的威胁。稍有不慎就会造成事故，带来巨大的灾难。

石油化工生产过程中所使用的原材料、辅助材料、半成品和成品，如原油、天然气、汽油、液态烃、乙烯、丙烯等，绝大多数属易燃、可燃物质；另外，许多物料也是高毒和剧毒物质，如苯、甲苯、氰化氢、硫化氢、氯气等，这些物料处置不当或发生泄漏，就会在空气中挥发产生有毒有害气体；同时，石油化工生产过程中还要使用、产生多种强腐蚀性的酸、碱类物质，它们可能会使设备、管线出现腐蚀而导致有毒有害气体泄漏。石油化工生产装置呈现大型化和单系列的趋势发展，自动化程度高，只要有某一部位、某一环节发生故障或操作失误，就会牵一发而动全身。同时，石油化工生产过程的连续性强，在一些大型一体化装置区，装置之间相互关联，物料互供关系密切，一个装置的产品往往是另一装置的原材料，局部的问题往往会影响到全局。

煤矿开采中的事故已经成为我国煤矿生产中最大的威胁。由于我国经济发展对于能源需求的不断加大，各地大中小型煤矿都在最大限度地发挥产能。据调查，全国国有重点煤矿有一半左右属于高瓦斯（甲烷）或瓦斯突出矿井，瓦斯事故已经成为煤矿安全生产的最大危害。

烟气和汽车排放气体是有毒有害气体的另一种存在形式。各类化工、冶金、煤炭等领域的高炉烟气排放，将产生大量的有毒有害气体，汽车排放对城市空气质量也产生较大影响。

六、化学有害因素的职业接触限值

(1)8 h 统计加权平均容许浓度 TWA:8 h 统计权重平均值。人暴露在此浓度下工作 8 h 不致有不良反应。

(2)短时间接触容许浓度 STEL:短时间平均允许浓度。人连续暴露在此浓度下任何 15 min，不致有下列情况：①不可忍受之刺激；②慢性或不可逆之组织病变；③麻醉昏晕作用，意外事故增加之倾向或工作效率之降低。

(3)最高容许浓度 MAC:在一个工作地点、每一工作日内、任何时间不允许超过的浓度。

(4)立即致死量 IDLH:瞬间可造成死亡的最低浓度。

常见有毒有害物质的 TWA、STEL 和 MAC 浓度见表 1-10(a)。常见有毒有害气体浓度对人体的影响见表 1-10(b)。更多的有毒有害气体信息见本书附表 1 和附表 2。

表 1-10(a)　常见有毒有害物质的 TWA、STEL 和 MAC 浓度

序号	名称	TWA		MAC		STEL	
		mg/m^3	ppm	mg/m^3	ppm	mg/m^3	ppm
1	氨(NH_3)	20	29	—	—	30	43
2	苯(C_6H_6)	6	1.9	—	—	10	3.1
3	丙酮(CH_3COCH_3)	300	127	—	—	450	190
4	臭氧(O_3)	—	—	0.3	0.15	—	—
5	二氧化氮(NO_2)	5	2.7	—	—	10	5.3
6	二氧化硫(SO_2)	5	1.9	—	—	10	3.8
7	二氧化氯(ClO_2)	0.3	0.11	—	—	0.8	0.3
8	二氧化碳(CO_2)	9 000	5 000	—	—	18 000	10 000
9	二氧化锡(SnO_2)	2	0.36	—	—	5	0.9
10	五氧化二钒烟尘	0.05	0.007	—	—	0.15	0.02
11	氟化氢(HF)	—	—	2	2.5	—	—
12	镉及其化合物(以 Cd 计)	0.01	0.05	—	—	0.02	0.01
13	金属汞(Hg 蒸气)	0.02	0.002	—	—	0.04	0.004
14	光气(CCl_2O)	—	—	0.5	0.12	3.75	—
15	过氧化氢(H_2O_2)	1.5	1.08	—	—	—	2.7
16	环氧乙烷(CH_2CH_2O)	2	1.1	—	—	5	2.8
17	甲醇(CH_3OH)	25	19	—	—	50	38
18	甲苯(C_7H_8)	50	13.3	—	—	100	27
19	甲酸(HCOOH)	10	5.3	—	—	20	10.6
20	氢氧化钠(NaOH)	—	—	2	—	—	—
	氢氧化钾(KOH)	—	—	2	1.22	—	—
21	磷化氢(PH_3)	—	—	0.3	0.87	—	—
22	磷酸(H_3PO_4)	1	—	—	—	3	0.75
23	硫化氢(H_2S)	—	0.25	10	7.2	—	—
24	铅及无机化合物(铅尘)	—	—	0.05	0.006	—	—
25	氰化氢(HCN)	—	—	1	0.91	—	—
26	溶剂汽油	300	6 400	—	—	450	9 650
27	钨及其不溶性化合物(以 W 计)	5	0.66	—	—	10	1.33
28	五氧化二磷(P_2O_5)	—	—	1	0.01	—	—
29	氧化锌(ZnO)	3	0.31	—	—	5	1.5
30	液化石油气	1 000	420	—	—	1 500	630

续表 1-10(a)

序号	名称	TWA		MAC		STEL	
		mg/m³	ppm	mg/m³	ppm	mg/m³	ppm
31	一氧化氮(NO)	15	12.2	—	—	30	24.5
32	一氧化碳(CO)						
	非高原	20	17.5	—	—	30	26.2
	高原	—	—	—	—	—	—
	海拔 2 000 ~ 3 000 m	—	—	20	17.5	—	—
	海拔 > 3 000 m	—	—	15	13.1	—	—
33	乙醚($C_2H_5OC_2H_5$)	300	99	—	—	500	165
34	铟及其化合物(以 In 计)	0.1	0.02	—	—	0.3	0.06
35	正己烷(C_6H_{14})	100	28.4	—	—	180	51

表 1-10(b) 常见有毒有害气体浓度对人体的影响

气体名称	气体浓度(ppm)	对人体的影响
CO	50	允许的暴露浓度,可暴露 8 h(OSHA)
	200	2 ~ 3 h 内可能会导致轻微的前额头痛
	400	1 ~ 2 h 后前额头痛并呕吐,2.2 ~ 3.5 h 后眩晕
	800	45 min 内头痛、头晕、呕吐,2 h 内昏迷,可能死亡
	1 600	20 min 内头痛、头晕、呕吐,1 h 内昏迷并死亡
	3 200	5 ~ 10 min 内头痛、头晕,30 min 内无知觉,有死亡危险
	6 400	1 ~ 2 min 内头痛、头晕,10 ~ 15 min 内无知觉,有死亡危险
	12 800	马上无知觉,1 ~ 3 min 内有死亡危险
H_2S	0.13	最小的可感觉到臭味的浓度
	4.60	易察觉的有适度臭味的浓度
	10	开始刺激眼球,可允许的暴露浓度,可暴露 8 h(OSHA、ACGIH)
	27	强烈的不愉快的臭味,不能忍受
	100	咳嗽、刺激眼球,2 min 后可能失去嗅觉
	200 ~ 300	暴露 1 h 后,明显的结膜炎(眼睛发炎),呼吸道受刺激
	500 ~ 700	失去知觉,呼吸停止(中止或暂停),以至于死亡
	1 000 ~ 2 000	马上失去知觉,几分钟内呼吸停止并死亡,个别的即使马上搬到新鲜空气中,也可能死亡

续表 1-10(b)

气体名称	气体浓度(ppm)	对人体的影响
Cl_2	0.5	允许的暴露浓度(OSHA、ACGIH)
	3	刺激黏膜、眼睛和呼吸道
	3.5	产生一种易觉察的臭味
	15	马上刺激喉部
	30	30 min 内最大的暴露浓度
	100~150	肺部疼痛、压感,暴露稍长一会儿将引起死亡
NO	25	允许的暴露浓度(OSHA)
	30~50	较低的水溶性,因其超过 TWA 浓度,对黏膜也有轻微刺激
	60~150	刺激更强烈,咳嗽、烧伤喉部,如果快速移到清新空气中,症状会消除
	200~700	即使短时间暴露也会死亡
NO_2	0.2~1	可察觉的有刺激的酸味
	1	允许的暴露浓度(OSHA、ACGIH)
	5~10	对鼻子和喉部有刺激
	20	对眼睛有刺激
	50	30 min 内最大的暴露浓度
	100~200	肺部有压迫感,急性支气管炎,暴露稍长一会儿将引起死亡
SO_2	0.3~1	可察觉的最初的 SO_2
	2	允许的暴露浓度(OSHA、ACGIH)
	3	非常容易察觉的气味
	6~12	对鼻子和喉部有刺激
	20	对眼睛有刺激
	50~100	30 min 内最大的暴露浓度
	400~500	引起肺积水和声门刺激的危险浓度,延长一段暴露时间会导致死亡
HCN	10	允许的暴露浓度(OSHA)
	10~50	头痛、头晕、眩晕
	50~100	感到反胃、恶心
	100~200	暴露在此环境里 30~60 min 即引起死亡
NH_3	0~25	对眼睛和呼吸道的最小刺激
	25	允许的暴露浓度(OSHA、ACGIH)
	50~100	眼睑肿起,结膜炎,呕吐、刺激喉部
	100~500 及以上	高浓度时危险,刺激变得更强烈,稍长时间会引起死亡

七、常见有毒有害气体介绍

（一）一氧化碳

1. 理化性质

一氧化碳（Carbon monoxide，CO）纯品为无色、无臭、无刺激性的气体。分子量28.01，密度0.967 g/L，冰点为 -207 ℃，沸点 -190 ℃。在水中的溶解度甚低，但易溶于氨水。空气混合爆炸极限为12.5% ~74%。

2. 职业接触

含碳的物质燃烧不完全时，可产生CO气体。在工业生产中接触CO的作业不下70余种，如冶金工业中炼焦、炼铁、锻冶、铸造和热处理生产；化学工业中合成氨、丙酮、光气、甲醇的生产；矿井放炮、煤矿瓦斯爆炸事故；石油开采生产过程；碳素石墨电极制造；内燃机试车，都可能接触CO。炸药或火药爆炸后的气体含CO 30% ~60%。使用柴油、汽油的内燃机废气中也含CO 1% ~8%。

3. 中毒后的临床表现

1）急性中毒

急性一氧化碳中毒是我国发病和死亡人数最多的急性职业中毒。CO也是许多国家引起意外生活性中毒中致死人数最多的毒物。急性CO中毒的发生与接触CO的浓度及时间有关。我国车间空气中CO的最高容许浓度为30 mg/m^3。有资料证明，CO浓度达292.5 mg/m^3 时，可使人产生严重的头痛、眩晕等症状；CO浓度达到1 170 mg/m^3 时，吸入超过60 mg可使人发生昏迷；CO浓度达到11 700 mg/m^3 时，数分钟内可使人致死。

接触CO后如出现头痛、头昏、心悸、恶心等症状，于吸入新鲜空气后症状即可迅速消失者，属一般接触反应。

轻度中毒者出现剧烈的头痛、头昏、心跳、眼花、四肢无力、恶心、呕吐、烦躁、步态不稳、轻度至中度意识障碍（如意识模糊、朦胧状态），但无昏迷。于离开中毒场所吸入新鲜空气或氧气数小时后，症状逐渐完全恢复。

中度中毒者除上述症状外，还出现面色潮红、多汗、脉快、意识障碍（表现为浅至中度昏迷）。及时移离中毒场所并经抢救后可渐恢复，一般无明显并发症或后遗症。

重度中毒时，意识障碍严重，呈深度昏迷或植物状态。常出现瞳孔缩小，对光反射正常或迟钝，四肢肌张力增高，牙关紧闭，并可出现大小便失禁。脑水肿继续加重时，表现持续深度昏迷，体温升高达39 ~40 ℃，脉快而弱，血压下降，面色苍白或发绀，四肢发凉，出现潮式呼吸。

重度中毒患者经过救治从昏迷中苏醒的过程中，常出现躁动、意识混浊、定向力丧失，或失去远、近记忆力。经过积极抢救治疗，多数重度中毒患者仍可完全恢复。少数出现植物状态的，表现为意识丧失、睁眼不语。重度中毒者中还可出现脏器的缺氧性改变或并发；出现严重的心肌损害或休克；并发肺水肿者肺中出现湿啰音，呼吸困难。

2）低浓度CO对人体的影响

长期接触低浓度CO可能对人体健康造成两方面的影响。

神经系统：头晕、头痛、耳鸣、乏力、睡眠障碍、记忆力减退等脑衰弱综合征的症状比较多见，神经行为学测试可发现异常，多于脱离CO接触后即可恢复。

心血管系统：通过调查资料，结合动物实验研究，发现在低浓度CO的长期作用下，心血管系统有可能受到不利影响。

4. 急救处理

对急性CO中毒患者，应立即移至空气新鲜处，松开衣领，保持呼吸道通畅，并注意保暖，密切观察意识状态。轻度中毒者在通知医院治疗的同时，可以采取吸入氧气的办法，缓解症状。中度及重度中毒者，应立即送往医院救治。

5. 预防措施

（1）在有可能产生CO的场所，应加强自然通风，防止CO气体的沉积。

（2）在各作业施工现场，应严格遵守操作规程，定时检测有毒有害气体的浓度。有条件时，可用CO自动报警器。

（3）进入CO浓度较高的环境内，须戴供氧式防毒面具进行操作。

（4）应宣传普及预防知识，防止生活性CO中毒事故的发生。

（二）硫化氢

1. 理化性质

硫化氢（Hydrogen sulfide）为无色气体，具有臭蛋气味。分子式 H_2S，分子量34.08，相对密度1.19，熔点 -82.9 ℃，沸点 -61.8 ℃。易溶于水，亦可溶于醇类、石油溶剂和原油中。可燃上限为45.5%，下限为4.3%。燃点292 ℃。

2. 职业接触

在采矿和从矿石中提炼铜、镍、钴等，煤的低温焦化，含硫石油的开采和提炼，橡胶、人造丝、鞣革、硫化染料、造纸、颜料、菜腌渍、甜菜制糖、动物胶等工业中都有硫化氢产生；开挖和整治沼泽地、沟渠、水井、下水道、潜涵、隧道，清除垃圾、污物、粪便等作业，以及分析化学实验室工作者都有接触硫化氢的机会；天然气、矿泉水、火山喷气和矿下积水，也常伴有硫化氢存在。由于硫化氢可溶于水及油中，有时可随水或油流至远离发生源处，而引起意外中毒事故。硫化氢经黏膜吸收快，皮肤吸收甚少。误服含硫盐类与胃酸作用后产生硫化氢可经肠道吸收而引起中毒。

3. 中毒后的临床表现

硫化氢是一种神经毒剂，亦为窒息性和刺激性气体。其毒作用的主要靶器官是中枢神经系统和呼吸系统，亦可伴有心脏等多器官损害，对毒作用最敏感的组织是脑和黏膜接触部位。

硫化氢的急性毒作用靶器官和中毒机制可因其不同的浓度和接触时间而异。浓度越高则中枢神经抑制作用越明显，浓度相对较低时黏膜刺激作用明显。人吸入浓度70 ~ 150 mg/m^3 的硫化氢，出现呼吸道及眼刺激症状，吸2 ~ 5 min后嗅觉疲劳，不再闻到臭气；吸入300 mg/m^3，6 ~ 8 min后出现眼急性刺激症状，稍长时间接触引起肺水肿；吸入760 mg/m^3，15 ~ 60 min后发生肺水肿、支气管炎及肺炎，头痛、头昏、步态不稳、恶心、呕吐；吸入1 000 mg/m^3数秒钟，很快出现急性中毒，呼吸加快后呼吸麻痹而死亡。

急性硫化氢中毒一般发病迅速，出现以脑和（或）呼吸系统损害为主的中毒后的临床表现，亦可伴有心脏等器官功能障碍。中毒后的临床表现可因接触硫化氢的浓度等因素不同而有明显差异。

1）中枢神经系统损害（最为常见）

接触较高浓度硫化氢后可出现头痛、头晕、乏力、共济失调，可发生轻度意识障碍，常先出现眼和上呼吸道刺激症状。

接触高浓度硫化氢后以脑病表现为显著，出现头痛、头晕、易激动、步态蹒跚、烦躁、意识模糊、谵妄、癫痫样抽搐可呈全身性强直—阵挛发作等；可突然发生昏迷，也可发生呼吸困难或呼吸停止后心跳停止。眼底检查可见个别病例有视神经乳头水肿。部分病例可同时伴有肺水肿。脑病症状常较呼吸道症状的出现为早。可能因发生黏膜刺激作用需要一定时间。

接触极高浓度硫化氢后可发生电击样死亡，即在接触后数秒或数分钟内呼吸骤停，数分钟后可发生心跳停止；也可立即或数分钟内昏迷，并呼吸骤停而死亡。死亡可在无警觉的情况下发生，当察觉到硫化氢气味时可立即丧失嗅觉，少数病例在昏迷前瞬间可嗅到令人作呕的甜味。死亡前一般无先兆症状，可先出现呼吸深而快，随之呼吸骤停。

急性中毒时多在事故现场发生昏迷，其程度因接触硫化氢的浓度和时间而异，偶可伴有或无呼吸衰竭。部分病例在脱离事故现场或转送医院途中即可复苏。到达医院时仍维持生命体征的患者，如无缺氧性脑病，多恢复较快。昏迷时间较长者在复苏后可有头痛、头晕、视力或听力减退、定向障碍、共济失调或癫痫样抽搐等，绝大部分病例可完全恢复。

中枢神经症状极严重，而黏膜刺激症状不明显，可能因接触时间短，尚未发生刺激症状；或因全身症状严重而易引起注意之故。

2）呼吸系统损害

可出现化学性支气管炎、肺炎、肺水肿、急性呼吸窘迫综合征等。少数中毒病例可以肺水肿的中毒后的临床表现为主，而神经系统症状较轻，可伴有眼结膜炎、角膜炎。

3）心肌损害

在中毒病程中，部分病例可发生心悸、气急、胸闷或心绞痛样症状；少数病例在昏迷恢复、中毒症状好转 1 周后发生心肌梗死样表现。心肌酶谱检查可有不同程度的异常。

4. 急救处理

（1）现场抢救极为重要，因空气中含极高硫化氢浓度时常在现场引起多人电击样死亡，如能及时抢救可降低死亡率，减少转院人数，减轻病情。应立即使患者脱离现场至空气新鲜处。有条件时立即给予吸氧。现场抢救人员应有自救互救知识，以防抢救者进入现场后自身中毒。

（2）维持生命体征。对呼吸或心脏骤停者应立即施行心肺脑复苏术。对在事故现场发生呼吸骤停者如能及时施行人工呼吸，则可避免随之而发生心脏骤停。在施行口对口人工呼吸时，施行者应防止吸入患者的呼出气或衣服内逸出的硫化氢，以免发生二次中毒。

（3）以对症、支持治疗为主。对有眼刺激症状者，立即用清水冲洗，对症处理。

5. 预防措施

（1）监测仪器完好，监测人员在下风头监测必须戴防毒用品，施工时随时监测硫化氢浓度，发现硫化气浓度超标，即时报警，施工人员迅速撤离到安全区。

（2）对含有硫化氢作业井计量产液量时，计量人员必须戴防毒用品。

（3）井场布置合理，值班房设在上风头。

（4）在含硫化氢的油气井作业时，井口和管材必须用防硫的井口和管材。

（三）二氧化硫

1. 理化性质

二氧化硫（Sulphur dioxide）又名亚硫酐，为无色有强烈辛辣刺激味的不燃性气体。分子量64.07，密度2.3 g/L，溶点-72.7 ℃，沸点-10 ℃。溶于水、甲醇、乙醇、硫酸、醋酸、氯仿和乙醚。易与水混合，生成亚硫酸（H_2SO_3），随后转化为硫酸。在室温及392.2～490.3 kPa压强下为无色流动液体。

2. 职业接触

燃烧含硫燃料、熔炼硫化矿石、烧制硫磺、制造硫酸和亚硫酸、硫化橡胶、制冷、漂白、消毒、熏蒸杀虫、镁冶炼、石油精炼、某些有机合成等作业工人和有关人员皆有可能接触。另外，它是常见的工业废气及大气污染的成分。

二氧化硫属中等毒类，对眼和呼吸道有强烈刺激作用，吸入高浓度二氧化硫可引起喉水肿、肺水肿、声带水肿及（或）痉挛导致窒息。

3. 中毒后的临床表现

1）急性中毒

吸入二氧化硫后很快出现流泪，畏光，视物不清，鼻、咽、喉部烧灼感及疼痛，咳嗽等眼结膜和上呼吸道刺激症状。较重者可有声音嘶哑、胸闷、胸骨后疼痛、剧烈咳嗽、心悸、气短、头痛、头晕、乏力、恶心、呕吐及上腹部疼痛等。检查可见眼结膜充血水肿，鼻中隔软骨部黏膜小块发白的灼伤，两肺可闻干湿啰音。严重者发生支气管炎、肺炎、肺水肿，甚至呼吸中枢麻痹，当吸入浓度高达5 240 mg/m^3 时，立即引起喉痉挛、喉水肿，迅速死亡。液态二氧化硫污染皮肤或溅入眼内，可造成皮肤灼伤和角膜上皮细胞坏死，形成白斑、疤痕。

2）慢性影响

长期接触低浓度二氧化硫，引起嗅觉、味觉减退甚至消失，头痛、乏力，牙齿酸蚀，慢性鼻炎，咽炎，气管炎，支气管炎，肺气肿，肺纹理增多，弥漫性肺间质纤维化及免疫功能减退等。

4. 急救处理

（1）立即将患者移离有毒场所，呼吸新鲜空气或氧气，雾化吸入2%～5%碳酸氢钠+氨茶碱+地塞米松+抗生素。用生理盐水或清水彻底冲洗眼结膜囊及被液体二氧化硫污染的皮肤。

（2）对吸入高浓度二氧化硫有明显刺激症状但无体征者，应密切观察不少于48 h，并对症治疗。

（3）积极防治肺水肿，可早期、足量、短期应用糖皮质激素。需要时可用二甲基硅油消泡剂。

（4）对症及支持治疗。

5. 预防措施

（1）应严格按照刺激性气体有害作业要求操作和做好个人防护。施工时随时监测二氧化硫浓度，空气中二氧化硫浓度不应超过15 mg/m^3 的最高容许浓度，发现二氧化硫浓度超标，即时报警，施工人员迅速撤离到安全区。

（2）在含有二氧化硫作业井作业时，施工人员必须戴防毒用品。

（3）井场布置合理，值班房设在上风头，井口和管材必须用防硫的井口和管材。

（4）有明显呼吸系统及心血管系统疾病者，禁止从事与二氧化硫有关的作业。

（四）氮氧化物

1. 理化性质

氮氧化物（Nitrogen oxides）包括多种化合物，如氧化亚氮（N_2O）、一氧化氮（NO）、二氧化氮（NO_2）、三氧化二氮（N_2O_3）、四氧化二氮（N_2O_4）和五氧化二氮（N_2O_5）等。除二氧化氮以外，其他氮氧化物均极不稳定，遇光、湿或热变成二氧化氮及一氧化氮，一氧化氮又变为二氧化氮。因此，职业环境中接触的是几种气体混合物，常称为硝烟(气)，主要为一氧化氮和二氧化氮，并以二氧化氮为主。

一氧化氮(NO)为无色气体，分子量30.01，熔点 -163.6 ℃，沸点 -151.5 ℃，蒸气压101.31 kPa(-151.7 ℃)。溶于乙醇、二硫化碳，微溶于水和硫酸，水中溶解度4.7% (20 ℃)。性质不稳定，在空气中易氧化成二氧化氮 ($2NO + O_2 \rightarrow 2NO_2$)。

二氧化氮(NO_2)在21.1 ℃温度时为红棕色刺鼻气体；在21.1 ℃以下时呈暗褐色液体。在 -11 ℃以下温度时为无色固体，加压液体为四氧化二氮。分子量46.01，熔点 -11.2 ℃，沸点21.2 ℃，蒸气压101.31 kPa(21 ℃)，溶于碱、二硫化碳和氯仿，微溶于水。性质较稳定。

2. 职业接触

多种职业活动中接触到氮氧化物，如制造硝酸或使用硝酸浸洗金属；制造硝基炸药、硝化纤维、苦味酸等硝基化合物、苯胺染料的重氮化过程以及有机物(如木屑、纸屑)接触浓硝酸；硝基炸药的爆炸、含氮物质和硝酸燃烧；卫星发射、火箭推进所产生的气体也含有大量的氮氧化物气体；电焊、亚弧焊、气割及电弧发光时，产生的高温能使空气中氧和氮结合成氮氧化物；汽车内燃机排出的废气中也含有氮氧化物。

3. 中毒后的临床表现

急性氮氧化物中毒主要损害靶器官为呼吸系统。根据中毒后的临床表现分为急性轻度、中度、重度中毒。

1)急性轻度中毒

一般在吸入氮氧化物几小时至72 h潜伏期后，出现胸闷、咳嗽、咳痰等，伴有轻度头痛、头晕、无力、心悸、恶心、发热等症状；眼结膜及鼻咽部轻度充血及肺部有散在的干啰音。胸部X线片可见肺纹理增强，或肺纹理边缘模糊。血气分析：呼吸空气时，动脉血氧分压可低于预计值1.33 ~2.66 kPa。

2)急性中度中毒

有呼吸困难、胸部紧迫感，咳嗽加剧，咳痰或咳血丝痰，常伴有头晕、头痛、无力、心悸、恶心等症状，并有轻度紫绀。两肺有干啰音或散在湿啰音。血白细胞总数增高。胸部X线片可见肺野透亮度减低，肺纹理增多、紊乱、模糊，呈网状阴影；或有局部或散在的点片状阴影，或相互融合成斑片状阴影，边缘模糊。血气分析：在吸低浓度氧(小于50%)时，才能维持动脉血氧分压大于8 kPa。

3)急性重度中毒

出现下列中毒后的临床表现之一者为重度中毒。

(1)肺水肿：呼吸窘迫，咳嗽加剧，咳大量白色或粉红色泡沫痰，明显紫绀。两肺可闻干湿啰音。胸部X片可见两肺满布密度较低、边缘模糊的斑片状阴影或呈大小不等的云絮状阴影，有的相互融合成大片状阴影。可伴有气胸、纵隔气肿等并发症。血气分析：在吸入高浓度氧 (大于50%)的情况下，动脉血氧分压小于8 kPa(60 mmHg)。

(2)昏迷或窒息。

(3)急性呼吸窘迫综合征 。

4)迟发性阻塞性毛细支气管炎

在吸入氮氧化物气体，无明显急性中毒症状或在肺水肿恢复阶段后2周左右，突然发生咳嗽、胸闷,进行性呼吸困难,明显紫绀。两肺可闻干湿啰音或细湿啰音。胸部X片可见两肺满布粟粒状阴影。

长期接触低浓度(超过最高容许浓度)的氮氧化物,可引起支气管炎和肺气肿。

4. 急救处理

(1)患者应迅速脱离中毒现场,保温、静卧休息。有呼吸困难者,吸氧并给予必要的紧急处理。

(2)对密切接触氮氧化物者需观察24~72 h,注意病情变化,给予适当的对症治疗。

(3)积极防治肺水肿,注意保持呼吸道通畅,配合医院治疗。

5. 预防措施

(1)改革工艺过程,加强通风排毒设备,使空气中氮氧化物浓度在国家规定的最高容许浓度以下。

(2)定期检修设备,减少跑、冒、滴、漏现象发生,严格遵守安全操作规程。

(3)加强个人防护意识,如根据需要戴好送风式防毒面具等。

(4)患有明显的呼吸系统疾病如慢性支气管炎、肺气肿、支气管炎、哮喘、支气管扩张、肺心病及明显的心血管系统疾病等,不宜从事与氮氧化物有关的作业。

(五)甲醛

1. 理化性质

甲醛(Methanal),别称蚁醛(formaldehyde),产品别名福尔马林,化学式CH_2O,结构简式HCHO。分子量30.03,密度1.083,折射率1.375 5~1.377 5,闪点60 ℃,具水溶性,沸点-19.5 ℃,熔点-118 ℃。甲醛是一种无色、有强烈刺激性气味的气体,易溶于水、醇和醚。甲醛在常温下是气态,通常以水溶液形式出现。35%~40%的甲醛水溶液叫做福尔马林。甲醛分子中有醛基生缩聚反应,得到酚醛树脂(电木)。

甲醛是一种重要的有机原料,主要用于塑料工业(如制酚醛树脂、脲醛塑料——电玉)、合成纤维(如合成维尼纶——聚乙烯醇缩甲醛)、皮革工业、医药工业、染料工业等。福尔马林具有杀菌和防腐能力,可浸制生物标本,其稀溶液(0.1%~0.5%)在农业上可用来浸种,给种子消毒。工业上常用催化氧化法由甲醇制取甲醛。甲醛可与银氨溶液产生银镜反应,使试管内壁上附着一薄层光亮如镜的金属银(化合态银被还原,甲醛被氧化);与新制的氢氧化铜悬浊液反应生成红色沉淀氧化亚铜。

2. 职业接触

各种人造板材(刨花板、纤维板、胶合板等)中由于使用了黏合剂,因而可含有甲醛。新式家具的制作,墙面、地面的装饰铺设,都要使用黏合剂。凡是大量使用黏合剂的地方,总会有甲醛释放。此外,某些化纤地毯、油漆涂料也含有一定量的甲醛。甲醛还可来自化妆品、清洁剂、杀虫剂、消毒剂、防腐剂、印刷油墨、纸张、纺织纤维等多种化工轻工产品。

甲醛是最简单的醛,通常把它归为饱和一元醛,但它又相当于二元醛。在与弱氧化剂的反应中,每摩尔HCHO最多可还原出4 mol的Ag或2 mol的氧化亚铜,这都是乙醛还原能力的两倍,故甲醛又像二元醛。

3. 中毒后的临床表现

常温下,甲醛是无色、具有强烈气味的刺激性气体,其35%~40%的水溶液通常称为福尔马林。甲醛是原浆毒物,能与蛋白质结合。吸入高浓度甲醛后,会出现呼吸道的严重刺激和水肿、眼刺痛、头痛,也可发生支气管哮喘。皮肤直接接触甲醛,可引起皮炎、色斑、坏死。经常吸入少量甲醛,能引起慢性中毒,出现黏膜充血、皮肤刺激症、过敏性皮炎、指甲角化和脆弱、甲床指端疼痛。孕妇长期吸入可能导致新生婴儿畸形,甚至死亡。男子长期吸入可导致精子畸形、死亡,性功能下降,严重的可导致生殖能力缺失。全身症状有头痛、乏力、胃纳差、心悸、失眠、体重减轻以及植物神经紊乱等。

甲醛对健康危害主要有以下几个方面:

(1)刺激作用。甲醛的主要危害表现为对皮肤黏膜的刺激作用,甲醛是原浆毒物,能与蛋白质结合,高浓度吸入时出现呼吸道严重的刺激和水肿、眼刺激、头痛。

(2)致敏作用。皮肤直接接触甲醛可引起过敏性皮炎、色斑、坏死,吸入高浓度甲醛时可诱发支气管哮喘。

(3)致突变作用。高浓度甲醛还是一种基因毒性物质。实验动物在实验室高浓度吸入的情况下,可引起鼻咽肿瘤。

第四节　化学计量基础

化学是研究物质组成、结构及其变化的科学。化学计量是指对各种物质的成分和物理特性、基本物理常数的分析测定。化学计量采用相对计量,通过标准物质传递量值。化学计量与标准物质既密切相关,又相互区别,标准物质是化学计量的基准或标准,是化学计量的核心,但标准物质所保存和复现的量值,并不局限于化学计量范畴,还包括物理、生物和工程特性量值。化学计量大体可分为物理化学计量和分析化学计量。化学计量通过标准物质、标准方法和标准数据等手段进行量值传递和溯源。

一、物质的量的含义

物质的量的单位——摩尔(mol)。

摩尔是一体系的物质的量,该体系中所包含的基本单元数与 0.012 kg 碳 12 的原子数目相等。在使用摩尔时,应指明基本单元是原子、分子、离子及其他粒子,或是这些粒子的特定组合。摩尔可用来代表特定数目的粒子,也可以用来代表以克为单位的特定质量。

1 mol 的物质具有的结构粒子数应是 Avogadro 常数,例如:

1 mol Cu 原子 $= 6.02\times10^{23}$ Cu 原子

1 mol SO_2 分子 $= 6.02\times10^{23}$ SO_2 分子

1 mol Cl^-离子 $= 6.02\times10^{23}$ Cl^-离子

1mol C—C 键 $=6.02\times10^{23}$ C—C 键

摩尔代表物质的 1 克式量,例如:

1 mol Fe 的 1 克式量 Fe = 55.85 g Fe

1 mol CO_2的 1 克式量 $CO_2 = 12.01\ g + 2\times(16.00\ g) = 44.01\ g\ CO_2$

当一种物质由单个原子(如 Fe、C、…)组成时,摩尔和克原子量具有相同的质量并代表相同的粒子数目(6.02×10^{23})。对于分子型物质(如 CO_2)摩尔和克分子量具有相同的质量并代表相同的粒子数目(6.02×10^{23})。

二、气体定律

气体是物质的一种存在状态。一种物质的分子在气体状态中彼此之间有着较大的间距，均匀地充满空间，无规则运动，互相之间不停地碰撞。运动随温度的升高而加剧，阻碍分子结合。因此，气体能发生变形，当压力和温度变化时，其体积就会有大的改变。

气体可分为理想气体和实际气体。在自然界中存在的所有气体都是实际气体。它由分子组成，具有一定的体积。它们之间有分子力在起作用，人们称它为范德华力。

在理想气体状态中，分子可以理解为点状的，忽略本身所占有的体积，并假设它们之间没有作用力。在压力相当小、温度相当高时，可以把许许多多自然气体和工业气体看做理想气体，用理想气体状态方程式进行计算。

（一）理想气体状态方程

理想气体状态方程是一个用来描述气体四个基本变量之间关系的方程式。通常以下式表示

$$PV = nRT \tag{1-24}$$

式中，P 为压力，Pa；V 为体积，m^3；n 为气体摩尔数，mol；T 为以开尔文温标表示的气体绝对温度，K；R 为气体常数，对理想气体，如果压力、温度和体积都采 SI 单位，则 $R = 8.31$ Pa · m^3/(mol · K)。

（二）道尔顿（Dlton）分压定律

容器内的总压力等于组成气体压力之和。

某种气体的分压等于与混合气体相同温度和压力下，该气体在容器中单独存在时所具有的压力。

三、气体含量表示方法

根据国家标准规定，气体含量有如下几种表示方法。

（一）气体的质量分数（W_B）

气体 B 的质量 m_B 与混合气体中各组分的质量总和之比为气体的质量分数。

$$W_B = \frac{m_B}{\sum_{i=1}^{n} m_i} \tag{1-25}$$

此量的量纲为 1，通常用 10^{-2}（%）、10^{-6}（ppm）、10^{-9}（ppb）、10^{-12}（ppt）表示。以前有使用% wt（质量百分浓度）、ppm wt、ppb wt。

（二）气体的质量摩尔浓度（m_B）

气体 B 的物质的量 n_B 除以混合气体的总质量为气体的质量摩尔浓度。

$$m_B = \frac{n_B}{m_A} \quad (\mathrm{mol/kg}) \tag{1-26}$$

式中，m_A 为混合气体的总质量，kg；n_B 为气体 B 的物质的量（摩尔数），mol。

（三）气体的物质的量浓度（c_B）

气体 B 的物质的量 n_B 除以混合气体的体积为气体的物质的量浓度，简称气体 B 的浓度。

$$c_B = \frac{n_B}{V} \quad (\mathrm{mol/m^3}) \tag{1-27}$$

（四）气体的摩尔分数（X_B）

气体 B 的物质的量 n_B 与混合气体物质的量的总和之比为气体的摩尔分数。

$$X_B = \frac{n_B}{\sum_{i=1}^{n} n_i} \tag{1-28}$$

式中，n_B 为气体 B 的物质的量（摩尔数），mol；n_i 为混合气体 i 组分的物质的量，mol。

此量的量纲为 1，通常用 10^{-2}、%（mol/mol）、10^{-6}（μmol/mol）表示。

（五）气体的体积分数（Ψ_B）

气体 B 的体积 V_B 与混合气体总体积之比为气体的体积分数。

$$\Psi_B = \frac{V_B}{\sum_{i=1}^{n} V_i} \tag{1-29}$$

此量的量纲为 1，通常用 10^{-2}、%（V/V）、10^{-6}表示。

以前有使用% VOL（体积百分数）、ppm vol、ppb vol。

对于理想气体而言，摩尔分数等于体积分数，即 $X_B = \Psi_B$。

应当指出，理想气体状态方程仅适用于常温常压下的一般干气体。对于一些较易液化的气体，如 CO_2、SO_2、NH_3、C_3H_8、C_4H_{10}等，在一般温度和压力下，与理想气体状态方程的偏差就比较明显。另外，一些气体在高压、低温及接近液态时，应用理想气体状态方程也会带来较大偏差。因此，对于这些气体在应用理想气体状态方程时，应增加一个气体压缩系数 Z 来加以修正。

气体检测计量中，一般可认为摩尔分数等于体积分数，其前提是气体满足理想气体状态方程，对于真实气体而言，两者并不完全相等，但由于两者差别很小，所以往往忽略不计。

（六）气体的质量浓度（ρ_B）

气体 B 的质量 m_B 除以混合气体的体积 V 为气体的质量浓度。

$$\rho_B = \frac{m_B}{V} \quad (\mathrm{kg/m^3}) \tag{1-30}$$

常用的单位是 kg/m^3、g/m^3、mg/m^3。

四、气体浓度或含量的换算

（1）摩尔分数（X_B）与质量浓度（ρ_B）的换算：

$$X_B(10^{-6}) = \frac{\text{摩尔体积(L)}}{\text{摩尔质量(g)}} \times \rho_B \quad (\mathrm{mg/m^3}) \tag{1-31}$$

（2）质量分数（W_B）与质量浓度（ρ_B）的换算：

$$W_B = \rho_B \cdot V/(\rho \cdot V) = \rho_B/\rho \tag{1-32}$$

$$\rho_B = \rho \cdot W_B$$

（3）质量浓度（ρ_B）与物质的量浓度（c_B）的换算：

$$\rho_B = c_B \cdot m_B/ n_B \tag{1-33}$$

只要了解以下关系，就不难进行正确换算：

理想气体状态方程式 $PV = nRT$。

物质的质量 g 与该物质摩尔数 n 的关系式 $n = \frac{g}{M}$。其中，M 为物质的克分子量。

在一定温度、压力下某物质质量 g，与该物质体积 V 的关系式 $V=\frac{g}{M}V_{mol}$。式中，V_{mol} 为物质在一定温度和压力条件下的摩尔体积。表 1-11 为一些常见气体的摩尔体积。常见气体的物理性质见附表 4。

表 1-11　常见气体在 0 ℃、101. 325 kPa 下的摩尔体积

序号	组分名称	摩尔体积(L)	克分子量
1	甲烷(CH_4)	22. 36	16. 04
2	乙烷(C_2H_6)	22. 16	30. 07
3	乙烯(C_2H_4)	22. 24	28. 05
4	乙炔(C_2H_2)	22. 22	26. 04
5	丙烷(C_3H_8)	22. 00	44. 09
6	丙烯(C_3H_6)	21. 96	42. 08
7	正丁烷($n-C_4H_{10}$)	21. 50	58. 12
8	异丁烷($i-C_4H_{10}$)	21. 78	58. 12
9	正戊烷($n-C_5H_{12}$)	20. 87	72. 14
10	正庚烷($n-C_7H_{16}$)	22. 47	100. 19
11	氢(H_2)	22. 43	2. 016
12	空气	22. 40	28. 96
13	氮(N_2)	22. 40	28. 02
14	氧(O_2)	22. 39	32. 00
15	水(H_2O)	23. 45	18. 016
16	氦(He)	22. 42	4. 003
17	氖(Ne)	22. 43	20. 18
18	氩(Ar)	22. 39	39. 95
19	氪(Kr)	23. 00	83. 80
20	氙(Xe)	22. 29	131. 3
21	氨(NH_3)	22. 08	17. 034
22	一氧化碳(CO)	22. 40	28. 01
23	二氧化碳(CO_2)	22. 26	44. 01
24	氧硫化碳(COS)	22. 1	60. 08
25	硫化氢(H_2S)	22. 14	34. 086
26	二氧化硫(SO_2)	21. 89	64. 07

LEL：气体爆炸下限的浓度。如 10% LEL 指的是达到了气体爆炸下限浓度的 10%。

VOL：气体体积百分比。如 5% VOL 指的是特定气体在空气中的体积占 5%。

单位之间的关系：一般来说，ppm 用于较为精确的测量；LEL 用于爆炸性气体的测量；VOL 的数量级是它们三个中最大的。我们举个例子，如甲烷的爆炸下限是 5% VOL，所以 10% LEL 的甲烷气体有以下对应关系：10% LEL = 5 000 ppm = 0. 5% VOL。各种含量之间的关系与温度和大气压力有关，换算关系见表 1-12 和表 1-13。

表 1-12　气体浓度单位换算表(1)(20 ℃、101.325 kPa 下,空气中)

浓度单位	换算后单位	需乘的换算系数	说明
mg/m^3	μg/L ppm vol ppm wt	1 $24.04/M$ 0.830 1	M:气体组分的摩尔质量,g 24.04:20 ℃、101.325 kPa 下,1 mol 气体分子的体积,L $24.04 = 22.4\times[(273.15+20)\div 273.15]$ $0.8301 = 24.04\div 28.96$ 28.96:干空气的摩尔质量,g
ppm vol	mg/m^3 μg/L ppm wt	$M/24.04$ $M/24.04$ $M/28.96$	
ppm wt	mg/m^3 μg/L ppm vol	1.204 7 1.204 7 $28.96/M$	$1.2047 = 1\div 0.8301$
$1b/ft^3$	mg/m^3 μg/L ppm vol ppm wt	16.0169×10^6 16.0169×10^6 $385.0463\times10^6/M$ 13.2956×10^6	1 b = 453.6 g = 453 600 mg $1\ ft^3 = 28.32\ L = 0.02832\ m^3$ $1\ b/ft^3 = 453600\div 0.02832 = 16.0169\times10^6\ mg/m^3$ $385.0463\times10^6/M = 16.0169\times10^6\times 24.04/M$ $13.2956\times10^6 = 16.0169\times10^6\times 0.8301$

注:如 ppm wt(20 ℃,空气中)为 ppm wt(20 ℃,混合气体中)时,用 M_{mix} 代替 28.96 即可,M_{mix} 为混合气体的平均摩尔质量,g。

表 1-13　气体浓度单位换算表(2)(20 ℃、101.325 kPa 下,混合气体中)

浓度单位	换算后单位	需乘的换算系数	说明
mg/m^3	$\mu g/m^3$ μg/L ppm vol ppm wt	1 000 1 $24.04/M$ $24.04/M_{mix}$	M:气体组分的摩尔质量,g 24.04:20 ℃、101.325 kPa 下,1 mol 气体分子的体积,L $24.04 = 22.4\times[(273.15+20)\div 273.15]$ M_{mix}:混合气体的平均摩尔质量,g
ppm vol	mg/m^3 ppm wt	$M/24.04$ M/M_{mix}	
ppm wt	mg/m^3 ppm vol	$M_{mix}/24.04$ M/M_{mix}	
$1\ b/ft^3$	mg/m^3 ppm vol ppm wt	16.0169×10^6 $385.0463\times10^6/M$ $385.0463\times10^6/M_{mix}$	1 b = 453.6 g = 453 600 mg $1\ ft^3 = 28.32\ L = 0.02832\ m^3$ $1\ b/ft^3 = 453600\div 0.02832 = 16.0169\times10^6\ mg/m^3$ $385.0463\times10^6/M = 16.0169\times10^6\times 24.04/M$

注:表中 ppm wt 的条件为 20 ℃、101.325 kPa 下,混合气体中。如果 ppm wt 的条件改为 20 ℃、101.325 kPa 下,空气中,用 28.96 代替 M_{mix} 进行计算即可,28.96 为干空气的摩尔质量,g。

五、气体浓度计算实例

例题1 请将 20 ℃、101. 325 kPa 下浓度为 100 mg/m^3 的 CO/N_2 表示为摩尔比。

解题:(1)查表可知,N_2 在 0 ℃和 101. 3 kPa 下的体积为 22. 40 L,根据理想方程可以计算出 20 ℃、101. 325 kPa 下 N_2 的摩尔体积为

$$V_{20\ ℃} = \frac{273+20}{273} \times 22.40 = 24.04(\mathrm{L})$$

(2)计算 N_2 的摩尔数 n_{N_2}。

因 1 m^3 等于 1 000 L,因此在 20 ℃、101. 325 kPa 下

$$n_{N_2} = \frac{1\ 000}{24.04} = 41.60(\mathrm{mol})$$

(3)计算 CO 的摩尔数 n_{co}。

因 CO 的分子量为 28,因此

$$n_{co} = \frac{100 \times 10^{-3}}{28} = 3.57 \times 10^{-3}(\mathrm{mol})$$

至此,可以计算出以摩尔比表示的含量为

$$\frac{3.57 \times 10^{-3}}{41.60} = 85.8 \times 10^{-6}(\mathrm{mol/mol})$$

此处分母忽略了一氧化碳的摩尔体积。

例题2 请将在 20 ℃、101. 325 kPa 下浓度为 200 mg/m^3 的空气中异丁烷表示为摩尔比(已知异丁烷分子量为 58)。

解题:上题方法可计算出 1 m^3 的空气的摩尔数为

$$\frac{1\ 000}{24.04} = 41.60$$

异丁烷的分子量为 58,因此计算的摩尔比为

$$\frac{200}{58 \times 41.60} \times 10^{-3} = 82.8(\mu\mathrm{mol/mol})$$

例题3 将在 0 ℃、101. 325 kPa 下 100 μmol/mol 氮中异丁烷表示为体积比含量,已知氮和异丁烷的摩尔体积分别为 22. 40 L 和 21. 78 L。

解题:
$$\frac{100 \times 21.78 \times 10^{-6}}{1 \times 22.40} = 97.2 \times 10^{-3}(\mathrm{V/V})$$

例题4 将 0 ℃、101. 325 kPa 下体积比含量为 1. 10% (V/V)空气中异丁烷表示为摩尔比。

解题:1. 10% (V/V)即表示在 100 份的此混合物中含有混合物的摩尔比,可以用下式计算:

$$\frac{1.10}{100}(\mathrm{V/V}) = \frac{1.10/21.78}{98.9/22.40 + 1.10/21.78} = \frac{50.5 \times 10^{-3}}{4.466} = 1.13\%(\mathrm{mol/mol})$$

例题5 氨气(NH_3)的加权平均容许浓度 TWA 为 20 mg/m^3,换算为 ppm 单位。

解题:单位换算关系式为 1 mg/m^3 = 24. 04/M ppm,所以 20 × 24. 04/17 = 28. 3 ppm。

例题6 用可燃气体报警器测得天然气的浓度为 25% LEL,如果用% VOL 表示,其浓度是多少?

解题:天然气的爆炸下限为5% VOL,所以浓度为25% ×5% =1.25% VOL。

例题7 计算20 ℃、101.325 kPa下100 mg的H_2S的体积,已知H_2S的分子量为34,标准状态下的摩尔体积为22.14 L。

解题:

$$V_{20\ ℃}=\frac{273.15+20}{273.15}\times 22.14=23.76(\text{L})$$

$$V=\frac{g}{M}V_{20\ ℃}=\frac{100\times 10^{-3}}{34}\times 23.76=70\times 10^{-3}(\text{L})$$

第五节　气体检测报警仪器分类

气体检测报警仪器是用来检测气体成分浓度的仪器,通常由传感器、检测器、控制器等部件组成,可以实现声、光、电、振动等报警形式。其规格品种很多,按使用方式可分为便携式气体报警仪器、固定式气体报警仪器和移动式气体报警仪器。

便携式气体报警仪器是将传感器、测量电路、显示器、报警器、充电电池、抽气泵等组装在一个壳体内,成为一体式仪器,小巧轻便,便于携带,有的还采用泵吸式采样,可随时随地进行检测。

固定式气体报警仪器固定在现场,连续自动检测气体,超限自动报警,有的还可自动控制排风机等设备。固定式仪器又分为一体式和分体式两种。一体式固定有害气体检测报警仪器与便携式仪器一样,不同的是,安装在现场,220 V交流供电,连续自动检测报警,多为扩散式采样。分体式固定有害气体检测报警仪器:传感器和信号变送电路组装在一个防爆壳体内,俗称探头,安装在现场(危险场所);数据处理、二次显示、报警控制装置和电源组成控制器,俗称二次仪表,安装在控制室(安全场所)。

移动式气体报警仪器综合了便携式和固定式两种仪器的特点,采取防爆设计,可以放置在任何危险场所,可配备多种气体传感器,实现多气体同时监测,具有大容量电池,可以运行更长时间,具有数据传输功能。

按检测对象分类:可燃气体检测报警仪器、有毒有害气体检测报警仪器、其他气体检测报警仪器。详细分类见表1-14。

表1-14　气体检测报警仪器的分类

检测气体	使用传感器	使用方式	仪器形式	检测功能	采样方式	输出信号
可燃气体	催化燃烧式 红外线式 半导体式 热导式	便携式 移动式 固定式	单一式 复合式 民用 工业用	检测仪 报警仪 检测报警仪	泵吸式 手动式 扩散式	模拟 数字
有毒有害气体	电化学式 半导体式 光离子化式					
其他气体	半导体式 电化学式					

本书主要讨论的是气体检测,凡不属于气体的检测范畴,如液体、粉尘等内容不再编入,因此本书仅讨论国家正式发布实施的 19 个检定规程及其报警仪器,各类气体检测报警仪器的检测方法和检定规程见表 1-15。

表 1-15　各类气体检测报警仪器的检测方法和检定规程

序号	检测对象	气体检测仪器名称	测量方法或原理	检定规程号
1	可燃气体检测报警仪器	可燃气体检测报警器	催化燃烧型	JJG 693—2004
2		催化燃烧式甲烷测定器	催化燃烧型	JJG 678—2007
3		光干涉式甲烷测定器	光干涉式	JJG 677—2006
4		热导式氢分析器	热导性分析法	JJG 663—1990
5		催化燃烧型氢气检测仪	催化燃烧型	JJG 940—1998
6	有毒有害气体检测报警仪器	一氧化碳、二氧化碳红外线气体分析器	红外线分析法	JJG 635—1999
7		一氧化碳检测报警器	电化学法	JJG 915—2008
8		六氟化硫检漏仪	卤素传感器法	JJG 914—1996
9		二氧化硫气体检测仪	恒电位电解法、红外线吸收法	JJG 551—2003
10		硫化氢气体检测仪	电化学法	JJG 695—2003
11		化学发光法氮氧化物分析仪	化学发光法	JJG 801—2004
12		甲醛气体检测仪	电化学法、半导体气敏传感器	JJG 1022—2007
13	其他气体检测报警仪器	氧化锆氧分析器	电化学法	JJG 535—2004
14		原电池法气体氧分析器	电化学法	JJG 945—1999
15		电化学氧测定仪	电化学法	JJG 365—2008
16		顺磁式氧分析器	磁化率分析法	JJG 662—2005
17		烟气分析仪	紫外荧光法、化学发光法、红外线法	JJG 968—2002
18		汽车排放气体测试仪	非色散红外线法、烟度分析法	JJG 688—2007
19		呼出气体酒精含量探测器	电化学法	JJG 657—2006

第二章　气体检测的量值溯源和传递

第一节　概　述

气体检测分析属于分析化学计量范畴，其研究与物质组成有关的化学成分量计量问题，包括物质的量——摩尔定义的复现和保存、高准确度气体检测传感器技术、化学成分量标准物质、分析检测仪器的检定和校准方法、标准装置等。

溯源性是测量结果或计量标准量值的属性，它使测量结果或计量标准的量值通过连续的比较链，以给定的不确定度与国家或国际计量标准联系起来。溯源性具有通过连续的比较链使计量结果能够与有关的计量基准联系起来的特性，所以溯源性具有在国家或国际范围内长期有效的一致性或可比性。由于化学计量的特殊性，化学计量不可能像其他计量领域那样，有长期不变的反复使用的基、标准以及逐级进行的量值溯源和传递方式。在多数情况下，化学计量的量值溯源和传递方式是通过正确使用标准物质得以实现的，也就是说，化学计量通过标准物质、标准方法和标准数据等手段进行量值溯源和传递。化学计量通常通过比较法、标准方法、绝对法、标准物质、基准物质等溯源到 SI 单位。

气体分析检测中，作为量值传递基础的基准气体有严格的技术限定：

(1)用绝对法进行定值，并能溯源到 SI 单位，一般称量法为选定的方法。它具有高准确度、国际公认性和权威性。

(2)具有明确含义的总不确定度和置信水平，所达到的技术指标在国内外具有先进性。

(3)必须通过国际比对，证明其量值在国际上具有可比性。

气体检测的计量标准大多数依靠气体标准物质来实现，气体标准物质属于计量标准范畴，是高度均匀、性能稳定和量值准确的计量标准，它们具有复现、保存和传递量值的基本作用。在物理、化学、生物与工程测量领域中用于标校测量仪器和测量过程，评价测量方法的准确度和检测实验室的监测能力，确定材料或产品的特性量值，进行量值仲裁等。

通常使用的气体标准物质有二元、三元和多元标准气体，其中二元标准气体常称为量程气，仪器零点校准用的单组分高纯气体也属于标准气体，常称为零点气。辅助气体有如下几类。

参比气：多用高纯氮，有些氧分析仪也用某一浓度的氧作参比气。

载气：用于气相色谱仪，包括高纯氢、氮、氩、氦气。

燃烧气和助燃气：用于气相色谱仪的 FID、FPD 检测器，燃烧气为氢，助燃气为仪表空气。

吹扫气：正压防爆吹扫采用仪表空气，样品管路和部件吹扫多采用氮气。

一、标准气体的定级与分类

标准气体属于气体标准物质,国家标准物质管理办法及 JJG 1006—94《一级标准物质技术规范》中规定,标准物质分为两级,与其相对应,标准气体也分为两级,即国家一级气体标准物质和二级气体标准物质。国家一级气体标准物质采用绝对法或用两种以上不同原理的准确可靠方法定值。在只有一种定值方法的情况下,用多个实验室以同种准确可靠的方法定值,准确度具有国内最高水平,均匀性在准确度范围之内,稳定性在 1 年以上,或达到国际上同类标准气体的水平,包装形式符合标准物质技术规范的要求。二级气体标准物质可以采用绝对法、两种以上的权威方法或直接与一级气体标准物质相比较的方法定值,准确度和均匀性未达到一级气体标准物质的水平,但能满足一般测量的需要,稳定性在半年以上,或能满足实际测量的需要,包装形式符合标准物质技术规范的要求。一级和二级气体标准物质必须经国家质量监督检验检疫总局认可,并颁发定级证书和制造计量器具许可证。

按标准气体的用途和属性分类,又可分为以下五类:①仪器仪表校准用标准气体;②石油化工用标准气体;③环境监测用标准气体;④电力能源用标准气体;⑤医疗卫生用标准气体。

二、标准气体的特征

气体标准物质是以特性量值的稳定性、均匀性和准确性为其主要特征的。这三个特性是标准物质的基本要求,也同样适用于标准气体。

(一)稳定性

稳定性是指标准物质在规定的时间和环境条件下,其特性量值保持在规定范围内的能力。影响稳定性的因素有光、温度、湿度等物理因素,溶解、分解、化合等化学因素和细菌作用等生物因素。稳定性表现在:固体物质不风化、不分解、不氧化;液体物质不产生沉淀、发霉;气体和液体物质对容器内壁不腐蚀、不吸附等。

(二)均匀性

均匀性是物质的一种或几种特性具有相同组分或相同结构的状态。从理论上讲,如果物质各部分之间的特性量值没有差异的话,那么该物质就这一给定的特性而言是完全均匀的。然而,物质各部分之间特性量值是否存在差异,必须用实验方法才能确定。因此,所谓均匀性指的是物质各部分之间特性量值的差异不能用实验方法检测出来。这样,均匀性的实际概念就包括物质本身的特性和所用的计量方法的某些参数,例如计量方法的精密度(标准偏差)和试样的大小(实验取样量)等。在许多情况下,计量方法可能达到的精密度与取样量有关,因此标准物质的均匀性是对给定的取样量而言,通常标准物质证书中都给出均匀性检验的最小取样量。

影响均匀性的因素有物质的物理性质(密度、粒度等)和物质成分的化学形态及结构状况。密度不同可能引起重力偏析(化学成分的不均匀现象称为偏析)。一般地说,固体颗粒越细越容易出现重力偏析。此外,颗粒过细时,表面积增大,吸湿和污染的机会也增加。

（三）准确性

准确性是指标准物质具有准确计量的或严格定义的标准值（亦称保证值或鉴定值）。当用计量方法确定标准值时，标准值是被鉴定特性量之真值的最佳估计，标准值与真值的偏离不超过计量不确定度。在某些情况下，标准值不能用计量方法求得，而用商定一致的规定来指定。这种指定的标准值是一个约定真值，通常在标准物质证书中都同时给出标准值及其计量不确定度。当标准值是约定真值时，则还给出使用该标准物质作为“校准物”时的计量方法规范。

三、标准气体的溯源体系

（一）化学成分量的溯源体系

化学成分量的溯源链可由图 2-1 来阐述，溯源链既有严密性，又有灵活性。比如，例行分析工作者可根据对分析结果准确度水平的要求，选择不同等级的标准物质作为测量计量标准。化学成分量的溯源链是化学成分量溯源体系的科学基础，不同层次而又相互联系的组织机构是化学成分量溯源体系的组织保证，协调一致的技术规范或法规是化学成分量溯源体系的技术条件。三位一体构成国家和国际化学成分量溯源体系。

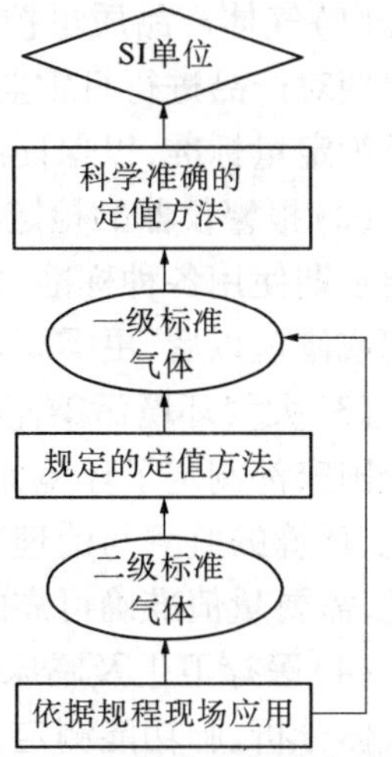

图 2-1　化学成分量的溯源链

（二）标准气体的量值传递

目前，作为标准气体的制备或研究单位，应当使所制备的标准气体符合标准物质技术规范的要求并严格履行审批手续，获得标准气体生产许可证和定级证书，使量值纳入国家溯源体系，保持量值的一致性。同时，国家法定计量、质量部门应对标准气体制备单位实行定期监督检验，并对市场上销售的标准气体进行市场抽查检验，进一步建立和完善国家与地方标准气体监督管理机构及标准气体发放网络，保证各标准气体制备单位量值都能溯源到国家最高标准物质计量单位。

四、标准气体的作用与用途

随着经济与科学技术的快速发展，标准气体的用途日渐广泛，需求量急剧增加。在石油天然气开发、化工、食品、化肥、交通、建筑家居、环境监测以及科学研究等领域的应用十分广泛。

标准气体作为气体成分量值传递的计量标准，在气体生产、贸易、石化等行业的应用中发挥着独特的规范和保证质量的作用，能够产生巨大的经济效益和社会效益。标准气体的作用与用途可归纳为以下几点。

（一）标准气体的作用

（1）建立测量的溯源性：气体标准物质具有良好的均匀性和稳定性，能保存物质的化学成分与特性量值，并在不同空间和时间传递其量值。因此，可以通过应用标准气体，使各种实际测量的结果获得计量的溯源性，在计量标准中标准气体是作为主标准器使用的。

(2)保证测量结果准确一致:标准气体可用来校准或检定测量仪器,评价测量过程与各种测量的质量,从而保证不同时间与空间测量结果的一致性。

(3)进行量值的传递:标准气体是进行量值传递、实现测量结果准确一致的一种手段。通过不同等级的标准气体依次将国际单位制基本单位的量值传递到实际测量中去,以保证测量结果的准确性。

(4)促进测量技术和质量监督工作的发展:标准气体为保证产品质量与检验结果的一致性,保证技术监督工作的科学性、权威性和公正性起到了重要的作用。新仪器的定型鉴定,质量检验机构的计量认证、实验室认可,国家和行业气体产品标准的制定、验证和实施等,都离不开标准气体。

(二)标准气体的用途

(1)气体产品质量控制:为了保证生产的气体产品质量符合国家标准或行业标准,必须定期对产品进行日常监督检验,而大多数气体分析仪器是相对测量的仪器,必须用标准气体为定量标准,以保证测量结果的准确性。

(2)报警仪器的检定与校准:各类报警仪器肩负着对各种气体进行检测报警的功能,需要定期使用各种标准气体对其仪器仪表进行检定或校准,特别是在线仪器仪表经长期使用或修理以后,更需要用标准气体来校准。

(3)大气环境污染监测:随着环境污染的日趋严重,治理环境污染的问题迫在眉睫。各个国家都制定了环境保护法、环境标准和居住区大气中有害物质的最高容许浓度等。因此,环境的监测与治理、大气污染的评价更为重要。为了保证监测的准确性、治理的有效性,需要量值准确可靠的标准气体定期校准监测的各类仪器仪表。

(4)医疗卫生及临床化验:我国标准气体已开始应用于医疗卫生与临床化验中,如血液气体分析、肺功能测定、细菌培养、呼吸代谢测定、放射性示踪器、外科激光手术、孕妇分娩等方面。

(5)建筑家居环境监测:随着人们生活水平的提高,人们对建筑家居的装饰要求越来越高,必须严格控制、准确检测室内建筑装饰装修材料中的有害物质,如苯、甲醛、氨等。要准确测定家居环境中有害气体的含量,需要有相应的标准气体来校准仪器。

(三)标准气体的定级条件

1. 一级标准气体

(1)用绝对测量法或两种以上不同原理的准确可靠的方法定值。在只有一种定值方法的情况下,用多个实验室以同种准确可靠的方法定值。

(2)准确度具有国内最高水平,均匀性在准确度范围之内。

(3)稳定性在1年以上,或达到国际上同类标准物质的先进水平。

(4)包装形式符合标准物质技术规范的要求。

2. 二级标准气体

(1)用与一级标准气体进行比较测量的方法或一级标准气体的定值方法定值。

(2)准确度和均匀性未达到一级标准气体的水平,但能满足一般测量的需要。

(3)稳定性在半年以上,或能满足实际测量的需要。

(4)包装形式符合标准物质技术规范的要求。

第二节　气体标准物质制备

在自然界以单纯组分状态或稳定准确多组分状态存在的气体几乎没有，作为量值传递的气体标准物质需要通过各种方法制备，气体标准物质的制备方法分为静态法和动态法。

静态法主要有质量比混合法（如称量法）、压力比混合法（如分压法）、容量比混合法（如静态容量法）。

动态法主要有流量比混合法、渗透法、扩散法、定体积泵法、光化学反应法、电解法、指数稀释法、饱和法和蒸气压法。

气体标准物质的制备方法有各自特点，适用范围、所需设备和难易程度也不一样，所制备标准气体的准确度有较大差别，在实际应用中需根据具体情况加以取舍。称量法和分压法制备的标准气体多包装于高压或加压容器中。由于容器与包装气体之间会发生物理吸附和化学反应等器壁反应，因而要稳定地保存量值，对某些活泼性气体难以实现，且制备的含量范围也受到一定的限制。渗透法和扩散法弥补了这一不足，它可以用已知纯度的气体直接配制标准气体，也可以将已知含量的高压包装的标准气体进行稀释，配制的含量范围可以按需要的含量任意选择配制。下面分别介绍几种标准气体的制备方法。

一、称量法（GB/T 5274—2008 idt ISO 6142：2001）

（一）适用范围

称量法属于静态法，是最常用的一种配气方法，也是国际标准化组织推荐的方法，它只适用于组分之间、组分与气瓶内壁不发生反应的气体，以及在实验条件下完全处于气态的可凝结组分。

（二）所需设备

标准气体配制装置由气体充填装置、气体称量装置、气瓶及气瓶预处理装置组成。

1. 气体充填装置及面板图

气体充填装置由真空表、电离真空计、高压表、气路系统、气瓶连接件等组成。标准气体充填装置见图 2-2。

气路系统由高压、中压和低压真空系统三部分组成，使组分气体和稀释气体的充灌彼此独立，避免相互玷污。采用性能良好的阀门、压力表和真空计，尽量简化气路，减少接口，以保证系统的气密性能。采用特殊设计的气瓶连接件，以减少磨损。

2. 气体称量装置

在按本方法进行配气过程中，组分气体的称量是制备标准气体的关键，由于气瓶本身质量较大（一般为 20 ~ 100 kg），而充入的组分气体质量相对较小（2 ~ 20 g），因此对天平要求很高。需采用大载荷（20 ~ 100 kg）、小感量（载荷 100 kg、感量 10 mg 或载荷 20 kg、感量 1 mg）的高精密天平称量充入气瓶的原料气体，用电子天平（最大载荷 16 kg、感量 0.1 g）称量充入气瓶的稀释气体。为了准确称量质量很大的气瓶中所充填的很少量的气体，除了对天平有很高要求外，还要求保证一定的称量气体质量。

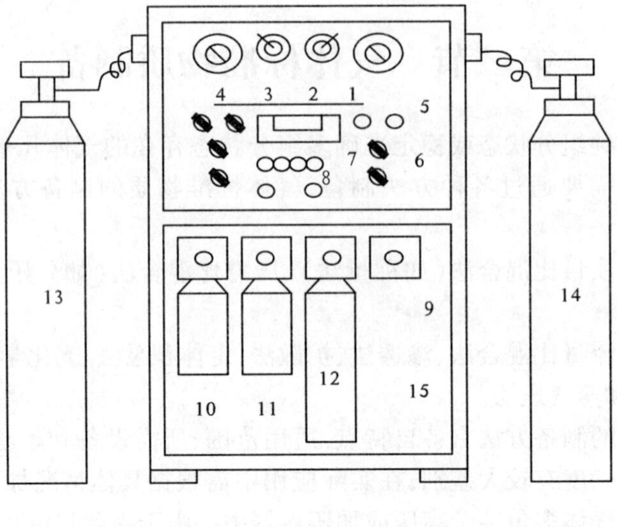

1、4—高压表;2—低压表;3—真空表;5、6—阀门;7—电离真空计;8—指示灯;9—卡具;

10、11—标准气瓶;12、13、14—原料气瓶;15—外壳

图 2-2　标准气体充填装置

在称量操作中必须采取各种措施以保证称量达到高准确度。

(1)采用形状相同、质量相近的参比气瓶进行称量(即在天平的一侧放置一个参比气瓶,另一侧放待测气瓶加砝码,使之平衡)。参比气瓶称量可以抵消气瓶浮力、气瓶表面水分吸附、静电等影响。

(2)在待称气瓶一侧进行砝码加减操作,以消除天平的不等臂误差。

(3)在气瓶充分达到平衡后进行称量。

(4)轻拿轻放、保持气瓶清洁,避免玷污及磨损。

(5)称量操作进行 3 次,取平均值。

3. 气瓶及气瓶预处理装置

一般采用 2 L、4 L、8 L 气瓶充装标准气体。气瓶预处理装置用于气瓶的清洗、加热及抽空。加热的温度在一定范围内可以任意设置,钢瓶一般加热到 80 ℃,时间 2 ~ 4 h,真空度为 10 Pa。

(三)配气原理

在向钢瓶内充入已知纯度的一定量气体组分的前后,分别称量钢瓶充入气体组分的质量,由两次称量所得的质量读数之差来确定充入该气体组分的质量。依次向钢瓶内充入各种组分的气体,从而配制成一种标准混合气体。

混合气体中每一组分的质量浓度被定义为该组分的质量与混合气体所有组分总物质的量之比。

标准气体的含量一般采用摩尔比表示,即混合气中每一组分的摩尔分数等于该组分物质的量与混合气体所有组分总物质的量之比。

配制太低的浓度时,可能需要称量极少量的气体,这样配制标准气体的准确度难以保证。为了避免称量极少量的气体,对最终混合气体中每种组分规定一个最低浓度极限,一般规定最低浓度极限为1%，当所需组分的浓度值低于最低浓度极限时，采用多次稀释的方法制备。

称量法的计算公式介绍如下。

1.一次稀释组分含量的计算

计算公式为

$$X_i = \frac{n_i}{n_i + \sum n_j} = \frac{n_i}{n} \tag{2-1}$$

$$i、j \in [1, p], j \neq i$$

式中，i、j 为混合气中组分的符号；p 为混合气中组分的总数；n_i 表示质量为 m_i、摩尔质量为 M_i 的组分 i 的摩尔数，即 $n_i = m_i/M_i$；n_j 表示质量为 m_j、摩尔质量为 M_j 的组分 j 的摩尔数，即 $n_j = m_i/M_j$。

一次稀释制备的标准气体的含量范围为 $10^{-2} < X_i \leqslant 1$。

2.二次稀释组分含量的计算

取质量为 u_1 的混合气体(即一次制备的混合气 a)，用一种质量为 ud_1、摩尔质量为 M_d 的气体进行稀释。稀释所得的混合气体(混合气 b)中，组分 i 的浓度由下式计算。

$$X_{2i} = \frac{\frac{u_1}{m} n_i}{\frac{u_1}{m} n + \frac{ud_1}{M_d}} = \frac{N_{2i}}{N_{21} + N_{d1}} = \frac{N_{2i}}{N_{s2}} \tag{2-2}$$

式中，N_{2i}表示质量为 u_1 的混合气 a 所含组分 i 的摩尔数，$N_{2i} = (u_1/m) \times n_i$；$N_{d1}$表示质量为 ud_1 的稀释气的物质的量，mol，$N_{d1} = ud_1/M_d$；N_{21}表示质量为 u_1 的混合气 a 所含组分 i、j 的物质的量，mol，$N_{21} = (u_1/m) \times n$；$N_{s2}$为所得混合气 b 的物质的量，mol，$N_{s2} = N_{21} + N_{d1}$。

二次稀释制备的标准气体的含量范围为 $10^{-4} < X_i \leqslant 10^{-2}$。

3.三次稀释组分含量的计算

取质量为 u_2 的混合气 b，用一种质量为 ud_2、摩尔质量为 M_d 的气体进行稀释。稀释所得的混合气体(混合气 c)中，组分 i 的浓度由下式计算。

$$X_{3i} = \frac{\frac{u_2}{m_{s2}} N_{2i}}{\frac{u_2}{m_{s2}} N_{s2} + \frac{ud_2}{M_d}} = \frac{N_{3i}}{N_{31} + N_{d2}} = \frac{N_{3i}}{N_{s3}} \tag{2-3}$$

式中，N_{3i}表示质量为 u_2 的混合气 b 所含组分 i 的物质的量，mol，$N_{3i} = (u_2/m_{s2}) \times N_{2i}$；$N_{d2}$表示质量为 ud_2 的稀释气的物质的量，mol，$N_{d2} = ud_2/M_d$；N_{31}表示质量为 u_2 的混合气 b 所含组分 i、j、d 的物质的量，mol，$N_{31} = (u_2/m_{s2}) \times N_{s2}$；$N_{s3}$为所得混合气 c 的物质的量，mol，$N_{s3} = N_{31} + N_{d2}$。

三次稀释制备的标准气体的含量范围为 $10^{-6} < X_i \leqslant 10^{-4}$。

(四)配气操作

(1)检查各原料气瓶及标准气瓶的连接位置是否正确，配气台上所有阀门是否处于正确的开关状态。

(2)将处理好的待装气瓶装好接嘴接入低压系统,在确保系统不泄漏的条件下,打开配气瓶角阀,抽真空至 5×10^{-3} Pa。

(3)卸下钢瓶,先在电子天平上粗称,然后送进精密天平称量空瓶质量。

(4)将称量过的钢瓶接入低压系统抽至 5×10^{-3} Pa,开启气瓶阀检查真空度。然后将组分气体充入钢瓶至所需的压力值(如组分气充填压力 1 MPa),则接入中压系统。卸下气瓶再次称重(多元标准气体重复充气,称重操作同上)。

(5)将钢瓶接入高压系统,用稀释气反复冲洗管路后,将稀释气充入钢瓶至所需压力值。

(6)待温度平衡后,再称量其钢瓶加混合气的总质量。

(7)按公式计算出其标准气体的含量。

(五)配气注意事项

(1)配气人员应具有一定的特种气体基本知识和安全知识,熟悉配气设备使用说明书和配气工艺。

(2)为避免管道玷污,组分气和稀释气分别使用高、低压气路系统。

(3)充灌过程中必须保证阀门开度并监视仪表指示读数,充气过程要低速缓慢进行,防止充气过快,引起温度剧升影响配气效果。

(4)临时停水时,迅速关上扩散泵,切断扩散泵电源。停电或结束配气后,关闭各气路阀门及钢瓶阀门、电源。

(5)配气实验室应禁止明火。

(6)在使用高压钢瓶配制标准气体时,必须严格执行高压气瓶使用规程:

①禁止敲击、碰撞气瓶。气瓶应可靠地固定在支架上,以防碰倒;

②开启高压气瓶时,操作者必须站在气瓶出气口的侧面,气瓶应直立,然后缓慢旋开瓶阀;

③高压气瓶上的减压阀要专用,安装时螺扣要拧紧;

④开关高压气瓶瓶阀时应用手或专门扳手,不得随便使用凿子、钳子等工具硬扳,以防损坏瓶阀;

⑤氧气瓶及其专用工具严禁与油类接触,氧气瓶附近也不得有油类存在,操作者必须将手洗干净,绝对不能穿用沾有油脂的工作服、手套及油手操作,以防万一氧气冲出后发生燃烧甚至爆炸;

⑥氧气瓶、可燃性气瓶与明火距离应不小于 10 m,有困难时,应有可靠的隔热防护措施,但不得小于 5 m;

⑦高压气瓶应避免暴晒及强烈振动,远离火源;

⑧使用装有易燃、易爆、有毒气体的气瓶工作地点,应保证良好的通风换气。

(7)气瓶内气体不得全部用尽,剩余残压即余压。

气瓶内储存的气体品种很多,但不管是哪一种气瓶,在使用中都必须留有一定压力的余气,不得用尽,以防其他气体进去。根据气体性质的不同,剩余残压也有所不同,如果已经用到规定的剩余残压,就不能再使用,并应立即将气瓶阀关紧,不让余气漏掉。因为气瓶所盛气体的纯度都有一定的要求，以保证气体质量和使用时的安全。如果气瓶不留余气，则空气或其他气体就会侵入气瓶内，使原有气体不纯，下次再充气使用时就会发生事故。例如氮气本身不燃不爆，广泛用于置换易燃、易爆气体（如氢气），以便进行化学反应或设备检修动力等。如果氮气瓶内进入空气，空气中含有氧气，因而氮气中也有了氧气。在用氮气置换时，就灌进了氧气，氧气如果和易燃气体混合，势必发生危险。又如化学分析中对所用气体的纯度要求很高，稍有不纯，即影响数据的正确性而使工作失败。更重要的一点是，气瓶不留余气，可能侵入性质相抵触的气体。例如氢氧焰切割及氧炔焰焊割时，如果氢气瓶、乙炔气瓶或氧气瓶不留余压，则往往会有氢气或乙炔灌入氧气瓶中，或氧气灌入氢气瓶或乙炔气瓶中，当场发生爆炸事故。即使氢氧焰或氧炔焰熄火后形成的倒灌，当场虽未爆炸，但混有氧气的氢气瓶或乙炔气瓶或混有氢气、乙炔气的氧气瓶，在充气后再使用时，仍存在爆炸危险性。

（8）气瓶充气前，对每一只气瓶都要做余气检查，不留余气的气瓶失去了验瓶条件。

对于没有余气的气瓶，充气前应严格地清洗，万一疏忽，充入了性质相抵触的气体，则后患无穷。可见，气瓶剩余残压对安全生产具有重大意义。气瓶剩余残压一般应为 0.2 MPa 左右，至少不得低于 0.05 MPa。

（9）各种气瓶必须进行定期检验。充装一般气体的气瓶，每 3 年检验一次；充装腐蚀性气体的气瓶每两年检验一次。气瓶在使用过程中，如发现有严重腐蚀或其他严重损伤应提前进行检验。盛装剧毒或高毒介质的气瓶，在定期技术检验的同时，还应进行气密性实验。

二、渗透法（GB/T 5275—2005 idt ISO 6145—10：2002）

（一）适用范围

渗透法属于动态法，适用于制备痕量（$10^{-9} \sim 10^{-5}$）的活泼性气体，如 SO_2、NO_2、H_2S、NH_3、Cl_2、HF 等。这些气体如果用称量法制备，由于受到包装容器的限制，难以获得稳定的量值，而渗透法恰好弥补了这一不足。

渗透法是用渗透原理制备校准用混合气体，它是一种动态配气方法。用该法制备的标准气体的不确定度为 2%。实际上，浓度单位一般用 $\mu g/m^3$ 表示。这样低含量的标准气体要保证其量值长时间稳定不变是困难的，因此要求在临用时制备，并且输送标准气体的管路应尽可能短。

（二）所需设备

配气设备包括渗透管、稳压阀、稳流系统、流量计、温度记录仪表、阀门、管道、混合罐等。

（三）配气原理

渗透法是将渗透管内的组分气体（SO_2、NO_2、NH_3 等）通过一个适当的膜渗透到载气流中，该载气即为稀释气。渗透管内装有纯净的组分物质。一个经过控制为已知流量的载气，部分或全部地流过渗透管，它起有载带渗出的组分气体分子的作用。载气一般为 99.999% 的高纯氮气，是经过处理达到十分纯净的气体，尤其不允许含有痕量的组分气体，应该选择那些不与构成渗透管的材料发生任何相互作用的气体。通过渗透膜的渗透速率取决于组分物质本身的性质、渗透膜的结构和面积、温度以及管内外气体的分压等。只要对渗透管进行正确操作，这些因素是可以保持恒定的。

如果渗透速率保持恒定，则可在适当的时间间隔内，用称量的方法来测定渗透管的渗透率。考虑到有各种参数影响渗透率，所以对于一个含已知组分物质的渗透管，必须满足以下要求：

(1)渗透管在两次称量之间温度应保持恒定。

(2)渗透管应不断地用载气流吹洗，以保持渗透管外部的组分分压小到可以忽略的程度。

(3)两次称量期间渗透管内部气体压力应维持恒定，也就是说，渗透管内必须存在液相组分物质，或者是渗透管内组分物质的量远远大于因渗透所损失的量。

所制备的标准气体的浓度 c，是渗透管的渗透率和稀释气体流量的函数，由下式给出。

$$c = \frac{q_m}{q_v} \tag{2-4}$$

式中，q_m 为在给定条件下校准组分的渗透率（质量流量）；q_v 为背景气体流量（以合适的单位表示）。

（四）几种渗透管结构和配气装置示例

1. 渗透管结构示例

渗透管结构示例如图 2-3 ~ 图 2-5 所示。

渗透管内包含液相和气相两种状态。管内组分分子向外渗透的膜，可以只与液相接触；或只与气相接触；亦可两者兼而有之。然而，不管属哪一种情况，在没有肯定接触对渗透率没有影响之前，渗透管在使用和渗透率测定时，与渗透膜的接触相应该相同。

2. 渗透配气装置示例

渗透配气装置示例见图 2-6 所示。

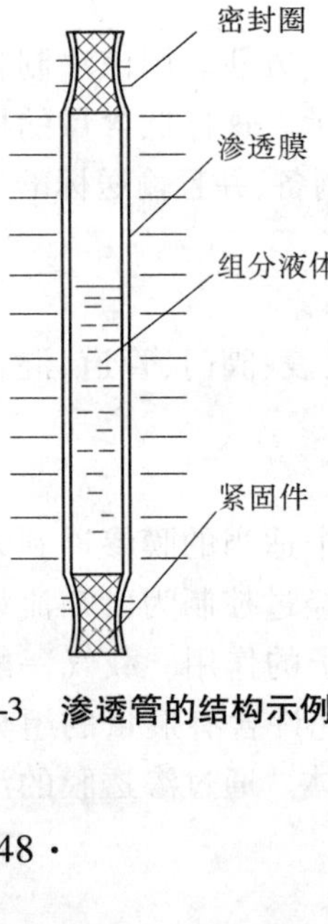

图 2-3 渗透管的结构示例（一）

图 2-4 渗透管的结构示例（二）

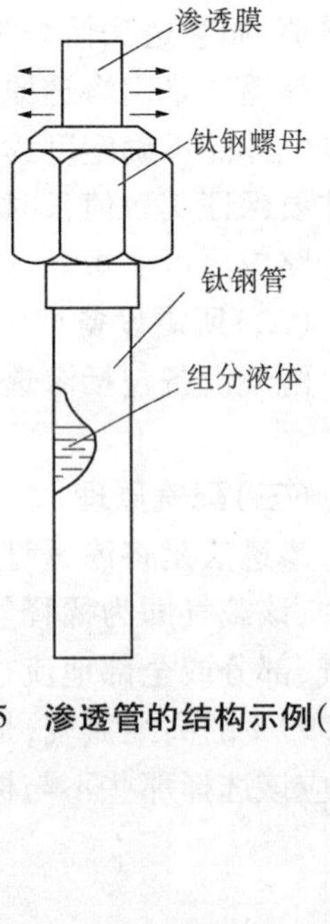

图 2-5 渗透管的结构示例（三）

为了降低渗透率,使组分物质的损失减为最小,以及避免有任何物质在管上凝结,建议将渗透管在使用前存放在干燥的密闭容器中,并置于温度较低的地方(约5 ℃,如放在冰箱底部)。

使用时把渗透管放在气流系统中,用载气(如瓶装纯氮)吹洗渗透膜的外表,而放有渗透管的整个装置应置于一个恒温浴中(气浴,最好是液体恒温浴中)。

通过一个控制系统使载气流量稳定不变,并用一个流量计来监测,其流量值用一个气体流量计来测定。

供给分析仪器校准和检验所需的标准气体从气体输出口输出。

在特殊需要时,可把几种不同组分物质的渗透管放在恒温浴的同一气体发生瓶中,条件是要避免发生任何相互作用。

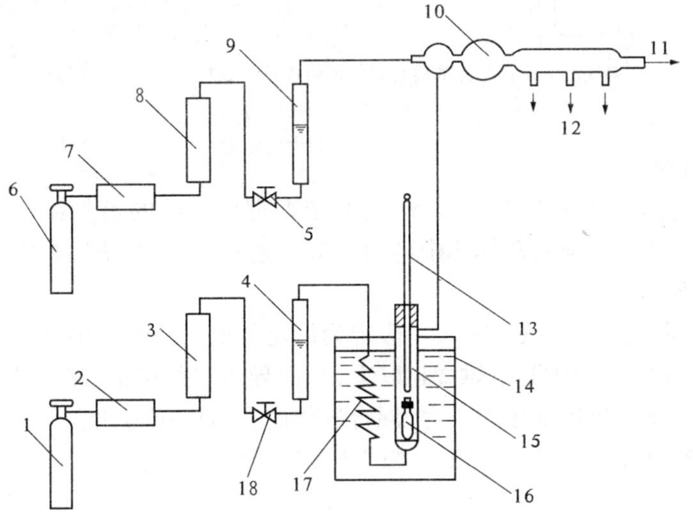

1—载气;2—稳流稳压系统;3、8—净化系统;4、9—流量计;5、18—流量调节阀;6—稀释气;7—稳流稳压系统;10—混合气;11—排空;12—校准混合气输出;13—温度计;14—恒温浴;15—气体发生瓶;16—渗透管;17—预热管

图2-6 渗透配气装置示例

三、分压法(GB/T 14070—1993 idt ISO 6146:1979)

(一)适用范围

分压法属于静态法,也称压力法,本方法适用于制备在常温下为气体、含量在1%~50%的标准混合气,其配制方法的不确定度为2%~10%。

(二)所需设备

分压法的配气装置主要由汇流排、压力表、截止阀、真空泵、连接管路、接头等组成。该装置结构简单,制备快速简单。汇流排并联的支管的多少可按配入组分数的多少及一次配气瓶数的多少来确定。但支管也不宜太多,支管愈多,配气时冲洗管路的高纯气体损失就愈多。支管太少,一次只能配一两瓶,且原料气钢瓶更换次数多,对配气量大的情况也很不方便。因此,支管数的多少要据实际情况合理选择,一般为5~10支。

分压法配气装置见图2-7。

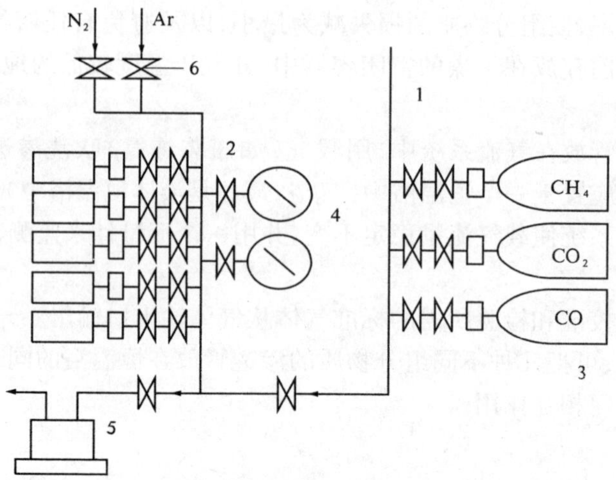

1—原料气汇流排;2—标准混合气体汇流排;3—原料气钢瓶;4—压力表;

5—真空泵;6—截止阀

图 2-7 分压法配气装置

(三)配气原理

用分压法配制钢瓶装标准混合气体,主要依据理想气体的道尔顿定律。在给定的容积下,混合气体的总压等于混合气体中各组分分压之和。设 P_a、P_b 和 P_c 为组分 a、b 和 c 的分压,则总压 $P = P_a + P_b + P_c$。

组分 a、b、c 等和稀释气依次充入一假定为恒定且密封的钢瓶中,该钢瓶应预先处理、清洗和抽空,必要时先在 80 ℃下烘 2 h 以上,每次导入一组分后,需静置 1 ~ 2 min,待瓶壁温度与室温相近时,测量钢瓶内压力,混合气体的含量以压力比表示。即各组分的分压与总压之比,为各组分的含量。理想气体的道尔顿分压定律为

$$P = \sum_{i=1}^{N} P_i \tag{2-5}$$

$$P = \frac{nRT}{V}, P_1 = \frac{n_1 RT}{V} \tag{2-6}$$

$$x_1 = \frac{n_1}{n} = \frac{P_1 V/RT}{PV/RT} = \frac{P_1}{P} \tag{2-7}$$

$$P_1 = P x_1 \tag{2-8}$$

但是,实际气体并非理想气体,只有少数气体在较低压力下可用理想气体定律来计算。对于大多数气体,用理想气体定律计算会造成较大的配制误差。因此,对于实际气体需用压缩系数来修正,计算比较麻烦。现在一般采用高精度分析方法如气相色谱法分析定值。

(四)注意事项

用分压法制备标准混合气体,为了提高配制的准确度必须注意以下几点。

(1)必须使用纯度已知的稀释气、组分纯气以及标准混合气中所含的欲配组分的含量。

(2)采用高精度压力表。由于分压法配气的主要依据是观察压力表的数值来计算所配标准混合气体的含量,压力表精度会直接影响配气的准确度,所以应当合理选择压力表

的量程和级别。

(3)钢瓶阀的选择。在配制钢瓶标准气体时,必须对钢瓶进行抽空处理。如果钢瓶阀选择不当,则在抽空时由于钢瓶阀门的密封性不好而使空气漏入影响真空度,在正压下易从阀杆处漏出。因此,必须选用密封性好的钢瓶阀,一些高质量的阀门可以避免由于阀门的泄漏而影响配制的标准气体量值的准确性。

(4)在加入各组分气时,充压速度应当缓慢。在条件允许的前提下,待加入的组分冷却到室温时,再测量钢瓶中的压力。

(5)在计算各组分分压时,大多数是假设温度不变时的压力,而实际充气过程中会造成一定的温度升高,使钢瓶内壁与瓶外的气体产生热量交换,从而使热量散失,故气体的温度比计算的低。所以,充气时,正确测量钢瓶体的温度是分压法制备标准气体准确度的重要因素之一。

(6)实际的标准混合气体的压缩系数与理论计算的偏差。纯气体的压缩系数可以从手册中查到,因此纯气体的量可以按公式正确计算得到。但当充入第二种气体组分时,混合气体的量与第一种纯气体计算的量不同,不完全遵从加和原理,因而会造成一定的配制误差。故需要在实践中不断摸索,积累实验经验,才能提高制备的准确度。

(7)在配制混合气体时,不允许有一气体组分在充入钢瓶后变成液体。如果在制备的混合气体中有一组分在充入钢瓶后变成了液体,在使用和分析时,不但会造成很大的偏差,而且是极不安全的。

(8)钢瓶标准混合气体的分层问题。配制好的钢瓶标准混合气体,不能马上分析,必须采用合适的混匀技术进行混匀处理,待完全混匀后,再进行分析。

四、扩散法(ISO 6145—8:2005)

(一)适用范围

扩散法属于动态容积法,本方法适用于常温下为液体的有机标准气体的制备,如苯、甲醛、乙醇等。扩散法的优点在于它能利用混合气体的连续流动来吹洗取样管路和仪器装置,而且可以将这些物质对气体的吸附作用降至最低程度。

(二)所需设备

配气设备包括气瓶、阀门、流量控制阀、流量计、液体组分、分析仪器等。

(三)原理和装置

扩散法是通过选择合适的扩散池组合、流速和温度以提供蒸气相中所需成分的纯液相来稀释气体。所需组分的含量可达 $10^{-9} \sim 10^{-6}$。标准混合气体中微量组分以液态形式储存在一个合适的扩散池内,其蒸气沿着均匀的试管扩散,稀释气以已知流速通过试管另一端与组分气混合制成标准混合气体,通过改变稀释气流速可以获得不同的混合气体的含量。

扩散法配气装置见图 2-8。

(四)操作条件

任何一个用做初级发生器的扩散池都应标明微量组分和稀释气质量释放速率的数据,通过周期性称重可确定释放速率值,即用两次所称质量的差值除以两次称重的时间间隔。

使用恒温槽将扩散池的温度波动控制在 ±0.1 ℃以内,稀释气温度应保持恒定。

对通过周期称重确定质量流速的扩散池要保持整体系统的热平衡,这可以通过确保稀释气的流量稳定和温度稳定而获得,稀释气温度可与扩散池的温度不同。

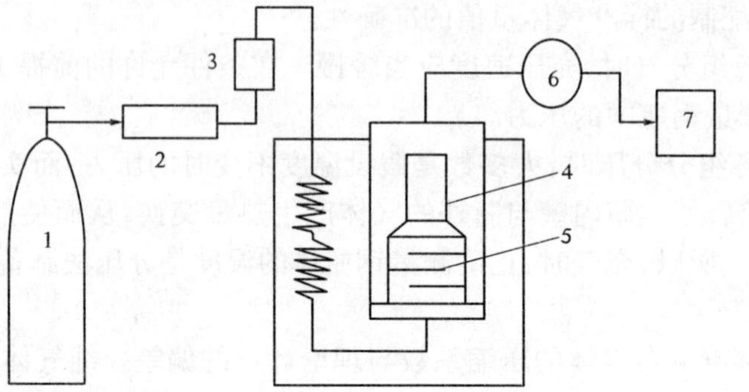

1—稀释气钢瓶;2—流量控制阀;3—流量计;4—扩散管;

5—液体组分;6—流量控制阀(三通);7—分析仪器

图 2-8 扩散法配气装置

(五)扩散率计算

扩散率是用精密天平称量扩散管在一定的时间间隔内质量的损失而测得的,并按下式计算。

$$D_r = \frac{m}{t} \times 10^6 \tag{2-9}$$

式中,D_r 为扩散率,μg/min;m 为扩散管的失重量,g;t 为称量的时间间隔,min。

若已知扩散率 D_r(实测值)和稀释气流量,则可按下式计算标准气体的组分含量。

$$C = \frac{kD_r}{F} \times 10^3 \tag{2-10}$$

式中,C 为标准气体含量,μg/L;D_r 为扩散率,μg/min;F 为稀释气体流量,mL/min;k 为由气体的种类所决定的常数,$k = 22.4W \times (273 + T) \times 1\ 273 \times P/760$,$W$ 为组分气体的相对分子质量,T 为温度,℃;P 为大气压,mmHg。

五、静态容积法(GB/T 10248—2005 idt ISO 6144:2003)

(一)适用范围

静态容量法属于静态法,一般用于实验室制备多种少量的标准气体。制备标准气体的浓度范围为 $10^{-6} \sim 10^{-1}$,压力接近于大气压,方法的不确定度为 1% ~5%。该法操作简单、安全方便、价格低廉。

(二)所需设备

配气设备包括气瓶、气瓶减压阀、定体积管、压力计、真空泵等。

(三)原理和装置

在给定的温度下,用已知体积的定体积管,充填压力接近或等于大气压力的组分气,然后将此定体积管(或玻璃注射器)内的组分气毫无损失地转换至已知体积的配气瓶中(配气瓶应首先抽真空,用稀释气清洗 2 ~3 次)。再将稀释气充入配气瓶,直至所需的最后压力，通常此压力大于大气压，一般为 1.5 ~ 1.8 atm（1atm = 101 325 Pa）。静态容量法配气装置如图 2-9 所示。

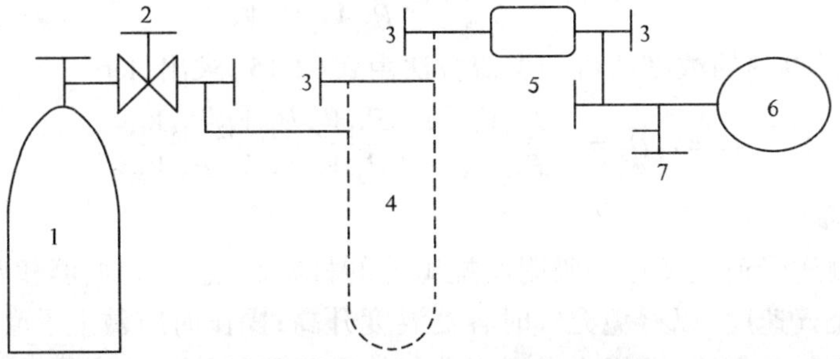

1—稀释气钢瓶；2—减压阀；3—真空活塞；4—水银压力计；5—取样管（容积经校准）；
6—玻璃配气瓶（容积经校准）；7—连接真空泵的接头

图 2-9　静态容量法配气装置

（四）制备方法

在一定温度下，标准气体的制备分三步进行。

（1）取样：在已知容积 V_1 的取样管中充入组分气，其压力 P_1 接近或等于大气压。

（2）转移：将体积 V_1 的组分气转移到已知容积 V_2 的配气瓶中，该瓶事先要抽空，并用选定的稀释气置换不少于 3 次。

（3）稀释：将选定的稀释气充入配气瓶，直到取得所需要的最后压力 P_2 为止。为使混合气便于使用，通常压力 P_2 应大于大气压。

首次稀释后得到的以体积分数表示的组分浓度 c_1 实际上等于该压力下的摩尔分数表示的浓度，由式（2-11）计算：

$$c_1 = c_0 \frac{P_1 V_1}{P_2 V_2} = c_0 D_1 \tag{2-11}$$

式中，c_0 为组分气的初始浓度（$c_0 \approx 1\%$）；D_1 为首次稀释的稀释系数。

当浓度 $\varphi = 10^{-3} \sim 10^{-1}$（V/V）时，按上述步骤制备的标准混合气体的相对不确定度小于 1%。

实际上，为了得到以体积分数表示的浓度值，可把 P_1 和 P_2 值看成校正系数。因此，无量纲。比值 P_1/P_2 是唯一重要的，并可用大气压力计测量 P_1 和 P_2。在以摩尔分数表示浓度的情况下，必要时应考虑压缩系数 Z 的修正。

对于低浓度 $\varphi = 10^{-6} \sim 10^{-4}$（V/V）混合气的制备，为了获得满意的准确度，必须进行逐次稀释。首先制备浓度 c_1 为 $10^{-3} \sim 10^{-1}$ 的初始混合气，然后按上述的程序（取样、转移、稀释）进行制备。经第二次稀释得到的浓度 c_2 由式（2-12）计算：

$$c_2 = c_1 D_2 \tag{2-12}$$

式中，c_1 为第一次稀释后，混合气中组分气的浓度（%）；D_2 为第二次稀释的稀释系数。

D_2 根据压力和体积数据由式（2-13）计算：

$$D_2 = \frac{P_{12} V_{12}}{P_{22} V_{22}} \tag{2-13}$$

式中，P_{12}、V_{12} 分别为浓度 c_1 的混合气的压力值和体积值，Pa，mL；P_{22}、V_{22} 分别为最终气体浓度 c_2 时对应配气瓶中的气体压力值和体积值，Pa，mL。

由此可得式(2-14)：

$$c_2 = c_1 \frac{P_{12}V_{12}}{P_{22}V_{22}} = c_0 \frac{P_{11}V_{11}P_{12}V_{12}}{P_{21}V_{21}P_{22}V_{22}} \tag{2-14}$$

经第三次稀释得到的浓度值可用类似方法由式(2-15)求出，即

$$c_3 = c_2 D_3 = c_2 \frac{P_{13}V_{13}}{P_{23}V_{23}} = c_0 \frac{P_{11}V_{11}P_{12}V_{12}P_{13}V_{13}}{P_{21}V_{21}P_{22}V_{22}P_{23}V_{23}} \tag{2-15}$$

（五）注意事项

(1)容器和输送管道应使用不吸附所配组分的材料制成，例如玻璃和聚四氟乙烯。

(2)要控制充气速度，以避免充气时容器温度升高；操作时应戴上手套。

(3)作为一种制备方法，同样应考虑组分气体和稀释气体的纯度修正。

组分气体：通常认为组分气体的纯度为 $c > 1 - Y$。Y 是组分气体中杂质的最大含量。计算时可假定，作为误差计算基准。

稀释气体：对组分气体为浓度低的混合气体，必须测定稀释气体中残留组分气体的浓度值（$c_c \pm \Delta c_c$），并将其加到由稀释系数计算得到的浓度值中去。

六、饱和法（ISO 6145—9：2001）

（一）适用范围

饱和法属于动态法，对易于冷凝的气体和蒸气往往会发生表面吸附，因此采用静态法很难制备含这些组分的标准混合气体。另外，这些标准混合气体也不能在接近饱和度的压力下保存而不发生冷凝，在这种情况下，可以使用饱和法。该方法不需要对气体流量进行准确测定。采用本方法配气的不确定度小于1%。

（二）所需设备

配气设备包括气瓶、气瓶减压阀门、冷凝器、饱和器、恒温控制器、压力计、循环风机。

（三）配气原理

一种与其凝相相平衡的纯物质的蒸气压力仅取决于温度，在压力接近大气压和气相没有显著的反应（例如碳氢化合物混合气体间的反应）的情况下，就能根据系统的温度和压力计算各组分的体积比。

倘若在一定的温度条件下，使一种补充气体与一种组分的凝相接触，就会或快或慢地达到饱和条件。为了加速这个过程，在温度 T_1 条件下，使补充气体穿过凝相，然后在冷凝器中将由此而得到的混合气体冷却到温度 T_2，温度 T_2 必须低于露点。为了确保能达到饱和，温度差（$T_1 - T_2$）必须不低于5 K。

组分 X 的体积比 Φ_X 近似地等于该组分在温度 T_2 时的蒸气压力 P_X 除以冷凝器中混合气体的总压力 P，即得式(2-16)。

$$\Phi_X = \frac{P_X}{P} \tag{2-16}$$

为了将组分的体积比不确定度降到最小，在安装和使用设备时应按以下的要求进行。

(1)气体的准备：所用补充气体在进入饱和器之前，必须将其净化和干燥。

(2)仪器的相容性：所用仪器的元件和承载气体的管线的材料不与标准混合气体中

的组分发生反应。

(3)仪器的选择:所用连接管线的横截面积足够大以使气流产生的压力降到可以忽略不计。

(4)压力控制:在恒压器的出口测量总压力。

(5)温度控制:提供一条合适的加热连接管线,确保气体管线的温度高于 T_2,以防止冷凝。

(6)仪表:所用测量仪表的准确度:温度计的误差 $|\Delta T| < 0.05$ K,测定压力的设备的误差 $|\Delta P| < 100$ Pa。

(7)纯度:由于某些杂质的存在会影响蒸气压力,故所用组分的纯度必须大于99.99%。

(四)操作步骤

1. 安装

对冷却面进行处理,以保证冷凝液出口处气体的温度与冷凝器的温度相等。为了排除气流中的浮质,在冷凝器之后安装一个有挡板的稳压器,稳压器必须保持与冷凝器相同的温度。采用合适的冷却、加热元件,通过控制回路,使恒温器中用于调节冷凝器和恒温器的冷却介质温度保持恒定。除了温度 T_2,冷凝器中混合气体的压力 P 也应保持恒定并显示出来。冷凝器中所产生的冷凝液收集到冷凝液收集槽中,或用泵不断地排出。

2. 回流系统的操作

图 2-10 为饱和法生产标准混合气体的设备示例。

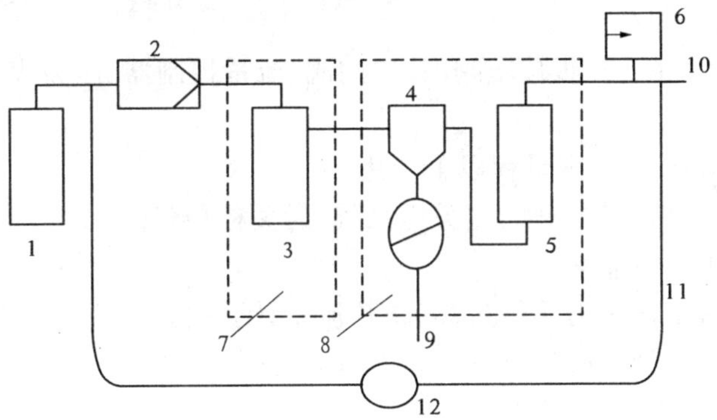

1—补充气体储存器;2—过滤悬浮颗粒的过滤器;3—饱和器;

4—冷凝器(由热导性能好的材料制成,例如铜或不锈钢);5—带有调节阀的稳压器;6—压力计;

7—恒温控制器(T_1);8—恒温控制器(T_2);9—冷凝液出口;10—标准混合气体出口;

11—循环系统;12—循环泵

注:11、12 只有在使用标准气体的循环系统时才需要。

图 2-10 饱和法生产标准混合气体的设备示例

来自储存器 1 的补充气体首先连续地流经过滤器 2 滤去所含的石英纤维材料之类的悬浮颗粒。

在温度 T_1 下,将欲配入的组分气体送入饱和器 3。补充气流中组分的冷凝温度应高于其后的冷凝器 4 的温度 T_2。冷却冷凝液中的混合气体,直到有部分冷凝为止,冷凝液经冷凝液出口 9 排出。继冷凝器之后，标准混合气体流经稳压器 5，把有可能存在的浮质分离出来。冷凝器 4 与稳压器 5 都安装于温度恒定控制在 T_2 的容器中。出口 10 处的压力计 6 可提供标准混合气体的压力读数。

3. 封闭循环系统的操作

使用封闭的循环系统，为了达到平衡，系统的操作应是连续的、不间断的，并且一旦使用，在生产中必须避免任何的间断。用循环泵 12 使标准气体沿辅助回路（循环系统 11）循环，标准气体沿回路循环几次建立平衡后，在取样点（标准混合气体出口 10）取气样。从系统中抽取的样气必须用原料气 1 加以补充，以避免压力改变。

注意：通过观察冷凝液的流量，便能检查冷凝器是否达到饱和。气相与冷凝相的体积比约为1 000:1，只有一小部分由补充气而得到组分才在冷凝器中作为冷凝液被分离出来，故通过出口 9 时体积流量是很小的。测定出口处的气体的露点便可确认是否达到了平衡。

七、流量比混合法（ISO 6145—7:2001）

（一）适用范围

流量比混合法是动态法，也称质量流量混合法，本方法是严格控制一定比例的组分气体和稀释气体的流量，经混合而得到的标准气体。与制备瓶装标准气体相比，该法具有能够在同一配气装置上制备出满足需要的不同组分含量的各种标准气体，特别适用于制备大气环境监测所需要的低含量标准气体。配气不确定度优于 1%，对 ppm 级气体优于 2%。

（二）所需设备

动态配气装置、气瓶、气瓶减压阀门、单向阀、流量控制器、压力表、管道、机箱等。

（三）注意事项

（1）气体流量应在 10% 满量程以上使用。

（2）先调稀释气，后调样品气，先关样品气，后关稀释气。

（3）标准气体出口不能堵塞。

（4）气体减压阀工作压力不得过高，防止流量计受损。

（5）不用的流量计阀门应处于关闭状态，防止气体倒流。

八、指数稀释法

（一）适用范围

指数稀释法属于动态法，本方法是制备低含量（$10^{-9} \sim 10^{-6}$）标准气体的方法之一。它的设备简单，环境条件要求不苛刻，操作简便。通过改变稀释气的流速、组分气的初始含量以及稀释时间等操作参数，即可迅速制备出一定组分含量的标准气体。标准气体组分含量是稀释时间的指数函数，即

$$C = C_0 \times e^{\frac{Q}{V}t} \tag{2-17}$$

式中，C 为 t 时的组分含量；C_0 为组分气体初始含量；Q 为稀释气流速；t 为稀释时间；V 为稀释瓶体积。

本法配制的标准气体，特别适用于作气相色谱分析的气体标准物质（或标准样品）。

制备方法的不确定度一般为5%左右。

(二)所需设备

气瓶、气瓶减压阀门、流量控制器、压力表、管道等。

九、体积比法

(一)使用范围

体积比法属于静态法,是一种简单的配气方法(也称注射器配气法),是根据所需气体的含量,按体积计算。控制组分气体和稀释气体的体积,经混合而得到的标准气体。如欲配制10%的CH_4/N_2,即用100 mL的注射器先抽10 mL纯CH_4,再用高纯N_2稀释至100 mL。

用这种方法制备的混合气体主要用于分析方法的摸索、条件实验,大批量气体检测仪器、报警探头的粗测和校准等,配制的标准气体一般不用于量值传递和溯源,该方法的不确定度为5%~10%。

(二)所需设备

注射器、定体积容器、气体混匀设备(风扇)等。

十、气体标准物质配制的其他要求

(一)标准气体的混匀技术

均匀性是考察标准气体性能的一个重要指标。标准气体的特性应该是均匀的,即在规定的范围内其量值保证不变。不论采用哪种方法制备的标准气体,都需要进行混匀处理。标准气体的混匀方法有热处理法、钢瓶旋转滚动法、特殊充填法、自然扩散法、其他混匀方法等,几种混匀方法列于表2-1。

表2-1 标准气体的混匀方法

方法名称	操作方法
热处理法	一般将制备好的标准气体的容器置于40 ℃以下的温水浴中加热,使气体组分较快地混合均匀
钢瓶旋转滚动法	将钢瓶水平放在混匀装置的滚动轴上,使它绕轴心旋转。该法混匀所需时间短(5~10 min即可),操作简单
特殊充填法	在充填某些气体时,可将钢瓶倒立并保持45°的倾斜,从下端充气,促使气体绝热膨胀,产生放热效应,气体可以在充填的同时混合均匀
自然扩散法	将充入标准气体的钢瓶倒立放在合适的位置,静止不动,靠气体本身的自然扩散来达到混合均匀,但此法所需时间较长(特别是对于相对分子质量相差较大的组分,如H_2/N_2)
其他混匀方法	采用静态混合容器或使用特殊构造的容器阀门(如离心铸造阀),可以在很短时间内使标准气体混合均匀

不管采用哪种方法进行混匀处理,必须用另一种高精度的分析方法进行检验。在标准气体研究阶段,要考察所研究的标准气体的均匀性,一般采用气相色谱法在相同的操作

条件下进行测定，以考察标准气体的均匀性，通常用平均值的一致性检验方法来判断。由于均匀性是考察同一瓶标准气体在制备完以后多长时间量值达到稳定，由有限次测定得到的平均值在方法的不确定度范围内应该是不显著的。如果差异是显著的，这个因素就是标准气体的不均匀性造成的。

标准气体长期搁置不用或由于周围环境温度过低等因素影响，也可能产生分层现象。此时，可参照上述方法进行混匀处理。

（二）标准气体的稳定性评价

标准气体的稳定性是用以描述标准气体量值随时间的变化情况，是指标准气体在长时间储存时，在外界环境条件的影响下，气体的物理化学性质和其量值保持不变的能力。一种具有良好稳定性的标准气体应在规定的期限内，当用精密方法测定该标准气体的量值时，其量值的变化不超出规定的不确定度范围，其规定的期限越长，表明该标准气体的稳定性越好。这个期限称为标准气体的有效期。在销售该类标准气体时，应明确给出其有效使用期限，这样让使用者在有效期内使用，才可能保证所用标准气体的准确性。所以，标准气体在研制中应考查其稳定性。当一种分析方法的不确定度被认可以后，对于具有良好稳定性的标准气体，在规定的期限内，标准气体本身的量值变化在方法的不确定度内不应检测出来。

标准气体的稳定性是配制和使用过程中的关键问题。装入高压钢瓶中的标准气体理论上在保存和使用过程中其浓度值不应发生变化。但实际上，标准气体中的组分气体或不纯物与容器内壁接触时往往引起吸附、解吸、化学反应等现象而使其浓度值随时间发生变化，浓度越低、组成成分越复杂时，这种变化越大。因此，标准气体的稳定性在很大程度上与容器的材料物性、容器内壁的预处理情况和气体本身的化学特性有着密切的关系。

为了评价标准气体的稳定性，在标准气体制备出来后，应及时跟踪考查其随时间的变化。在用某种分析方法考查一种标准气体的稳定性之前，必须先考查该种分析方法本身的不确定度（如取样方法、定值方法以及重复性带来的不确定度）。为了突出标准气体本身量值的变化，在每一次测量时，应尽可能控制各种条件，使其趋于一致，以保证分析结果的可靠性，使测量结果之间的差异着重反映出由标准气体变化所引起的那一部分的不确定度。

设分析方法的标准偏差为 s（它是通过多次测量统计出来的），该标准气体的量值的标准值为 $\bar{X}$，测量次数为 n，则标准值 $\bar{X}$ 的随机不确定度计算如下：

$$\text{随机不确定度} = \pm t_{\alpha}(n-1)\frac{s}{\sqrt{n}} \tag{2-18}$$

如果标准气体的稳定性好，在规定的期限内，任意一次测量结果的平均值 $\bar{X}$ 应有：

$$|\bar{X}_i - \bar{X}| \leqslant t_{\alpha}(n-1)\frac{s}{\sqrt{n}} \tag{2-19}$$

即

$$\frac{|\bar{X}_i - \bar{X}|}{s/\sqrt{n}} \leqslant t_{\alpha}(n-1) \tag{2-20}$$

所以，用$\frac{|\bar{X}_i - \bar{X}|}{s/\sqrt{n}}$和 t 分布的临界值 $t_{\alpha}(n-1)$ 进行比较，就可以判别出该标准气体的

量值是否发生显著性的变化。当$\frac{|\bar{X}_i - \bar{X}|}{s/\sqrt{n}} \leqslant t_{\alpha}(n-1)$时,认为该标准气体的量值没有发生显著性变化,否则认为该标准气体的量值发生了显著性变化。

标准气体的稳定性是评价标准气体的重要指标,也是用户所关心的主要指标之一。

标准气体的稳定性一般采用其他分析方法如气相色谱法、非色散红外法对其稳定性进行考查。用现配制的标准气体或已考查过稳定性的标准气体作标准,考查新研制的标准气体量值随时间的变化。表 2-2 列出了一组多元有机标准气体的稳定性实验结果。

表 2-2 说明该多元有机标准气体在一年内量值没有发生显著性变化(气相色谱法分析多元有机标准气体的不确定度为 1.5%)。

表 2-2　多元有机标准气体的稳定性实验结果　　(单位:μmol/mol)

项目		组分名称				
		CH_4	C_2H_6	C_3H_8	C_2H_4	i-C_4H_{10}
日期(年·月·日)	1989.11.15	1 015	1 008	995	12.8	9.36
	1989.12.25	1 024	1 017	998	12.6	9.33
	1990.01.18	1 005	983	1 020	12.7	9.23
	1990.02.27	1 028	1 014	1 001	12.6	9.25
	1990.03.21	1 016	1 009	1 006	12.5	9.26
	1990.04.23	1 028	1 018	992	12.6	9.34
	1990.05.28	1 020	1 005	1 001	12.5	9.25
	1990.06.27	1 013	1 011	1 010	12.4	9.04
	1990.08.07	1 012	1 010	1 000	12.7	9.37
	1990.10.15	1 010	1 005	995	12.7	9.12
	1990.12.18	1 024	1 014	996	12.4	9.00
$\bar{X}$		1 018	1 008	1 001	12.6	9.23
s(%)		0.8	1.0	0.8	1.1	1.5
Δ(%)		0.5	0.7	0.6	0.7	1.1

注:$\bar{X}$ 为分析结果的平均值(气相色谱法);s 为相对标准偏差;Δ 表示标准气体的稳定程度,$\Delta = t_{\alpha}(k)\frac{s}{\sqrt{n}}$(其中 $\alpha =$ 0.05%)。

另外,也可以使用期间核查的方法进行标准气体稳定性试验。

标准气体稳定性试验是测定标准气体浓度值随时间的变化曲线,可根据各种气体的特点,采用不同的测定方法。为了使测定结果准确可靠和具有可比性,不仅要使用高精度的测定方法,而且在每次测定之前都要用新配制的基准标准气体来校准测定仪器。标准气体浓度值随时间的变化通常用变化率来表示,就是以 0 d 的测定值为 100% 而求得的不同时间里的浓度变化百分比,可按下式计算:

$$\text{变化率}(\%) = \frac{[\text{实测值}] - [0\ \text{d 的测定值}]}{[0\ \text{d 的测定值}]} \times 100\% \quad (2\text{-}21)$$

用变化率对时间绘制曲线，可得到变化率曲线。变化率曲线能够直观地说明标准气体的稳定性。

（三）气体固有特性

1. 可燃气体的爆炸限

从安全的角度出发，在制备标准气体之前，必须对标准气体混合的可行性进行研究。特别要考虑各组分气体的爆炸极限，在制备由可燃气体和氢气（或氧气）组成的标准气体时，要注意组分气体含量是否超过爆炸限的问题；否则在制备过程中，可能发生爆炸事故。常见可燃气体的爆炸极限见附表3。

2. 气体的饱和蒸气压及其他性能

有毒有害等气体的安全知识见附表1。对多数气体，还要了解各组分的饱和蒸气压及其他性能，考虑是否会产生冷凝作用、标准气体中组分与钢瓶内壁材质之间的作用、各组分间的反应等。

在制备含有可冷凝组分的标准气体时，必须采取措施，防止制备过程中发生冷凝。首先，要考虑安排好各组分气体的充填顺序，若标准气体中含有可冷凝组分，则需按分压的顺序，提前充入可冷凝组分。其次，要限制标准气体的充填压力，充填压力应控制在不超过可冷凝组分的冷凝温度所对应的压力，充填的最终压力可按式(2-22)进行计算：

$$P_p \leqslant \frac{1}{\sum_{j=1}^{n} x_j / P_j(T_L)} \tag{2-22}$$

式中，P_p 为温度 T_L 时的充填压力；x_j 为组分 j 的摩尔分数；P_j 为在温度 T_L 时组分 j 的蒸气压；T_L 为使冷凝组分发生冷凝作用的最低温度；n 为组分的数量。

如果 $P_p > 5 \times 10^6$ Pa，式(2-22)估算值可能是相当保守的。

3. 标准气体中组分之间的反应

标准气体在制备之前，应考虑标准气体中各组分间是否发生化学反应（即化学稳定性问题），实际上，必须搞清楚哪些气体组分不能化学匹配，否则，制备出的标准气体量值不准确，甚至可能会发生爆炸事故。表2-3列出一些常见的不能化学匹配的组分气体。

表2-3　一些常见的不能化学匹配的组分气体

序号	组分	不能匹配的组分
1	氨（NH_3）	HF、HCl、HBr、HI、BCl_3、BF_3、F_2、Cl_2、Br_2、CO_2
2	氟（F_2）	$C1_2$、Br_2、I_2、H_2、H_2O、HCl、HBr、HI、无机物
3	二氧化碳（CO_2）	NH_3、胺类
4	二氧化氮（NO_2）	F_2、CO_2、Br_2、H_2O、有机物
5	丙炔（C_3H_6）	HF、HCl、HBr、HI、HCN、F_2、$C1_2$、Br_2、I_2、BF_3、BCl_3、胺类

4. 标准气体中组分与钢瓶（容器）材料的反应

在制备标准气体之前，还应考虑组分气体与钢瓶及阀门所用材质是否发生化学反应（如氧化、腐蚀、吸附等）问题，以便保证标准气体的稳定性。依据组分气体与包装容器材质的相容性，选用不同材质的钢瓶和瓶阀来储装标准气体。表 2-4 列出部分常用气体与包装容器材料的适用性。表 2-5 列出不能储装在铝合金钢瓶的气体组分。

表 2-4　部分常用气体与包装容器材料的适用性

气体	材料								
	不锈钢	铝	黄铜	蒙乃尔合金	镍	聚氟乙烯	氯丁橡胶	丁腈橡胶	氟橡胶
氩(Ar)	√	√	√			√	√		
氧(O_2)	√	√	√			√	√		√
氮(N_2)	√	√	√			√	√	√	
氢(H_2)	√	√	√			√	√	√	
氦(He)	√	√	√			√	√	√	
空气	√	√	√			√	√	√	√
一氧化碳(CO)	√	√	√			√	√		
二氧化碳(CO_2)	√	√	√			√	√		
甲烷(CH_4)	√	√	√			√	√	√	
硫化氢(H_2S)	√					√			
二氧化硫(SO_2)	√	√	√			√			
氨(NH_3)	√					√	√		
一氧化氮(NO)		√				√			
二氧化氮(NO_2)		√				√			
氯化氢(HCl)						√			
氯(Cl_2)						√			
六氟化硫(SF_6)	√	√	√			√	√		

注：√表示适用。

表 2-5　不能储装在铝合金钢瓶的气体组分

序号	气体名称	分子式	序号	气体名称	分子式
1	乙炔	C_2H_2	8	溴甲烷	CH_3Dr
2	氯气	Cl_2	9	氯甲烷	CH_3Cl
3	氟	F_2	10	三氟化硼	BF_3
4	氯化氢	HCl	11	三氟化氯	ClF_3
5	氟化氢	HF	12	碳酰氯	$COCl_2$
6	溴化氢	HBr	13	亚硝酰氯	NOCl
7	氯化氰	CNCl	14	三氟溴乙烯	$CF_2=CFBr$

另外，在往气瓶中充入每一个组分之前，配气系统各管路应抽成真空，或者用待充的组分气体反复进行增压—减压来置换清洗阀门和管路，直到符合要求为止。为了避免先称量的组分气体的损失，在往气瓶中充入第二个组分气体时，该组分气体的压力应远高于气瓶中的压力。为了防止组分气体的反扩散，在充完每一个组分气体后，在热平衡的整个期间应关闭气瓶阀门，然后进行称量。

5. *标准气体在钢瓶中的存放*

一些标准气体具有较强的化学特性，长期存放会发生化学反应或其他变化，下述组分不宜在钢瓶中存放或不宜长期存放。

(1)一些腐蚀性和极性很强的组分，如 NH_3、SO_2、H_2S、H_2O、NO_2 等，不宜在钢瓶中存放。

(2)一些酸性、碱性强的组分(如 HF、HCl、NH_3 等)，或酸碱性组分共存(如 NH_3 和 CO_2 共存)，易在钢瓶中造成腐蚀或进行中和反应。

(3)一些易分解或易聚合的组分不宜在钢瓶中存放。如有机物中含双键和三键的烯、炔烃共存在钢瓶中，易聚合或生成另外的组分。

(4)沸点相差太大的组分不宜共存在同一钢瓶中，否则放置时间长后易分层，使输出组分浓度发生变化。

(5)沸点太低的或临界压力低的组分，在钢瓶加压过程中要液化，不宜使用。

6. 标准气体的有效期

通常，标准气体的使用有效期是根据稳定性试验结果来加以确定的。有效期是指浓度变化率不超过规定指标的时间间隔。钢瓶标准气体浓度很低时，其浓度变化较大，因此从稳定性的观点来看，组分气体浓度越高越稳定。高压钢瓶标准气体的浓度即使在 5×10^{-5} 以上，钢瓶中的组分气体仍在发生变化，所以一般把能够保证标准值的有效期定为半年至一年。如果有些标准气体已超过有效期，但容器中的残压在 8 106 kPa 以上，可以再次测定，确定值后继续使用。随着用户消耗标准气体而残压发生变化，被吸附在容器内壁上的各种成分气体便解吸下来，使浓度值发生变化。一般规定，高压钢瓶标准气体的残压低于 1 013.25 kPa 时，停止使用。

(四)标准气体的存储容器

选择标准气体的特性之一就是具有良好的稳定性。要保持标准气体中组分含量长期不变，标准气体的包装容器材质的选择以及包装容器内壁的处理技术就显得至关重要。

盛装标准气体的容器应由耐腐蚀、不生锈、吸附少、化学性质稳定、机械强度高的材料制成。通常使用的高压容器是由锰钢、铬钼钢、铝合金或不锈钢等材料制成的。通常采用的内壁处理方法有酸洗、水洗、镜面研磨、饱和处理等。饱和处理是为了防止容器内壁因吸附或解吸带来的影响，先对容器内壁进行镜面研磨，涂上防氧化漆，然后把高浓度气体充入容器内并放置 10 d 左右，从而提高标准气体稳定性的一种方法。饱和处理能大大提高标准气体稳定性。

高压钢瓶是标准气体最常用的包装容器。一般来说，引起钢瓶内标准气体组分含量变化的原因主要有：

(1)气体组分与钢瓶内壁材质发生反应。

(2)气体组分被钢瓶内壁吸附。

(3)气体组分与钢瓶内残存的水汽发生反应或被水分溶解吸收。

(4)钢瓶内壁所吸附杂质组分的脱附等。

由于上述原因，在钢瓶充装标准气体之前，必须进行严格的钢瓶内壁处理。常用的处理方法有：①钢瓶内壁抛光处理；②钢瓶内壁电镀处理；③钢瓶内壁磷化处理；④钢瓶内壁化学涂层处理等。

钢瓶内壁处理的新方法不断问世，如对钢瓶内壁酸洗，抽空后，充入氧气或含氧气体，使钢瓶内壁形成一片稳定的氧化覆盖膜。该法处理后的钢瓶，用来充装低含量的标准气体，可以使标准气体保持长期稳定。还有把钢瓶内壁表面涂敷有机涂层，使它具有内表面光洁、憎水、耐腐蚀等优点，对于保持低含量的标准气体的稳定性来讲，不失为一种有效的方法。

为了减少气体组分与容器内壁发生反应和吸附作用，钢瓶材质的选择也极为重要。通过对不同材质（如碳钢、铝合金和不锈钢）的钢瓶比较，由标准气体稳定性考查实验表明，采用铝合金钢瓶储装标准气体较好。一般来说，铝合金钢瓶可用来制备（除腐蚀性气体以外）各种标准气体，它能保持标准气体微量组分含量长期稳定。普通的碳钢瓶经磷化处理后可以制备含量较高的 O_2、N_2、CH_4 等标准气体，H_2S 及其他硫化物标准气体则需要制备在内壁经过特殊处理的钢瓶中，才能保证其量值的稳定性。

第三节 气体标准物质应用

一、气体标准物质的使用

（一）气体标准物质的选择

气体标准物质是化学计量中量值传递和溯源的计量标准，主要用于校准气体分析仪器、评价气体分析方法以及对未知含量的混合气体进行标定并赋予量值。在使用标准气体过程中尽量减少引入的不确定度，以获得准确可靠的数据。用户应当树立标准气体就是计量器具的观念，明确选择标准气体的原则，以保证测量数据的可靠。一般而言，在选择标准气体时，有以下 4 点要求。

1. 编号

编号是标准气体的“身份证”，以确认该标准气体是否具有定级证书和生产许可证，并持有国家质量监督检验检疫总局的统一编号。一级标准气体编号为 GBW××××××，二级标准气体编号为 GBW(E)××××××。必要时可向全国标准物质管理委员会办公室查询。

2. 组成

标准气体中作为量值传递的主要物质组成，如一元气体的 100%（V/V）纯氧气，二元气体的 30%（V/V）氮中甲烷，由于需要的标准气体千变万化，其浓度千差万别，要生产这样多的标准气体几乎是不可能的。在实际应用中，所选取标准气体的组成与被测样品一般要求相同或相近，对某些原理的分析方法（对于有些物质，不同的分析方法因其分析的机理不同，分析结果有所差异），组成不同会使响应值产生差异，但是由于被测对象的纷繁及标准气体品种所限，有时难以做到完全一致，在这种情况下，应选择组成尽可能相近的标准气体，并通过可靠方法考核其定量的准确性。

3. 含量

标准气体的准确性体现在含量上，对于二元或多元气体，其各组成成分的含量是量值传递和溯源的关键。仪器分析一般为相对测量，通常采用标准曲线法进行定量，在确定标准曲线通过原点并成线性以后，也可以用单点校正法定量。但含量最好与被测样品含量相近，以尽量减小由于线性不好而引起的不确定度，特别对线性范围比较窄的测量法，此点尤为重要。当不能做到含量充分接近时，最好在被测样品两侧各选择一个标准气体，分别测定后取平均值作为测量结果。

4. 定值不确定度

标准气体应给出定值不确定度,标准气体一旦选择,其不确定度对被测组分的结果而言就成为系统误差。因此,从不确定度合成的角度考虑,不确定度越小越好,如果其数值比预期分析结果小3/4,则可忽略不计。

(二)标准气体的使用

1. 取样

取样方法的合理设计是保证样品不受玷污,准确转移的关键。因此,要选择适宜的阀门和管路。阀门或叫取样接头,它应耐压、死体积小且具调节功能。材质一般为黄铜镀铬,对活泼性气体,如 NO_2、SO_2 等,则应采用不锈钢材质制作。

取样管路应当清洁、干燥,并且尽可能短,以保证能尽快地将残余气体冲洗干净。在使用组分含量易受环境中(气体的影响使含量不准确)含量影响的标准气体时,如 O_2、N_2、CO_2 等,则应采用硬连接方式,以有效地防止这些气体的渗透和扩散而导致的样品玷污。

2. 进样

进样可分为动态进样和静态进样两种方式。有些仪器如流程用气体分析器、实验室用非色散红外气体分析仪器、化学发光仪等必须采用动态进样,此时应当准确计量进样流量,保证标准气体和被测气体在校准过程中进样流量的一致性,防止由于流量的差异引起的误差。为了保证在不同气瓶压力下取样体积的一致性,在完成取样动作、切断气源后,需停留10 s左右再完成进样动作,以保证取样压力和大气压力平衡。在取样、进样之前,应该用样品充分清洗管路阀门,将其中的残余气体充分置换干净。稳定不变的进样方式、准确的重复手法、时间间隔是进样的关键,是检测结果准确、可靠的关键。

3. 间接测量

对有些仪器如电导法、比色法、电化学法等,需事先将气体吸收制备成溶液。此时可以用标准气体对采样、流量计量、前处理、吸收效率、显色过程等进行动态校准,而后将被测样品在完全相同的条件下进行测量,以保证测量数据的准确可靠。

4. 安全性

气瓶出口阀门要保持干净,有尘埃时决不允许用带有油污的抹布擦洗,要用干净的抹布擦洗阀门或气瓶出口,清除尘埃。标准气体钢瓶应放置牢靠,最好直立放在专门的钢瓶座上,以防碰倒钢瓶引起事故。在打开气瓶阀门时应站在气瓶连接件的侧面,分析结束时,应立即关闭钢瓶阀门,将标准气体钢瓶放置原处。

二、废气的处理

(一)废气的处理

在标准气体制备和分析中,废气一般不能直接排入大气中,必须对有害气体进行除害处理,以确保安全。

1. 废气处理的基本原则和要求

废气处理的基本原则是,先将废气变成无毒、不燃的状态,然后进行废物处理。一般要求是,尽量减少或避免对人体的危害和对环境的污染。

2. 废气处理的几种基本方法

1) 燃烧法

此法适用于处理各种可燃性气体，它是将有害物质通过燃烧转化成无害或危害少的物质，或者转化成便于捕捉的形式。燃烧法还可分为与空气混合直接燃烧的方法和借助催化剂氧化的方法。

2) 吸收法

它适用于处理水溶性物质和与水反应的物质，也适用于处理一些溶于酸碱溶液或与酸碱溶液反应的物质，它是通过气体和吸收剂的接触把有害物质吸收到液相中，常见的吸收液有水、氢氧化钠等碱的水溶液。气液两相接触的方法有喷淋式和鼓泡式。

3) 吸附法

吸附法也叫干法，是用固体吸附剂吸附气体中的有害成分。吸附剂因所吸气体组分不同有多种多样，如多孔质活性炭、氧化铝凝胶、硅胶、硅藻土等。

4) 稀释法

它是以氮或其他惰性气体或空气把废气中的有害成分含量稀释后再排放的方法，这种方法比较简单，对大多数气体都适用。但从人类的长远利益出发，最好不用此方法。

(二) 废气处理注意事项

对于废气处理，要根据各种气体的不同性质进行分类处理。不管采用哪些方法，从安全的角度出发，必须注意以下几点。

1. 可燃气体的处理

(1) 可燃气体的排放，如果排放量较大，应尽可能选择人少的地方，注意周围禁止明火，并备有相应的灭火器、砂子和水。

(2) 排放钢瓶中的可燃气体，工作人员应站在出气口的侧面进行操作，以防气体喷出伤人。

(3) 采用燃烧法处理时，应安装减压阀，控制可燃气体的速度，尽量使气体慢慢放出，使之在燃烧装置内充分燃烧掉。

2. 毒性气体的处理

(1) 处理毒性气体时，工作人员必须戴防毒面具、手套等劳保护具，与处理工作无关的人员，禁止进入毒气处理区。

(2) 向大气中直接排放少量毒性气体，必须经有关部门同意后，选择尽量偏僻的地方进行，控制排出口的浓度应稀释到允许排放浓度以下。

(3) 毒性气体处理中采用的吸收剂和吸附剂，应确保其有效性方可使用。

3. 助燃气体的处理

(1) 将黏着在容器阀门上或使用器具上的粉末、石油类、油脂类及可燃性物质，彻底清除干净后，方可进行助燃气的处理。

(2) 严禁助燃气体和可燃气体在同一地方或其附近进行处理，以防爆炸事故的发生。

(3) 在处理助燃气体的周围，应无火源、无燃烧物和易爆物品。

4. 惰性气体的处理

惰性气体虽然没有危险性，但大量惰性气体集聚，会使周围氧含量减少，从而使人窒息。

(1)在室外适当的地方排放。

(2)若钢瓶或仪器在室内,可接上排气导管,使其引到室外缓慢排放。

三、标准气体的存储与运输

(一)气瓶的压力等级

气瓶的压力等级即气瓶的公称压力见表 2-6。从表 2-6 中可以看出,公称压力≥10 MPa 的属于高压气瓶,公称压力<10 MPa 的属于低压气瓶。在线分析仪表使用的气瓶,绝大多数属于高压气瓶。表 2-6 中气瓶的水压试验压力,一般应为公称工作压力的 1.5 倍(气瓶的耐压检验采用水压试验)。

表 2-6　气瓶的压力等级

压力类别	高压	低压
公称工作压力(MPa)	30,20,15,12.5	8,5,3,2,1
水压试验压力(MPa)	45,30,22.5,18.8	12,7.5,4.5,3,1.5

气瓶的公称工作压力,对于盛装永久气体的气瓶,系指在基准温度(一般为 20 ℃)时,所盛装气体的限定充装压力;对于盛装液化气体的气瓶,系指温度为 60 ℃时瓶内气体压力的上限值。

(二)气瓶的检验周期

各种气瓶必须定期进行检验,各类气瓶的检验周期不得超过下列规定:

(1)盛装腐蚀性气体的气瓶每 2 年检验一次。

(2)盛装一般性气体的气瓶,每 3 年检验一次。

(3)盛装惰性气体的气瓶,每 5 年检验一次。

气瓶在使用过程中,发现有严重腐蚀、损伤或对其安全可靠性有怀疑时,应提前进行检验。库存和停用时间超过一个检验周期的气瓶,启用前应进行检验。不得使用超期未检的气瓶。气瓶经检验有下列情况之一的,必须降压使用或报废:

(1)气瓶有裂纹、渗透或明显变形的。

(2)经测量最小壁厚不能按原设计压力使用的(可降压使用)。

(3)高压气瓶的容积残余变形率大于 10% 的。

(三)气瓶的标记和标识

气瓶属于压力容器,国家对气瓶特别是高压气瓶(公称压力≥10 MPa 的属于高压气瓶)有严格的管理规定。一般说来,气瓶应有以下标记和标识。

1. 钢印标记

气瓶的钢印标记是识别气瓶的依据,打印在瓶肩或不可卸附件上。气瓶的钢印标记包括制造钢印标记和检验钢印标记。制造钢印标记标明气瓶制造者代号、气瓶编号、容积、设计压力、质量、制造年月等。检验钢印标记标明检验单位代号、检验日期、下次检验时间等。钢印的位置和内容应符合《气瓶的钢印标记和检验色标》的规定。

2. 外表漆色及字样

外表漆色表明内装气体种类，字样标注内装气体名称，高压气瓶还要加色环表明其最高使用压力。气瓶外表的颜色、字样和色环，应符合 GB 7144《气瓶颜色标志》的规定。

3. 气瓶警示标签

气瓶充装单位必须在气瓶上粘贴符合国家标准 GB 16804《气瓶警示标签》的警示标签和充装标签。警示标签标明内装气体的性质，如可燃性、有毒、剧毒等，充装标签标明该气瓶已经灌装。

4. 其他标记

气瓶充装单位或用户也可在气瓶上悬挂铭牌，注明组分名称、组分含量、配制日期、有效期等，以便使用和核对。

（四）气瓶的漆色及字样

根据 GB 7144《气瓶颜色标志》的规定，各种气体钢瓶的瓶身必须漆上相应的标志色漆，并用规定颜色的色漆写上气瓶内容物的中文名称，画出横条色环。外表漆色表明内装气体种类，字样标注内装气体名称，色环表明其最高使用压力。表 2-7 列出了部分气瓶的漆色及标志。

表 2-7　部分气瓶的漆色及标志

气瓶名称	外表面颜色	字样	字样颜色
氧气瓶	天蓝	氧	黑
氢气瓶	深绿	氢	红
氮气瓶	黑	氮	黄
氩气瓶	灰	氩	绿
氦气瓶	灰	氦	绿
氖气瓶	灰	氖	绿
压缩空气瓶	黑	空气	白
硫化氢气瓶	白	硫化氢	红
氯气瓶	黄绿	氯	白
氨气瓶	黄	氨	黑
烷烃气瓶	褐	（气体名称）	白
烯烃气瓶	褐	（气体名称）	黄
二氧化硫气瓶	灰	二氧化硫	黑
二氧化碳气瓶	铝白	二氧化碳	黑
氧化氮气瓶	灰	氧化氮	黑
氟氯烷气瓶	铝白	氟氯烷	黑
其他可燃性气体气瓶	灰	（气体名称）	红
其他非可燃性气体气瓶	灰	（气体名称）	黑

（五）气瓶的存放及安全使用

（1）气瓶应存放在阴凉、干燥、远离热源的地点或气瓶间内。存放地点严禁明火，并保证良好的通风换气。使用中的气瓶要直立固定在专用支架上。

(2)氧气瓶、可燃气瓶与明火距离应不小于 10 m,不能达到时,应有可靠的隔热防护措施,并且距离不得小于 5 m。

(3)搬运气瓶要轻拿轻放,防止摔掷、敲击、滚滑或强烈震动。搬前要戴上安全帽,以防不慎摔断瓶嘴发生事故。

(4)气瓶应按规定定期做技术检验、耐压试验。

(5)高压气瓶的减压阀要专用,安装时螺扣要上紧(应旋进 7 圈螺纹,俗称吃七牙),不得漏气。

(6)开启高压气瓶时,瓶嘴不能对人,操作者应站在气瓶出口的侧面,动作要慢,以减少气流摩擦,防止产生静电。一般操作步骤是:首先核实低压阀是否关闭,然后开启高压阀,再开低压阀,以防冲坏减压阀或伤人。不用气时,先关高压阀,再放掉气体,后关低压阀。

(7)氧气瓶及其专用工具严禁与油类接触,氧气瓶附近也不得有油类存在,绝对不能穿用沾有油脂的工作服、手套及油手操作,以防万一氧气冲出后发生燃烧甚至爆炸。

(8)瓶内气体不得全部用尽,一般应保持 0.2 ~ 1 MPa 的余压,以备充气单位检验取样之用及防止其他气体倒灌。

(六)标准气体和辅助气体的输气管路

标准气体和辅助气体的输气管路包括管子、接头、阀门、压力和流量调节装置等。在输气期间,被输送的气体不应有以下情况发生:

(1)被其他气体(如空气中的组分或大气污染物)污染或改变性质。

(2)改变组成(例如由于吸收、吸附或渗透而引起的组成变化)。

(3)发生化学变化(如分解、氧化还原反应等)。

为了防止上述现象的发生,应注意以下几点:

(1)应采用不锈钢材料的管子和部件,不锈钢对所有气体均无渗透性,吸附效应弱,一般不与被输送的气体发生化学反应。

(2)送气前,对管路系统进行充分吹扫。

(3)输送高纯气体的管路系统要具有很好的气密性。

高纯气体中杂质组分的分压较小,而大气中的这些组分(O_2、N_2、CO_2、H_2O)的分压很大,哪怕管路系统某处出现微小的泄漏,大气中的这些组分也会扩散到系统内而污染高纯气体。试验表明,其扩散速率与管路系统的泄漏速率成正比,所造成的污染与高纯气体的体积流量成反比。

(七)气瓶的减压阀选用

(1)一般应选用双级压力减压阀。

(2)无腐蚀性的纯气及标准混合气体可采用黄铜或黄铜镀铬材质的减压阀。

(3)腐蚀性气体应选用不锈钢材质的减压阀,如 H_2S、SO_2、NO_x、NH_3 等。

(4)氧气和以氧为底气的标准气体应采用氧气专用减压阀。

(5)可燃气体减压阀的螺纹应选反扣(左旋),非可燃气体减压阀的螺纹应选正扣(右旋)。

(6)气瓶减压阀应当专用,不可随便替换混用。

(7)没有铅封的减压阀禁止使用,发现减压阀漏气、失灵、滑丝的应立即检修。

(8)使用气瓶中的气体,必须通过减压阀,严禁直接取用。

（八）使用标准气瓶注意事项

（1）要用不锈钢管和分析仪直接连接进行仪器校准。不宜用塑料管、橡胶管、乳胶管，更不宜用球胆取标准气样。防止标准气体组分和这些材质发生吸附、吸收或和大气产生扩散作用等而失真。

（2）用标准气体校准仪表时，要先对输气管路作严格的泄漏检查，然后送标准气体。开始要量大，对仪表进口管路和公共管路进行吹扫，时间 30 s 左右，再将放空管路全部切断，让标准气体直接进入仪器进行校准。

（3）气瓶中组分的沸点、黏度相差较大时，气瓶要定期倒置，使用前要在地面上滚动，让瓶内组分混合均匀。

（4）钢瓶标气存放是有时间要求的，若存放期过长，瓶内组分浓度应重新测定后才能使用。

（5）每次校准仪表时，要对标准气体使用时间、压力消耗作记载存档。

（6）气瓶的漆色必须经常保持完好，且不得任意涂改。

（九）瓶装气体的使用时间

瓶装气体的使用时间可按下式进行大致计算：

$$\text{瓶装气体的使用时间}=\frac{\text{气瓶容积}\times(\text{充装压力}-\text{剩余压力})}{\text{大气压力}\times\text{气体流量}} \tag{2-23}$$

（十）标准气体的储存与运输

装有标准气体的钢瓶，要关紧钢瓶阀门，防止泄漏。应设有专人保管，放在通风良好的室内。室内禁止明火，并备有灭火器。钢瓶上要贴有标签，标签上应包括以下内容：①钢瓶编号；②组分名称；③组分含量；④生产日期或有效期。

国家对危险化学品的运输实行资质认定制度，未经资质认定，不得运输危险化学品。

运输危险化学品的驾驶员、船员、装卸人员和押运人员必须了解所运载的危险化学品的性质、危害特性、包装容器的作用特性和发生意外时的应急措施。运输危险化学品，必须配备必要的应急处理器材和防护用品。

通过公路运输危险化学品的，托运人只能委托有危险化学品运输资质的运输企业承运。通过公路运输危险化学品，必须配备押运人员，并随时处于押运人员的监管之下，不得超装、超载，不得进入危险化学品运输车辆禁止通行的区域；确需进入禁止通行区域的，应当事先向当地公安部门报告，由公安部门为其指定行车时间和路线，运输车辆必须遵守公安部门规定的行车时间和路线。

运输时注意事项如下：

（1）在搬运和运输气钢瓶前，要认真检查钢瓶阀门，严防泄漏，检查包装是否牢固。

（2）气瓶上应有防震垫圈，旋紧螺帽，轻装轻卸，严禁抛滑撞击。

（3）气瓶装车应固定，一般应横向放置，装车高度不得超过车厢高度。

（4）运输时，气瓶温度应保持在 40 ℃以下，夏季要设法遮蔽阳光，防止暴晒。

（5）车上严禁烟火，运输可燃气体和有毒有害气体时，车上应配备灭火器材或防毒面具。

（6）充装有互相接触后可能导致事故的气瓶（如氧气、氯气、氢气、乙炔等）不要同车运输，以防漏气而引起燃烧爆炸事故。

(7)储存气瓶时应旋紧瓶帽、摆放整齐、妥善固定,气瓶卧放应防止滚动,头部朝向一致,高压气瓶堆放不应超过5层。

第四节　气体检测的量值溯源和传递

一、气体检测计量标准的建立与考核

计量标准是准确度低于计量基准,用于检定或校准其他计量标准或者工作计量器具的计量器具,它处于国家量值传递(溯源)体系的中间环节,起承上启下的作用。作为化学计量中的气体检测计量标准,主要是气体标准物质,必须符合计量标准要求。国家对计量标准实行考核制度。建立气体检测计量标准必须进行考核,计量标准考核是国家质量监督检验检疫总局及地方各级质量技术监督部门,对计量标准测量能力的评定和开展量值传递资格的确认。被考核的计量标准不仅要符合技术要求,还必须满足法制管理的有关要求。

气体检测计量标准考核的内容如下:

(1)计量标准器及配套设备齐全,计量标准器必须经法定或者计量授权的计量技术机构检定合格(没有计量检定规程的,应当通过校准、比对等方式,将量值溯源至国家计量基准或者社会公用计量标准),配套的计量设备经检定合格或者校准。

(2)具备开展量值传递的计量检定规程或者技术规范和完整的技术资料。

(3)具备符合计量检定规程或者技术规范并确保计量标准正常工作所需要的温度、湿度、防尘、防震、防腐蚀、抗干扰等环境条件和工作场地。

(4)具备与所开展量值传递工作相适应的技术人员,开展计量检定工作,应当配备2名以上获相应项目检定资质的计量检定人员,开展其他方式量值传递工作,应当配备具有相应资质的人员。

(5)具有完善的运行、维护制度,包括实验室岗位责任制度,计量标准的保存、使用、维护制度,周期检定制度,检定记录及检定证书核验制度,事故报告制度,计量标准技术档案管理制度等。

(6)计量标准的测量重复性和稳定性符合技术要求。

申请新建计量标准考核应提交的资料包括:计量标准考核(复查)申请书,计量标准技术报告,计量标准测量重复性考核记录,计量标准稳定性考核记录,计量标准器及配套的主要计量设备有效检定或者校准证书,开展检定或者校准项目的原始记录及相应的模拟检定证书或者校准证书,计量检定人员检定证件或者校准人员资质证明。

气体检测计量标准具有一定特殊性,其主标准器一般不是仪器设备,而是气体标准物质,由标准物质实现量值传递和溯源,计量标准的建立应按照JJF 1033—2008《计量标准考核规范》要求进行。

二、计量标准的量值溯源和传递

标准物质具有在时间上保持特性量值、在空间上传递量值的功能。标准物质的发展

已使计量学从物理领域迅速扩展到化学、生物与工程领域，并克服了仪器校准仪器、标准校准标准器的量值传递方式所固有的缺点，引起了量值传递方式的变革。标准物质的发展使计量学有了突破性进展。

标准物质是进行量值传递、实现测量准确一致的一种手段，通过不同等级的标准物质，依序将国际单位制基本测量单位的量值传递到实际测量中去。这个准确度由高至低的过程称为量值的传递过程。使用标准物质，按准确度由低至高地逐级进行量值的追溯，直至基本测量单位，这个过程称为溯源过程。通过标准物质进行量值的传递和溯源，构成了完整的量值传递体系。该系统中，基本测量单位是统一我国标准物质的标度，它体现了测量的最高准确度，是确定标准物质量值并进行量值传递的基础。

对于各类检测报警器、检测器、探测器、分析器、测试仪等气体检测计量器具，实施量值溯源和传递的方法有两种，一种是采取气体标准物质直接比较法进行检定或校准，对器具的各检定点购置相应测量范围的国家一级或二级气体标准物质；另一种是购置高浓度气体标准物质，通过配气装置（或称标准气体稀释装置），把高浓度气体稀释为器具的检定点浓度范围，图 2-11 是可燃气体检测报警器的量值溯源和传递框图。

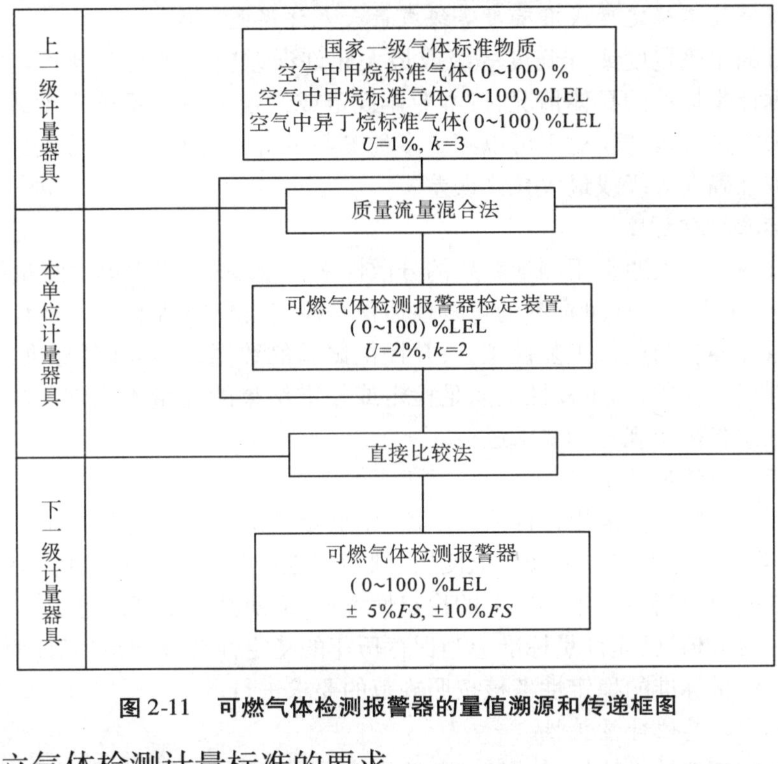

图 2-11　可燃气体检测报警器的量值溯源和传递框图

三、建立气体检测计量标准的要求

（一）计量标准器及配套设备

1. 计量标准器及配套设备的配置

计量标准器及配套设备的配置应当科学合理、完整齐全，并能满足开展检定或校准工作的需要。对于气体检测计量标准而言，计量标准器就是标准气体（有证气体标准物质），可以是一级或二级标准气体，气体稀释装置是配套设备，当然还包括各检定规程要求的其他配套设备。

计量标准器及主要配套设备的计量特性必须符合相应计量检定规程或技术规范的规定。

2.计量标准的溯源性

为了保证计量标准的溯源性，计量标准的量值应当定期溯源至国家计量基准或社会公用计量标准；当不能采用检定或校准方式溯源时，应当通过比对的方式确保计量标准量值的一致性；计量标准器及主要配套设备均应有连续、有效的检定或校准证书。作为气体检测计量标准中的气体标准物质应当是处于有效期内的有证标准物质。

（二）计量标准的主要计量特性

1.计量标准的测量范围

计量标准的测量范围用该计量标准所复现的量值或量值范围来表示，对于可以测量多种参数的计量标准，应当分别给出每种参数的测量范围。计量标准的测量范围应当满足开展检定或校准的需要。作为气体检测计量标准的测量范围，应注意是爆炸下限（%LEL）范围还是百分比浓度（%VOL）。

2.计量标准的不确定度或准确度等级或最大允许误差

计量标准的不确定度或准确度等级或最大允许误差应当满足开展检定或校准的需要。应当根据计量标准的具体情况，按本专业规定或约定俗成用不确定度或准确度等级或最大允许误差进行表述。对于可以测量多种参数的计量标准，应当分别给出每种参数的不确定度或准确度等级或最大允许误差。

3.计量标准的重复性

计量标准的重复性通常用测量结果的分散性来定量表示，即用单次测量结果 y_i 的试验标准差 $s(y_i)$ 来表示。计量标准的重复性通常是检定或校准结果的一个不确定度来源。

新建计量标准应当进行重复性试验，并提供试验的数据；已建计量标准，至少每年进行一次重复性试验，测得的重复性应满足检定或校准结果的测量不确定度的要求。计量标准的重复性试验按照规范的要求进行。

4.计量标准的稳定性

若计量标准在使用中采用标称值或示值，则稳定性应当小于计量标准的最大允许误差的绝对值；若计量标准需要加修正值使用，则稳定性应当小于修正值的扩展不确定度。新建计量标准一般应当经过半年以上的稳定性考核，证明其所复现的量值稳定可靠后，方能申请计量标准考核；已建计量标准应当保存历年的稳定性考核记录，以证明其计量特性的持续稳定。计量标准的稳定性考核按照规范的要求进行。

5.计量标准的其他计量特性

计量标准的其他计量特性，如灵敏度、鉴别力、分辨力、漂移、滞后、响应特性、动态特性等也应当满足相应计量检定规程或技术规范的要求。

（三）环境条件及设施

（1）温度、湿度、洁净度、振动、电磁干扰、辐射、照明、供电等环境条件应当满足计量检定规程或技术规范的要求。对于有毒有害气体的计量标准环境条件还有其安全性要求。

(2)应当根据计量检定规程或技术规范的要求和实际工作需要，配置必要的设施和监控设备，并对温度、湿度等参数进行监测和记录。

(3)应当对检定或校准工作场所内互不相容的区域进行有效隔离，防止相互影响。

(四)人员

(1)有能够履行职责的计量标准负责人。计量标准负责人应当对计量标准的使用、维护、溯源、文件集的维护等负责。

(2)有持证的检定或校准人员。每项计量标准应当配备至少两名与开展检定或校准项目相一致的，并符合下列条件之一的检定或校准人员：持有本项目《计量检定员证》；持有相应等级的《注册计量师资格证书》和质量技术监督部门颁发的相应项目《注册计量师注册证》。

(五)文件集

1. 文件集的管理

每项计量标准应当建立一个文件集，在文件集目录中应当注明各种文件保存的地点和方式。所有文件均应现行有效，并规定合理的保存期限。申请考核单位应当保证文件的完整性、真实性、正确性。

文件集应当包含以下文件：计量标准考核证书(如果适用)，社会公用计量标准证书(如果适用)，计量标准考核(复查)申请书，计量标准技术报告，计量标准的重复性试验记录，计量标准的稳定性考核记录，计量标准更换申报表(如果适用)，计量标准封存(或撤销)申报表(如果适用)，计量标准履历书，国家计量检定系统表(如果适用)，计量检定规程或技术规范，计量标准操作程序，计量标准器及主要配套设备使用说明书(如果适用)，计量标准器及主要配套设备的检定或校准证书，检定或校准人员的资格证明，实验室的相关管理制度，开展检定或校准工作的原始记录及相应的检定或校准证书副本，可以证明计量标准具有相应测量能力的其他技术资料。

2. 计量检定规程或技术规范

申请考核单位应当备有开展检定或校准工作所依据的计量检定规程或技术规范。

3. 计量标准技术报告

新建计量标准，应当撰写《计量标准技术报告》，报告内容应当完整、正确；已建计量标准，如果计量标准器及主要配套设备、环境条件及设施等发生重大变化，引起计量标准主要计量特性发生变化，应当重新修订《计量标准技术报告》。

计量标准技术报告包含的主要内容如下：建立计量标准的目的、计量标准的工作原理及其组成表述清晰；计量标准器及主要配套设备的名称、型号、测量范围、不确定度或准确度等级或最大允许误差、制造厂及出厂编号、检定或校准机构及检定周期或复校间隔等栏目填写完整、准确；计量标准的测量范围、不确定度或准确度等级或最大允许误差等主要技术指标及环境条件填写准确；计量标准溯源到上一级和传递到下一级计量器具的量值溯源和传递框图正确；检定或校准结果的测量不确定度评定合理；检定或校准结果的验证方法正确，验证结果符合要求。

4. 检定或校准的原始记录

检定或校准的原始记录格式规范、信息量齐全，填写、更改、签名及保存等符合相应规定;原始数据真实,数据处理正确。

5. 检定或校准证书

检定或校准证书的格式、签名、印章及副本保存等符合有关规定的要求;检定或校准证书结论准确,内容符合计量检定规程或技术规范的要求。

6. 管理制度

申请考核单位应当建立并执行下列管理制度,以保持计量标准的正常运行:实验室岗位管理制度,计量标准使用维护管理制度,量值溯源管理制度,环境条件及设施管理制度,计量检定规程或技术规范管理制度,原始记录及证书管理制度,事故报告管理制度,计量标准文件集管理制度。

四、计量标准建立应注意的问题

(一)计量标准技术报告

(1)作为主标准器的标准气体,属于标准物质,国家一级标准物质由于准确度高,各项指标均有严格要求。因此,在建标时,其重复性试验和稳定性考核可以不做,在计量标准考核时此项可以作为简化考核项目。

(2)测量不确定度评定,应注意是对各类被检计量器具的相关检定项目进行不确定度评定,而不是对装置进行评定,除 A 类不确定度评定外,要注意不确定度来源和分量,不要重复计算,也不要遗漏,这些分量多数是作为 B 类进行评定。

(3)检定或校准结果的验证应优先采取传递比较法。

(二)计量标准履历书

履历书的填写应注意,不是只在建标申请时或之前填写,应连续进行填写,不得间断。

(三)计量标准器及配套设备的溯源

在建标时,应根据自身实际需要购置各类标准气体,通过对高浓度气体稀释或标准气体定点使用,一般应考虑在溯源周期内用完,如果使用不完,溯源性将难以实现,对计量标准的考核将造成不符合项。

五、检测报警仪器的检定和校准

根据各类报警仪器检定规程进行检定或校准,检定项目大同小异,一般包括以下 6 项常规项目。

(一)外观及通电检查

对于使用中可燃气体检测报警器存在着不同情况,应按相关要求检定。

(二)示值误差

给仪器通电预热稳定后才能检定,因为在接通电源后有些传感器要经过一定时间的预热才会稳定下来,在此期间显示器指针可能会有些摆动,这只是一种过渡状态,并非探测器失灵。因此,保证足够时间的预热稳定也是保证基本误差真实可靠的重要措施;同时在检定示值误差时应先把该仪器满量程标定出来,也可达到节约标准气体的目的。

示值误差的检定步骤为:

(1)按说明书要求的流量通入零点气体调准零点,调零点时,电源电压应满足仪器规定的供电要求,这样调出的电零点也是稳定的。

(2)调整标定值,在通入标准气体进行检定时,对于不同的仪器,要通过该仪器上的不同电位器的调节来达到准确的标定值,有的指示刻度调节可能要反复二三次。

(3)按检定规程要求,分别通入浓度约为10% LEL、40% LEL、60% LEL 的标准气体,记录仪器稳定示值,根据计算结果取绝对值最大的为示值误差。

(4)在检定时要得到稳定的检定数据,对于仪器的检定应先通入低浓度气体,逐渐通入高浓度气体。对于不同浓度的标准气体在检定通气时要流量稳定、均匀,才能达到检定数值的准确、可靠。

(三)重复性

由于重复性是在示值误差的检定之后去做的,因此不能简单地把示值误差的数据拿来用,而是要重新去做,得出数值。在正常的工作条件下,通入零点气体校准零点,再通入浓度约为40% LEL 的标准气体,记录仪器稳定示值,而按规定要做6次,再用贝塞尔公式计算。

(四)报警误差

每种仪器有其相应的报警点,这在出厂时早已设定好,因此要按仪器说明书中设定的报警点对其进行标定,而标准气体浓度应选定报警设置点浓度大于1.1倍,一般选择1.5倍的标准气体来做。此标准气体浓度不能太小,也不能太大,否则不利于读数,或直接影响读数。

(五)响应时间

此项属于程序化项目,试验当中应注意起始时间和终止时间的计时操作,同时要强调保证每次通入气体流量的稳定、匀速。

(六)稳定性

检定内容包括零点漂移和量程漂移。一般要求在正常工作条件下,报警仪器通电预热稳定后,先通入零点气体校准仪器零点,再连续通电工作若干时间(不同报警仪器有不同规定),如8 h,然后按一定间隔时间(不同报警仪器有不同规定),如1 h,分别通入零点气体和约为60% LEL 的标准气体,进行零点和量程漂移的检定。稳定性检定需要一定的时间,在实际工作中,多数都不做此检定项目。

至于除上述6项外的其他检定项目,可以按照具体的检定规程进行。

六、报警仪器检定校准应注意的问题

(一)环境保护和职业安全健康保护

多数试验气体是可燃气体或有毒有害气体,对环境和人体会造成影响。在检定过程中,不仅要注意残留气体对检定的影响,同时要防护检定排出气体对人体的影响,增加必要的设备进行通风排风,保证室内空气清洁,时刻注意环境保护和职业安全健康保护,防止爆炸事故、实验室污染和人员中毒事故的发生。有毒有害气体的检定应放置在隔离箱中进行,隔离箱应有排风设施,排风出气口应远离实验室门窗。有毒有害气体的稀释排放应有隔离措施。

(二)气体标准物质的比对和期间核查

标准气体是实现量值传递的计量标准器具,其量值准确性对检定工作至关重要,因此与其他计量标准一样，也应进行周期检定，同时，还要进行实验室比对和计量标准的期间核查。对同一类标准气体，可以根据不同浓度的标准气体进行稀释比对，也可以进行实验室间同一浓度标准气体比对，对不同批次的标准气体进行比对。对稳定性差的气体，如低压液化气体、易吸附气体、易分层气体（乙醇、丙烷、丁烷、硫化氢等），应进行期间核查，使用稳定的被检报警仪器定期对标准气体进行核查。防止检定结果出现较大误差。

（三）实验室检定注意事项

（1）检定过程要注意气路的密封性。大多数报警器，尤其是泵吸式报警器在检定时，由于通气嘴和报警仪器接触不严密，将会造成较大误差。因此，检定时要随时注意检查通气嘴、乳胶管和仪器的气路密封性。

（2）检定应注意控制气体流量。对于扩散式报警器，其标准气体的流量大小对检定结果有较大影响，因此在检定时要控制流量，一般为 300 mL/min，同时，在检定过程中要一直保持同样的流量，减少波动。

（3）检定时要注意报警仪器预热时间。大多数报警仪器在使用前应进行预热，一般要求开机后仪器预热 10 min 以上，方可开始检定，因为催化燃烧元件（传感器）及电气元件需要在一定的温度、湿度、大气压力下，经过一定的时间后才能稳定。

（4）重复性检定要注意连续性。重复性检定要注意保证重复性条件，即在短时间内，室温、相对湿度、压力和标准气体基本不变的情况下，连续 6 次测量所得结果之间的一致性。如果不注意连续性，室温、湿度和大气压力变化就会导致测量结果分散性增大。

（5）实验室气瓶应按要求摆放，可燃气体与空气气瓶应隔离，所有气瓶应有固定措施，防止碰倒。

（四）现场检定注意事项

（1）在现场进行高空报警仪器检定时，应注意安全，同时扩散罩应尽可能靠近探测器（探头）。

（2）在通电情况下，严禁在现场拆装检测器（探头）。

（3）现场检定用的标准气体应与被测气体一致，一般不允许使用其他气体代替。如果现场既有可燃气体，也有有毒有害气体，应按有毒有害气体进行检定和报警点设置。

（4）现场使用气袋时，在配气时应反复置换气袋，在检定时，应均匀挤压气袋，使流量保持均匀。

（5）探测器与控制器距离较远时，应使用对讲机，防止试验出现较大误差。

七、标准气体稀释装置工作原理及应用

在气体检测领域，各类检测报警仪器的检定点并不一样，检定所用气体种类繁多，为了避免购置各种不同浓度的标准气体，需要对少量的高浓度气体进行人工稀释，配制出各种需要浓度的气体标准物质。而气体稀释装置也有很多规格品种，本节仅介绍 MF 型标准气体稀释装置的工作原理和使用，至于其他一些特殊用途的标准装置，不在本文讨论之列。

（一）稀释装置工作原理

MF 型标准气体稀释装置的原理为质量流量混合法。采用高精度的质量流量控制

器，控制稀释气体及组分气体的流量。稀释气体可采用高纯氮、纯氮、氩、氦、净化空气等纯气体。组分气体可用纯气或已知含量的混合气。通入准确的设置，便可配制出 10^{-8} ~ 10^{-2} 含量的各种标准气体。

（二）前后板各部件的名称及功能

1. 面板

（1）电源开关：将开关置“开”时，仪器通电，电源灯亮，仪器处于预热状态。

（2）显示选择开关：将“1”压下时，SCCM 灯亮，在液晶显示器上显示样品气体流量，将“2”压下时，SLM 灯亮，则显示稀释气的流量。

（3）关闭阀控清洗开关：开关置于关闭位置时，阀门关闭，没有气体流出；置于阀控位置时，气体流量由阀门控制；置于清洗时，气体大量通过，不受阀门控制。

（4）流量设定电位器 1、2：电位器 1 用于设定样品气体流量；电位器 2 用于设定稀释气体流量，其设定可直接在液晶显示器上显示出来。

（5）信号指示灯 SCCM、SLM：分别指示样品气体及稀释气体的流量单位，SCCM 表示标准气体流量，电位器转动一圈为 50 mL/min，SLM 表示稀释气体流量，电位器转动一圈为 0.2 L/min。

（6）液晶显示器：用于显示样品气体或稀释气体的流量（见图 2-12）。

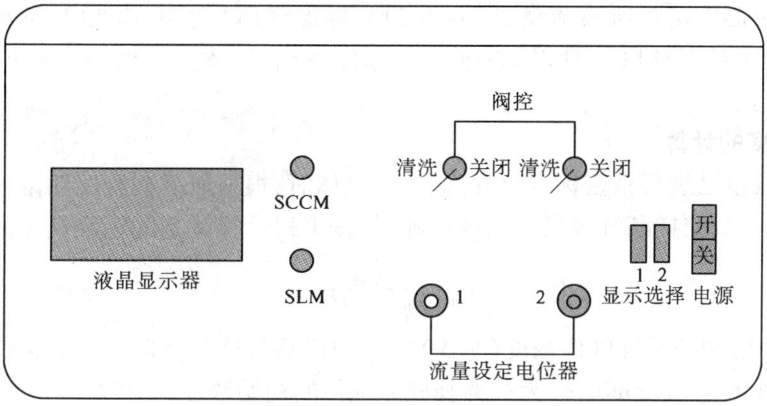

图 2-12　MF 型标准气体稀释装置面板示意图

2. 后盖板

（1）稀释气体入口：由此引进稀释气体（如空气或氮气）。

（2）标准气体出口：仪器发生的标准气体由此引出，可直接用于校正分析仪器。

（3）样品气体入口：由此引入被稀释的样品气体（可以是浓度较高的标准气体或纯气体）。

（三）仪器的安装及操作方法

（1）将仪器平稳地放在工作台上，工作场所应避免振动及干扰气体的存在。实验室的环境温度最好保持在（25 ±5）℃。特别应防止环境温度大的波动。

（2）连接仪器气路，将稀释气体及样品气与相应气源紧密连接，防止接口的可能泄漏。

（3）将电源线插头与电源相接，工作电压为 220 V。

（4）在打开仪器电源开关以前，阀控开关处于“关闭”位置。

（5）打开仪器前板电源开关，此时液晶显示器将显示信号，让仪器在该状态下稳定30 min左右。

（6）仪器稳定之后即可开始配气操作，将减压阀的低压调节螺杆松开（即关闭），将稀释气及样品气钢瓶阀门打开，用减压阀的低压调节螺杆将两表的分压调到0.1 MPa左右，并打开减压阀上的流量调节阀（有的阀门可能无此结构，也可以用）。

（7）将仪器上的两个阀控开关指向“阀控”位置，分别用各自的电位器设定所需流量，各流量计显示值的真实流量可通过相应的线性方程计算得到。仪器的线性方程通式为$y=ax+b$，其中x为显示值，y为实测流量（式中的a值由标准稀释装置的校准证书给出）。

（四）报警仪器的检定校准

对使用直流电源的仪器，应先充电，调准机械零点，再以清洁空气清洗气路，调准零点；对直接以交流电供电的仪器，先调准机械零点，通电后再以清洁空气清洗气路，调准零点。

将稀释气体和样品气钢瓶阀门打开，使用减压阀将2个气瓶的出气压力均调到0.1 MPa，同时打开流量调节阀，将装置上的2个阀控开关指向“阀控”位置，分别用计算好的流量值将电位器设定到所需流量，以60% LEL标准气体（对100% LEL量程）或以20% LEL标准气体（对20% LEL量程）校准仪器，通入标准气体到示值稳定后再调至标准示值，反复3次。

（五）浓度的计算

仪器的流量已进行精密标定，当配制标准气体时，根据所需要配制的浓度及流量校正曲线，在仪器上设定样品气及稀释气体的流量，按下式计算配制的标准气体浓度。

$$c_{标}=\frac{F_{样}}{F_{稀}+F_{样}}c_0 \tag{2-24}$$

式中，$c_{标}$为所配制的标准气体浓度（V/V）；$F_{样}$为样品气体的实际流量，mL/min；$F_{稀}$为稀释气体的实际流量，mL/min；c_0为被稀释样品气体的初始浓度（V/V）。

一般设定$F_{稀}+F_{样}=1\ 000$ mL/min。

（六）稀释装置主要技术参数

（1）最大稀释倍数为：3 000:1～2 000:1。

（2）四路MFC流量控制范围：

A路：最小流量60 mL/min，最大流量3 000～2 000 mL/min；

B路：最小流量10 mL/min，最大流量500 mL/min。

（3）最大输出流量：3 750～2 750 mL/min。

（4）流量准确度：0.5%。

（5）配气不确定度：±1.5%。

（6）预热时间：30 min。

（7）自动调零：预热结束后自动调整MFC的零点，或从预热调零页面重复调零。

（8）使用环境：5～45 ℃。

（七）稀释装置主要用途

为计量、环保、石油化工、煤矿、高校等多部门建立气体分析仪、可燃气体、有毒有害气体及其他气体测试仪的检定机构，检定、校准和测试仪器而配制标准气体。

各种气体测量仪、测报仪及气体传感器，为考查仪器或传感器的多种性能而配制标准气体。

能源部门六氟化硫检漏仪的检定及性能评价而配制标准气体。

煤矿矿井瓦斯报警器、一氧化碳和氧等测试仪的检定及性能评价而配制标准气体。

（八）稀释装置使用注意事项

（1）各流量设定电位器不应超过9.5圈，防止溢出。

（2）标准气体出口不能堵塞，防止装置受压、流量不稳和流量调节不到位。

（3）样品气体流量最好在20 mL/min以上使用。

（4）配气时应先设稀释气流量，再设样品气体的流量。

（5）气体减压阀的工作压力不应超过0.2 MPa，最好为0.1 MPa左右，压力过高将会使流量计受损。

（6）样品气体使用年限为1年，到期后应到原购买单位进行检定或重新购买。装置每两年送检一次。

（九）稀释装置的主要配置

MF型气体测试仪检定校准装置主机、扩散罩、聚四氟乙烯管、减压阀、RF流量控制器、瓶装标准气体或高纯气、工具。

第五节　气体检测测量不确定度评定

测量结果的不确定度评定是计量标准技术报告中的重要内容，在各类检定校准过程中，对检定机构做出的报告有时也要提供测量结果的不确定度，在此仅提供两个不确定度评定的范例供参考。

一、汽车排放气体测试仪示值误差测量结果的不确定度评定

（一）测量方法

使用汽车排放气体测试仪对已知浓度的标准气体CO和C_3H_8进行实际测量，以确定测量结果的示值误差。

（二）数学模型

根据JJG 688—2007《汽车排放气体测试仪检定规程》，对示值误差测量结果的不确定度评定建立数学模型。

$$E = \bar{x} - x_s$$

式中，$\bar{x}$为被检器具测量结果的平均值；x_s为标准气体浓度值；E为被检器具的示值绝对误差。

（三）示值误差的方差和灵敏系数

计算公式如下：

$$u^2(E)=c^2(\bar{x})u^2(\bar{x})+c^2(x_s)u^2(x_s)$$

$$c^2(\bar{x})=\partial E/\partial\bar{x}=1,c^2(x_s)=\partial E/\partial x_s=-1$$

(四)标准不确定度分量计算

以标准气体 CO = 1.42%、C_3H_8 = 884 μmol/mol 为例,计算各标准不确定度分量。

1.与汽车排放气体测试仪显示有关的不确定度分量 $u(\bar{x}_1)$

(1)由数字估读误差引入的不确定度分量 $u(\bar{x}_1)$。已知 CO 测量器分度值为 0.05%,估读到 0.01%,按均匀分布计算,标准不确定度分量 $u(\bar{x}_1)$为

$$u(\bar{x}_1)=\frac{0.01\%\times0.5}{\sqrt{3}}\times100\%=0.0029\%,\text{自由度 }\nu_1=\infty$$

C_3H_8 测量器分度值为 10 μmol/mol,估读误差以均匀分布落在宽度为 2 μmol/mol 区间内,其标准不确定度分量 $u(\overline{x'}_1)$为

$$u(\overline{x'}_1)=\frac{10}{\sqrt{3}}\times100\%=5.8(\mu\text{mol/mol}),\text{自由度 }\nu'_1=\infty$$

(2)由测量重复性引入的不确定度分量 $u(\bar{x}_2)$。对一台汽车排放气体测试仪进行 10 次示值误差测量,读数分别为 1.42%、1.44%、1.42%、1.44%、1.42%、1.42%、1.44%、1.42%、1.42%、1.42%,平均值为 1.424%,按贝塞尔公式计算试验标准差 $s(x_2)$ = 0.008 4%。

实际测量时,在重复性条件下按规程连续测量 3 次,$u(\bar{x}_2)=s(x_2)/\sqrt{3}=0.0048\%$,自由度:$\nu_2=9$。

C_3H_8:在正常检定条件下,采用 C_3H_8 为 884 μmol/mol 的标准气体检定测试仪 10 次,数值分别为 460、450、460、440、440、460、440、440、450、440,按贝塞尔公式计算试验标准差 $s(x'_2)=9.9$ μmol/mol。

实际测量时,在重复性条件下按规程连续测量 3 次,$u(\overline{x'}_2)=s(x'_2)/\sqrt{3}=5.7$(μmol/mol),自由度:$\nu'_2=9$。

(3)合成不确定度 $u(\bar{x})$和 $\nu(\bar{x})$:

CO:

$$u(\bar{x})=\sqrt{u(\bar{x}_1)^2+u(\bar{x}_2)^2}=0.0056\%$$

$$\nu(\bar{x})=\frac{0.0056^4}{\frac{0.0029^4}{\infty}+\frac{0.0048^4}{9}}=17$$

C_3H_8:

$$u(\overline{x'})=\sqrt{u(\overline{x'}_1)^2+u(\overline{x'}_2)^2}=5.7(\mu\text{mol/mol})$$

$$\nu(\overline{x'})=\frac{5.7^4}{\frac{5.8^4}{\infty}+\frac{5.7^4}{9}}=9$$

2.与标准气体误差有关的不确定度分量 $u(x_s)$

标准气体的不确定度为 1.5%,按均匀分布计算,标准不确定度为:

CO:

$$u(x_s)=\frac{1.42\%\times1.5\%}{\sqrt{3}}=0.012\%$$

估计该标准气体的不确定度的可靠程度为 90%。

自由度： $\nu(x_s)=(1/2)[\Delta u(x_s)/u(x_s)]=50$

C_3H_8： $u(x'_s)=\dfrac{459.68\times 1.5\%}{\sqrt{3}}=4.0(\mu mol/mol)$

自由度： $\nu(x'_s)=(1/2)[\Delta u(x'_s)/u(x'_s)]=50$

（五）标准不确定度一览表

标准不确定度一览表见表2-8。

表2-8(1)　标准不确定度一览表(CO)

标准不确定度分量 $u(x_i)$	不确定度来源	标准不确定度（%）	灵敏系数 $c_i=\partial f/\partial x_i$	$c_i\|u(x_i)\|$（%）	自由度
$u(\bar{x})$	被检器具示值	0.005 6	1	0.005 6	17
$u(\bar{x}_1)$	估读误差	0.002 9			∞
$u(\bar{x}_2)$	测量重复性	0.004 8			9
$u(x_s)$	标准气体的误差	0.012	−1	0.012	50
$u(E)=0.013\%$　　$\nu_{eff}(E)=60$					

表2-8(2)　标准不确定度一览表(C_3H_8)

标准不确定度分量 $u(x_i)$	不确定度来源	标准不确定度（μmol/mol）	灵敏系数 $c_i=\partial f/\partial x_i$	$c_i\|u(x_i)\|$（μmol/mol）	自由度
$u(\overline{x'})$	被检器具示值	5.7	1	5.7	9
$u(\overline{x'}_1)$	估读误差	5.8			∞
$u(\overline{x'}_2)$	测量重复性	5.7			9
$u(x_s)$	标准气体的误差	4.0	−1	4.0	50
$u(E')=7.0$ μmol/mol　　$\nu_{eff}(E')=20$					

（六）合成标准不确定度

CO：

$$u^2(E)=c^2(\bar{x})u^2(\bar{x})+c^2(x_s)u^2(x_s)$$

$$u(E)=\sqrt{(0.005\,6\%)^2+(0.012\%)^2}=0.013\%$$

$$\nu_{eff}(E)=\frac{u_c^4(E)}{\dfrac{c^4(\bar{x})u^4(\bar{x})}{\nu(\bar{x})}+\dfrac{c^4(x_s)u^4(x_s)}{\nu(x_s)}}=60$$

C_3H_8：

$$u^2(E')=c^2(\overline{x'})u^2(\overline{x'})+c^2(x'_s)u^2(x'_s)$$

$$u(E')=\sqrt{(5.7)^2+(4.0)^2}=7.0(\mu mol/mol)$$

$$\nu_{eff}(E')=\frac{u_c^4(E')}{\dfrac{c^4(\overline{x'})u^4(\overline{x'})}{\nu(\overline{x'})}+\dfrac{c^4(x'_s)u^4(x'_s)}{\nu(x'_s)}}=20$$

（七）扩展不确定度

CO：由 $\nu_{eff}(E)=60$，查表得：$t_{95}(60)=2.01$

$$U_{95}(E)=t_{95}(60)u_c(E)=2.01\times0.013\%=0.026\%$$

相对扩展不确定度为：$U_{95rel}(E)=U_{95}/\bar{x}=0.026\%/1.42\%=1.8\%$

C_3H_8：由 $\nu_{eff}(E')=20$，查表得：$t_{95}(20)=2.06$

$$U_{95}(E')=t_{95}(20)u_c(E')=2.06\times7.0=14.4(\mu mol/mol)$$

相对扩展不确定度为：$U_{95rel}(E')=U_{95}/\overline{x'}=14.4/459.68\times100\%=3.1\%$

（八）不确定度评定报告

汽车排放气体测试仪示值误差 CO 的测量结果扩展不确定度为 0.026%，相对扩展不确定度为 1.8%，置信概率 $p=95\%$，有效自由度 $\nu_{eff}(E)=60$。

汽车排放气体测试仪示值误差 C_3H_8 的测量结果扩展不确定度为 14.4 μmol/mol，相对扩展不确定度为 3.1%，置信概率 $p=95\%$，有效自由度 $\nu_{eff}(E')=20$。

二、可燃气体检测报警器示值误差测量结果的不确定度评定

（一）测量方法

使用可燃气体检测报警器对 CH_4 进行实际检测，通过标准气体稀释装置配制已知浓度的 CH_4 标准气体，与被检可燃气体检测报警器的显示值进行比对，从而判断该报警器的示值误差。

（二）测量数学模型

模型如下：

$$\Delta x=\bar{x}-x_0$$

式中，$\bar{x}$ 为被检器具的显示值；x_0 为标准气体浓度值；Δx 为被检器具的线性误差。

（三）示值误差的方差和灵敏系数

计算公式如下：

$$u^2(\Delta x)=c^2(\bar{x})u^2(\bar{x})+c^2(x_0)u^2(x_0)$$

$$c^2(\bar{x})=\partial(\Delta x)/\partial\bar{x}=1, c^2(x_0)=\partial(\Delta x)/\partial x_0=-1$$

（四）标准不确定度

1.不确定度的来源

（1）瓶装一级 CH_4 或 i-C_4H_{10} 等标准气体的不确定度引起的标准不确定度分量 u_1（B 类）。

（2）标准气体稀释装置的稳定性误差引起的标准不确定度分量 u_2（B 类）。

（3）环境条件变化及人员操作引起的不确定度体现在被检器具的重复性误差中，其分量 u_3（A 类）。

2. u_1、u_2、u_3 的评定

u_1 的评定：一级标准气体的定值不确定度为 1%，正态分布，包含因子 $k_p=3$，其标准不确定度为 $u_1=\dfrac{1\%}{k_p}\times100\%=0.33\%$。

u_2 的评定：标准气体稀释装置的稳定性误差为 $2\times0.5\%$，包含因子 $k_p=\sqrt{3}$，引起的不

确定度分量 $u_2 = \frac{2 \times 0.5\%}{k_p} \times 100\% = 0.58\%$。

u_3 的评定:对被检器具在规定条件下,连续测量 6 次,测量的相对标准差 $s = \frac{1}{\bar{x}}\sqrt{\frac{\sum_{i=1}^{6}(x_i - \bar{x})^2}{5}} \times 100\%$,测量列平均值的试验标准差 $s(\bar{x}) = \frac{s}{\sqrt{n}}$,被检器具的相对标准偏差最大不超过 1.7%,故标准不确定度分量 $u_3 = 0.69\%$。

3. 标准不确定度一览表

标准不确定度一览表见表 2-9。

表 2-9 标准不确定度一览表

标准不确定度分量	不确定度来源	不确定度类别	标准不确定度分量值(%)	自由度
u_1	标准气体	B 类	0.33	∞
u_2	稀释装置	B 类	0.58	∞
u_3	环境变化等引起	A 类	0.69	5

(五)合成不确定度(u_c)

计算公式如下:

$$u_c = \sqrt{u_1^2 + u_2^2 + u_3^2} = \sqrt{(\frac{0.33}{100})^2 + (\frac{0.58}{100})^2 + (\frac{0.69}{100})^2} = 0.96\% \approx 1.0\%$$

合成不确定度的自由度(ν_{eff}):

$$\nu_{eff} = \frac{u_c^4}{\frac{u_1^4}{\infty} + \frac{u_2^4}{\infty} + \frac{u_3^4}{5}} = 23$$

(六)扩展不确定度(U_p)

$$U_p = k_p \cdot u_c = t(0.95) \cdot (23) \cdot u_c = 2.07 \times 1.0\% = 2.07\% < 2.5\%$$

$$(U_p = 2.07\%, k_p = 0.95)$$

(七)不确定度评定报告

可燃气体检测报警器 CH_4 的示值误差测量结果的扩展不确定度为 2.07%,置信概率 $p = 95\%$,符合该器具计量检定规程的要求。

三、烟气分析仪示值误差测量结果的不确定度评定

(一)概述

测量依据 JJG 968—2002《烟气分析仪》,测试环境条件:环境温度 15 ~ 35 ℃,相对湿度≤85%,大气压力 86 ~ 106 kPa,电源电压 220(1 ± 10%)VAC。

对于烟气分析仪,其检测的气体有多种,对其测量不确定度的评定仅选一种气体进行,其他气体的不确定度评定可以参照进行。

本次评定标准气体选用 500 μmol/mol 一氧化碳标准气体，对其示值误差测量结果进行不确定度评定。已知一氧化碳标准气体的定值不确定度为 $U=1\%$，$k=3$。

在规定的测量条件下，用规定浓度的标准气体通入烟气分析仪相应探头进行测量，在同时状态下取 3 次的算术平均值为 $\bar{A}$，标准气体的定值为 A_s。

（二）数学模型

示值误差：

$$\Delta e=(\bar{A}-A_s)/A_s\times 100\%$$

式中，$\bar{A}$ 为报警器的 3 次平均值；A_s 为标准气体的定值；Δe 为报警器的示值误差。

（三）标准不确定度评定

1. 输入量 A 的标准不确定度

选用 500 μmol/mol 一氧化碳标准气体，被检器具在规定条件下连续测量 10 次，数值分别为 505、510、510、508、511、502、510、506、505、503，$\bar{A}=507.0$，测量的相对标准差：

$$s=\frac{1}{\bar{A}}\sqrt{\frac{\sum_{i=1}^{10}(A_i-\bar{A})^2}{9}}\times 100\% = 0.65\%$$

标准不确定度分量 $u(A)=0.65\%$，自由度 $\nu(A)=9$。

2. 输入量 A_s 的标准不确定度

根据一氧化碳标准气体证书中的信息，标准气体的总不确定度 $U=1\%$，$k_p=3$，则标准不确定度为

$$u(A_s)=\frac{U}{k_p}=\frac{1\%}{3}=0.33\%$$

按正态分布，则自由度 $\nu(A_s)=\infty$。

（四）合成标准不确定度

1. 灵敏系数

数学模型：

$$\Delta e=(\bar{A}-A_s)/A_s\times 100\% = (\bar{A}/A_s-1)\times 100\%$$

合成标准不确定度：

$$u_c^2(y) = \sum_{i=1}^{n}(\frac{\partial f}{\partial x_i})^2 u^2(x_i)$$

即

$$u_c^2(\Delta e)=(\frac{\partial \Delta e}{\partial A_s})^2 u^2(A_s)+(\frac{\Delta e}{\partial \bar{A}})^2 u^2(\bar{A})$$

灵敏系数：

$$c(\bar{A})=\frac{\partial \Delta e}{\partial \bar{A}}=\frac{1}{A_s}=\frac{1}{500}=0.002$$

$$c(A_s)=\frac{\partial \Delta e}{\partial A_s}=-\frac{\bar{A}}{A_s^2}=-\frac{507}{500^2}\approx -0.002$$

2. 标准不确定度汇总表

标准不确定度汇总表见表 2-10。

表 2-10　标准不确定度汇总表

不确定度分量	不确定度来源	标准不确定度 $u(x_i)$ (μmol/mol)	灵敏系数 c_i	不确定度分量 $\lvert c_i\rvert u(x_i)$ (%)	自由度 ν_i
$u(\bar{A})$	仪表重复性误差	0.65% ×507 = 3.24	0.002	0.65	9
$u(A_s)$	标准物质的定值	0.33% ×500 = 1.65	−0.002	0.33	∞

3. 合成标准不确定度

合成标准不确定度：

$$u_c(\Delta e)=\sqrt{c^2(\bar{A})u^2(\bar{A})+c^2(A_s)u^2(A_s)}=\sqrt{(0.65\%)^2+(0.33\%)^2}=0.73\%$$

有效自由度：

$$\nu_{eff}=\frac{u_c^4(\Delta e)}{\frac{u^4(\bar{A})}{\nu(\bar{A})}+\frac{u^4(A_s)}{\nu(A_s)}}=\frac{(0.73\%)^4}{\frac{(0.65\%)^4}{9}+\frac{(0.33\%)^4}{\infty}}=14.3\approx 14$$

（五）扩展不确定度

取置信水平 $p=95\%$，有效自由度 $\nu_{eff}=14$，查表得：$k_p=t_{95}(14)=2.14$。

扩展不确定度：

$$U_{95}=t_{95}(14)\times u_c(\Delta e)=2.14\times 0.73\%=1.46\%$$

（六）测量不确定度报告

烟气分析仪中一氧化碳气体检测探头的示值误差测量结果的扩展不确定度为

$$U_{95}=1.46\%,\ p=95\%,\ k_p=2.14$$

第三章　气体传感器技术

第一节　概　述

传感器是一种将被测的物理量或化学量转换成与之有确定对应关系的电量输出的装置,传感器也称变换器、换能器、转换器、变送器、发讯器或检测器,它是一种获得信息的手段,在计量检测活动中占有重要的位置。它获得信息的正确与否,关系到整个检测与控制系统的准确度。如果传感器的误差很大,即使后面的测量电路、放大器、指示仪等再先进也将难以提高整个检测系统的准确度。目前对传感器的定义,普遍的认识仍局限于非电物理量与电量的转换,即传感器是将被测非电物理、化学量(如力、压力、重量、力矩、应力、应变、位移、速度、加速度、流量、振动、噪声、物性、物质成分等)转换成与之对应的并易于精确处理的电量或电参量(如电流、电压、电阻、电感、电容、电荷、频率、阻抗等)输出的一种检测装置。

一、传感器的基本特性

传感器的基本特性一般是指输入量和输出量关系的特性,它分为静态特性和动态特性。

当被测量不随时间变化或变化很慢时,可以认为检测系统的输入量和输出量都与时间无关,表示输入量和输出量之间的关系是一个不含时间变量的代数方程,由此方程确定的检测系统性能参数特性称为静态特性。

当被测量随时间变化很快时,输入量和输出量就有一个动态关系,表示这一关系的是一个含有时间变量的微分方程,由此方程确定的检测系统对快速变化的被测量的响应特性称为动态特性。

(一)静态特性

静态特性是指传感器的输入为不随时间变化的恒定信号时,系统的输出与输入之间的关系。主要包括线性度、灵敏度、分辨力、迟滞、重复性、稳定性、漂移等。

1. 线性度

理想传感器的输出 y 与输入 x 呈线性关系,即 $y = a_1x$,其中 a_1 为传感器线性灵敏度,或称理论灵敏度。但一般情况下,传感器的输出输入关系或多或少存在非线性关系。如果不考虑迟滞、蠕变等因素,其静态特性可用下式表示:

$$y = a_0 + a_1x + a_2x^2 + \cdots + a_nx^n \qquad (3\text{-}1)$$

式中,a_0 为输入量 x 为零时的输出值;$a_1, a_2, \cdots, a_n$ 为非线性项系数。

当 $a_0 = 0$ 时,传感器的静态特性有如下 4 种情况。

(1)理想线性特性。其非线性项系数 $a_2 = a_3 = \cdots = a_n = 0$,所以 $y = a_1x$,它是通过原点的直线,线性灵敏度 $a_1 = y/x$ 为常数。

(2)高次非线性项中仅有奇次项的奇函数特性。其方程式如下：

$$y = a_1x + a_2x^3 + a_5x^5 + \cdots$$

具有这种特性的传感器，在原点附近 x 很大范围内，输出输入特性仍接近于理想直线。并且当 x 大小相等而符号相反时，y 也大小相等符号相反，即 $y(x) = -y(-x)$。

(3)高次非线性项中仅有偶次项的特性。其方程式如下：

$$y = a_1x + a_2x^2 + a_4x^4 + \cdots$$

具有这种特性的传感器，其线性范围窄，对称性差，即 $y(x) \neq -y(-x)$。但是若用两个特性相同的传感器差动组合，则可有效地消除偶次非线性项，改善传感器的特性。

(4)一般特性。其方程式如下：

$$y = a_1x + a_2x^2 + a_3x^3 + a_4x^4 + \cdots$$

若采用两个特性相同的传感器差动组合，如差动式电容传感器、差动式电感传感器等，则两个传感器输出之差为 $y_1 - y_2 = 2(a_1x + a_3x^3 + a_5x^5 + \cdots)$。这样可有效地改善非线性，提高灵敏度。

综上所述，当 $a_0 = 0$ 时，传感器的静态特性由 a_1、a_2、a_3、…非线性项系数的大小来评价，a_1 大、$a_2 = 0$、a_3 小的特性是较理想的特性。

传感器的静态特性曲线可由实际测试获得，测试条件为：标准大气压(101.3 ± 8) kPa，温度(20 ± 5)℃，相对湿度不大于85%，无振动、冲击、加速度。测试时，利用一定等级的标准器给出一系列输入量，测得相应的输出量，所测得的曲线称为校准曲线或称实际工作曲线。在实际使用中，为了标定和数据处理的方便，我们希望传感器的输出输入为线性关系。这时可采用各种电路或微型计算机软件进行线性化处理，但都比较复杂。如果传感器非线性的方次不高，非线性项系数较小或输入量变化范围较小，为简便，常用一条直线(切线或割线)来代替校准曲线，使传感器输出输入特性线性化，所采用的直线称为拟合直线。校准曲线与拟合直线的偏差称为传感器的线性度或线性误差，常用相对误差 γ_L 表示。线性度又称非线性误差，是指传感器实际的输入输出特性曲线与拟合直线之间最大偏差和满量程输出的百分比。即

$$\gamma_L = \frac{\Delta L_{max}}{y_{max} - y_{min}} \times 100\% \tag{3-2}$$

式中，ΔL_{max} 为最大非线性误差；y_{max}、y_{min} 为量程范围，见图3-1。

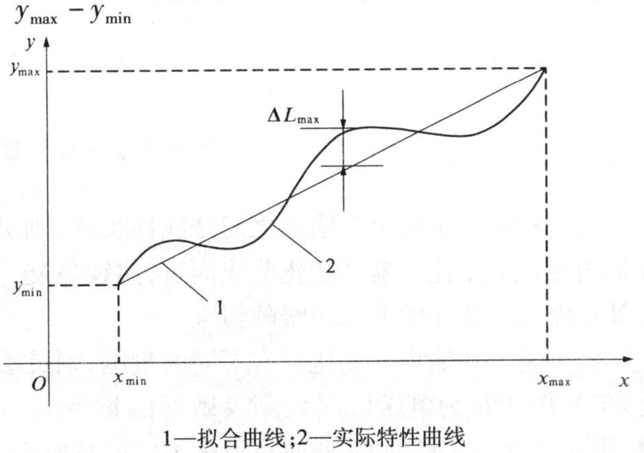

1—拟合曲线；2—实际特性曲线

图3-1　线性度示意图

由于线性度是以拟合直线为基准线而得出的，所以选取的拟合直线不同，其线性度也不同。拟合直线的选取有多种方法，如拟合直线通过实际特性曲线的起点和满量程点，称为端基拟合直线，由此得到的线性度称为端基线性度；连接理论曲线坐标零点和满量程输出点的直线称为理论拟合

直线,由此得到的线性度称为理论线性度。图 3-2 是几种常见传感器的输出特性曲线。

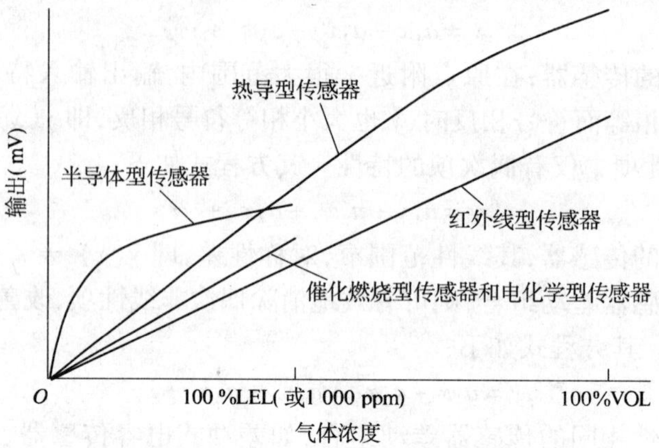

图 3-2　几种常见传感器的输出特性曲线

2. *灵敏度*

灵敏度是指传感器或检测系统在稳态下,输出量变化值与输入量变化值的比值。用 K 来表示灵敏度,即

$$K=\frac{\mathrm{d}y}{\mathrm{d}x}\approx\frac{\Delta y}{\Delta x} \tag{3-3}$$

式中,x 为输入量;y 为输出量,见图 3-3。

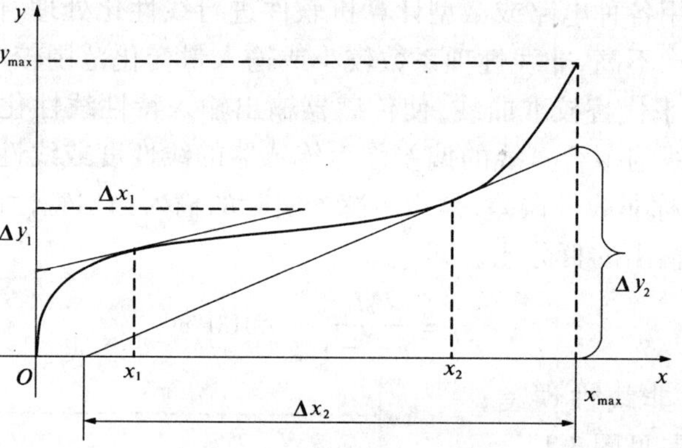

图 3-3　灵敏度示意图

如果检测系统输出和输入之间是线性关系,则灵敏度 K 是一个常数;否则,它将随输入量的变化而变化。就其变化曲线而言,曲线越陡,灵敏度越高,曲线上任一点处的灵敏度就是由该点所作的曲线切线的斜率。

如果输入和输出的变化量有不同的量纲,则灵敏度也是有量纲的。例如,输入量为温度(℃),输出量为电压(mV),则灵敏度的量纲为 mV/℃。如果输入量和输出量是同类量,则灵敏度是无量纲的,此时也可把灵敏度理解为放大倍数。

提高灵敏度,可得到较高的测量精度,但测量范围窄,稳定性也会变差。

3. 分辨力

分辨力是指检测仪表能精确检测出被测量的最小变化的能力。输入量从某个任意值(一般为非零值)缓慢增加,直到可以测量到输出的变化为止,此时的输入量就是该测量仪表的分辨力。

分辨力可用绝对值表示,也可用量程的百分数表示。一般模拟式仪表的分辨力规定为最小刻度分度值的一半;数字式仪表的分辨力一般可以认为是该表最后一位的一个字。有时也可把仪表的最大绝对误差看做该仪表的分辨力。

分辨力说明检测仪表响应与分辨输入量微小变化的能力,分辨力越好,其灵敏度越高。

4. 迟滞

传感器在输入量由小到大(正行程)及输入量由大到小(反行程)变化期间,其输入输出特性曲线不重合的现象称为迟滞。也就是说,对于同一大小的输入信号,传感器的正反行程输出信号大小不相等,这个差值称为迟滞差值。传感器在全量程范围内最大的迟滞差值 ΔH_{max} 与满量程输出值 y_{FS} 之比称为迟滞误差,用 γ_H 表示,即

$$\gamma_H = \frac{\Delta H_{max}}{y_{FS}} \times 100\% \tag{3-4}$$

产生迟滞现象的主要原因是传感器敏感元件材料的物理性质和机械零部件的缺陷,例如弹性敏感元件弹性滞后、运动部件摩擦、传动机构的间隙、紧固件松动等。一般希望检测系统的迟滞越小越好。

迟滞误差又称为回差或变差,特性曲线见图 3-4。

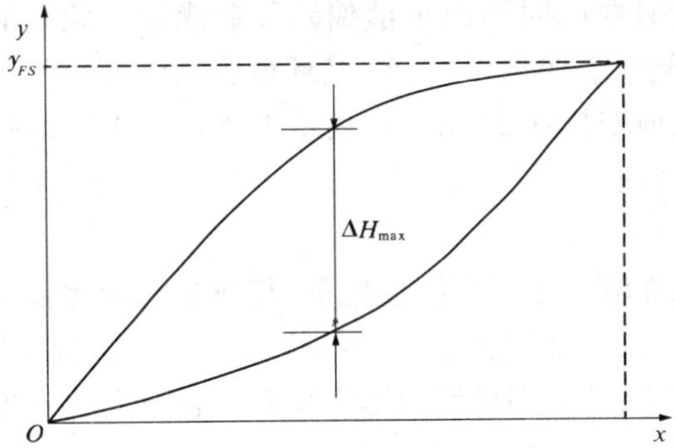

图 3-4 迟滞特性曲线示意图

5. 重复性

重复性是指传感器在输入量按同一方向作全量程连续多次变化时,所得特性曲线不一致的程度。也即在相同条件下,传感器对同一测量对象进行检测,其测量结果的一致程度。重复性误差属于随机误差,常用标准差 s(贝塞尔公式)计算,即式(3-5),特性曲线见图 3-5。

$$s = \frac{1}{\bar{C}} \sqrt{\frac{\sum_{i=1}^{n} (C_i - \bar{C})^2}{n-1}} \times 100\% \tag{3-5}$$

$$\gamma_R = \frac{(2 \sim 3)\sigma}{y_{FS}} \times 100\% \tag{3-6}$$

$$\delta_R = \pm \frac{\Delta R_{\max}}{y_{FS}} \times 100\% \tag{3-7}$$

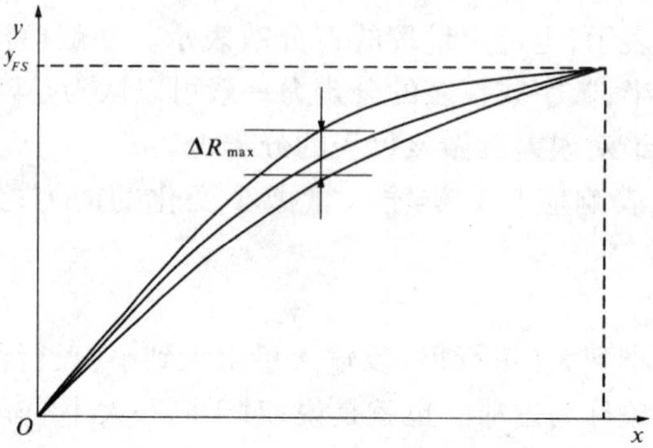

图 3-5　重复性特性曲线示意图

6. 稳定性

稳定性包含稳定度和环境影响量两个方面。稳定度是指传感器在所有条件恒定不变的情况下，在规定时间内能维持其示值不变的能力，一般用示值的变化量和时间的长短的比值来表示。例如，某仪表示值电压在所有条件不变的情况下，在 8 h 内的最大变化量为 1.3 mV，其稳定度可写成 1.3 mV/8 h。环境影响量是指由于外界环境因素的变化而引起的仪表示值的变化量。造成环境影响量的因素有温度、湿度、气压、电源电压或频率、电磁场等。表示环境影响量时要同时写出示值偏差及造成这一偏差的影响因素的大小。例如，温度每变化 1 ℃引起示值变化 0.3 mV，其环境影响量可表示为 0.3 mV/℃；又如电源电压变化 ±5%，引起示值变化 0.02 mA，可表示为 0.02 mA/ ±5% V。检测系统的稳定性越好，其抗干扰的能力越强。

7. 漂移

传感器的漂移是指在输入量不变的情况下，传感器输出量随着时间变化的现象。产生漂移的原因有两个方面：一是传感器自身结构参数，二是周围环境（如温度、湿度等）。最常见的漂移是温度漂移，即周围环境温度变化而引起输出量的变化，温度漂移主要表现为温度零点漂移和温度灵敏度漂移。

温度漂移通常用传感器工作环境温度偏离标准环境温度（一般为 20 ℃）时的输出值的变化量与温度变化量之比来表示，即

$$\xi = \frac{y_t - y_{20}}{\Delta t} \tag{3-8}$$

（二）动态特性

传感器的动态特性是指其输出对于随时间变化的输入量的响应特性。所谓响应，就是当输入信号发生变化时相应的输出信号随之变化的情况。

研究传感器的动态特性时，首先必须根据其工作机理建立物理模型，然后由物理模型列出其数学模型，即运动微分方程式，最后求解方程。大多数传感器工作在其工作点附近

的一定范围内，因而可以忽略其非线性和随机变化等复杂因素的影响，认为它是线性的、定常的、集总参数的系统，而用线性常微分方程表示其输出输入关系。

检测系统要具有良好的动态特性，才能较精确地测出被测量的大小和随时间变化的规律；否则，会引起较大的动态误差。

在实际检测工作中，检测系统的动态特性通常是用试验的方法得出的。系统对标准输入信号的响应与对任意输入信号的响应之间存在一定的关系，可根据系统对一些标准信号的响应来评定它的动态特性。例如，在时域内，常采用阶跃信号来分析系统的瞬态响应；在频域内，常采用正弦输入信号来分析系统的频率响应等。

对检测系统的动态特性的理论研究，通常先建立系统的数学模型，通过拉氏变换找出传递函数表达式，再根据输入条件得到响应的频率特性，并以此来描述系统的动态特性。大部分检测系统可以简化为单自由度一阶或二阶系统，因此可方便地应用自动控制原理的分析方法和结论。动态特性是指检测系统的输入为随时间变化的信号时，系统的输出与输入之间的关系。

主要动态特性的性能指标有时域单位阶跃响应性能指标和频域频率特性性能指标。

响应时间是气体检测传感器的一个重要动态特性指标。

二、传感器分类

传感器输出的信号有不同形式，有电压、电流、频率、脉冲等，以满足信息的传输、处理、记录、显示和控制等要求。

气体传感器是采集气体的某些信息（如浓度、种类）并把采集到的信息转化为人们更易识别的信号（如电信号、声信号、光信号、数字信号等），具有这种功能的部件或装置就是气体传感器。

气体传感器大致可以分为两大类，即物理类气体传感器和化学类气体传感器。

所谓物理类气体传感器就是在传感器的工作过程中利用气体的物理性质，没有化学反应发生的气体传感器；反之则称为化学类气体传感器。

常见的物理类气体传感器主要包括热导式传感器、红外线吸收型传感器、顺磁型传感器等。

化学类气体传感器虽然可靠性稍差，但由于它具有体积小巧、使用方便、探测迅速灵敏、价格低廉等突出优点而成为气体探测领域用量最大、最广泛的品种。

常见的化学类气体传感器主要包括半导体式气体传感器、接触燃烧（催化燃烧）式气体传感器、电化学式气体传感器、热线式气体传感器等。

气体传感器根据检测原理，又可分为光学传感器、电位测量传感器、电流测量传感器、电导测量传感器、催化燃烧式传感器、红外线吸收式传感器、比色管式传感器、原电池型传感器、导热率型传感器、磁式传感器、化学发光传感器、库仑法传感器等。其中光学传感器又包括光敏传感器、荧光传感器，电位测量传感器包括气敏电极传感器、固体电解质传感器，电流测量传感器包括气敏电极传感器、燃料电池传感器、多孔气体扩散电极传感器等。如表 3-1 所示是目前气体传感器使用较为普遍的敏感元件。

表 3-1　常用的传感器敏感元件

名称	检测原理、现象		具有代表性的气敏元件及材料	检测气体
半导体	电阻型	表面控制型	SnO_2、ZnO、In_2O_3、WO_3、V_2O_5、β-Cd_2SnO_4、有机半导体、金属、酞菁、蒽	可燃气体，如 C_2H_2CO、C-Cl_2-F_2、NO_2 等
		体积控制型	γ-Fe_2O_3、α-Fe_2O_3、COC_3、CO_3O_4、$Ia_{1-x}Sr_xCOSrO_3$、TiO_2、CoO、CoO-MgO、Nb_2O_5 等	可燃性气体，如 O_2、C_nH_{2n}、C_nH_{2n-6} 等
	非电阻型	二极管整流型	Pd/CdS、Pd/TiO_2、Pd/ZnO、Pt/TiO_2、Au/TiO_2、Pd/MoS	H_2、CO、SiH_4 等
		场相应管 FET	以 Pd、Pt、SnO_2 为栅极的 MOSFET	H_2、CO、H_2S、NH_3
		电容型	Pb-$BaTiO_3$、CuO，$BaSnO_3$、CuO-$BaTiO_3$、AS-CuO-$BaTiO_3$	CO_2
固体电解质	电池电动势		CaO-ZrO_2、 Y_2O_3-ZrO_2、 Y_2O_3-TiO_2、 LaF_3、KAg_4I_5、$PbCl_2$、$PbBr_2$、K_2SO_4、Na_2SO_4、β-$A1_2O_3$、$LiSO_4^-$、Ag_2SO_4、K_2CO_3、$Ba(NH_3)_2$、$SrCe_{0.95}Yb_{0.05}O_3$	O_2、卤素、SO_2、SO_3、CO、NO_x、H_2O、H_2
	. 混合电位		CaO-ZrO_2、$Zr(HPO_4)_2\cdot nH_2O$、有机电解质	CO、H_2
	电解电流		CaO-ZrO_2、YF_6、LaF_3	O_2
	电流		$Sb_2O_3\cdot nH_2O$	H_2
催化燃烧	燃烧热（电阻）		Pt 丝 + 催化剂（Pd、Pt-Al_2O_3、CuO）	可燃气体
电化学	恒电位电解电流		气体透过膜 + 贵金属阴极 + 贵金属阳极	CO、NO、SO_2、O_2
	伽伐尼电池式		气体透过膜 + 贵金属阴极 + 贱金属阳极	O_2、NH_3
其他类型	红外线吸收型、化学发光型、石英振荡型、光导纤维型、热传导型、异质结型、气体色谱法、声表面波式、顺磁型、压电式			无机气体和有机气体

第二节　半导体型气体传感器

一、工作原理

半导体传感器是由金属氧化物（MOS）或称金属半导体氧化物材料做成的检测元件。其检测原理是：在一定条件（温度）下，在被测气体到达半导体表面并与吸附在半导体表面的氧发生化学反应的过程中伴随电荷转移，进一步引起半导体电阻的变化，通过测量半导体电阻的变化就可以实现对气体的检测。它既可以用于检测百分比浓度的可燃性气体，也可以用于检测 ppm 级的有毒气体。半导体传感器（如 SnO_2）在清洁空气中的电导很低，而一旦遇到还原性气体，如一氧化碳或可燃气体，其电导就会增加。如果控制传感元件的温度，则可以对不同的物质有一定的选择性。

电阻的变化是由于表面吸附的被测气体与氧起反应，造成电子的得失引起的。如果氧化物是 N 型的，则还原性气体贡献电子，使 N 型氧化物导电带的电阻降低；氧化性气体索取电子，使 N 型氧化物导电带的电阻增高。对于 P 型氧化物则相反，当氧化性气体存在时，P 型氧化物的电子空穴增加，导电带电阻降低；当还原性气体存在时，P 型氧化物的电子空穴减少，导电带电阻增高。像其他传感器一样，半导体传感器也能进行定量分析，电阻的变化量与被测气体的浓度直接有关。

由于电阻的变化是由表面反应造成的，表面接触面积的最大化对增强反应是有利的。因此，传感器采用多孔氧化物层，将其印制或沉积在氧化铝类载体上，电极与氧化物层共面，位于氧化物层与载体的界面处。加热器通常在其背面，以确保传感器运行在“热”状态，这对于提高反应速率和降低湿度的干扰都是必要的。

半导体传感器通常不能识别不同的被测气体，即选择性差。确保氧化物层的微观结构、厚度以及运行温度的最佳化可以改善其选择性，通过在氧化物中添加催化剂、涂敷保护层、采用活性炭过滤器等措施也可以增强其选择性。

二、传感器结构

半导体气体传感器按结构分类，有烧结型、厚膜型和薄膜型；按加热方式可分为直热式和旁热式；按材料性能分为P型、N型和混合型；从作用机理方面可分为电阻型和非电阻型传感器。

P型材料主要有二氧化钼（MoO_2）、二氧化镍（NiO_2）、氧化亚铜（Cu_2O）、氧化铬（Cr_2O_3）等。N型材料主要有二氧化钛（TiO_2）、二氧化锡（SnO_2）、氧化锌（ZnO）等。混合型材料主要有氧化铟（In_2O_3）、五氧化二钒（V_2O_5）等。

P型半导体材料中，多数载流子为空穴，以空穴导电作为主要导电方式，当遇到氧化性气体（如氧、三氧化硫等）时，就发生氧化反应，P型半导体中多数载流子空穴浓度减小，导电能力减弱，因而电阻增大。

N型半导体材料中，多数载流子为电子，当遇到离解能较小、易于失去电子的还原性气体（即可燃气体，如一氧化碳、氢、甲烷等）时，发生还原反应，N型半导体中电子浓度增加，导电能力增强，电阻减小。

对于混合型材料，无论是吸附氧化性气体还是还原性气体时，都将使载流子浓度减小，导电能力减弱，电阻增大。

电阻式半导体气体传感器有SnO_2、ZnO、WO_3、V_2O_5、In_2O_3、TiO_2、Cr_2O_3、CdO等类型，其中最具有代表性的是SnO_2类和ZnO类气体传感器。本节将对这两种系列半导体传感器及应用进行简要介绍。

直热式半导体气体传感器又称内热式气体传感器，以直热式SnO_2气体传感器为例，其结构示意图及图形符号如图3-6所示，由基体材料（如SnO_2烧结体）、加热丝和测量丝组成，加热丝、测量丝都埋在基体材料内部，工作时加热丝通电加热，测量丝测量敏感元件的电阻值。厚膜式气体传感器结构见图3-7。

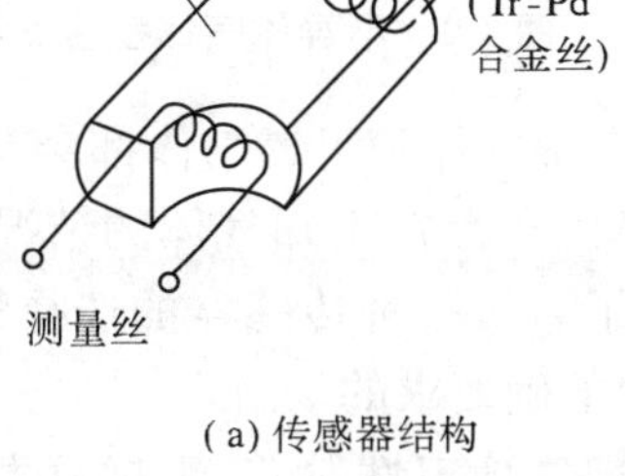

(a) 传感器结构

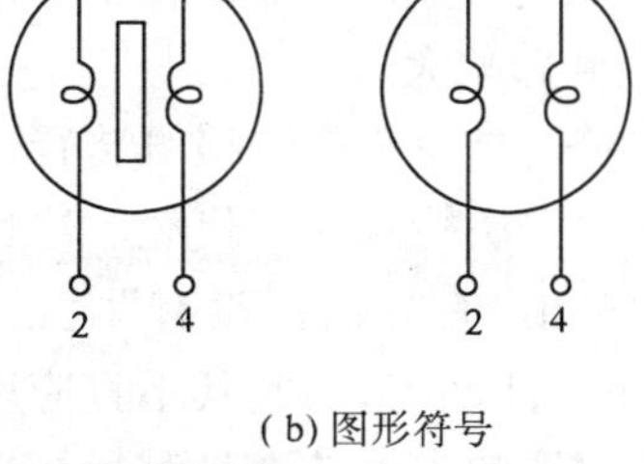

(b) 图形符号

图3-6　直热式SnO_2气体传感器结构

旁热式半导体气体传感器是将测量电极和中热电极隔离,加热丝不与敏感元件接触,避免回路互相影响,以旁热式 SnO_2 气体传感器为例,其结构和检测器测量电路分别如图 3-8、图 3-9 所示。在陶瓷管内放置一高阻加热丝,陶瓷管外两端涂梳状金电极作测量电极,在两金电极外及金电极之间涂 SnO_2 材料。这种结构较直热式性能稳定,工作可靠。日本费加罗 TGS812、813 型传感器均采用这种形式。

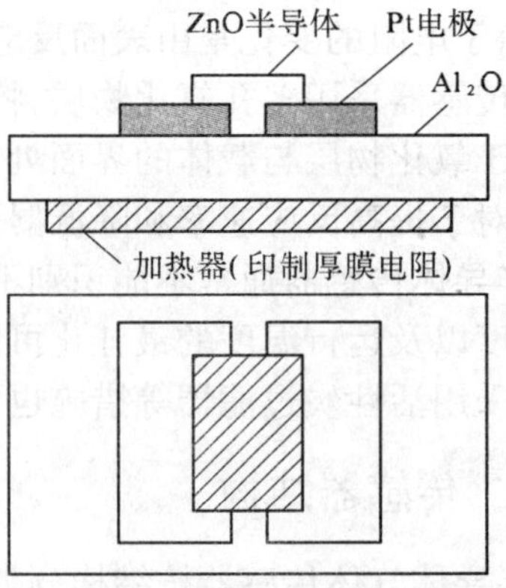

图 3-7　厚膜式气体传感器结构

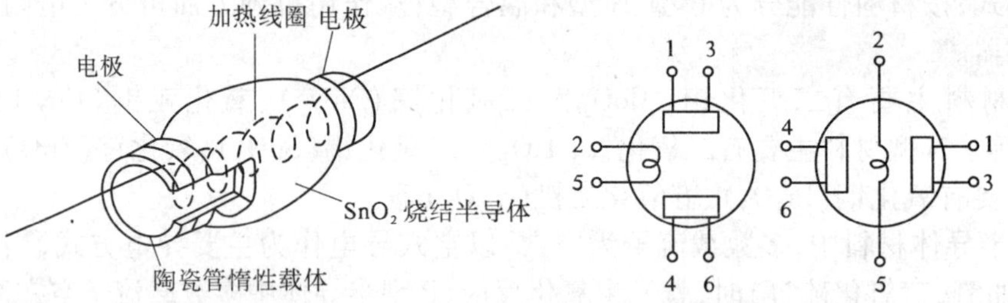

(a) 传感器结构示意图　　(b) 图形符号

图 3-8　旁热式 SnO_2 气体传感器结构

多孔 N 型二氧化锡半导体烧结体(添加铂或钯作催化剂),可用于氢、一氧化碳、甲烷、丙烷、乙醇等多种气体的检测。在测量电路中,半导体气敏元件作为平衡电桥的测量臂,当有可燃气体或有毒气体通过这种气敏元件的表面时,被金属氧化物所吸附,其电阻值随被测气体浓度的变化而变化,从而使电桥失去平衡,输出和被测气体浓度成比例的不平衡电压,此电压经过放大处理后输出。

半导体传感器对可燃气体比较灵敏,一般不需维护,很少有中毒现象,使用寿命长(可达 10 年)。其缺点是定量准确度较低(超过 ±10% *FS*),受湿度影响大。

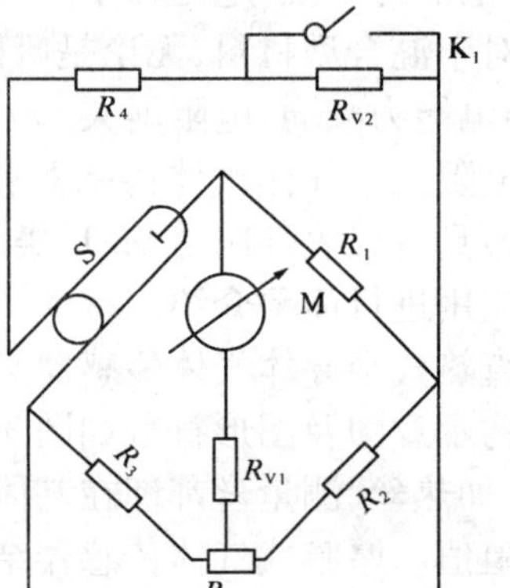

图 3-9　半导体气体型检测器测量电路

半导体传感器是一个广谱检测装置,对很多有毒气体和可燃气体都会有响应,这里也包括很难用其他方法检测的卤代烃。这种非选择性在存在未知气体的情况下很有用,因为此时只要检测出“有”或者“没有”就已经足够了。每一种传感器的选择性都不是唯一的,输出参数也不能确定,因此其不宜应用于计量准确要求的场所。

半导体传感器的主要缺点是测量线性范围较窄、稳定性较差、干扰较大、对于温度敏感等。所以,适合定性测量,不适合定量测量。它在较高浓度下几乎饱和,所以只能在浓度很低的情况下测量。另外,其受统计因素影响较大。

图 3-9 中,S 为检测元件;R_1、R_2、R_3、R_4 是固定电阻;R_{v1}、R_{v2}、R_{v3}是可调电阻;M 为指示仪表。

半导体传感器在一些背景气体环境简单、气体浓度变化不大的情况下有很好的应用。它的优点主要是在低浓度气体中输出变化大、灵敏度高,使用寿命长,选择性相对比较好。

半导体式气体传感器可以有效地用于甲烷、乙烷、丙烷、丁烷、酒精、甲醛、一氧化碳、二氧化碳、乙烯、乙炔、氯乙烯、苯乙烯、丙烯酸等很多气体的检测。尤其是,这种传感器成本低廉,适宜于民用气体检测的需求。

三、半导体气体传感器的基本特性

(一)SnO_2 气体传感器

SnO_2 气体传感器具有制作工艺简单、成本低、功耗小等优点,可制成可燃气体泄漏报警器。其主要缺点是热容量小,易受环境气体的影响,测量回路没有隔离,互相影响等。

烧结型、薄膜型和厚膜型 SnO_2 气体传感器对气体的灵敏度特性如图 3-10 所示。气体传感器的阻值 R_c 与空气中被测气体的浓度 c 成对数关系变化:

$$\lg R_c = m\lg c + n \tag{3-9}$$

式中,n 与气体检测灵敏度有关,除了随材料和气体种类不同而变化外,还会由于测量温度和添加剂的不同而发生大幅度变化;m 为气体的分离度,随气体浓度而变化,对可燃性气体,$1/3 \leqslant m \leqslant 1/2$。

在气敏材料 SnO_2 中添加铂(Pt)或钯(Pd)等作为催化剂,可以提高其灵敏度和对气体的选择性。添加剂的成分和含量,元件的烧结温度和工作温度都将影响元件的选择性。

例如,在同一工作温度下,含 1.5%(质量)Pd 的元件对 CO 最灵敏;而含 0.2%(质量)Pd 时,却对 CH_4 最灵敏。

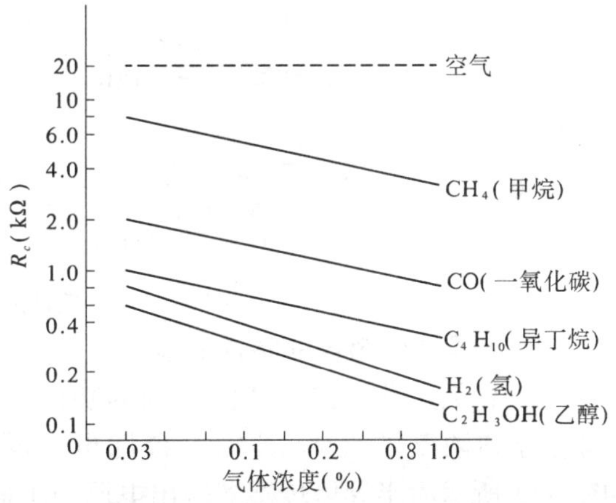

图 3-10　SnO_2 气体传感器灵敏度特性

同 Pt 量相同的气敏元件,在 200 ℃以下,检测 CO 最好;而在 300 ℃时,则检测丙烷最好;在 400 ℃以上检测甲烷最佳。经试验证明,在 SnO_2 中添加 ThO_2(氧化钍)的气敏元件,不仅对 CO 的灵敏度远高于其他气体,而且其灵敏度也会随时间而产生周期性的振荡现象。

SnO_2 气体传感器易受环境温度和湿度的影响,图 3-11 给出了 SnO_2 气敏元件受环境温度、湿度影响的综合特性曲线。由于环境温度、湿度对其特性有影响,所以使用时通常需要加温度补偿。

（二）ZnO 气体传感器

ZnO（氧化锌）气体传感器对还原性气体有较高的灵敏度。它的工作温度比 SnO_2 传感器约高 100 ℃，因此不及 SnO_2 元件应用普遍。同样，要提高 ZnO 元件对气体的选择性，也需要在其材料中添加 Pt 和 Pd 等添加剂。例如，在 ZnO 中添加 Pd，则对 H_2 和 CO 呈现出高的灵敏度；而对丁烷（C_4H_{10}）、丙烷（C_3H_8）、甲烷（CH_4）等烷烃类气体则灵敏度很低，如图 3-12(a)所示。如果在 ZnO 中添加 Pt，则对烷烃类气体有很高的灵敏度，而且含碳量越多，灵敏度越高，但对 H_2、CO 等气体，则灵敏度很低，如图 3-12(b)所示。

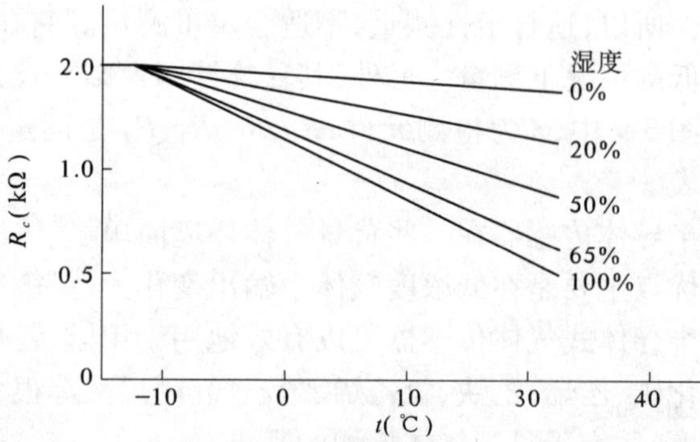

图 3-11　SnO_2 气敏元件受环境温度、湿度影响的综合特性

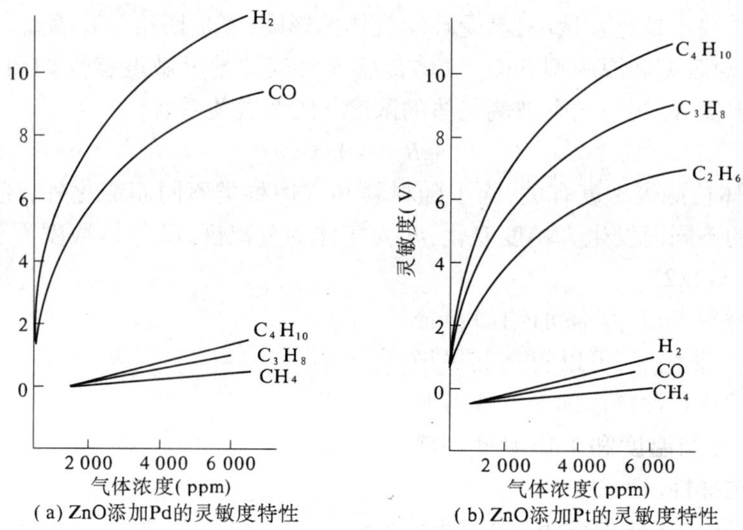

图 3-12　ZnO 气敏元件的灵敏度特性

（三）半导体传感器的特性曲线

半导体传感器具有对气体辨别的功能，对不同组分和浓度的气体，其输出特性也不同。如图 3-13 所示为半导体传感器输出电压与不同气体浓度间的特性曲线。可看出其对乙醇、乙醚、氢气等具有较高的灵敏度，对甲烷的灵敏度最低，对一氧化碳具有较宽的线性范围。

在实际使用中，为提高其灵敏度，可以加热电流。亦可用提高电源电压的办法来提高灵敏度，但不可过高，否则气敏电阻在接触高浓度可燃气体时，易被击穿损坏。

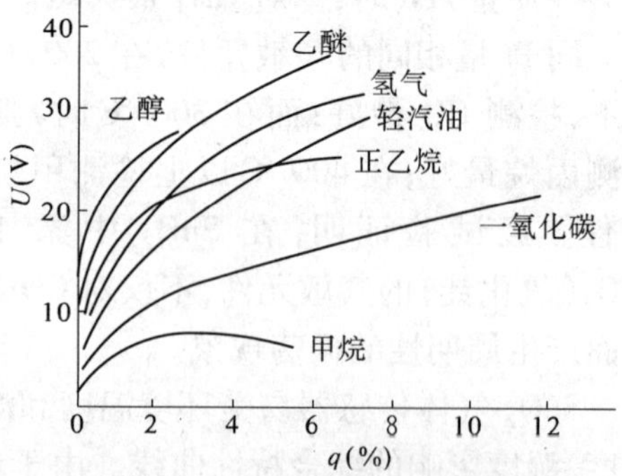

图 3-13　半导体传感器输出电压与不同气体浓度间的特性曲线

四、半导体气体传感器分类

半导体气体传感器元件有多种，从材料分有金属氧化物半导体和有机半导体两类，从作用机理分有表面控制型和体积控制型两大类，每一类又可分为若干不同材质和不同型式，见表 3-2。

表 3-2　半导体气体传感器的分类

项目	主要物理特性	传感器举例	工作温度	代表性被测气体
电阻式	表面控制型	氧化锡、氧化锌	室温～450 ℃	可燃气体
	体积控制型	氧化钛、氧化钴、氧化镁、氧化锡	300～450 ℃、700 ℃以上	酒精、可燃气体、氧气
非电阻式	表面电位	氧化银	室温	硫醇
	二极管整流特性	铂/硫化镉、铂/氧化钛		
	晶体管特性	铂栅 MOS 场相应管	150 ℃	氢气、硫化氢

（一）表面控制型敏感元件

利用气体吸附于半导体表面而产生电导率变化的元件，称为表面控制型敏感元件。其典型的敏感元件多为测定可燃气体。该类敏感元件具有构造简单、检测灵敏度高、反应速度快（TgO 反应时间在 10 s 以内）等许多实用性的优点。目前在市场上出售的半导体气体传感元件，大部分属于这种典型元件。

SnO_2 是最为常见的气体敏感材料，在 SnO_2 主体材料中掺杂 Pd 增感剂，成为实用性的 SnO_2 系列气体敏感元件。该种元件多用来测量丙烷（液化石油气）、甲烷（煤矿井下天然气）、一氧化碳、氢气、醇类、硫化氢等可燃气体或呼出气体酒精、NO 等气体。通常工作温度为 200～400 ℃，比如测定丙烷时，其工作温度在 300 ℃左右较合适。

（二）表面电位型气体敏感元件

利用半导体吸附气体后而产生表面电位或界面电位变化的气体敏感元件，称为表面电位型气体敏感元件。这类检测器对 H_2、H_2S、NH_3 等气体反应灵敏，而 Au/TiO_2 气敏二极管则对硅烷气体（SiH_4）具有较高的灵敏度和选择性。

（三）体积控制型敏感元件

利用半导体物质与气体反应时体积发生变化，进而呈现电导率变化的元件，称为体积控制型敏感元件。

其敏感体主要是由半导体材料制成的，其中应用最为广泛的半导体材料不是常见的硅、锗半导体，而是金属氧化物半导体，在气体传感器领域中应用最多的金属氧化物是 SnO_2、ZnO、Fe_2O_3、WO_3 等。

五、纳米传感技术

纳米科技（nanometerscale science and technology）是 20 世纪 80 年代末 90 年代初发展起来的前沿性、交叉性学科领域。纳米材料（nanometer materials）是指至少有一维几何尺寸达到 nm 级尺度水平，并且有特殊性能的材料。纳米材料是纳米科技发展的重要基础，其特殊的结构(如大的比表面积、量子尺寸效应、界面效应和量子隧道效应等)使它拥有许多不同于传统材料的特性。

自然界的纳米材料有:人体和兽类的牙齿,海洋中的生命粒子,蜜蜂的“罗盘”——腹部的磁性纳米粒子,螃蟹的横行——磁性粒子“指南针”定位作用的紊乱,海龟在大西洋的巡航——头部磁性粒子的导航。最早的纳米材料有:中国古代的铜镜的保护层,纳米氧化锡,中国古代的墨及染料。

半导体纳米气体传感器检测灵敏度高、性能稳定、结构简单、体积微小,近年来得到了迅速发展。吸附气体分子时,半导体和气体分子的种类不同,纳米材料的电阻率也会发生不同的变化。纳米材料的极大的比表面积和界面赋予了半导体气敏传感器更加优异的性能。

常用的纳米材料有固体颗粒小到纳米尺度的超微粒子(也称为纳米粉)和晶粒尺寸小到纳米量级的固体和薄膜,包括纳米粉末、纳米纤维、纳米膜、纳米块体等几种类型。

纳米粒子(超微颗粒):1~100 nm 间的粒子,处原子簇和宏观物体交界的过渡区域,既非典型的微观系统,亦非典型的宏观系统,而是一种典型的介观系统,具有表面效应、小尺寸效应和宏观量子隧道效应。

(一)表面效应

粒子直径减小到纳米级,表面原子数和比表面积、表面能都会迅速增加,见图 3-14;处于表面的原子数增多,使大部分原子的周围(晶场)环境和结合能与大块固体内部原子有很大的不同:表面原子周围缺少相邻的原子,有许多悬空键,具有不饱和性质,易与其他原子相结合,故具有很强的化学活性。

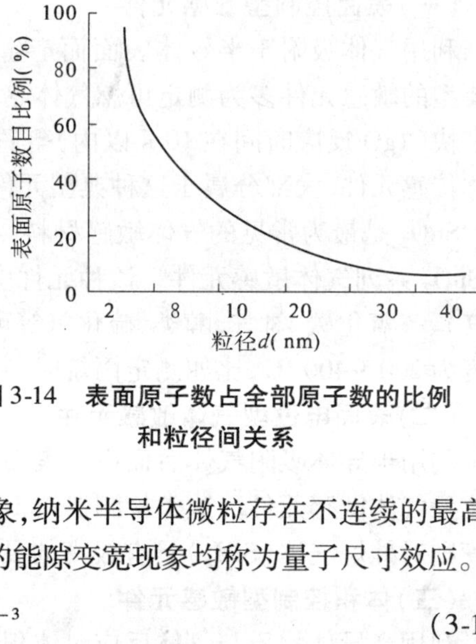

图 3-14　表面原子数占全部原子数的比例和粒径间关系

(二)量子尺寸效应

当粒子尺寸下降到一定值时,金属费米能级附近的电子能级由准连续变为离散能级的现象,纳米半导体微粒存在不连续的最高能级占据分子轨道和最低未被占据的分子轨道能级的能隙变宽现象均称为量子尺寸效应。

$$\delta = \frac{4E_F}{3N} \propto d^{-3} \tag{3-10}$$

纳米粒子强烈趋向于电中性,Ag 微粒在温度 1 K 时出现量子尺寸效应(由导体变成绝缘体),临界粒径为 20 nm。

(三)小尺寸效应

当超细微粒的尺寸与光波波长、德布罗意波长以及超导态的相干长度或透射深度等物理尺寸相同或更小时,晶体周期性的边界条件被破坏,导致声、光、磁、热、力等特性呈现新的效应。

以下是纳米粒子的小尺寸效应:纳米铜晶体的自扩散是传统晶体的 1 016~1 019 倍;$PbTiO_3$、$BaTiO_3$ 等典型铁电体纳米化后,转变为顺电体;铁磁性物质(5 nm),出现极强的顺磁效应;惰性的 Pt 纳米微粒化后,Pt 黑是活性极好的催化剂;金属纳米微粒后,无金属光泽，对光显示极强的吸收性。

（四）宏观量子隧道效应

微观粒子具有贯穿势垒的能力称为隧道效应。近年来，人们发现一些宏观量，如微颗粒的磁化强度、量子相干器件中的磁通量以及电荷等亦具有隧道效应，它们可以穿越宏观系统的势垒而产生变化。

（五）界面相关效应

由于纳米结构材料中有大量的界面，与单晶材料相比，纳米结构材料具有非常高的扩散率，它对蠕变、超塑性等力学性能有显著影响；可以在较低的温度对材料进行有效的掺杂，并可使不混溶金属形成新的合金相；出现超强度、超硬度、超塑性等。

界面相关效应例子：纳米铜材的超塑性，纳米粒子界面中原子的超快扩散能力导致了纳米铜具有超塑变形的能力。

纳米粒子膜因其特殊的性能已广泛应用于化学传感材料领域。纳米粒子膜大体上分两类，即厚膜和薄膜。

厚膜的制作方法就是将纳米粒子半导体与金属纳米粒子粉末、有机溶剂混合均匀，制成厚膜浆印刷在基板上，焙烧干燥即得到厚膜。有机溶剂在焙烧的过程中受热分解。此外，科研工作者还提出以气相沉积法将纳米粒子与气体混合，让纳米粒子在高流速气体中通过狭小的喷嘴喷射在硬质基板上形成厚膜，移动基板可以控制膜的形状，所用气体有N_2、He、Ar、H_2 等。用气相沉积法可以制备单一金属膜，也可以制备两种或两种以上的金属混合膜。

纳米材料制备方法有物理方法和化学方法。

物理方法：有溅射法、真空蒸发法、机械球磨法和喷雾热分解法。

化学方法：有气相沉积法、沉淀法、水热合成法、溶胶凝胶法、微乳液法。

1. 溅射法

溅射法是一种在真空条件下生成纳米膜的物理方法。一般用相互平行的两块金属板作为极板，铝板为阳极板，蒸发材料板为阴极板，在 Ar 气中通电，两极板间放电产生离子攻击阴极板，使阴极板表面的原子蒸发。在此过程中，纳米粒子膜的形成受电压、电流和气体压力等因素的影响。这种方法特点有：①蒸发材料可置于任何方向；②高熔点材料也可制成纳米粒子膜；③可获得较大的蒸发面积；④通过溅射气体可以发生反应得到化合物纳米粒子。

2. 真空蒸发法

在真空系统中加热金属，使之汽化并与残留气体直接上升到系统的基板上，形成纳米粒子膜。

3. 喷雾热分解法

将液体盐溶液喷入干燥装置中，并在装置下部通入热气体，经 800 ~ 1 000 ℃高温热分解，产生的纳米膜在装置底部。

以上方法对反应条件要求比较苛刻，多数是在高真空下进行的。近年来，科研工作者探索用化学方法制备高质量的薄膜，已取得了很多成绩，常用的方法有溶胶—凝胶法（sol - gel）、氧化还原法、电化学合成法等。

纳米材料的应用见表3-3。

表3-3 纳米材料的应用

序号	性能	用途
1	力学性能	超硬、高强、高韧、超塑性材料，特别是陶瓷增韧和高韧高硬涂层
2	光学性能	光学纤维，光发射材料，吸波隐身材料，光过滤材料，光存储、光开关、光导材料，光学非线性元件，红外线传感器，光折变材料
3	磁性	磁流体、磁记录、永磁材料、磁存储器、磁光元件、磁探测器、磁制冷材料
4	电学特性	导电浆料、电极、超导体、电子器件、压敏电阻、非线性电阻、静电屏蔽
5	催化性能	催化剂
6	热学性能	耐热材料、热交换材料、低温烧结材料
7	敏感特性	湿敏、温敏、气敏等传感器，热释电材料
8	其他	医学、能源、环保等

催化方面的应用：Fe_2O_3、CdS、ZnS、PbS、PbSe、ZnO、$ZnFe_2O_4$、TiO_2 及 TiO_2-ZnO，TiO_2-SnO_2，TiO_2-CeO_2，TiO_2-Fe_2O_3 半导体及半导体复合光催化材料。

气敏特性的应用：纳米碳管制成的纳米鼻。可检测空气中 NH_3、NO_2，可用于实验室、家庭中有毒气体的报警。

纳米气敏膜的应用：利用纳米气敏膜在吸附某种气体之后所引起的物理参数的变化来探测气体。因此，纳米气敏膜吸附气体的速率越高，信号传递的速度越快，其灵敏度也就越高。研究发现，三氧化二铟纳米晶膜对酒精表现出良好的灵敏度和选择性，而且具有快速的响应恢复性，现已日益引起人们的重视。另外，对其进行适当的掺杂，还会大大提高其灵敏度，现已广泛应用于传感器领域。

纳米材料因其独特的性能在化学传感器上显示出广阔的应用前景，随着纳米科技的飞速发展，有必要进一步把纳米技术应用到传感器行业，开发出微型化、集成化、智能化、多功能化、高附加值的化学传感器新产品，从而推动国民经济的快速发展与国防实力的增强。

第三节 催化燃烧型气体传感器

一、工作原理

可燃气体（如 H_2、CO、CH_4 等）与空气中的氧接触发生氧化反应，产生反应热（无焰催化燃烧热），使作为敏感材料的铂丝温度升高，电阻值相应增大。一般情况下，空气中可燃气体的浓度都不太高，低于10%（体积分数），可燃气体可以完全燃烧，其发热量与可燃气体的浓度有关。空气中可燃气体的浓度愈大，氧化反应（燃烧）产生的反应热量（燃烧热）愈多，铂丝的温度变化（增高）愈大，其电阻值增加得就越多。因此，只要测定敏感件铂丝的电阻变化值(ΔR),就可检测空气中可燃气体的浓度。但是,单纯使用铂丝线圈作为检测元件,其寿命较短,所以实际应用的检测元件,都是在铂丝圈外面涂覆一层氧化物触媒,这样既可以延长使用寿命,又可以提高检测元件的响应特性。

催化燃烧型(或式)气体传感器的桥式电路如图 3-15 所示,图中 F_1 是检测元件;F_2 是补偿元件,其作用是补偿可燃气体催化燃烧以外的,由环境温度、电源电压变化等因素所引起的偏差。测量时,须在 F_1 和 F_2 上保持 100 ~ 200 mA 的电流通过,以供可燃气体在检测元件 F_1 上发生氧化反应(催化燃烧)所需要的热量。当检测元件 F_1 与可燃气体接触时,由于剧烈的氧化作用(燃烧)释放出热量,检测元件的温度上升,电阻值相应增大,桥式电路不再平衡,在 A、B 间产生电位差 E,则有式(3-11):

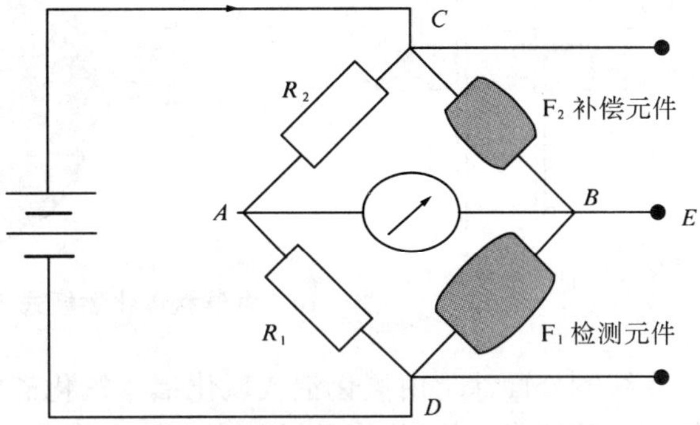

图 3-15 催化燃烧式气体传感器的桥式电路

$$E = k\left(\frac{R_{F_2}}{R_{F_1}}\right)\Delta R_F \tag{3-11}$$

在补偿元件 F_2 和检测元件 F_1 的电阻比 R_{F2}/R_{F1} 接近于 1 的范围内,A、B 两点间的电位差 E 近似与 ΔR_F 成比例。其中,ΔR_F 是由于可燃气体催化燃烧所产生的温度变化(燃烧热)引起的,与催化燃烧热(可燃气体氧化反应热)成比例,ΔR_F 可用下式表示:

$$\Delta R_F = \alpha \cdot \Delta T = \alpha \cdot \Delta H/C = \alpha \cdot bm \cdot Q/C \tag{3-12}$$

式中,ΔR_F 为 Pt 因气体燃烧引起的电阻变化;α 为 Pt 的电阻温度系数;ΔT 为气体燃烧引起的温度变化;ΔH 为气体燃烧产生的热量;C 为 Pt 丝的热容量;m 为气体浓度(体积分数);Q 为气体的燃烧热;b 为由 Pt 丝上涂覆的催化剂决定的常数。

α、C 和 b 的数值与检测元件的材料、形状、结构、表面处理方法等因素有关,Q 是由可燃性气体的种类决定的。

若令 $K = \alpha \cdot b \cdot Q/C$,在一定条件下,$K$ 是定值,则有式(3-13):

$$E = Km \tag{3-13}$$

因此,A、B 两点间的电位差与可燃性气体的浓度 m 成正比。如果在 A、B 两点间连接电流计或电压计,就可以测得 A、B 两点间的电位差 E,由此可求得空气中可燃性气体的浓度。若与相应的电路配合,当空气中可燃性气体达到一定浓度时,就能自动发出报警信号。

二、催化燃烧式气敏元件的结构

图 3-16 为丸珠状催化燃烧式传感器结构示意图,用高纯的铂丝绕制成线圈,为了使线圈具有适当的阻值(1 ~ 2 Ω),一般应绕 10 圈以上。

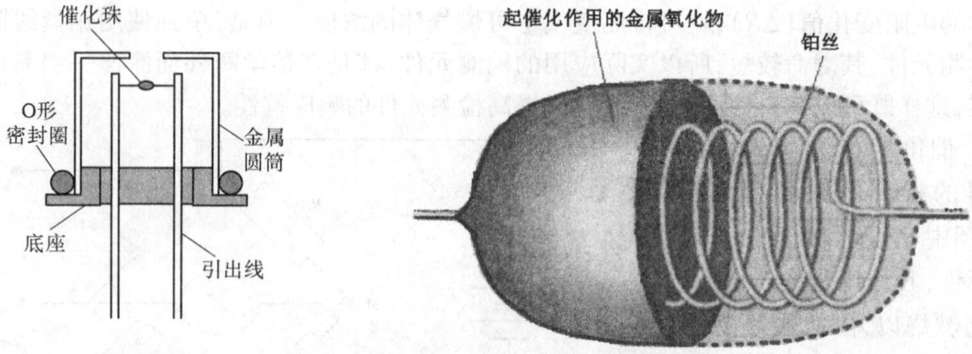

图 3-16　丸珠状催化燃烧式传感器结构示意图

在线圈外面涂上由氧化铝或氧化铝－氧化硅组成的膏状涂覆层，干燥后在一定温度下烧结成球状多孔体，将烧结后的小球放在贵金属铂、钯等的盐溶液中充分浸渍后，取出烘干，再经过高温热处理，使在氧化铝（氧化铝－氧化硅）载体上形成贵金属触媒层，最后组装成气体敏感元件。此外，也可以将贵金属触媒粉体与氧化铝、氧化硅等载体充分混合后配成膏状涂覆在铂丝绕成的线圈上，直接烧成后备用。

另外，作为补偿元件的铂线圈，其尺寸、阻值均应与检测元件相同，并应涂覆氧化铝或者氧化硅载体层，无需浸渍贵金属盐溶液或者混入贵金属触媒粉体以形成触媒层。

三、指示值与被测气体种类的关系

由于催化燃烧式传感器是根据可燃气体在检测元件上进行无焰燃烧，引起电阻变化来检测气体浓度的，这就决定了它是一种广谱型的检测仪器，对可燃气体没选择性。但可燃气体的浓度与传感器输出信号之间几乎都是线性关系，而且对不同气体成分的爆炸下限值具有相近的灵敏度，对于有多种可燃气体成分的混合气体，各成分在检测元件上的反应具有加合性。

虽然催化燃烧式传感器的输出与各种可燃气体的浓度几乎都呈线性关系，但各种可燃气体的特性曲线还是有所不同的，如图 3-17 所示。因此，在测量要求很精确的情况下，测量某种气体，最好就用某种气体标定仪器，以消除检测误差。如果无法用待测气体对仪器进行校正，或者待测气体是未知的，在这种情况下，一定要选择 10% LEL 或更低作为警报限值。通常情况下，催化燃烧式传感器生产厂家都用甲烷或异丁烷气体来标定仪器，这是因为这两种气体的线性关系较好，而且具有一定的代表性。

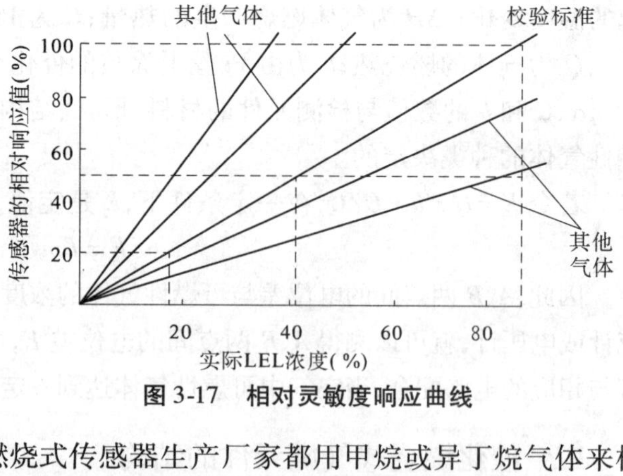

图 3-17　相对灵敏度响应曲线

催化反应比较灵敏，即使在空气中可燃气体和蒸气浓度远远低于 10% LEL 时，它们也会在这个桥上发生催化燃烧反应，这也是有些采用催化燃烧原理的传感器可以测量

ppm 级可燃气体的原因。

由于催化燃烧式传感器需要在测量过程中持续加热，因此催化燃烧式传感器的耗电比较大，一般可以达到 50 mA(24 V 直流供电)，所以在便携式仪器中常常需要采用充电电池来提供整个仪器的供电。

使用催化燃烧式传感器测量可燃性气体时，必须注意到同时存在的氧气浓度的问题。从原理上讲，催化燃烧式传感器要求至少 10% VOL 浓度的氧气才能进行准确测量。如果氧气浓度过低，仪器的读数会大大低于实际的浓度。比如在 100% 可燃气浓度，也就是在纯的可燃气环境中，因为没有氧气参与燃烧，这种使用催化燃烧式传感器的仪器读数将是 0LEL。而如果氧气浓度过高，则测量结果也会完全错误。因此，在进入密闭空间之前，如果使用催化燃烧式传感器检测可燃气体，其规程要求同时测量内部环境中的氧气浓度。

催化燃烧式传感器可以对大部分可燃气体产生响应，即可以用催化燃烧式传感器测量任何可燃气体，因此也就没有专门的甲烷检测仪这个概念。在实际中，只有认定环境中仅有甲烷存在时，它所检测出来才是甲烷的浓度。由于在煤矿中还可能存在一氧化碳等可燃气体，单单用催化燃烧式可燃气体传感器来检测甲烷是不够科学的，这也是在实际工作中常常忽略的一个问题。

特定气体在测量桥上燃烧产生的热量反映了该种气体在催化燃烧桥上的反应活性，因此各种气体在其上的表现也会有所不同。所以，不同物质即使在相同体积浓度下也会产生不同的仪器读数。即使是相同的 LEL 浓度，它们在一台仪器上的表现也不同。仪器测量的是电阻的变化而不是浓度的变化，催化燃烧式传感器不具有选择性。

不同气体在测量桥上的行为会有很大不同。通常，同样体积下，较大的分子会产生更多的燃烧热，但却不容易通过烧结防火栅进入传感器内部，因此测量就会不够灵敏，相反，较小的分子更容易进入。因此，催化燃烧式传感器，尤其是测量% LEL 的传感器不太适合于检测“较重的”或者长链的烷烃，特别是高闪点的物质，比如汽油、柴油、芳烃等，因为它们更容易在防火栅上“凝结”。

四、催化燃烧式气体传感器的特点

催化燃烧式气体传感器计量准确、响应快速、寿命较长(一般为 5 年)，传感器的输出与环境的爆炸危险直接相关，在安全检测领域是一类主导地位的传感器。

(1)对所有可燃气体的响应有广谱性，输出与气体浓度几乎成正比，在 100% LEL 以下输出信号接近线性，可做定量测量。

(2)对非可燃气体没有反应，只对可燃气有反应。

(3)传感器结构简单、成本低，固定式传感器只能做成隔爆型；便携式为本安加隔爆型结构。

(4)不受水蒸气影响，对环境的温湿度影响不敏感，适于在室外等环境变化较大的场所使用。

(5)输出方式可以有两线制(模拟信号)、三线制、四线制(数字信号)、RS485 总线制。

(6)一般都有补偿元件，所以受周围的温湿度影响较小。但是，它也有一些缺点：元件易受硫化物、卤素化合物等中毒影响，降低使用寿命；在缺氧环境下检测指示值误差较大；易受到高浓度气体混合物的影响，使得传感器灵敏度下降或丧失，甚至过热烧毁电桥；长时间使用会影响传感器灵敏度，使用前需要经常校正；由于需要大电流（100～300 mA）工作，需要经常充电。

五、相对校正

校正是使用所有气体传感器进行测量之前必须进行的一项工作，这种校正应当是一种经常性工作，也就是需要周期性地对仪器进行检验和校正。

所谓校正就是用一支已知标准浓度的可燃气气瓶对检测仪器的准确度进行修正的方法。一般可燃气体检测仪采用的是两点校正法，即新鲜空气校正和标准气体校正。首先在确认干净的环境中，即在认定不存在任何可燃气体的环境中，或者使用零浓度可燃气体的压缩空气气瓶，对仪器的零点进行标定，然后向传感器通入已知浓度的可燃气体，将仪器的读数调整到显示出标准气体的浓度值。

相对校正就是选择使用一种标准浓度的气体校正仪器，检测另一种气体的比较校正方法，或者直接使用校正系数进行计算得到待测气体实际 LEL 的方法。需要提醒的是，由于不同厂家制造的传感器的技术不同，各种物质间的相对校正系数也会有所不同，同时，这个相对系数也可能在同一个传感器的不同使用期间发生变化，使用相对校正的方法有很大的限制，因此这只能作为一种折中的办法。当然，这种方法更不适合于混合物。表 3-4列出了一些物质相对于另一些物质的校正系数（相对响应）。

表 3-4　催化燃烧式传感器一些气体的校正系数

可燃气体和蒸气	用戊烷标定时	用丙烷标定时	用甲烷标定时
氢气	2.2	1.7	1.1
甲烷	2.0	1.5	1.0
丙烷	1.3	1.0	0.65
丁烷	1.2	0.9	0.6
正戊烷	1.0	0.75	0.5
乙烷	0.9	0.7	0.45
辛烷	0.8	0.6	0.4
甲醇	2.3	1.75	1.15
乙醇	1.6	1.2	0.8
异丙醇	1.4	1.05	0.7
丙酮	1.4	1.05	0.7
氨气	2.6	2.0	1.3
甲苯	0.7	0.5	0.35
无铅汽油	1.2	0.9	0.6

六、传感器中毒和抑制

实际测量工作中,对于催化燃烧式传感器最为有害的气体是有机硅化合物,比如硅烷,几个 ppm 浓度的这类物质就可以明显地降低传感器的检测性能。有机硅在高温的环境中会分解催化剂并在催化剂表面形成固态物质,从而导致传感器灵敏度降低,而更高浓度有机硅化合物会使传感器立即损坏。含硅类化合物的范围很广,在检测可燃气体的时候经常可能遇到,比如设备中经常使用的润滑油、清洗剂、磨光剂、黏合剂、化妆品和药物霜剂、硅胶(密封条和密封剂)等都含有大量的硅化合物。

其他会对催化燃烧式传感器造成危害的物质还包括含铅化合物,比如含四乙基铅的汽油就会严重降低传感器的灵敏度,尤其对于测量甲烷这类具有较高燃点的化合物的灵敏度影响更大。

高浓度的卤代烃会在高热情况下的催化剂上分解为 HCl,从而腐蚀整个传感器,降低测量信号。在各类脱脂剂和清洗剂的溶剂之中都有卤代烃的存在,在聚合物的过热,甚至 PVC 焊条中都会释放出来这类可怕的卤代烃。

硫化氢和其他还原性硫化合物,像二硫化碳、二甲基二硫醚、三甲基二硫醚以及磷脂、硝基化合物(比如硝基烷烃)都可以在高温的情况被氧化成为矿物酸,也会对传感器造成腐蚀。

直接将催化燃烧式传感器暴露于酸性无机气体(比如盐酸、硫酸蒸气)、有机酸(比如乙酸)蒸气之中,也可能会受到腐蚀。

当然,还有一些化合物可能在催化测量桥上不断增加的温度下发生反应,这些情况引起传感器中毒的机理更加复杂。

通常情况下,硅类化合物被看成是催化燃烧式传感器的毒化物质,即彻底破坏催化剂。而硫化氢和卤代烃被看成抑制物质,即它们仅仅会降低测量的灵敏度。但总体上,它们都是通过被催化剂吸收或同催化剂反应形成新的化合物,从而抑制催化反应。当然,这种抑制或降低的影响可能是长期的、不能恢复的,也可能是暂时性、可以恢复的,比如卤代烃的影响,只要将传感器放在新鲜空气中一段时间就会自动恢复。而对于硫化氢,则可能会具有上述两种影响:较低浓度则对灵敏度有轻微的影响,高浓度会使传感器立即失效。可能使传感器中毒或产生抑制的物质见表 3-5。

表 3-5　可能使传感器中毒或产生抑制的物质

影响	物质
中毒	含铅化合物(尤其是四乙基铅)
	含硫化合物
	硅类
	含磷化合物
抑制	硫化氢
	卤代烃

催化燃烧式传感器的精确度还会受到高浓度可燃气体混合物的影响。在可燃气体浓度很高的情况下,高浓度的可燃气体会对测量桥产生更大的热量,则可能会加速催化剂的

蒸发,使传感器的灵敏度部分或全部降低。过热甚至可能会立即烧毁测量电桥。

当催化燃烧式传感器暴露于氧气不足而可燃性气体的浓度又很高的环境中时,可燃气体的不完全燃烧会形成炭黑物质沉积在烧结表面,大量炭黑物质的积聚会导致传感器爆裂而损坏整个仪器。

为减少这些损坏的发生,很多便携式仪器在测量接近100% LEL数值之前,都会自动关闭电路,并指示超标和警报。一些固定式仪器会在发现测量超标时自动切断电路,发出超限警报,但同时还间歇地对环境中的可燃气体浓度进行测量,一旦可燃气体浓度低于超限浓度,则自动恢复测量。

为了尽量延长催化燃烧式传感器的使用寿命,一定要特别注意尽量减少这类传感器或仪器暴露于其他的有毒气体之中,并严格遵循下面注意事项:

(1)在使用时,一定要在仪器的吸气泵入口或传感器室前面使用过滤器,并且根据现场污染情况,至少每周进行一次更换,或者在暴露于毒气之后立即更换。

(2)在暴露于强毒气体之后,清洗采样泵,更换气路和垫圈,对仪器进行重新标定。

(3)在有毒环境中减少气体流量或者使用扩散式仪器。

遵照上面的预防措施,催化燃烧式传感器就会可靠地工作相当长的时间。即使如此,还是需注意一定要严格按照说明书的指导使用仪器,并在每次使用前检测仪器的灵敏度是否有所改变。

第四节　电化学型气体传感器

电化学型气体传感器是目前检测有毒有害气体最常见和最成熟的检测技术。现在见到的传感器已经可以对几十种无机类有毒有害气体进行检测。电化学传感器的特点是体积小、耗电小、线性和重复性较好、寿命较长。

目前,不仅可以见到安装特定电化学传感器的单一气体检测仪,还可以见到包含了氧气、可燃气体和一个到四个电化学传感器的复合式密闭空间检测仪。

典型的电化学传感器一般由下面几部分构成:可以渗过气体但不渗过液体的扩散式隔膜;酸性电解液槽(一般为硫酸或磷酸);工作电极;对电极;参比电极(两电极设计没有参比电极);有些传感器还包括一个可以滤除干扰组分的滤膜。

大部分常见的有毒有害气体都有电化学活性,可以被电化学氧化或者还原。利用这些反应,可以分辨气体成分、检测气体浓度。常见的电化学气体传感器分为两类,即定电位电解式和伽伐尼电池式。氧化锆氧分析器也是一种电化学传感器,这里不再赘述,将放在第六章重点介绍。

一、原电池型气体传感器

原电池型气体传感器也叫伽伐尼电池型气体传感器、燃料电池型气体传感器、自发电池型气体传感器,其原理和一般常用的干电池是一样的,只是干电池中的碳锰电极被气体检测电极替代了。这类传感器最常见的就是氧气传感器,见图3-18,这是一种由阳极、电解液和空气阴极构成的自供电、限制扩散和金属－空气电池类型。氧气在阴极被还原，电子通过电流表流到阳极，在那里铅金属被氧化。电流的大小与氧气的浓度直接相关。

其反应式如下：

$$O_2 + 2H_2O + 4e \rightarrow 4OH^- \quad (3\text{-}14)$$

$$2Pb \rightarrow 2Pb^{2+} + 4e \quad (3\text{-}15)$$

$$2Pb^{2+} + 4OH^- \rightarrow 2PbO + 2H_2O + 4e \quad (3\text{-}16)$$

$$O_2 + 2Pb \rightarrow 2PbO \quad (3\text{-}17)$$

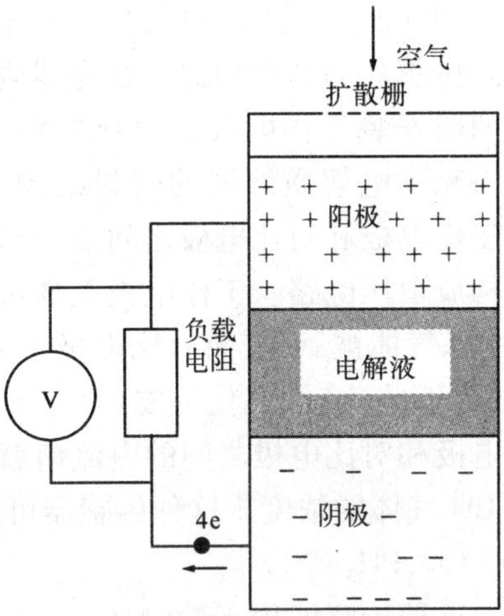

图 3-18　原电池氧气传感器

当传感器的输出端用一定的负载电阻值形成闭合电路时，阴极按式(3-14)产生氧气的还原反应，阳极按式(3-15)、式(3-16)的反应进行。整个传感器按式(3-17)的反应进行。流经负载电阻的电流使阳极的铅形成氢氧化铅，最后被氧化成氧化铅而被消耗。

氧气传感器本身就是一个电流发生器，其电流正比于氧气消耗的速度(Faraday 定律)。与氧气浓度成比例关系的电解电流通过负载电阻两端的电压变化进行测量，然后被放大成可显示的相应的氧气浓度，通过选择适当的负载电阻测量该传感器的输出电压，则可以实现在 0～100% 范围内氧气浓度与端电压成线性关系。

该类典型装置还有用铂等贵金属作为作用电极(负极)，用铅或镉等作为对电极(正极)而构成克拉克伽伐尼电池式传感器，所用透气膜常用对氧气透过性好的聚四氟乙烯或聚乙烯。除腐蚀性气体以外，其他气体对该传感器无干扰影响，对氧气浓度可以准确而迅速地测定。但是因为正极有消耗，所以传感器寿命有限。

伽伐尼电池式：一般用于 O_2 的检测，O_2 通过透气膜到达电池正极被还原，负极 Pb 被氧化，引起两电极的电位发生变化，通过测量两电极之间电流的变化来实现对 O_2 浓度的检测。

二、恒电位电解式气体传感器

(一)结构和基本工作原理

恒电位电解式电化学气体传感器的基本原理如下：在一定的条件下(给定电位下)被测气体通过透气膜到达传感器工作电极的表面被氧化，产生电子转移引起工作电极电位的变化，同时氧气在对电极被还原，引起对电极电位的变化，通过检测两电极之间电流的变化可实现对气体的检测。工作时参比电极提供恒电位，以保持工作电极稳定工作，典型的电化学传感器见图 3-19。一氧化碳电化学气体传感器结构见图 3-20。

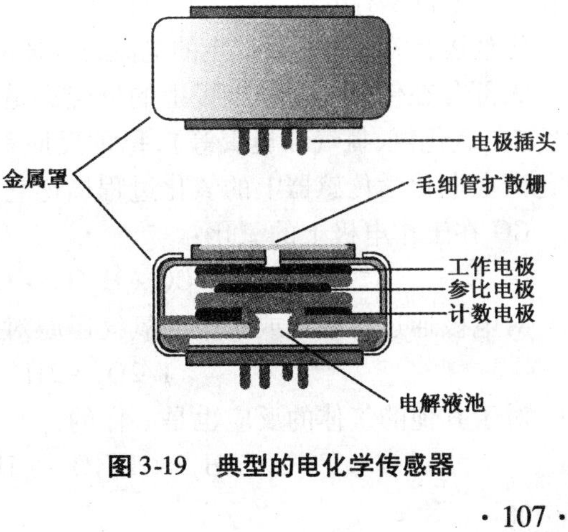

图 3-19　典型的电化学传感器

图 3-21 是检测 CO 气体的恒电位电解式传感器的基本构造。在容器内的相对两壁安装工作电极和对比电极，其内为一充满电解质溶液的密封结构，然后在工作电极和对比电极之间加一恒定电位构成恒压电路。工作电极上透过隔膜的 CO 气体被氧化，而对比电极上 O_2 被还原，于是 CO 被氧化生成 CO_2。根据工作电极和对比电极之间的电流值就可测出 CO 气体的浓度。这种传感器可用于检测各种可燃气体和毒性气体（如 H_2S、NO、NO_2、SO_2、Cl_2、PH_3 等）。

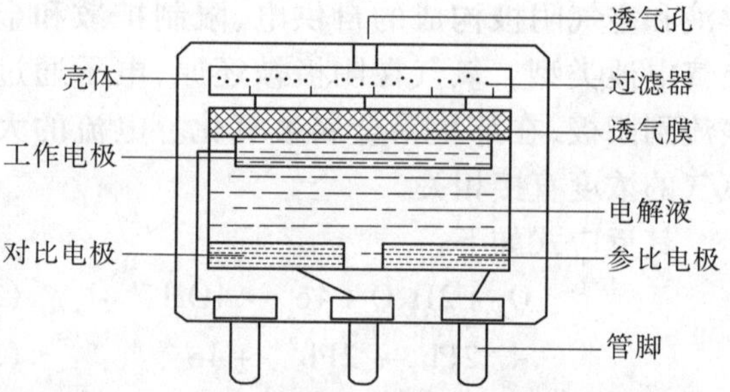

图 3-20　一氧化碳电化学气体传感器结构示意图

这种传感器用于检测还原性气体非常有效，它的原理与原电池型传感器不一样，它的电化学反应是在电流强制下发生的，是一种真正的库仑分析的传感器。这种传感器已经成功地用于一氧化碳、硫化氢、氢气、氨气、肼等气体的检测之中，是目前有毒有害气体检测的主流传感器。

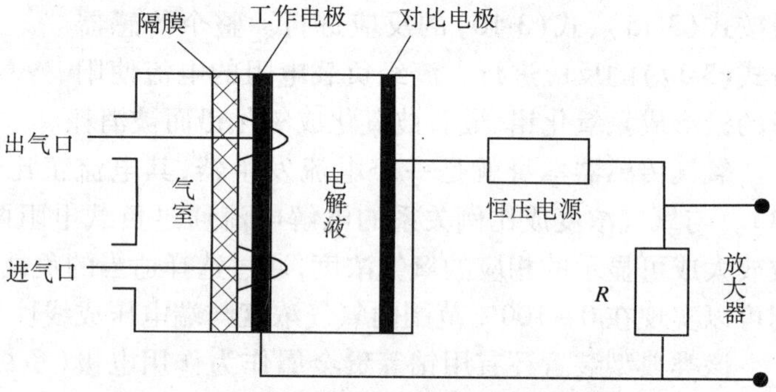

图 3-21　恒电位电解式传感器的基本构造

工作电极可以催化一些特殊的反应。随传感器不同，待测物质将在电极上发生不同的化学反应，并相对于对电极产生正或负的电位差。双电极系统意味着工作电极的电位要时刻保持恒定。

三电极设计（图 3-19）是目前常见的电化学传感器的形式，它包括工作电极、参比电极和对比电极。由于使用一个另外的恒压电路，工作电极和参比电极间的电压保持恒定，参比电极上也没有电流通过。对电极仍然自由极化（电解反应），此时电位的变化就同浓度的变化直接有关。传感器产生的电流与气体的浓度成正比，并且有很宽的线性测量范围。

大部分在传感器工作电极上的反应都是氧化反应（还原性气体），小部分是还原反应（比如二氧化氮、氯气和臭氧等），每种反应都可以用一个化学方程式来表示。下面用一氧化碳在电化学传感器上的氧化过程描述它的检测机理和非消耗型传感器的设计。

CO 在工作电极上的氧化：

$$CO + H_2O \rightarrow CO_2 + 2H^+ + 2e \tag{3-18}$$

对电极通过将空气或水中的氧气还原对此进行平衡：

$$1/2O_2 + 2H^+ + 2e \rightarrow H_2O \tag{3-19}$$

对于其他的气体的反应也是一样的：

$$H_2S + 4H_2O \rightarrow H_2SO_4 + 8H^+ + 8e$$

$$SO_2 + 2H_2O \rightarrow H_2SO_4 + 2H^+ + 2e$$
$$NO + 2H_2O \rightarrow HNO_3 + 3H^+ + 3e$$
$$H_2 \rightarrow 2H^+ + 2e$$
$$Cl_2 + 2H^+ + 2e \rightarrow 2HCl$$
$$2HCN + Au \rightarrow HAu(CN)_2 + H^+ + e$$
$$HCl \rightarrow 1/2Cl_2 + H^+ + e$$
$$C_2H_4O + 2H_2O \rightarrow C_2H_4O_3 + 4H^+ + 4e$$
$$O_3 + 2H^+ + 2e \rightarrow O_2 + H_2O$$
$$12NH_3 + I_2 + 6H_2O \rightarrow 2IO_3^- + 12NH_4^+ + 10e$$
$$PH_3 + 4H_2O \rightarrow H_3PO_4 + 8H^+ + 8e$$

以 CO 为例，式(3-18)同式(3-19)合并得到的最终反应式：

$$CO + 1/2O_2 \rightarrow CO_2$$

从上反应式可以看出，电化学传感器在检测有毒气体(比如 CO)过程中消耗的仅仅是待测气体分子(CO)、电能和氧气，这也是非消耗型传感器寿命较长的原因(氨和氢氰酸传感器除外)。这类传感器的寿命同它所测量的气体浓度无关(当然不要超过传感器的最高限制浓度)，因为传感器部分仅仅是测量过程的催化剂容器，传感器在检测过程中没有任何的消耗。但是由于传感器中电解质溶液介质的干涸问题，这类传感器的寿命一般在 2 年左右，某些大体积的传感器具有更长的寿命。

其他气体电化学传感器也同样是这种非消耗型设计，包括氯气、氢气、硫化氢、二氧化氮、磷化氢和二氧化硫等。

由于氧气参与了整个传感器反应的过程，因此某些使用环境会限制电化学传感器的使用。比如，一个硫化氢电化学传感器就不能测量天然气管道中的硫化氢浓度，因为管道中可能没有氧气，这样，一旦传感器内部存在的少量氧气消耗殆尽，测量也就结束了。当然，在这种情况下，将停止工作的传感器再重新放置在空气中后还会恢复正常。

电解液可以提供少量氧气就意味着非消耗型传感器可以在短时间内检测缺氧条件下的有毒气体浓度。这点对于某些气体的校正就十分有利，因为某些气体，比如氯气，在有氧气存在的情况下保存寿命很短，它的标准气体瓶中一般都有氮气平衡而没有氧气。

有时需要在对电极上使用一个偏置电压，这有助于传感器对特定化合物的检测。通常应用于电活性较弱的气体，比如氨气和一氧化氮等。

(二)主要特点

电化学传感器性能比较稳定、寿命较长(一般为 2 年)、耗电很小、分辨率一般可以达到 0.01 ppm(随传感器不同有所不同)。它的温度适应性比较宽(有时可以在 −40 ~ 50 ℃工作)，然而它的灵敏度(信号输出)受温度变化的影响也比较大。所以，很多这种仪器都有软硬件的温度补偿处理。电化学传感器有较宽的输出和气体浓度线性范围、优良的重复性和选择性，测量准确度高，在空气中零点漂移小。

即使没有待测气体存在，传感器的工作电极上也会产生一个很小的信号，这就是所说的基线。尽管这个微小的漂移可以通过传感器的校零过程加以消除，但这个基线受温度的影响很大，因此校零以后，如果温度变化较大，那么就会导致零点稍许不准，这就是在常见传感器中发生的温度影响。

电化学传感器的主要缺点是干扰。当然在设计上，制造厂家会尽可能排除或减少其他气体的干扰。比如，有些传感器使用一个过滤膜来去除其他物质的干扰。其实，检测一氧化碳和硫化氢的两个传感器间的区别就是其不同的过滤膜，这个过滤膜可以去除空气中的硫化氢，而一氧化碳传感器如果没有这个过滤膜，就被称为双效传感器，它既可以检测一氧化碳，又可以检测硫化氢。

最新的双效一氧化碳/硫化氢传感器采用4电极设计，它包含两个分离的传感电极，一个用于检测一氧化碳，另一个用于检测硫化氢。每个传感器提供一个独立的特定检测，并且可以分别校正。为了增加选择性，传感器先进行硫化氢的测定，而后通过反应去除硫化氢，使之无法到达检测一氧化碳的电极，从而减少相互间的干扰。

(三)特性曲线

电化学传感器输出电流与响应时间曲线见图3-22，电化学传感器零点漂移特性曲线见图3-23，电化学传感器气体选择性曲线见图3-24。

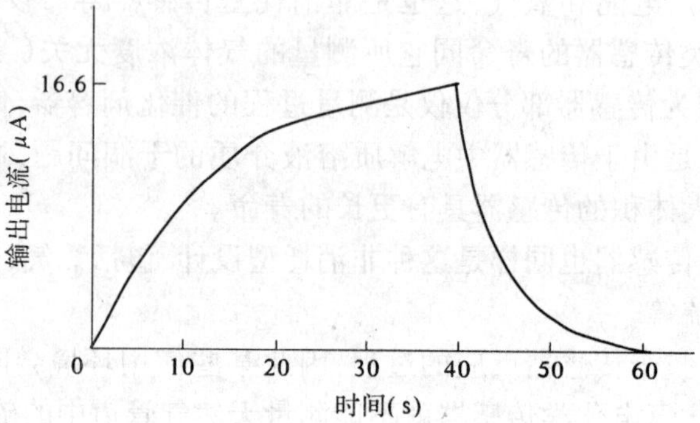

图3-22　输出电流与响应时间曲线

图3-23　零点漂移特性曲线

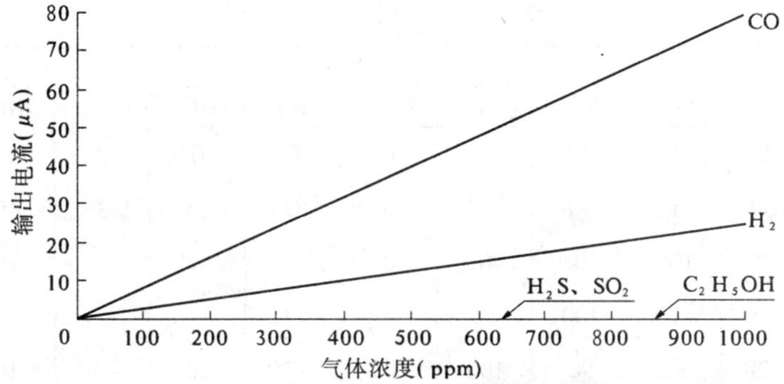

图 3-24　气体选择性曲线

由于一种传感器会对多种气体同时响应,用户无法认定是哪种气体引起的读数,也就无法确定哪种危险存在,这也是很麻烦的事情。如果可以确认污染物的存在,最好使用特效传感器。

无论如何,测量干扰还是存在的。在某些情况下,干扰是正的,传感器的读数比实际值要大,有些则相反。还原性气体,比如硫化氢和一氧化碳会在电极上氧化,而氧化性气体,比如氯气、二氧化氮和臭氧,则在电极上还原。由于它们不同的行为,它们的干扰也就有所不同。

表 3-6 列出了电化学传感器可能发生的干扰。而表 3-7 则具体列出了一些干扰气体对某些标注特定气体传感器的干扰,随反应性质的不同,正或负的干扰都可能存在。为了表示方便,表中的干扰数据都以百分数表示。

表 3-6　干扰列表

干扰气体	对于还原性气体传感器的影响(例如对 H_2S 传感器)	对于氧化性气体传感器的影响(例如对 Cl 传感器)
还原性气体	增加输出	降低输出
氧化性气体	降低输出	增加输出

表 3-7 为传感器的交叉干扰。举一个例子,硫化氢在氯气传感器会有大约 -3% 的读数,或者说,如果测量氯气时环境中还存在 10 ppm 的硫化氢,那么氯气的读数应当加上 0.3 ppm。

必须强调的是,表 3-7 的内容仅供参考,不能用于实际过程的计算,只能用于估计各种干扰气体对传感器可能产生的不确定性。不同的厂家可能已经对他们的传感器进行了改进。

有些污染物(如氨和氰化氢)的测定使用的是间接方法,而不是上面谈到的氧化或者还原反应。它是通过消耗传感器中的物质,比如贵金属的工作电极或者电解液中的碘(I_2),来建立某种测量关系。

$$2HCN + Au \rightarrow HAu(CN)_2 + H^+ + e \tag{3-20}$$

$$12NH_3 + I_2 + 6H_2O \rightarrow 2IO_3^- + 12NH_4^+ + 10e \tag{3-21}$$

表 3-7　传感器的交叉干扰　（%）

气体	传感器											
	CO	H_2S	SO_2	NO_2	Cl_2	ClO_2	HCN	HCl	PH_3	NO	H_2	NH_3
CO	100	2	1	-5	0	0	0	0	0	0	1	0
H_2S	10	100	1	-8	-3	0	400	25	3	35	20	130
SO_2	0	10	100	0	0	0	—	0	—	0	0	70
NO_2	-20	-20	-100	100	12	—	-12	—	—	30	0	0
Cl_2	-10	-20	-35	90	100	0	-20	20	-10	0	0	-50
ClO_2	—	—	—	—	2	0	—	—	—	—	—	—
HCN	15	50	50	1	0	0	100	5	1	0	30	30
HCl	3	0	0	0	2	0	0	100	0	15	0	-5
PH_3	—	—	—	—	—	100	0	300	100	—	—	—
NO	10	1	1	0	—	—	—	—	—	100	30	20
H_2	60	0.05	0.5	0	0	0	0	0	0	0	100	—
NH_3	0	0	0	0	0	0	0	0	0	0	0	100

此时，由于测量会消耗电极材料，所以目前的氢氰酸和氨气传感器就存在一些比较严重的实际应用问题：传感器的寿命同它所暴露的浓度有很大的关系。比如 City 公司的某个氨传感器，如果连续暴露于 2 ppm 的氨气之中，它的寿命大约是 1 年（或者称为 2 ppm 年寿命）。如果暴露于 4 ppm 的氨气水平，则只有 6 个月的寿命。这样，这种氨的传感器就不适合应用于化肥厂，因为此时氨的浓度平均都在 20 ~ 30 ppm。也是由于上面的消耗反应，这两种传感器在信号漂移方面也较为严重。

因此，氨和氢氰酸传感器不太适合用于连续的测量或者用于测量较高的浓度，而最好用于检漏测量。在常见仪器样本中提到的氨气和氢氰酸的参数，都应当看成是它们在整个寿命期间的暴露浓度没有超过一个特定值。

三、四电极气体传感器

在三电极传感器的基础上另加一个辅助电极就构成了四电极电化学传感器。在辅助电极上得到的信号可以用于消除温度变化引起的灵敏度变化或者增加传感器的灵敏度，从而保证传感器产生更加稳定的信号，并且更加专注于待测气体。

在一般应用中，即使温度变化较大，这种些许漂移也是不明显的。一旦需要较高的分辨率，特别是在测量较低浓度的时候，在整个测量过程中的漂移就会显得比较明显。而此时四电极系统也就可以用于补偿任何基线的漂移。

在四电极系统中，工作电极和辅助电极的性能都一样，环境的变化对两者也应当一样，因此工作电极随温度变化引起的基线漂移也同辅助电极一样。

工作电极与待测气体反应产生一个正比于气体浓度的信号，所有的待测气体都在这个电极上发生反应,而辅助电极没有任何反应,只有它的基线会随温度的变化而变化。这样,一旦工作电极在测量过程中发生了基线的温度漂移,那它的漂移程度就可以从辅助电极那里得到,从而达到消除漂移影响的目的。

同样,四电极传感器在选择性方面也有了更好的效果,例如,当一氧化碳传感器在一氧化碳和氢气的混合环境中进行测量时,一氧化碳和氢气都会在工作电极上发生反应,但一氧化碳在工作电极上发生的是全部反应,氢气仅仅是部分反应,而氢气的部分反应也同时发生在辅助电极之上。这样,工作电极得到的是一氧化碳和氢气共同的信号,而辅助电极得到的仅仅是氢气的信号。工作电极的信号减去辅助电极的信号,得到的就是纯的一氧化碳的信号。这就是四电极系统可以更好地改善气体传感器的选择性的原因。

第五节　离子化检测型气体传感器

离子化检测器分为光离子化检测器(Photoionization Detector, 简称 PID)和火焰离子化检测器(Flameionization Detector,简称 FID),是气相色谱仪器上的使用最为普遍的检测器,将这两种传感器单独制成仪器,是目前解决检测挥发性有机化合物最为常用的检测手段。光离子化检测器是一种具有极高灵敏度、极宽的检测范围和用途广泛的检测器,可以检测从极低浓度的 10 ppb 到 10 000 ppm(1%)的挥发性有机化合物(Volatile Organic Compounds,简称 VOC)和其他有毒有害气体。很多危险隐患的根源是有毒有害物质超标,而其中的大部分是 VOC,因而对 VOC 检测具有极高灵敏度的 PID,在易燃易爆物料生产运输管理、化工气体泄漏、工业卫生、室内空气质量、环境保护、密闭空间进入、应急事故检测中有着无法替代的作用。

离子化的含义如下:所有的原子均由质子、中子和电子组成。质子带正电荷,电子带负电荷。正常状态的原子带有相同数量的质子和电子,从而整个原子的净电荷为零。增减电子将使原子或由此原子组成的分子离子化。

在 PID 中气体分子的离子化是通过高能紫外光实现的。光是一种能量,当这种能量施加到原子上时,原子被激发。若施加的能量足够大,原子将被高度激发,从而失去一个电子。结果在此原子中,正电荷的质子数比负电荷的电子数多一个,从而使原子带上一个净正电荷,即被离子化或成为正离子。由于此离子化的过程通过光的使用而发生,因此被称为光离子化。

所有的元素和化合物都可以被离子化,也就是都可以被外来能量“击碎”成带有电荷的“小碎片”。但各种化合物的组成不同,它被“击碎”所需的能量也有所不同。所谓的击碎,就是用能量把化合物中的电子从其中分离开来,使之成为带有电荷的离子,这就是化合物的离子化过程。每个化合物能被离子化的能量称之为电离电位(IP),它以电子伏特(eV)为计量单位。离子化能源在 PID 中就是紫外灯,其能量也用 eV 来表示。如果待测气体的 IP 低于紫外灯输出的能量,这种气体可以被离子化,即可以被检测。电离电位 IP 实际表示的是化合物键的强度。用一个能量源让中性的气体分子中的一个电子脱开分子主体,所形成的带电粒子被称为离子。离子化检测器使用收集盘将离子收集形成的电流同待测污染物的浓度成正比。

光离子化检测器(PID)使用紫外光源作为离子化能量源,而火焰离子化检测器(FID)使用氢焰作为离子化源。但不论哪种离子源,它的能量都要大于被检测物质的IP,才能对其进行检测。离子化检测器是非特效的,因此它必须同其他的检测手段结合,比如具有分离效果的气相色谱,才能得到定性定量的分析结果。表3-8是一些常见化学物质的电离电位。

表3-8 一些常见化学物质的电离电位

物质	电离电位(eV)	物质	电离电位(eV)
一氧化碳	14.01	氯气	11.48
二氧化碳	13.77	丙烷	11.07
氰化氢	13.60	硫化氢	10.46
甲烷	12.98	正乙烷	10.18
氯化氢	12.74	氨气	10.18
水	12.59	丙酮	9.69
氧气	12.08	苯	9.24

可以看出,水、氧气、一氧化碳和其他自然界存在组分的离子化所需要的能量较高。

如上所述,离子化检测器是非特效的,也就是它们对可检测的组分提供的是一种“宽带”检测。同时,仪器的读数也同校正仪器时所用的气体有关,只有检测同标定气体一样的待测气体,才可以得到准确的结果,而其他气体的读数可能比实际浓度高或者低(当然,可以使用校正系数进行换算,这点在以后内容中还要提及)。尽管PID和FID都可以检测ppm甚至ppb级的污染物的存在,但是只有在其他检测技术确认了气体种类以后,它们才能作为定量仪器使用。

尽管两者可检测的化合物很多,PID和FID检测仪器还应当是有毒有害气体检测技术的补充,而不是一种取代,因为它们都不可能检测所有的污染物。

离子化检测器只能检测特定的气体和蒸气,不能检测非挥发性的液体和固体、气溶胶及某些有毒气体和蒸气。由于这种限制,即使离子化检测器的读数为零,也不能保证环境周围没有污染物的存在。

一、光离子化检测器(PID)

熟悉气相色谱的人都知道,气相色谱在用色谱柱分离混合化合物后,都要经过检测器才能确认各种化合物的种类和数量。这些检测器包括热导、氢焰、电子捕获等。光离子化检测仪器也是气相色谱检测器的一种,是一种新型的离子检测仪器。就如同氢焰离子化检测器一样,它也是通过离子化的方法将待测化合物转变为容易被电子仪器检测到的离子流,只不过它的离子源不是氢焰,而是具有特别能量的紫外灯。

(一)PID工作原理

PID使用了一个紫外灯(UV)光源将有机物“击碎”成可被检测器检测到的正负离子

(离子化),所形成的分子碎片和电子由于分别带有正负电荷,从而在两个电极之间产生电流。检测器将电流放大并显示出 ppm 浓度值。在被检测后,离子重新复合成为原来的气体和蒸气。PID 是一种非破坏性检测器,它不会“燃烧”或永久性改变待测气体,这样一来,经过 PID 检测的气体仍可被收集做进一步的测定。

光离子化检测器使用一个高能量的紫外灯提供离子化的能量,该能量取决于它所产生的紫外光的能量。可以根据所检测化合物的不同使用不同的紫外灯。光离子化过程如下:

$$RH + h\nu \rightarrow RH^{+} + e \qquad (3\text{-}22)$$

光子 $h\nu$ 代表等于或大于 RH(待测分子)的能量。一般讲,分子越小,它的结合能就越大,IP 也就越高。而较大的分子,或具有双键、三键的分子,IP 值较低。被离子化的组分被离子腔收集产生电流,而电流正比于浓度。

图 3-25 是一个 PID 检测的原理图,从图中可以看出,当气体被引入到紫外放电灯的光路以后,紫外放电灯发出的能量使气体分子中的电子被激发(离子化)出来,气体分子由于失去一个电子,就变成了一个带有正电荷的粒子,它同带有负电荷的电子构成了电荷移动,从而形成电流,该电流同粒子的数量,也就是浓度有一定的关系。这个关系就构成了用电流信号表示化合物浓度的基础。

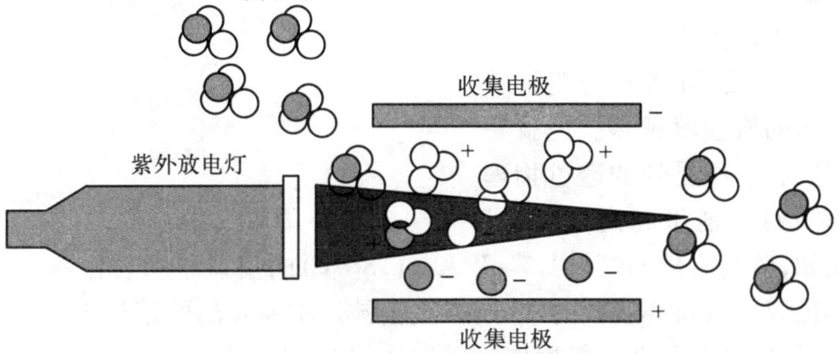

图 3-25　PID 检测的原理

紫外放电灯发出的能量决定了它所能检测的化合物的种类。现在可以选择的紫外放电灯能量有 9.5 eV、9.8 eV、10.0 eV、10.2 eV、10.6 eV、11.7 eV 和 11.8 eV(随制造商不同)几种。大多数的产品允许在同一台仪器上使用不同能量的紫外放电灯。所选择的灯的能量越低,可能检测的化合物种类就越少;反之越多。

(二)PID 结构类型

光离子化检测器从结构上可分为无光窗式和光窗式两种。

1. 无光窗式离子化检测器

这是一种利用微波能量激发常压惰性气体产生的等离子体,作为光源的光离子化检测器(Microwave Photo-ionization Detector),以石英或硬质玻璃管材料制作。当样品的组分进入光离子化检测器离子化室后,分子组分被高能量的等离子体激发为正离子和自由电子,在强电场的作用下作定向运动形成离子流并输出信号;当分子的电离能高于光子能量时则不会发生离子化效应。如选用氦气作为放电气体,在理论上可检测一切气体物质。

2. 光窗式光离子化检测器

它克服了无光窗式光离子化检测器的许多缺陷,主要由紫外光源和电离室组成,中间由可透紫外光的光窗相隔,窗材料采用碱金属或碱土金属的氟化物制成。在电离室内待测组分的分子吸收紫外光能量发生电离,选用不同能量的灯和不同的晶体光窗,可选择性地测定各种类型的化合物。

(三)PID 检测器结构

光离子化检测器主要由紫外光源和电离室两部分组成,其他为辅助部件,详见图 3-26。PID 紫外光灯由一个充满低压惰性气体(氩气、氪气或氙气)的玻璃泡构成,为电离室提供一定能量的紫外光,是 PID 的关键部件,通常使用的是真空紫外无极放电灯。通过高压(1 ~ 2 kV)和辐射波(2 450 MHz)使惰性气体激发放电,产生紫外光,灯的一端用 LiF 或 MgF_2 晶片密封,称为窗口,紫外光光束通过此晶片进入电离室。由于紫外光透过性质的特性,越趋向紫外的能量受到窗口材料阻碍的机会就越多。也就是说,灯的能量越高,它所受到的透过物理限制也就越多。灯的能量越高,它的寿命就越短。比如,较高能量的灯(11.7 eV 和 11.8 eV)的窗口材料若由氟化锂晶体制成,由于这种晶体很容易吸收环境中的水分,甚至会被灯本身发出的紫外光照射而衰变,因此这种放电灯的寿命比较短,在一般操作下可以使用 1 ~2 个月。尽管高能量灯发出的能量会使更多的物质离子化,但它产生的光通量却比低能量灯少,这就意味着高能量灯的离子化电流比较低,也容易产生漂移。

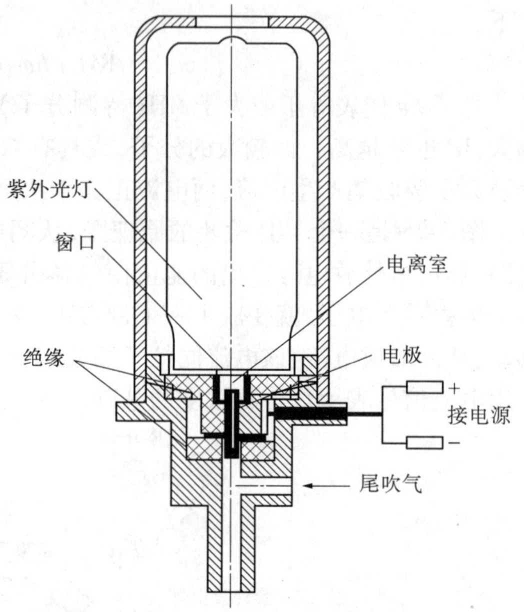

图 3-26 PID 结构示意图

通过选择灯的能量,也可能改变 PID 检测的选择性。比如,使用 9.8 eV 灯的能量输出已足够用于检测苯(苯的 IP 为 9.24 eV),但对于很多其他物质的离子化就不足,也就是无法检测到。需要注意的是,由于较低紫外能量的特殊性,9.8 eV 放电灯的窗口材料也有些特殊,它由氟化钙或者夹有氟化钙的三明治结构晶体构成,寿命也比较短,正常操作下可以使用 6 个月。

正是因为这样,使用既不会吸收水蒸气也不会被紫外线照损的氟化镁窗口的 10.6 eV 灯的寿命就长很多,在一般操作下可以连续使用 3 ~5 年,同时,10.6 eV 灯的能量也足以检测大多数的 VOC。因此,10.6 eV 灯的使用也就成为 PID 商品化仪器中使用最多的无极放电灯。

需要注意的是,从 PID 的检测原理可以看出,PID 应当特别适合于检测低浓度的挥发性有机化合物的存在。因为如果待测组分的浓度很高,那么在离子化的过程中,离子化室中就会不断发生离子复合、重新离子化等复杂的过程，因此使用 PID 测量挥发性有机化合物的最合适的浓度范围应当是 10 ppb ~ 2 000 ppm。

PID 仪器是非特性的，仪器的读数是所有可检测物质的信号之和。同时，由于离子电位和其他物理性质的不同，相同浓度的不同气体可能产生的浓度读数不同（或者说离子化出来的粒子数目不同），因此 PID 的读数总是跟校准气体有关。

（四）仪器校正

仪器校正是建立在对于一个已知浓度的已知气体相应的离子电流的基础上的。由于其他气体的仪器响应和它们本身的性质有关，因此一个用异丁烯标定的仪器得到 10 ppm 的读数只表明这台仪器产生了一个与 10 ppm 异丁烯气体相同的离子电流，但对应的其他气体的实际浓度可能大于也可能小于 10 ppm 值。

也就是说，如果没有一些其他的信息，用 PID 只能解决有或者无的问题。这样，就遇到了一个实际操作上的问题。由于 PID 可以检测的有机化合物的数目很多（经过测试的化合物数目现已达到 200 多种），如果在使用过程中都需要使用待测气体对仪器进行标定来得到这种气体的实际浓度，那将是一个无法完成的工作。

经过测试，异丁烯是目前 PID 检测仪中最常使用的相对校正气体（参见可燃气体检测中的相对校正），这也成为 PID 仪器的一个绝对标准，很多仪器的性能指标、相对灵敏度都是以异丁烯为标准的。

采用异丁烯作为 PID 仪器的一个标定标准，是因为异丁烯具有低毒、易获得的特点，尤其是它的气瓶存储时间较长（一般可达 1 年）。

与催化燃烧式传感器一样，如果用一种气体标定仪器去测量另一种气体，校正系数（CF，或称为响应系数）也是使用 PID 时特别要注意的一个参数。CF 代表了用异丁烯气体标定的 PID 测量其他特定气体的灵敏度。也就是说，用异丁烯标准气体校正 PID 后，通过 CF 就可以直接得到另一种气体的浓度，从而减少了准备很多种标准气体的麻烦。很多 PID 仪器制造商都会提供一个针对异丁烯的校正系数（CF）表，或者在仪器中直接存储一个数据库来查询校正系数，然后通过手工或计算机直接得到一些特殊气体的测量浓度值。常见物质的电离电位、校正系数以及立即致死量、爆炸下限如表 3-9 所示。

表 3-9　常见物质的电离电位、校正系数以及立即致死量、爆炸下限

物质	分子式	电离电位	校正系数	IDLH（ppm）	爆炸下限（%）
乙酸	$C_2H_4O_2$	10.66	14	50	4
丙烯腈	C_3H_3N	10.91	1.2	85	3.0
氨气	NH_3	10.16	9.7	300	15
苯	C_6H_6	9.25	0.53	500	1.2
丁胺	$C_4H_{11}N$	8.71	7	300	1.7
二硫化碳	CS_2	10.07	1.2	500	1.3
二甲胺	C_2H_7N	8.23	1.5	500	2.8
二甲基肼	$C_2H_8N_2$	7.28	0.78	15	1.4
丙烯酸乙酯	$C_5H_8O_2$	10.3	2.4	300	1.4
甲硫醇	CH_4S	9.44	0.6	150	3.9
氯乙烯	C_2H_3Cl	9.99	2.0	150	3.6

（五）PID 的标定及计算

PID 的标定非常简单，常用已知浓度的异丁烯 C_4H_8（IBE）来校正 PID 对相同浓度的待测化合物的反应，而求出校正系数（CF），但需要准备所检测的有毒气体的标准气体。更为简单的方法是，只需准备 1 瓶 250 mg/m^3 浓度的异丁烯直接标定 PID，对其他 VOC 直接查 CF 值，或将待测化合物的 CF 值求出或查表后，直接输入 PID。CF 计算公式如下：

$$CF = \frac{R_1 c}{c_1 R} \tag{3-23}$$

式中，R_1 为仪器对 IBE 的响应值；c 为待测化合物浓度，mg/m^3；c_1 为 IBE 的浓度，mg/m^3；R 为仪器对待测化合物的响应值。

CF 代表了测量的灵敏度，CF 值越高，PID 对待测物的灵敏度越低；反之，CF 值越低，PID 对待测物检测的灵敏度就越高。作业场所中待测化合物 CF 最好不大于 10，越小越适宜使用 PID，若 CF 值太大，会影响检测的灵敏度和准确度。在测量纯气体时，可以使用 CF 调整仪器的灵敏度。

作业场所中待测化合物的真实浓度：

$$c = \frac{c_2 \mathrm{CF} M}{22.45} \tag{3-24}$$

式中，c_2 为作业场所测得的浓度，mg/m^3；M 为待测化合物相对分子量。

需要强调的是，使用各类校正系数时也要遵循制造商的建议，因为各个厂家的 CF 数值会由于制造工艺的不同有一些差别。

必须强调的是，CF 的使用条件是环境中只存在一种待测气体。使用 CF 并不意味着 PID 具有了选择性地检测这种气体的能力，这一点同可燃气体检测相同。

同时，在实际应用中，校正系数可能受到环境条件，比如温度和湿度的影响，尤其是湿度。尽管水蒸气（IP 为 12.59 eV）不能被 PID 灯离子化，但水蒸气可以在离子化腔中反射、散射和吸收紫外线，因此水蒸气对于低浓度的污染物读数还是会有阻碍。在使用 PID 的时候，经常可以遇到这样的情况。

同样，在空调房间内的 PID 仪器拿到室外工作，由于存在温度差异，PID 器件会产生冷凝，从而影响仪器零点和测量结果。这个时候合适的操作规程应当是：将仪器先携带到一个和外界温度相近的清洁环境中，放置 20 ~ 30 min，待仪器的温度同环境温度平衡后，再开启仪器校零，避免由于冷凝而造成的零点漂移。

非离子化的蒸气（那些 IP 值大于灯能量的污染物），比如甲烷，也可能像水蒸气那样散射紫外光，从而降低检测器的灵敏度。对于某些 PID 设计，甚至高浓度的氧气也会对测定灵敏度有影响。从基本上说，离子化腔和电流收集板间的距离越短，散射和降低的可能性越小，因此这种影响同检测器的设计有很大的关系。

采样过程中进到检测腔中的灰尘和颗粒同样会降低检测器的灵敏度，同样，沉积在窗口上的颗粒也可能减少灯对样品的辐射，水蒸气或其他较热的气体和蒸气在窗口上的冷凝也有同样的影响。因此，有些制造商建议在每次使用前对灯进行清洗。清洗的频度同通过检测腔的气流有很大的关系，在轴向气流设计中，气流直接射向灯的表面，可能会增加污染物沉积的机会，而切向气流设计则使气流平行通过灯的表面，就可能减少这种影响。进一步的改进可以使气流以一定的角度进入，这种3D设计进一步地减少了沉积的机会，也大大减小了清洗的频度。

不论何种设计，在显示某些症状时，检测器和灯还是需要清洗的。这些症状包括零点漂移、灵敏度降低明显等。定期对传感器进行清洗可清除沉积，恢复灯的灵敏度。清洗时要十分小心，不要碰坏灯的窗口，否则就需要及时更换。

过去，光离子检测器给人的印象是笨重、不稳定和价格昂贵，这大大限制了它们在密闭空间进入中的使用。在过去的几年中，这些不足之处已经有了巨大的改进，小型化的光离子检测器已经应用于越来越多的环境应急事故、危险化学品储运、化学武器监测、公共卫生安全等检测之中，PID检测已经成为某些行业规范。

PID是一种非常精确和灵敏的检测器。然而，PID是一种非选择性的检测仪器。PID同我们使用的尺子很相似，尺子可以告诉你一个物体是多大长度，但它不能告诉你这个物体有多重、是什么颜色。PID可以告诉你有多少气体和蒸气存在，但却需要你用头脑去判断到底是什么气体和蒸气存在。

（六）PID的性能特点

（1）连续灵敏测量：有较宽的线性范围，PID可以检测低至ppm浓度（百万分之一）的有机物的存在。这对于现代的石油化工、劳动卫生、环境监测等都具有很大的优势。

（2）快速：PID的反应时间一般小于3 s，适合快速应急需要。

（3）便携测量：仪器体积小巧、重量轻，可携至任何需要检测的地点。强力吸气泵可以吸取人员不便到达地点的气体。

（4）无需氢气等危险载气，安全可靠。

（5）适应性广：这包括两个方面的内容，一是它可以检测绝大多数的有机物，二是它所测量的浓度范围较宽，由0.1 ppm一直到5 000 ppm，仪器均可以以0.1 ppm的准确度加以测量。

（6）非破坏性测量：由于PID仅仅使有机物电离，所以在有机组分离开检测器后会重新复合。因此，可以利用PID的强力吸气泵进行采样操作，对测量样品做进一步的分析。

（7）不会中毒：同大多数其他检测器或传感器不同，PID检测器不会被高浓度的等测物质损坏（中毒）。它的恢复时间同它的反应时间一样，仅为3 s，因此它可以随时对实时浓度进行测量。

（8）只对有机物反应：PID对常见气体，如氧气、一氧化碳、氯气、甲烷等没有反应，因此它在复杂环境中具有一定的指向性，即只对有机化合物反应。

（七）PID可以测量的物质

（1）芳香类：含有苯环的系列化合物，如苯、甲苯、乙苯、二甲苯等。

（2）酮类和醛类：含有C=O键的化合物，如丙酮、丁酮（MEK）、甲醛、乙醛等。

（3）氨类和胺基化合物：含N的碳氢化合物，如二乙胺等。

（4）卤代烃类：如三氯乙烯（TCE）、全氯乙烯（PCE）等。

（5）含硫有机物：如甲硫醇、硫化物等。

（6）不饱和烃类：如丁二烯、异丁烯等。

(7)醇类:如异丙醇(IPA)、乙醇等。

(8)除了有机物,PID还可以测量一些不含碳的无机化合物气体,如氨、硫化氢、氮氧化物、砷化氢、磷化氢、溴和碘类等。

PID不能测量的物质包括:放射性气体,空气(N_2、O_2、CO_2、H_2O),常见毒气(CO、HCN、SO_2),天然气(甲烷、乙烷等),酸性气体(HCl、HF、HNO_3),氟里昂气体,臭氧,非挥发性气体等。

(八)PID的应用

(1)初始个人防护确定:通过PID可以确定事故现场是否含有VOC,以帮助救护人员确定使用何种防护设备。

(2)泄漏检测:通过PID可以测量并且“看到”有毒气体的浓度分布梯度,以及跟随浓度的增加迅速发现泄漏的源头。

(3)事故区域确认:使用PID可以随时根据条件的变化改变危险区域的划定,对外围人员提供实时警报,以便从危险地带撤退。

(4)泄漏确认:可以迅速判断泄漏的气体种类是否是VOC。

二、火焰离子化检测器

火焰离子化检测器使用氢焰作为离子化能量,它也可以检测大多数的有机化合物。在清洁空气中,氢焰不产生离子,或者说不导电,因此它的基线会很稳定。一旦碳氢键或碳碳键通过下面的方式被电离:

$$RH + O_2 \rightarrow RHO^+ + e + CO_2 + H_2O$$

带正电荷的碳离子就会被收集在负电盘上,离子电流正比于碳氢化合物的浓度(反应式前后不平衡,仅表示电离方式)。

PID和FID之间的不同之处是离子化源不同。PID使用紫外灯,而FID使用没有窗口的氢焰,这样后者的离子化能量没有了窗口的阻碍,能量就会更高。PID对不同化合物键的灵敏度会有很大的不同,而由于使用氢焰的能量作为离子化源,FID对不同物质的灵敏度变化不大,适应性更广。例如,FID可以检测甲烷,而PID不能。在传统意义上,FID更适合于检测ppm级的甲烷和饱和的、不饱和的链状烷烃。由于氢氧基(-OH)或氯基(Cl^-)功能团会降低FID的灵敏度,因此像氯、氨气和氰化氢等无机物,FID还是无法检测到。

由于在使用FID时必须使用一个高压(16 MPa)氢气瓶,因此它的充装和存储可能在实际应用中遇到比较大的麻烦。另外,燃烧的氢焰也不是本质安全的,这使它无法应用于含有可燃气体的场合。另外,碳的沉积也会对检测灵敏度造成影响。

第六节 热导型气体传感器

一、热导分析基本原理

热导率表示物质的导热能力。物质传导热量的关系可用傅里叶定律来描述,气体的热导率被定义为当两表面之间的温差为 1 ℃，两表面面积为 1 cm^2，而距离为 1 cm 时，其间的气体在单位时间（s）所传递的热量（J）。如图 3-27所示，在某物质内部存在温差，设温度沿 ox 方向取两点 a、b，其间距为 Δx。T_a、T_b 分别为 a、b 两点的绝对温度，把沿 ox 方向的温度的变化率叫做 a 点沿 ox 方向的温度梯度，在 a、b 之间与 ox 垂直方向取一小面积 Δs，通过试验可知，在 Δt 时间内，从高温处 a 点通过小面积 Δs 的传热量，与时间 Δt 和温度梯度 $\Delta T/\Delta x$成正比，同时还与物质的性质有关，用方程式表示为

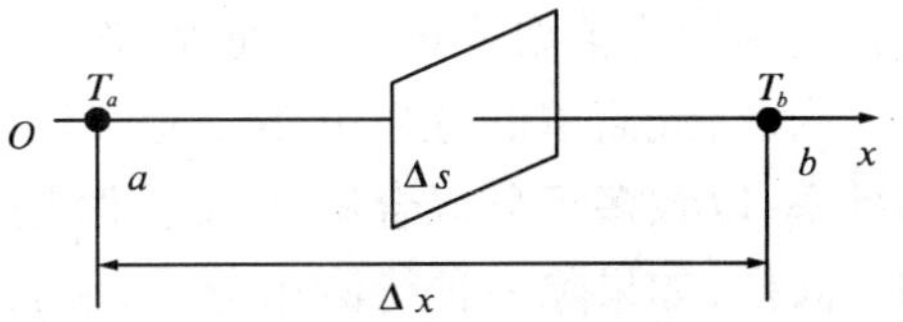

图 3-27　温度场内介质的热传导

$$\Delta Q = -\lambda \frac{\Delta T}{\Delta x}\Delta s\Delta t \tag{3-25}$$

式(3-25)表示传热量与有关参数的关系，称为傅里叶定律。式中的负号表示热量向着温度降低的方向传递，比例系数 λ 叫做传热介质的热导率（也称导热系数）。

热导率是物质的重要物理性质之一，它表征物质传导热量的能力，不同的物质，其热导率也不同，而且随其组分、压力、密度、温度和湿度的变化而变化。热导率的差可用来定量检测复杂气体混合物的成分。气流成分的变化可以引起气体热导率的重大变化。这种情况可以根据置于气流流路中的加热丝的温度升高或下降检测出来，使用铂丝（热丝）或热敏电阻都能测出温度的变化。

利用热导性分析法制造的气体分析器主要有热导式氢分析器等。

基于热导率方法的气体分析，分别包括二元或多元气体混合物，这种气体混合物包括测量组分，其热导率与载气的热导率是完全不同的。应用的典型实例是鼓风炉气中氢的测量、空气分解过程中氧中氩的检测和硫酸生产中焙烧气体中二氧化硫的检测。

在一个典型的热丝池热导率分析器中，使用 4 根铂丝作为热敏元件。这 4 根铂丝组成一个恒定的电流桥路，其中每一桥路都放置在黄铜或不锈钢块中的单独空腔里。金属块起着热阱的作用。用于构成热丝的材料必须具有很高的电阻温度系数。一般的材料是钨、合金（Co、Ni 和 Fe 合金）或铂。

在惠斯通电桥相对臂上所连接的两根丝起参比臂的作用，而另外两根丝连接在气流中，起测量臂的作用。使用 4 个元件的结构可用来补偿温度和电源的变化。

使参比气体流过所有元件，用电位计精确地平衡电桥。当气流通过一对测量热丝时，热丝被冷却，热丝的电阻产生相应的变化。气体的热导率越高，热丝的电阻就越低；反之则越高。所以，参比气体和试样气体的热导率之差越大，惠斯通电桥的不平衡也就越大。不平衡电流可以用指示仪表或图纸记录仪测量。热敏电阻也可以像惠斯通电桥结构中的热丝元件一样配置而用做热敏元件。热敏电阻的优点是对相当微小的温度变化十分敏感，并具有很高的负温度系数。当热敏电阻应用在气体分析器中时，可把它们封装在玻璃里，热敏电阻响应很快。

热导率气体分析器本质上不是一种专属性仪器。一般情况下，热导式气体分析器最适用于分析导热系数相差甚大的二元混合物中某一组分。如果测量多种气体混合物中某一组分，则希望其余组分的导热系数相同或十分相近，把它看做一个组分来对待；否则，对

混合气体取样前要先进行预处理，除去某些有干扰的组分。

因此，最简单的分析可用二元气体混合物进行。如果除一种组分外，其他组分都具有热导率，以致多组分混合物可被看做是一种二元混合物，则多组分混合物的分析是可能的。同样，如果除一种待测组分外，混合物的其他组分彼此都以相同的比率变化，则分析也是可能的。热导率是物质的重要物理性质之一，它表征物质传导热量的能力。不同的物质，其热导率也不同，而且随其组分、压力、密度、温度和湿度的变化而变化。气体的热导率的绝对值很小，而且基本在同一数量级内，彼此相差并不十分悬殊，因此通常采用相对热导率这一概念。所谓相对热导率，是指各种气体的热导率与相同条件下空气热导率的比值。如果用λ_0、λ_{A0}分别表示在0 ℃时某气体和空气的热导率，则λ_0/λ_{A0}就表示该气体在0 ℃时的相对热导率，λ_{100}、λ_{A100}则表示该气体在100 ℃时的相对热导率。

二、气体的热导率与温度、压力之间的关系

气体的热导率随温度的变化而变化，其关系式为

$$\lambda_t = \lambda_0(1+\beta t) \tag{3-26}$$

式中，λ_t 为 t(℃)时气体的热导率；λ_0 为 0 ℃时气体的热导率；β 为热导率的温度系数；t 为气体的温度，℃。

气体的热导率随压力的变化而变化，因为气体在不同压力下密度也不同，必然导致热导率不同。不过在常压或压力变化不大时，热导率的变化并不明显。

常见气体在0 ℃的热导率、相对热导率及热导率温度系数见表3-10。

三、混合气体的热导率

混合气体中除待测组分外的所有组分统称为背景气，背景气中对分析有影响的组分叫做干扰组分。

设混合气体中各组分的体积分数分别为 C_1、C_2、C_3、…、C_n，热导率分别为 λ_1、λ_2、λ_3、…、λ_n，待测组分的体积分数和热导率为 C_1、λ_1，则必须满足以下两个条件，才能用热导式分析器进行测量。

(1) 背景气各组分的热导率近似相等或十分接近。即

$$\lambda_2 \approx \lambda_3 \approx \lambda_4 \approx \cdots \approx \lambda_n$$

(2) 待测组分的热导率与背景气组分的热导率有明显差异，而且差异越大越好，即

$$\lambda_1 \gg \lambda_2 \text{或} \lambda_1 \ll \lambda_2$$

满足上述两个条件时：

$$\lambda = \sum_{i=1}^{n}(\lambda_i C_i) = \lambda_1 C_1 + \lambda_2 C_2 + \cdots + \lambda_n C_n \approx \lambda_1 C_1 + \lambda_2(1-C_1) \tag{3-27}$$

可得

$$C_1 = \frac{\lambda - \lambda_2}{\lambda_1 - \lambda_2} \tag{3-28}$$

式中，λ 为混合气体的热导率；λ_i 为混合气体中第 i 种组分的热导率；C_i 为混合气体中第 i 种组分的体积分数。

表 3-10　常见气体在 0 ℃时的热导率、相对热导率及热导率温度系数

气体名称	热导率 λ_0 $\times 10^{-5}$ cal/(cm·s·℃)(0 ℃)	相对热导率 λ_0/λ_{A0}(0 ℃)	相对热导率 $\lambda_{100}/\lambda_{A100}$(100 ℃)	热导率温度系数 β ℃$^{-1}$(0～100 ℃)
空气	5.83	1.00	1.00	0.002 8
氢(H_2)	41.60	7.15	7.10	0.002 7
氦(He)	34.80	5.91	5.53	0.001 8
氘(D_2)	34.00	5.85	—	—
氮(N_2)	5.81	0.996	0.996	0.002 8
氧(O_2)	5.89	1.013	1.014	0.002 8
氖(Ne)	11.10	1.9	1.84	0.002 4
氩(Ar)	3.98	0.684	0.696	0.003 0
氪(Kr)	2.12	0.363	—	—
氙(Xe)	1.24	0.213	—	—
氯(Cl_2)	1.88	0.328	0.370	—
氯化氢(HCl)	—	—	0.635	—
水(H_2O)	—	—	0.775	—
氨(NH_3)	5.20	0.89	1.04	0.004 8
一氧化碳(CO)	5.63	0.96	0.962	0.002 8
二氧化碳(CO_2)	3.5	0.605	0.7	0.004 8
二氧化硫(SO_2)	2.40	0.35	—	—
硫化氢(H_2S)	3.14	0.538	—	—
二硫化碳(CS_2)	3.7	0.285	—	—
甲烷(CH_4)	7.21	1.25	1.45	0.004 8
乙烷(C_2H_6)	4.36	0.75	0.97	0.006 5
乙烯(C_2H_4)	4.19	0.72	0.98	0.007 4
乙炔(C_2H_2)	4.53	0.777	0.9	0.004 8
丙烷(C_3H_8)	3.58	0.615	0.832	0.007 3
丁烷(C_4H_{10})	3.22	0.552	0.744	0.007 2
戊烷(C_5H_{12})	3.12	0.535	0.702	—
己烷(C_6H_{14})	2.96	0.508	0.662	—
苯(C_6H_6)	—	0.37	0.583	—
氯仿($CHCl_3$)	1.58	0.269	0.328	—
汽油	—	0.37	—	0.009 8

注：1. 表中 λ_0、λ_{100} 分别表示某种气体在 0 ℃和 100 ℃时的热导率；表中 λ_{A0}、λ_{A100} 分别表示空气在 0 ℃和 100 ℃时的热导率。

2. 热导率又称为导热系数，法定计量单位为 W/(m·K)，1 cal/(cm·s·℃) = $4.186\ 8\times10^2$ W/(m·K)。

式(3-28)说明,测得混合气体的热导率 λ,就可以求得待测组分的体积分数即含量 C_1。

四、检测仪器工作原理

热导型气体分析器是通过测量混合气体热导率的变化量来实现被测组分浓度测量的。由于气体的热导率很小,它的变化量则更小,所以很难用直接的方法准确地测量出来。工业上多采用间接的方法,即通过热导检测器,把混合气体热导率的变化转化为热敏元件电阻的变化,电阻值的变化是比较容易精确测量出来的。这样,通过对热敏元件电阻的测量便可得知混合气体热导率的变化量,进而分析出被测组分的浓度。使用热导式传感器可以测量 0~100% VOL 的可燃气浓度。

热导型气体分析器的组成可划分为热导检测器和电路两大部分。热导检测器(习惯上称为发送器)由热导池和测量电桥构成,热导池作为测量电桥的桥臂连接在桥路中,所以两者是密不可分的。电路部分包括稳压电源、恒温控制器、信号放大电路、线性化电路和输出电路等。

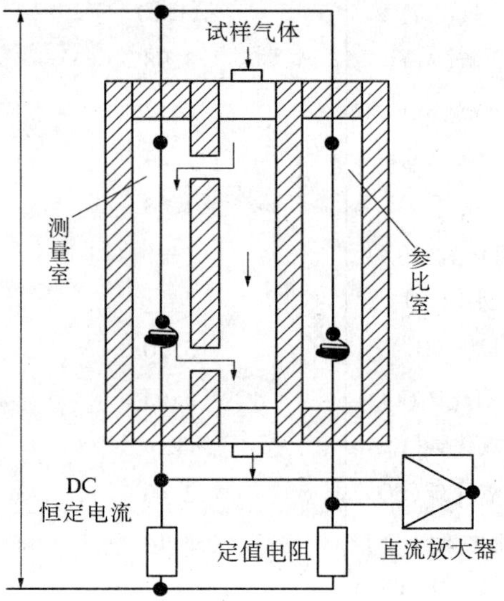

图 3-28　热导检测器工作原理示意

图 3-28 为热导检测器工作原理示意图。在热导检测器内部有两个测量元件:一个参比室和一个测量室,两个元件的内部分别张紧着电阻率较大且温度系数也较大的电阻丝(通常为铂丝),在参比室内密封着参比(基准)气体,而测量室可以进入待测的可燃气体。两个铂丝与外部定值电阻组合形成电桥回路,恒定电流分别流过各铂丝使之发热,同催化燃烧式传感器一样,在不存在可燃气体的时候,电阻上单位时间内所产生的热量也是定值,当待测样品气体以缓慢的速度通过池室时,铂丝上的热量将会由气体以热传导的方式传给池壁。当气体的传热速率与电流在铂丝上的发热率相等时(这种状态称为热平衡),铂丝的温度就会稳定在某一个数值上,这个平衡温度决定了铂丝的阻值。一旦测量室中的待测组分中浓度发生变化,则测量室中混合气体的热导率会随之变化,气体的导热速率和铂丝的平衡温度也将随之变化,最终导致铂丝的阻值产生相应变化,从而实现了气体热导率与铂丝阻值之间变化量的转换。将这种温度变化以电阻值变化的形式提取出来,就可以计算出被测气体的浓度。

铂丝的阻值与混合气体热导率之间的关系由下式给出(推导从略):

$$R_n = R_0(1 + \alpha t_c) + K \times \frac{I^2}{\lambda} \times R_0^2 \alpha \tag{3-29}$$

式中,R_n、R_0 分别为热丝在 t_n(热平衡时热丝温度)和 0 ℃时的电阻值;α 为热丝(铂丝)的电阻温度系数;t_c 为热导池气室壁温度;I 为流过热丝的电流;λ 为混合气体的热导率;K 为仪表常数,它是与热导池结构有关的一个常数。

式(3-29)表明,当 K、t_c、I 恒定时,R_n 与 λ 为单值函数关系。

热丝材料多用铂丝(或铂铱丝)。铂丝抗腐蚀能力较强,电阻温度系数较大,而且稳定性高。铂丝可以裸露,与样气直接接触,以提高分析的响应速度。但铂丝在还原性气体中容易被侵蚀而变质,引起阻值的变化,在某些情况下还会起催化剂的作用,为此通常用玻璃膜覆盖在铂丝表面。覆盖玻璃膜的热敏元件具有强抗蚀性(可测氯气中的氢)和便于清洗的优点,但由于玻璃膜的存在,气体与铂丝之间达到热平衡的时间会延迟,所以其动态特性稍差。

制造热导池体的材料多采用铜。为防止气体的腐蚀作用,可在热导池的内壁和气路内镀一层金或镍,也可以用不锈钢来制作。

五、热导池的结构形式

热导池的结构形式有直通式、对流式、扩散式、对流扩散式等多种,见图 3-29。

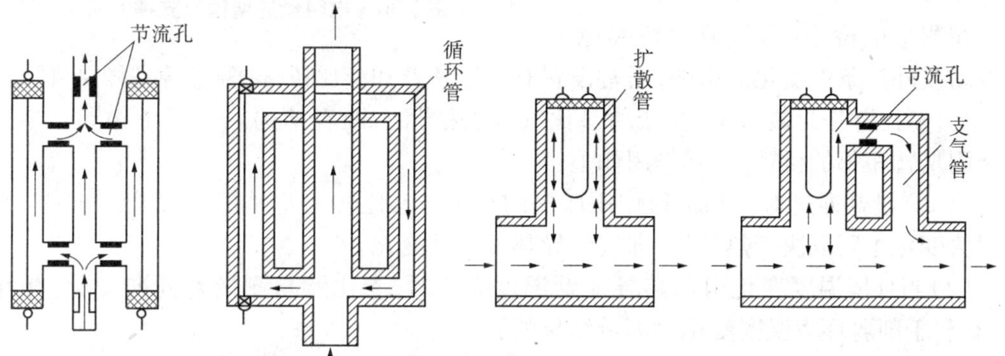

(a) 直通式(双臂)　(b) 对流式(单臂)　(c) 扩散式(单臂)　(d) 对流扩散式(单臂)

图 3-29　热导池结构形式

(1)直通式。测量室与主气路并列,把主气路的气体分流一部分到测量室。这种结构反应速度快、滞后小,但容易受气体流量波动的影响。

(2)对流式。测量室与主气路进口并联相通,一小部分待测气体进入测量室(循环管)。气体在循环管内受热后造成热对流,推动气体按箭头方向从循环管下部回到主气路。优点是气体流量波动对测量影响不大,但它的反应速度慢、滞后大。

(3)扩散式。在主气路上部设置测量室,待测气体经扩散作用进入测量室。这种结构的优点是受气体流量波动影响小,适合于容易扩散的质量较轻的气体,但对扩散系数较小的气体滞后较大。

(4)对流扩散式。在扩散式的基础上加支管形成分流,以减少滞后。当样气从主气路中流过时,一部分气体以扩散方式进入测量室中,被电阻丝加热,形成上升的气流。由于节流孔的限制,仅有一部分气流经过节流孔进入支管中,被冷却后向下方移动,最后排入主气路中。气体流过热导池的动力既有对流作用,也有扩散作用,故称为对流扩散式。这种结构既不会产生气体倒流现象,也避免了气体在扩散室内的囤积,从而保证样气有一定的流速。这种热导池对样气的压力、流量变化不敏感,而且滞后时间比扩散式要短。由于具有上述优点,对流扩散式热导池得到广泛应用。

电阻丝的结构及支撑方法见图 3-30。

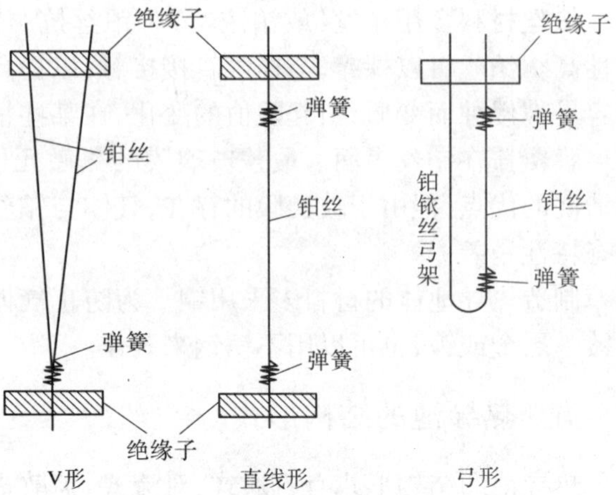

图 3-30　电阻丝的结构及支撑方法

六、测量电桥

从上面的介绍可知,热导池的作用是把混合气体中待测组分浓度的变化转换成电阻丝阻值的变化。应用电桥测量电阻十分方便,而且灵敏度和精度都比较高,所以各种型号的热导型气体分析器中几乎都采用电桥作为测量环节。

在测量电桥中,为了减少桥路电流波动或外界条件变化的影响,通常设置有测量桥臂和参比桥臂,测量臂是样品气流通的热导池,参比臂是封装参比气(或通参比气)的热导池,两者结构尺寸完全相同。参比臂置于测量臂相邻的桥臂上,其作用如下:

(1)测量臂通过对流和辐射作用散失的热量与参比臂相差无几,两者相互抵消,则热丝阻值变化主要取决于热传导,即气体导热能力的变化。

(2)当环境温度变化引起热导池臂温度变化时,参比臂与测量臂同向变化,相互抵消,有利于削弱环境温度变化对测量结果的影响。

(3)改变参比气浓度,电桥检测的下限浓度也随之改变,便于改变仪器的测量范围。

在电桥的结构和桥臂配置方式上,有单臂串联型不平衡电桥、单臂并联型不平衡电桥、双臂串并联型不平衡电桥等几种形式。图 3-31 是目前普遍采用的双臂串并联型不平衡电桥,它采用了两个测量热导池和两个参比热导池,图中的 R_m 是测量臂电阻,R_s 是参比臂电阻,两个测量臂和两个参比臂相互间隔设置,形成双臂串联结构,样气依次串联流经两个热导池。

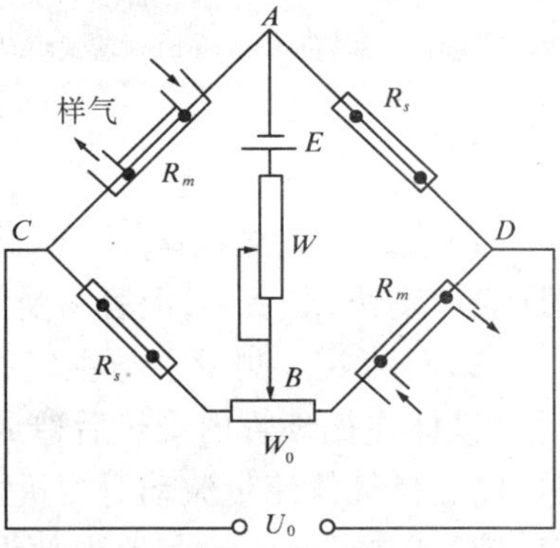

图 3-31　双臂串并联型不平衡电桥

初始状态下电桥的输出为

$$U_0 = \frac{R_m}{R_m + R_s}U_{AB} - \frac{R_s}{R_m + R_s}U_{AB} = \frac{R_m - R_s}{R_m + R_s}U_{AB} \tag{3-30}$$

当测量臂电阻变化为 ΔR_m 时,电桥输出电压的变化 ΔU_0 为

$$\Delta U_0 = \frac{(R_m + \Delta R_m) - R_s}{(R_m + \Delta R_m) + R_s}U_{AB} - \frac{R_m - R_s}{R_m + R_s}U_{AB} = \left(\frac{R_m + \Delta R_m - R_s}{R_m + \Delta R_m + R_s} - \frac{R_m - R_s}{R_m + R_s}\right)U_{AB} \tag{3-31}$$

因为 $R_m >> \Delta R_m$,故分母中 ΔR_m 项可以忽略,此时

$$\Delta U_0=\frac{R_m+\Delta R_m-R_s-R_m+R_s}{R_m+R_s}U_{AB}=\frac{\Delta R_m}{R_m+R_s}U_{AB} \tag{3-32}$$

设电桥为等臂电桥，即 $R_m=R_s=R$，则

$$\Delta U_0=\frac{\Delta R_m}{2R}U_{AB} \tag{3-33}$$

上式是 ΔR_m 与 ΔU_0 之间的关系式，也是这种电桥的测量灵敏度表达式，与同一结构的单臂电桥相比，其测量灵敏度提高了一倍。

图 3-32 是双臂串并联型不平衡电桥中使用的组合式热导池，有两个测量热导池和两个参比热导池，其引线分别接入测量电桥的 4 个臂中，每个热导池均采用对流扩散式结构。还有采用交流双桥双臂不平衡电桥进行测量的，见图 3-33。

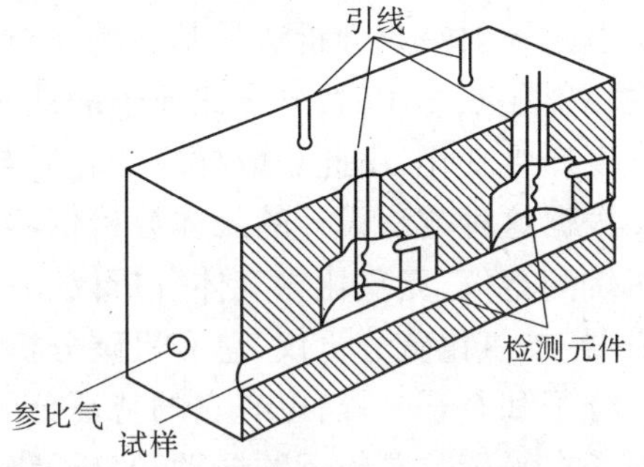

图 3-32　双臂串并联型不平衡电桥中使用的组合式热导池

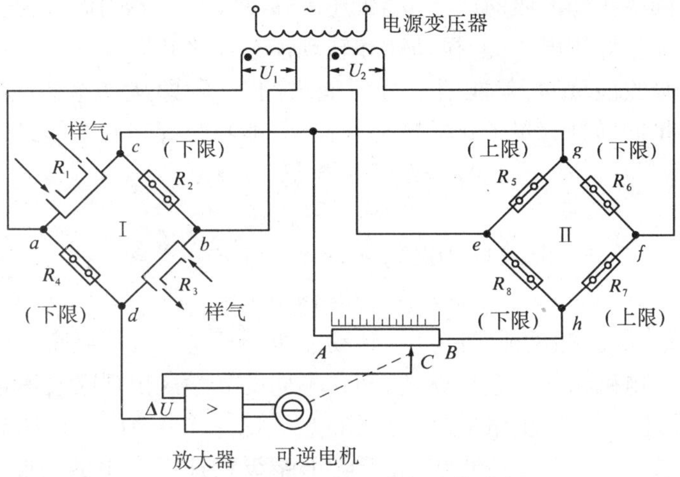

图 3-33　交流双桥双臂不平衡电桥

4 个热导池用一块导热性能良好的金属材料制成一个整体，这样一来，测量池和参比池的池壁温度就会处在同一温度下，而且当环境温度变化时，对 4 个池壁的影响也是等同的，从而使测量误差减小。在测量精度要求高的场合，可采用恒温控制装置使整个热导池的池体温度保持恒定。

上面介绍的属于传统的热导检测器，热导池的内部容积是毫升级的，测量下限一般在 100 ppm 数量级。随着传感器技术的进步，目前国外生产的热导型气体分析器、热导型气相色谱仪中已开始采用微型的热导检测器，其热导池的容积是微升级的，热敏元件也是微型的，从而大大提高了检测的灵敏度，测量下限可达到 10 ppm 数量级，甚至 1 ppm 数量级。

最新的技术已经可以将催化式传感器和热导式传感器放在一起，即制造出双量程可燃气体传感器。它可以分体积段对可燃气体浓度进行测量，在低浓度时测量% LEL，而在浓度超过 100% LEL 时测量% VOL 的浓度。

第七节　红外线吸收型传感器

一、电磁辐射基本理论

电磁辐射吸收分析法是基于物质对光的选择性吸收而建立起来的分析方法。样品与电磁辐射相互作用时，分子或原子的结构或能级发生变化，致使有关波长或频率电磁辐射的强度产生变化，由此获取样品的性质与含量等信息。

根据这种方法设计的气体分析仪器主要有烟气分析仪、汽车排放气体测试仪、光干涉型甲烷测定仪、氮氧化物气体分析仪、一氧化碳红外线气体分析器、二氧化碳红外线气体分析器、二氧化硫分析仪、总有机碳分析仪、定碳定硫分析仪等。

分子和原子一样，也有它的特征分子能级。分子内部的运动可分为价电子运动、分子内原子在平衡位置附近的振动和分子绕其重心的转动。因此，分子具有电子能级、振动能级和转动能级。分子的能量还因振动能量的不同而分为若干支级，称为振动能。分子在同一电子能级和同一振动能级时，它的能量还因转动能量的不同而分为若干分级，称为转动能级。分子的能量等于电子能、振动能和转动能三项之和。

分子从外界吸收能量后，就能引起分子能级的跃迁，即从基态能级跃迁到激发态能级。分子吸收能量同样具有量子化的特征，分子只能吸收等于两个能级之差的能量，即

$$\Delta E = E_2 - E_1 = hv = hc/\lambda \tag{3-34}$$

其中：

$$h = 6.624 \times 10^{-34}\,\text{J} \cdot \text{s} = 4.136 \times 10^{-15}\,\text{eV} \cdot \text{s}$$

$$c = 2.998 \times 10^{10}\,\text{cm/s}$$

由于电子能级跃迁、振动能级跃迁和转动能级跃迁这三种能级跃迁所需能量不同，所以需要不同波长的电磁辐射使它们跃迁，即在不同的光学区出现吸收谱带。

电子能级跃迁所需的能量较大，其能量一般为 1 ~ 20 eV。如果是 5 eV，则由式(3-34)计算的波长是 248 nm，可见，由于电子能级跃迁而产生的吸收光谱主要处于紫外及可见光区(200 ~ 780 nm)。这种分子光谱称为电子光谱或紫外及可见光谱。

在电子能级跃迁时不可避免地要产生振动能级的跃迁，振动能级的能量差一般在 0.025 ~ 1 eV。如果能量差是 0.1 eV，则它为 5 eV 的电子能级间隔的 2%，所以电子跃迁并不是产生一条波长为 248 nm 的线，而是产生一系列的线，其波长间隔为 248 × 2% ≈ 5 (nm)。

实际上，观察到的光谱要复杂得多。这是因为还伴随着转动能级的跃迁，转动能级的间隔一般小于 0.025 eV，如果间隔是 0.005 eV，则它为 5 eV 的 0.1%，相应的波长间隔是 248 × 0.1% = 0.25(nm)，可见，分子光谱远较原子光谱复杂。紫外吸收光谱及可见吸收光谱，一般包含若干谱带系，不同谱带系相当于不同的电子能级跃迁，一个谱带系(即同一电子能级跃迁，如由能级 A 跃迁到能级 B)含有若干谱带，不同谱带相当于不同振动能级的跃迁。同一谱带内又含有若干光谱线，每一条线相当于转动能级的跃迁，它们的间隔如上所述，约为 0.25 nm。一般观察到的为合并成较宽的谱带，所以分子光谱是一种带状光谱。

如果用红外线(λ = 0.78 ~ 50 μm，相当的能量为 0.025 ~ 1 eV)照射分子，则此电磁辐

射的能量不足以引起电子能级的跃迁，只能引起振动能级和转动能级的跃迁。这样得到的吸收光谱为振动转动光谱或称为红外吸收光谱。

若用能量更低的远红外线（50 ~ 300 μm，相当的能量为0.003 ~ 0.025 eV）照射分子，则只能引起转动能级的跃迁。这样得到的光谱称为转动光谱或称远红外光谱。

利用红外吸收光谱可以测定许多组分，包括一氧化碳、二氧化碳、二氧化硫、氨气、一氧化氮以及大部分气态碳氢化合物。表3-11为不同波长范围电磁波所激发的分子和原子运动情况。

表3-11　不同波长范围电磁波所能激发的分子和原子运动情况

光谱区	波长范围	原子或分子的运动形式
X射线	0.01 ~ 10 nm	原子K和L层电子的跃迁
远紫外	10 ~ 200 nm	分子中原子中层电子的跃迁
紫外	200 ~ 380 nm	分子中原子价电子的跃迁
可见光	380 ~ 780 nm	分子中原子价电子的跃迁
近红外	780 nm ~ 2.5 μm	分子中涉及氢原子的振动
红外	2.5 ~ 50 μm	分子中原子的振动及分子转动
远红外	50 ~ 1 000 μm	分子转动和低位振动
微波	1 ~ 1 000 mm	分子转动
无线电波	1 ~ 1 000 m	核磁共振

注：波长范围的划分并不是很严格的，在不同的文献资料中会有所出入。

二、传感器检测原理

红外吸收光谱（Infrared Absorption Spectroscopy）又称为分子振动—转动光谱：当某物质受到红外光束照射时，该物质的分子就要吸收一部分光能量并将其转换为分子的振动和转动能量而消耗掉。同一种物质对不同波长的红外辐射吸收程度不同，如果将不同波长的红外辐射按顺序通过某物质，逐一测量其吸收程度，并记录下来，就得到了该物质在测定波长范围内的吸收光谱曲线。每种物质都有特定的吸收光谱。例如，在2 ~ 14 μm范围内，CO_2 有三个吸收峰值，即2.78 μm、4.28 μm、14.3 μm；CO的吸收峰值在4.65 μm处；CH_4 的吸收峰值在3.39 μm附近。因此，将这一特征波长的红外光谱用简单的窄带滤光片分离出来，再通过待测气体时，这些气体分子就会对特定波长红外光强进行吸收，其吸收的量与气体的分子数量，也就是浓度存在比例关系。

用各种气体在这些特定波长处吸收峰值的强度变化来判断气体的浓度，这是基本的红外吸收的原理。由于一般用于气体检测的红外吸收式检测仪没有采用分光光度计形式的色散方法来取得特征光谱，而是采用了滤光片截取一段窄带红外光谱，因此这种红外光谱检测的方法被称为非色散红外吸收。

同其他的光学吸收一样，采用特征光谱波段进行的红外吸收也服从朗伯—比尔定律。

$$I = I_0 e^{-kcL} \tag{3-35}$$

式中，I_0 为射入被测组分的光强；I 为经被测组分吸收后的光强；k 为被测组分对光能的吸收系数；c 为被测组分气体的浓度；L 为辐射通过被测组分的长度（气室长度）。

由上式可知，光强在气体介质中随浓度 c 及厚度 L 按指数规律衰减，该公式也叫指数吸收定律。e^{-kcL} 可根据指数的级数展开为

$$e^{-kcL}=1+(-kcL)+\frac{(-kcL)^2}{2!}+\frac{(-kcL)^3}{3!}+\cdots \tag{3-36}$$

当待测组分浓度很低时，$kcL \ll 1$，略去 $\frac{(-kcL)^2}{2!}$ 以后高阶项，上式可以简化为

$$e^{-kcL}=1+(-kcL) \tag{3-37}$$

式(3-35)可以表示为

$$I=I_0(1-kcL) \tag{3-38}$$

式(3-38)表明，当 cL 很小时，辐射能量的衰减与待测组分的浓度 c 成线性关系。为保证读数成线性关系，当待测浓度大时，分析仪的测量气室较短；当浓度低时，测量气室较长。经吸收后剩余的光能用检测器检测。

吸收系数 k 取决于气体特性，各种气体的吸收系数 k 互不相同。对同一气体，k 随入射波长而变化。通过检测红外辐射经气体吸收后的辐射强度，就可计算出被测气体的浓度。输出信号会随着气体浓度增加形成类似于指数衰变的趋势，换句话说，红外传感器是恒定的非线性传感器。测量的准确性随着气体浓度的增加降低。不同的气体组分有着特定的吸收波长，这就是红外吸收可以做到选择性吸收，或者说选择性测量的基础。

三、红外线气体分析器的类型

（一）从红外光是否变成单色光划分

可以分为不分光型（非色散型）和分光型（色散型）两种。

不分光型（NDIR）：光源发出的连续光谱全部都投射到被测样品上，待测组分吸收其特征吸收波带的红外光，由于待测组分往往不止一个吸收带，因而就 NDIR 的检测方式来说具有积分性质。因此，不分光型仪器的灵敏度比分光型高得多，并且具有较高的信噪比和良好的稳定性。其主要缺点是待测样品各组分间有重叠的吸收峰时，会给测量带来干扰。

固定分光型（CDIR）：分光型仪器采用一套分光系统，使通过测量气室的辐射光谱与待测组分的特征吸收光谱相吻合。其优点是选择性好，灵敏度较高；缺点是分光后光束能量很小，分光系统任一元件的微小位移，都会影响分光的波长。因此，分光型仪器一直用在条件较好的实验室，长期未能用于在线分析。近年来，随着窄带干涉滤光片的广泛使用，分光型仪器开始进入在线分析。不过这种窄带干涉滤光片的分光不同于光栅系统的分光，它不能形成连续光谱，只能对一个或几个特定波长附近的狭窄波带进行选通，因此将其称为固定分光型仪器，以区别于连续分光型仪器。

（二）从光学系统来划分

可以分为双光路和单光路两种。

双光路：从两个相同的光源或者精确分配的一个光源，发出两路彼此平行的红外光束，分别通过几何光路相同的分析气室、参比气室后进入检测器。

单光路：从光源发出的单束红外光，只通过一个几何光路。但是对于检测器而言，接收到的是两个不同波长的红外光束，只是它们到达检测器的时间不同而已。这是利用滤

波轮的旋转(在滤波轮上装有干涉滤光片或滤波气室),将光源发出的光调制成不同波长的红外光束,轮流送往检测器,实现时间上的双光路。

(三)从使用的检测器类型来划分

红外线气体分析器中使用的检测器,目前主要有薄膜电容检测器、微流量检测器、光电导检测器、热释电检测器四种。根据结构和工作原理上的差别,可以将其分成两类,前两种属于气动检测器,后两种属于固体检测器。

气动检测器靠气动压力差工作,薄膜电容检测器中的薄膜振动靠压力差驱动,微流量检测器中的流量波动也是由压力差引起的。这种压力差来源于红外辐射的能量差,而这种能量差是由测量光路和参比光路形成的,所以气动检测器一般和双光路系统配合使用。

不分光型红外线气动检测器内密封的气体和待测气体相同(通常是待测气体和氩气的混合气),所以光源光谱的连续辐射到达检测器后,它只对待测气体特征吸收波长的光谱有灵敏度,不需要分光就能得到很好的选择性。

光电导检测器和热释电检测器中没有可移动部件,其检测元件均为固体器件,根据这一特征将其称为固体检测器。固体检测器直接对红外辐射能量有响应,对红外辐射光谱无选择性,它对待测气体特征吸收光谱的选择性是借助于窄带干涉滤光片实现的。与其配用的光学系统一般为单光路结构,靠相关滤波轮的调制形成时间上的双光路。这种红外分析器属于固定分光型仪器。

由上所述可以看出,这两类检测器的工作原理不同,配用的光路系统结构不同,从是否需要分光的角度来看,两者也是不同的。因此,可以将红外线气体分析器划分为两类:采用气动检测器的不分光型红外分析器和采用固体检测器的固定分光型红外分析器。

(四)从检测组分的数量来划分

有单组分和多组分两种。

四、光学系统的构成部件

红外线气体分析器由发送器和测量电路两大部分构成。发送器是红外分析器的“心脏”,它将被测组分的浓度变化转化为某种电参数的变化,再通过相应的测量电路转换成电压或电流输出。发送器又由光学系统和检测器两部分组成,其中光学系统的构成部件主要有如下一些:红外辐射光源组件,包括红外辐射光源、反射体和切光(频率调制)装置;气室和滤光元件,包括测量气室、参比气室、滤波气室和干涉滤光片。

(一)红外辐射光源

按发光体的种类分,红外辐射光源有合金丝光源、陶瓷光源、半导体光源等;按光能输出形式分,有连续光源和断续光源两类;按辐射光谱的特征分,有广谱(宽谱)光源和干涉光源两类;从光路结构考虑,又有单光源和双光源之分。

1. 不同发光体的光源

(1)合金丝光源。大多采用镍铬丝,在胎具上绕制成螺旋形或锥形。螺旋形绕法的优点是比较近似点光源,但正面发射能量小。锥形绕法正面发射能量大,但绕制工艺比较复杂。目前使用的以螺旋形绕法居多。镍铬丝加热到 700 ℃左右,其辐射光谱的波长主要集中在 2 ~ 12 μm 范围内,能满足绝大部分红外分析器的要求。合金丝光源的最大优点是光谱波长非常稳定，几乎不受任何工作环境温度影响，寿命长，能长时期高稳定工作。缺点是长期工作会产生微量气体挥发。

（2）陶瓷光源。两片陶瓷片之间夹有印刷在上面的黄金加热丝，黄金丝通电加热，陶瓷片受热后发射出红外光。为使最大辐射能量集中在待测组分特征吸收波段范围内，在白色陶瓷片上涂上黑色涂料，不同涂料最大发射波长也不同。这种光源的优点是寿命长，黄金物理性能特别稳定，不产生微量气体（镍铬丝能放出微量气体），且是密封式安全隔爆的。缺点是易受温度影响，且对控制它的电气参数敏感。

（3）半导体光源。半导体光源包括红外发光二极管（IRLED）和半导体激光光源两类。

半导体光源的优点是可以工业化大批量制造，犹如制造集成电路，结构简单、价格便宜；其谱线宽度很窄，通常只有几纳米到几十纳米；可以将其集束成焦平面阵列以形成多谱带光谱，使用二极管阵列检测器检测，可以得到吸收响应的多维谱图；发射波长与半导体材料有关。其缺点是对温度极为敏感，这意味着要求有高精密控制的温度保障，且光谱波长稳定性相对较差。

2. 连续光源和断续光源

按光能输出形式分，有连续光源和断续光源两类。所谓连续光源即对发射部分来看其发出的光能量（辐射）是连续不断的，即其辐射光能量不随时间发生变化；断续光源则是随时间变化的，例如所谓脉冲光源。利用切光片生成的交变辐射是对连续光源进行斩波得到的，不能将其看成断续光源，断续光源不需要切光调制。

3. 广谱（宽谱）光源和干涉光源

按辐射光谱的特征分，有广谱（宽谱）光源和干涉光源两类。

上述的绝大部分光源都是广谱光源，包括宽谱光源。广谱光源的覆盖波长可从 1 μm 到 15 ~ 20 μm，宽谱光源的谱带宽度通常在几微米，如 2 ~ 5 μm 就是其中的一种。

干涉光源以激光光源为典型。激光是一种高度单色性的相干光，其谱线宽度（定义为半波长 $\Delta\lambda$）极小，通常只有几纳米，因此又被称为线光谱。这一特点在气体分析中的最大优点是背景干扰几乎可以忽略不计。

干涉光源发出的干涉光是在光的波动性满足相干条件的前提下，利用其相长干涉特性产生的，其突出特点是光的强度正比于振幅的平方。所谓光的干涉现象，是指两束或多束具有相同频率、相同振动方向、相近振幅和固定相位差的光波，在空间重叠时，在重叠区形成恒定的加强或减弱的现象。当两光波相位相同时互相增强，振幅等于两振幅之和，称为相长干涉；两光波相位相反时互相抵消，振幅等于两振幅之差，称为相消干涉。光的干涉现象也可以理解为光波之间的共振现象。

4. 单光源和双光源

从光路结构考虑，有单光源和双光源之分。单光源可用于单光路和双光路两种光学系统。在用于双光路时，将光分成两束，其优点是避免了双光源性能不一致带来的误差，但要做到两束光的能量基本相等，在安装和调试上难度较大。双光源仅用于双光路系统，其特点恰好与单光源相反，安装、调试比较容易，但调整两路光的平衡难度较大。目前的红外分析器产品中大多采用单光源。

（二）反射体和切光（频率调制）装置

1. 反射体

反射体的作用是将红外线辐射能尽可能“收集”并全部按规定方向传送出去。因此，对反射体的反射面要求很高，表面不易氧化且反射效率高。一般用黄铜镀金、铜镀铬或铝合金抛光等方法制成。反射体一般采用平面镜或抛物面镜。抛物面镜可以得到平行光，但是加工工艺较复杂。为了解决抛物面加工工艺较复杂这个问题，有些产品使用特殊处理但易于加工的球面反射镜，这在理论及实践中被证明是可行的。

2. 切光（频率调制）装置

切光装置包括切光片和同步电机，切光片由同步电机（切光马达）带动，其作用是把光源发出的红外光变成断续的光，即对红外光进行频率调制。调制的目的是使检测器产生的信号成为交流信号，便于放大器放大，同时可以改善检测器的响应时间特性。

切光频率（调制频率）的选择与红外辐射能量、红外吸收能量及产生的信噪比有关。从灵敏度角度看，调制频率增高，灵敏度降低，超过一定程度后，灵敏度下降很快。因为频率增高时，在一个周期内测量气室接收到的辐射能减少，信号降低，另外气体的热量及压力传递跟不上辐射能的变化，因此从灵敏度角度看，频率低一些是有利的。但频率太低时，放大器制作较难，并且增加仪器的滞后，检波后滤波也较困难。从理论与实践来看，切光频率一般应取在 5 ~ 15 Hz 范围内，属于超低频范围（采用半导体检测器的红外分析器，切光频率可高达几百赫兹）。

（三）气室和窗口材料（晶片）

1. 测量气室和参比气室

测量气室和参比气室的结构基本相同，外形都是圆筒形，筒的两端用晶片密封。也有测量气室和参比气室各占一半的单筒隔半型结构。测量气室连续地通过待测气体，参比气室完全密封并充有中性气体（多为 N_2）。

气室的主要技术参数有长度、直径和内壁粗糙度。

长度：测量气室的长度主要与被测组分的浓度有关，也与要求达到的线性度和灵敏度有关，一般小于 300 mm。测量高浓度组分时气室最短仅零点几毫米（当气室长度 <3 mm 时，一般采用在规定厚度的晶片上开槽的办法制成开槽型气室，槽宽等于气室长度），测量微量组分时气室最长可达 1 000 mm 左右。

直径：气室的内径取决于红外辐射能量、气体流速、检测器灵敏度要求等。一般取 20 ~ 30 mm，也有使用 10 mm 甚至更细的。太粗会使测量滞后增大，太细则削弱了光强，降低了仪表的灵敏度。

内壁粗糙度：气室要求内壁粗糙度小，不吸收红外线，不吸附气体，化学性能稳定（包括抗腐蚀）。气室的材料多采用黄铜镀金、玻璃镀金或铝合金（有的在内壁镀一层金）。金的化学性质极为稳定，气室内壁不会氧化，所以能保持很高的反射系数。

2. 窗口材料（晶片）

晶片通常安装在气室端头，要求保证整个气室的气密性，具有高的透光率，同时也能起到部分滤光作用。因此，晶片应有高的机械强度，对特定波长段有高的“透明度”，还要耐腐蚀、潮湿，抗温度变化的影响等。窗口所使用的晶片材料有多种，其中氟化钙（CaF_2）

和熔融石英(SiO_2)晶片使用较广。

晶片和窗口的结合多采用胶合法,测量气室由于可能受到污染,有的产品采用橡胶密封结构,以便拆开气室清除污物。但橡胶材料的长期化学稳定性较差,难以保证长期密封,应注意维护和定期更换。晶片上沾染灰尘、污物、起毛等都会使仪表的灵敏度下降,测量误差和零点漂移增大,因此必须保持晶片的清洁,可用擦镜纸或绸布擦拭,注意:不能用手指接触晶片表面。

(四)滤光元件

光源发出的红外光通常是所谓广谱辐射,比被测组分的吸收波段要宽得多。此外,被测组分的吸收波段与样气中某些组分的吸收波段往往会发生交叉甚至重叠,从而对测量带来干扰。因此,必须对红外光进行过滤处理,这种过滤处理称为滤光或滤波。

红外线气体分析器中常用的滤光元件有两种:一种是早期采用且现在仍在使用的滤波气室,另一种是现在普遍采用的干涉滤光片。

1. 滤波气室

滤波气室的结构和参比气室一样,只是长度较短。滤波气室内部充有干扰组分气体,吸收其相对应的红外能量以抵消(或减少)被测气体中干扰组分的影响。例如 CO 分析器的滤波气室内填充适当浓度的 CO_2 和 CH_4,将光源中对应于这两种气体的红外波长吸收掉,使之不再含有这些波长的辐射,则会消除测量气室中 CO_2 和 CH_4 的干扰影响。

滤波气室的特点是:除干扰组分特征吸收峰中心波长能全吸收外,吸收峰附近的波长也能吸收一部分,其他波长全部通过,几乎不吸收,或者说它的通带较宽,因此检测器接收到的光能较大,灵敏度高。其缺点是体积比干涉滤光片大,一般长 50 mm,发生泄漏时会失去滤波功能。在深度干扰,即干扰组分浓度高或与待测组分吸收波段交叉较多时,可采用滤波气室。如果两者吸收波段相互交叉较少,其滤波效果就不理想。当干扰组分多时也不宜采用滤波气室。

2. 干涉滤光片

滤光片是一种形式最简单的波长选择器,有多种类型,按滤光原理可分为吸收滤光片、干涉滤光片等,按滤光特点可分为截止滤光片、带通滤光片等。目前红外线气体分析器中使用的多为窄带干涉滤光片。

干涉滤光片是一种带通滤光片,根据光线通过薄膜时发生干涉现象而制成。最常见的干涉滤光片是法布里—珀罗型滤光片,其制作方法是以石英或白宝石为基底,在基底上交替地用真空蒸镀的方法镀上具有高、低折射系数的膜层。一般用锗(高折射系数)和一氧化硅(低折射系数)作镀层。镀层的光学厚度 $d=\lambda/(2n)$,n 为镀层材料的折射率,即保持其光学厚度 d 等于半波长 $\lambda/2$ 的整数倍,因而对波长为 λ 的光有较大的透射率。显然,不满足这一条件的光透射率很小,如果几层镀膜叠加起来,那么不满足这一条件的光实际上透不过去,这样就构成了以 λ 为中心波长的带通滤光片。

干涉滤光片可以得到较窄的通带,其透过波长可以通过镀层材料的折射率、厚度及层次等加以调整,现代干涉滤光片已发展到采用几十层镀膜,通带宽度最窄已达到 0.1 nm 左右。

干涉滤光片的特点是:通带很窄,其通带 $\Delta\lambda$ 与特征吸收波长 λ_0 之比 $\Delta\lambda/\lambda_0 \leqslant 0.07$,

所以滤波效果很好。它可以只让被测组分特征吸收波带的光能通过，通带以外的光能几乎全滤除掉。其厚度和体积小，不存在泄漏问题，只要涂层不被破坏，工作就是可靠的。一般在干扰组分多时采用干涉滤光片。其缺点是由于通带窄，透过率不高，所以到达检测器的光能比采用滤波气室时小，灵敏度较低。

干涉滤光片是一种正滤波元件，它只允许特定波长的红外光通过，而不允许其他波长的光通过，其通道很窄，常用于固定分光式仪器中的分光，个别场合也用于不分光式仪器中的躲避干扰。滤波气室是一种负滤波元件，它只阻挡特定波长的红外光，而不阻挡其他波长的光，其通道较宽，常用于不分光式仪器中的滤光，当用于固定分光式仪器中的分光时，必须和干涉滤光片配合使用。上述适用场合的分析，基于不分光和固定分光这两种测量方式对波长范围的要求，从应用意义上看，窄带干涉滤光片是一种待测组分选择器，而滤波气室是一种干扰组分过滤器。

五、检测器

红外气体传感器都有其基本组成部分：一个红外光源，吸收（气体）池，选择适当波长的方法（如窄带通过干涉滤光片），接收元件（热电堆等）及相关的电子电路。经吸收后剩余的光能用检测器检测，常用的检测器有薄膜电容检测器、光电导检测器、微流量检测器和热电检测器等。

在实际应用中，使用较广的红外检测器大都采用单光源、双滤光片及双检测器的光路方式，然后通过电子线路同时测量待测气体吸收和参比吸收的方法，减少光源的波动和干扰气体的影响。考虑到温度对于气体体积浓度的影响，一般的红外检测器都具有温度补偿功能，仪器内的温度传感器（通常是热敏电阻）放在传感器内或非常接近传感器的地方。

（一）薄膜电容检测器的工作原理、结构和特点

薄膜电容检测器又称薄膜微音器，由金属薄膜动极和定极组成电容器，当接收气室内的气体压力受红外辐射能的影响而变化时，推动电容动片相对于定片移动，把被测组分浓度变化转变成电容量变化。

薄膜电容检测器的结构如图 3-34 所示。薄膜材料为铝镁合金，其厚度为 5 ~ 8 μm，近年来多采用的钛膜则更薄一些。定片与薄膜间的距离为 0.1 ~ 0.04 mm，电容量为 40 ~ 100 pF，两者之间的绝缘电阻 $>10^5$ MΩ。

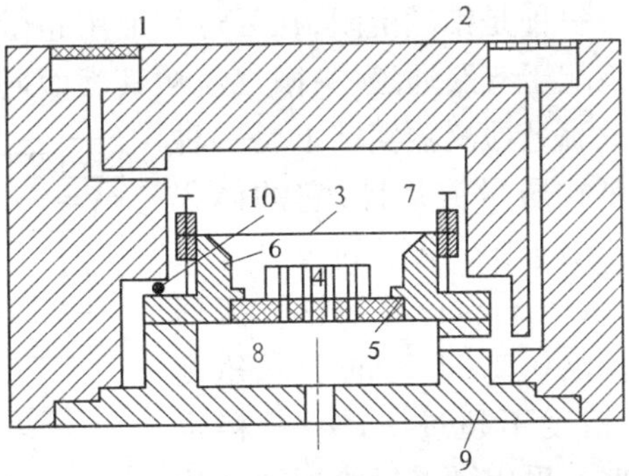

1—晶片和接收气室；2—壳体；3—薄膜；4—定片；5—绝缘体；6—支持体；7、8—薄膜两侧的空间；9—后盖；10—密封垫圈

图 3-34 薄膜电容检测器结构

薄膜电容检测器是红外气体分析仪长期使用的传统检测器，目前使用仍然较多。它的特点是温度变化影响小、选择性好、灵敏度高。其缺点是薄膜易受机械振动的影响，调制频率不能提高，放大器制作比较困难，体积较大等。

（二）半导体检测器工作原理及特点

半导体检测器是利用半导体光电效应的原理制成的，当红外光照射到半导体上时，它吸收光子能量使电子状态发生变化，产生自由电子或自由孔穴，引起电导率的改变，即电阻值发生变化，所以又称为光电导检测器或光敏电阻。

半导体检测器使用的材料有硫化铅（PbS）、硒化铅（PbSe）、锑化铟（InSb）、汞镉碲（HgCdTe）等。红外线气体分析仪大多采用锑化铟（InSb）材料的检测器，它在红外波长3～7 μm范围内具有高响应率（即检测器的电输出和灵敏面入射能量的比值），在此范围内 CO、CO_2、CH_4、C_2H_2、NO、SO_2、NH_3 等几种气体均有吸收带，其响应时间仅 5×10^{-6} s。

汞镉碲检测器的检测元件由半导体碲化镉和碲化汞混合制成，改变混合物组成可得不同测量波段。其灵敏度高，响应速度快，适于快速扫描测量，多用在傅里叶变换红外分析器中。

这种检测器结构简单、制造容易、体积小、寿命长、响应迅速。它可采用更高的调制频率（切光频率可高达几百赫兹），使放大器的制作更为容易。它与窄带干涉滤光片配合使用，可以制成通用性强、快速响应的红外检测器，改变测量组分时，只需改换干涉滤光片的透过波长和仪表刻度即可。其缺点是锑化铟元件的特性（特别是灵敏度）受温度变化影响大。

（三）微流量检测器工作原理及特点

微流量检测器是一种测量微小气体流量的新型检测器件。其传感元件是两个微型热丝电阻，和另外两个辅助电阻组成惠斯通电桥。热丝电阻通电加热至一定温度，当有气体流过时，带走部分热量使热丝元件冷却，电阻变化，通过电桥转变成电压信号。

微流量传感器中的热丝元件有两种：一种是栅状镍丝电阻，简称镍格栅，它是把很细的镍丝编织成栅栏状制成的。这种镍格栅垂直装配于气路通道中，微气流从格栅中间穿过。另一种是铂丝电阻，在云母片上用超微技术光刻上很细的铂丝制成。这种铂丝电阻平行装配于气路通道中，微气流从其表面通过。

微流量检测器实际上是一种微型热式质量流量计，它的体积很小（光刻铂丝电阻的云母片只有3 mm×3 mm，毛细管气流通道内径仅0.2～0.5 mm），灵敏度极高，精度不超过±1%，价格也较便宜。采用微流量检测器替代薄膜电容检测器，可使红外分析仪光学系统的体积大为缩小，可靠性、耐振性等性能提高，因而在红外、氧分析仪等仪器中得到了较广泛的应用。

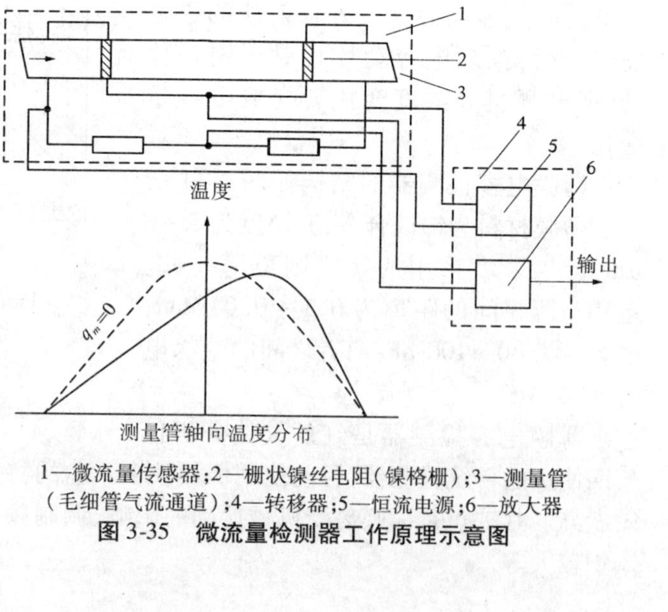

1—微流量传感器；2—栅状镍丝电阻（镍格栅）；3—测量管（毛细管气流通道）；4—转移器；5—恒流电源；6—放大器

图 3-35　微流量检测器工作原理示意图

图 3-35 是微流量检测器工作原理示意图。测量管（毛细管

气流通道)3 内装有两个栅状镍丝电阻（镍格栅)2,和另外两个辅助电阻组成惠斯通电桥。镍丝电阻由恒流电源 5 供电加热至一定温度。

当流量为零时,测量管内的温度分布如图 3-35 下部虚线所示,相对于测量管中心的上下游是对称的,电桥处于平衡状态。当有气体流过时,气流将上游的部分热量带给下游,导致温度分布变化如图 3-35 下部实线所示,由电桥测出两个镍丝电阻阻值的变化,求得其温度差 ΔT,便可按下式计算出质量流量 q_m：

$$q_m = K\frac{A}{c_p}\Delta T \tag{3-39}$$

式中,c_p 为被测气体的定压比热容;A 为镍丝电阻与气流之间的热传导系数;K 为仪表常数。

当使用某一特定范围的气体时,A、c_p 均可视为常量,则质量流量 q_m 仅与镍丝电阻之间的温度差 ΔT 成正比。在仪表正常测量范围内,测量管出口处气流不带走热量,或者说带走的热量极微;超过 ΔT 后,流量增大到有部分热量被带走而呈现非线性,流量超过 ΔT_{max} 则大量热量被带走。

当气流反方向流过测量管时,图 3-35 中温度分布变化实线向左偏移,两个镍丝电阻的温度差为 $-\Delta T$,质量流量计算式为

$$q_m = -K\frac{A}{c_p}\Delta T \tag{3-40}$$

式中,负号表示流体流动方向相反。

(四)热电检测器工作原理及特点

热电检测器是基于红外辐射产生的热电效应原理的一类检测器,大致有两类:一类是把多支热电偶串联在一起形成的热电堆检测器,另一类是以热电晶体的热释电效应(晶体极化引起表面电荷转移)为机理的热释电检测器。

热电堆检测器的优点是长期稳定性好,对温度非常敏感,温度影响系数较大,但不适合作为精密仪器的检测器使用,多用在红外型可燃气体检测器等对测量精度要求不高的仪器中。

热释电检测器具有波长响应范围广(无选择性检测或选择性差)、检测精度较高、反应快的特点,可在室温或接近室温的条件下工作。以前主要用在傅里叶变换红外分析器中,它的响应速度很快,可以跟踪干涉仪随时间的变化,实现高速扫描。现在也已广泛用在红外线气体分析器中。下面简单介绍其工作原理和结构组成。

如图 3-36 所示,在某一晶体两个端面上施加直流电场,晶体内部的正电荷向阴极表面移动,负电荷向阳极表面移动,结果晶体的一个表面带正电,另一表面带负电,这就是极化现象。对大多数晶体来说,当外加电场去掉后,极化状态就会消失。但有一类叫铁电体的晶体例外,外加电场去掉后,仍能保持原来的极化状态。铁电体还有一个特性,它的极化强度即单位表面积上的电荷量是温度的函数,温度愈高极化强度愈低,温度愈低则极化强度愈高,而且当温度升高到一定值之后,极化状态会突然消失(使极化状态突

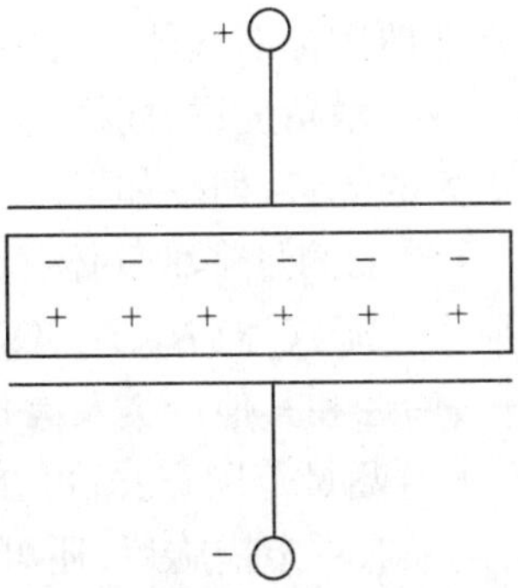

图 3-36 晶体的极化现象

然消失的这一温度叫居里温度)。也就是说,已极化的铁电体,随着温度升高表面积聚电荷降低(极化强度降低),相当于释放出一部分电荷来,温度越高释放出的电荷愈多,当温度高到居里温度时,电荷全部释放出来。人们把极化强度随温度转移这一现象叫做热释电,根据这一现象制成的检测器称为热释电检测器。

热释电检测器中常用的晶体材料是硫酸三苷肽($(NH_2CH_2COOH)_3H_2SO_4$(TGS)、氘化硫酸三苷肽(DTGS)和钽酸锂($LiTaO_3$)。热释电检测器的结构和电路见图3-37,将TGS单晶薄片正面真空镀铬(半透明,用于接收红外辐射)、背面镀金形成两电极,其前置放大器是一个阻抗变换器,由一个$10^{11}\sim10^{12}\ \Omega$的负载电阻和一个低噪声场效应管源极输出器组成。为了减小机械振荡和热传导损失,把检测器封装成管,管内抽真空或充氪等导热性能很差的气体。

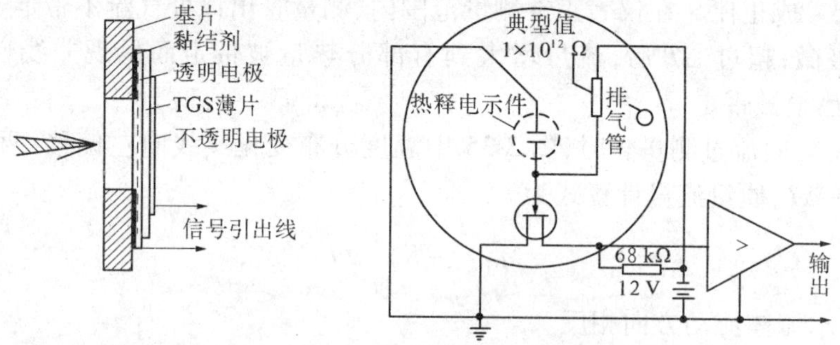

图3-37 热释电检测器的结构和电路

六、红外吸收式检测器的特点

同催化燃烧式传感器一样,红外吸收式检测器在实际应用中也大多用来检测可燃气体。但催化燃烧式传感器可以广泛应用于检测各类可燃气体,而红外检测器只能用于检测烷烃类(1~20个碳)化合物。因此,红外吸收式检测器更适合于石化工厂、天然气管道等可能出现的烷烃类、煤矿等(瓦斯)的检测。

催化燃烧式传感器的优势在于输出的电信号与可燃气体浓度成正比,灵敏度高,受温度和潮湿度影响小,价格低。缺点是只能测量低浓度(低于100% LEL)的可燃气体;易受到高浓度可燃气体的损坏和硫化物等的中毒影响,其检测灵敏度会不断地发生变化,需要经常性地用标准气体进行零点和灵敏度的校正。

从技术角度讲,同样检测烷烃类可燃气体,红外检测器和催化燃烧式传感器相比,具有更大的优势,列举如下。

(1)能测量多种气体:除了单原子的惰性气体(He、Ne、Ar等)和具有对称结构无极性双原子分子气体(N_2、H_2、O_2等)外,CO、CO_2、NO、NO_2、SO_2、NH_3等无机物,CH_4、C_2H_4等烷烃、烯烃和其他烃类及有机物,都可以用红外分析仪进行测量。

(2)测量范围宽:既可在0~100% LEL,也可在0~100% VOL,下限可达几ppm的浓度,当采取一定措施后,还可以进行痕量(ppb)级分析。最新的技术已经可以将催化式传感器和红外式传感器放在一起,即双量程易燃易爆气体传感器。它既可以分段测量

% LEL,也可以自动转换测量% VOL。

(3)性能稳定:红外检测器采用了参比光路对光源的漂移进行补偿,又采用温度补偿等技术,减少了催化燃烧式传感器由于催化剂中毒等灵敏度不断变化的缺点。从理论上讲,红外传感器的灵敏度可以长久保持稳定,从而降低了校正和维护的频度,特别适合于无人值守或者维护困难的场所。

(4)灵敏度高:具有很高的检测灵敏度,气体浓度有极微小的变化都能分辨出来。

(5)测量准确度高:一般在 ±2% FS,有些产品达到或优于 ±1% FS。

(6)适应性广:红外检测器在检测过程中无需氧气的参与,特别适合于在缺氧情况下检测真实的可燃气体浓度,比如输气管道内的气体浓度测量,克服了氧气浓度变化对于催化燃烧式传感器检测灵敏度的影响。

(7)响应快速:由于是直接测量,红外检测器的响应速度要快于催化燃烧式传感器,一般 <5 s,而后者一般 <15 s,从而大大提高了检测的快速性。

(8)使用寿命长:红外传感器不会受到硫化氢、硅类、卤素等化合物的中毒影响,会有较长的使用寿命。从理论上讲,红外传感器的寿命仅仅取决于光源的寿命,而光源寿命一般大于 100 000 h,相当于 10 年的使用寿命。

(9)有良好的选择性:红外分析仪有很高的选择性系数,因此它特别适合于对多组分混合气体中某一待分析组分的测量,而且当混合气体中一种或几种组分的浓度发生变化时,并不影响对待分析组分的测量。也就是说,红外分析仪只对待分析组分的浓度变化有反应,而背景气体(除待分析组分外的其他组分都叫背景气体)中干扰组分的浓度不管怎样变化,对仪器的测量精度都没有影响。因此,用红外分析仪分析气体时,只要求背景气体干燥、清洁和无腐蚀性,而对背景气体的组成及各组分的变化要求不严,特别是采取滤光技术以后效果更好。这一点与其他分析仪器比较是一个突出的优点。

目前,红外检测技术已经成为石化、煤矿行业检测烷烃类可燃气体的发展趋势,更多的国内外厂家加入了这类检测器的研制工作。通过不断的技术改进,红外检测器的造价也在逐渐下降,加之使用寿命和故障率相对催化燃烧式传感器的优势,相信红外检测器的应用会越来越广。

红外传感器技术发展很快。它的整个检测电路和光源、检测器等都被安置在一个密封真空体积之中,这样整个检测系统就不会受到环境中灰尘、湿度的影响。所有的检测和参比光束通过一个窗口进入开放式检测(气体)室,再通过镜面反射进入窗口,完成两次吸收回到密封光路中,然后通过检测来计算出可燃气体的浓度。为了防止环境中的湿度影响,该产品中的窗口和反射镜面还采用了加热设计。可以看到,这个红外检测器的光路设计非常复杂:检测光源和参比光源的光束经过透射、反射同时通过样品吸收池后,又被光束分离器分为两部分,一部分作为检测用,另一部分则进入参比检测单元作为同参比光束比较的参数。通过这样的复杂光路,不仅可以监控检测光源的波动,同时又监测了参比光源的波动,更为重要的是,由于这个光路提供了更多的保证测量精度的方法,从而可以大大地提高整个系统的稳定性,极大地发挥了红外检测器的固有优势。

第八节　顺磁型气体传感器

顺磁型气体传感器在这里特指顺磁型氧传感器，是根据氧气的体积磁化率比一般气体高得多，在磁场中具有极高顺磁特性的原理制成的一类测量气体中氧含量的仪器。目前这类仪器尚无统一的命名，有的书中将其称为磁效应式氧分析器，也有的称为磁式氧分析器，或简称为磁氧分析器。相比较而言，称其为顺磁型氧分析器更能体现这类仪器的本质特征。

顺磁型氧分析器主要有三种类型，即热磁对流式、磁力机械式、磁压力式氧分析器。

一、物质的磁特性原理

（一）物质的磁特性和气体的体积磁化率

在自然界中，任何物质在外界磁场的作用下都会被磁化，呈现出一定的磁特性。研究表明，物质在外磁场中被磁化，其本身会产生一个附加磁场，附加磁场与外磁场方向相同时，该物质被外磁场吸引；方向相反时，则被外磁场排斥。为此，我们把会被外磁场吸引的物质称为顺磁性物质，或者说该物质具有顺磁性；而把会被外磁场排斥的物质称为逆磁性物质，或者说该物质具有逆磁性。

气体介质处于磁场中也会被磁化，根据气体的不同也分别表现出顺磁性或逆磁性。如 O_2、NO、NO_2 等是顺磁性气体，H_2、N_2、CO_2、CH_4 等是逆磁性气体。

不同物质受磁化的程度不同，可以用磁化强度 M 来表示：

$$M = kH \tag{3-41}$$

式中，M 为磁化强度；H 为外磁场强度；k 为物质的体积磁化率。

k 的物理意义是指在单位磁场强度作用下，单位体积物质的磁化强度。磁化率为正（$k>0$），称为顺磁性物质，它们在外磁场中被吸引；磁化率为负（$k<0$），则称为逆磁性物质，它们在外磁场中被排斥。k 值愈大，则受吸引和排斥的力愈大。

常见气体的体积磁化率见表 3-12。从表中可见，氧气是顺磁性物质，其体积磁化率要比其他气体的体积磁化率大得多。某种气体磁化率和氧气磁化率的比值，称为相对磁化率（也称比磁化率）。常见气体的相对磁化率见表 3-13，其中氧气的相对磁化率为 100。

表 3-12　常见气体的体积磁化率（0 ℃）

气体名称	化学符号	$k\times10^{-6}$（C. G. S. M）	气体名称	化学符号	$k\times10^{-6}$（C. G. S. M）
氧	O_2	+146	氦	He	−0.083
一氧化氮	NO	+53	氢	H_2	−0.164
空气	—	+30.8	氖	Ne	−0.32
二氧化氮	NO_2	+9	氮	N_2	−0.58
氧化亚氮	N_2O	+3	水蒸气	H_2O	−0.58
乙烯	C_2H_4	+3	氯	Cl_2	−0.6
乙炔	C_2H_6	+1	二氧化碳	CO_2	−0.84
甲烷	CH_4	−1	氨	NH_3	−0.84

表 3-13　常见气体的相对磁化率(0 ℃)

气体名称	相对磁化率	气体名称	相对磁化率	气体名称	相对磁化率
氧	+100	氢	-0.11	二氧化碳	-0.57
一氧化氮	+36.3	氖	-0.22	氨	-0.57
空气	+21.1	氮	-0.40	氩	-0.59
二氧化氮	+6.16	水蒸气	-0.40	甲烷	-0.68
氦	-0.06	氯	-0.41		

需要说明的是,由于采用的参比条件不同(如温度、压力),目前各种书籍和手册中给出的磁化率数据不完全相同,在引用时应注意。

(二)混合气体的体积磁化率

对于多组分混合气体来说,它的体积磁化率 k 可以粗略地看成是各组分体积磁化率的算术平均值,即

$$k = \sum_{i=1}^{n} k_i \times c_i \tag{3-42}$$

式中,k_i 为混合气体中第 i 组组分的体积磁化率;c_i 为混合气体中第 i 组组分的体积分数(%)。

因为在含氧的混合气体中(含有大量 NO 和 NO_2 等氮氧化物的特殊情况除外),除氧以外其余各组分的体积磁化率都很小,数值上彼此相差不大,且顺磁性气体和逆磁性气体的体积磁化率有互相抵消趋势,这样式(3-42)可以写成:

$$k = k_1 c_1 + \sum_{i=2}^{n} k_i \times c_i \approx k_1 c_1 \tag{3-43}$$

式中,k 为混合气体的体积磁化率;k_1 为氧的体积磁化率;c_1 为混合气体中氧气的体积分数(以下称氧含量);$k_2, k_3, \cdots$为混合气体中除氧以外的其余气体的体积磁化率;$c_2, c_3, \cdots$为混合气体中除氧以外的其余气体的体积分数。

式(3-43)说明,混合气体的体积磁化率基本上取决于氧的体积磁化率及其体积分数。由于氧的体积磁化率在一定温度下是已知的固定值,所以只要能测得混合气体的体积磁化率,就可得出混合气体中氧的体积分数。

(三)气体的磁化率与温度、压力之间的关系

由居里定律可知,顺磁性气体的体积磁化率与温度之间的关系为

$$k = C\frac{\rho}{T} \tag{3-44}$$

式中,k 为气体的体积磁化率;ρ 为气体的密度;T 为气体的热力学温度;C 为居里常数。

根据理想气体状态方程,有:

$$pV = nRT \tag{3-45}$$

而气体的密度为

$$\rho = \frac{nM}{V} \tag{3-46}$$

将式(3-45)代入式(3-46)得:

$$\rho = \frac{pM}{RT} \tag{3-47}$$

将式(3-47)代入式(3-44)得：

$$k=\frac{CpM}{RT^2} \tag{3-48}$$

式中，p 为气体的压力：V 为气体的体积；n 为气体的摩尔数；M 为气体的摩尔质量；R 为气体常数。

式(3-48)中，C、M、R 均为常数，于是可以得出以下结论：顺磁性气体的体积磁化率与压力成正比，而与热力学温度的平方成反比。在气体压力增高时，其体积磁化率成正比相应增大；而气体温度升高时，其体积磁化率急剧下降。另外，需要注意的是，在测量多组分混合气体中的氧气含量时，不能含有 NO_x 和 C_2H_2、C_2H_4 化合物，因为它们也是顺磁性物质，会影响测量精确度。在多组分混合气体中含有氢气时，其含量不宜超过 0.5%，主要是因为它的相对磁化率接近零，以及它的热导系数很高，会干扰热磁式仪表的测量。

上面是磁式氧分析仪的共性，磁式氧分析仪是利用氧分子的顺磁性磁化系数远比其他气体大的特性来检测氧含量的。根据氧在非均匀磁场作用下所产生物理影响的不同，可将磁式氧分析仪分为三类。

热磁对流式：利用氧的顺磁性，热线元件(铂丝)受热时，附近可形成磁化学梯度场，使较远处的冷氧分子被吸引到磁场较强端，受热后又被推到磁场较弱端，从而形成磁风，使氧在非均匀磁场的作用下形成热磁对流，冷却热敏元件，通过对热敏元件相应电阻的测量，从而达到检测氧浓度的目的。

磁压力式：利用氧的顺磁性，氧在非均匀场作用下向磁场方向集中时可产生磁压，其强度与氧分压成正比。通入参比气左右对称的气桥一侧出口处的压力因磁场对样气中氧分子的吸引而升高。通过处于气桥中部与左右支路连接的热敏元件或薄膜电容器，将左右支路的压力差转化为相应的电信号，由此可测氧的浓度。

磁力机械式：利用氧的顺磁性，氧在磁场作用下受到磁场方向引力的作用，使悬挂于不均匀磁场中的哑铃形元件在磁场梯度方向上产生密度梯度(对应于氧分压)的作用而受到一个排斥力矩，并在力矩的作用下发生偏转，转角大小与氧浓度有关，偏转角大小通过光电检测器转变成对应的电信号，由此可测氧的浓度。

二、热磁对流式氧分析器

(一)结构类型

在热磁对流式氧分析器中，检测器内热磁对流的形式有内对流式和外对流式两种，检测器的结构也各不相同，为了便于区分，分别称之为内、外对流式热磁氧分析器。它们的工作原理均基于热磁对流产生的热效应，其区别主要在于以下两点。

(1)热敏元件与被测气体之间的热交换形式不同。内对流式检测器的热敏元件与被测气体之间是隔绝的，通过薄壁石英玻璃管进行热交换；而外对流式检测器的热敏元件与被测气体之间是直接接触换热。

(2)热磁对流发生的位置不同。内对流式检测器的热磁对流在热敏元件(中间通道管)内部进行，而外对流式检测器的热磁对流在热敏元件外部进行。

内对流式检测器结构简单，便于制造和调整。其热敏元件不与样气直接接触，因此不会与样气发生任何化学反应，也不会受到样气的玷污和侵蚀。但热量传递受到一定影响，增加了测量滞后时间，灵敏度也相对较低。

外对流式检测器则与内对流式检测器相反，由于被测气体与热敏元件直接接触换热，所以测量滞后小、灵敏度高、输出线性好。另外，由于采用双桥结构，能有效地补偿环境温度、电源电压、样气压力、检测器倾斜等因素给测量带来的影响。但其结构比较复杂，不便于制造和调整。

（二）内对流式热磁氧分析器

1. 热磁对流

如图 3-38（a）所示，一个 T 形薄壁石英管，在其水平方向（X 方向）的管道外壁均匀地绕以加热丝；在水平通道的左端拐角处放置一对小磁极，以形成一恒定的外磁场。在这种设置下，磁场强度曲线和温度场曲线如图 3-38（b）所示。

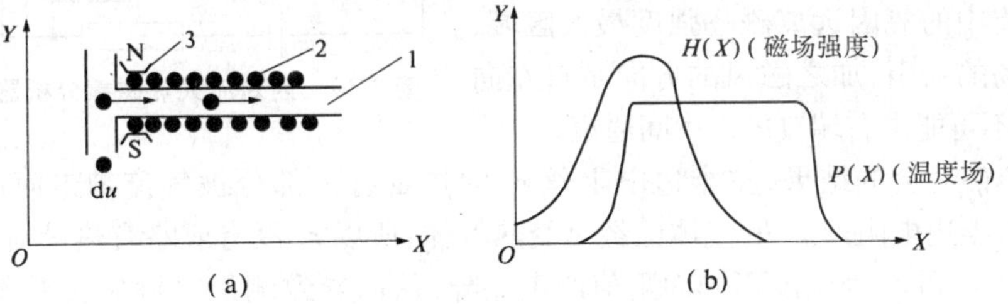

1—T 形薄壁石英管；2—加热丝；3—磁极

图 3-38　热磁对流示意图

可以看到，磁场强度沿 X 方向按一定的磁场强度梯度衰减，$H(X)$ 是变化的。对于水平通道而言，处于一个不均匀磁场之中，通道左端磁场强度最强，越往右磁场强度越弱，而温度场基本上是均匀的。

磁场强度与温度场之间的相对位置关系应该是：在磁场强度最大值区域开始建立均匀的温度场，这一点正如图 3-38（b）所示。

当有顺磁性气体在垂直管道内沿 Y 方向自下而上运动到水平管道入口时，由于受到磁场的吸引力而进入水平管道。在其处于磁场强度最大区域的同时，也就置身于加热丝的加热区。在加热区，顺磁性气体与加热丝进行热交换而使自身温度升高，其体积磁化率随之急剧下降，受磁场的吸引力也就随之减弱。其后处于冷态的顺磁性气体，在磁场的作用下被吸引到水平通道磁场强度最大区域，就会对先前已经受热的顺磁性气体产生向右方向的推力，使其向右运动而脱离磁场强度最大区域。后进入磁场的顺磁性气体同样被加热丝加热，体积磁化率下降，又被后面冷态的顺磁性气体向右推出磁场。如此过程连续不断地进行下去，在水平管道就会有气体自左而右地流动。这种气体的流动就称为热磁对流，或称为磁风。

2. 工作原理

内对流式热磁氧分析器的工作原理如图 3-39 所示。其检测器（也称为发送器）是一个中间有通道的环形气室，外面均匀地绕有电阻丝。电阻丝通过电流后，既起到加热作用，同时又起到测量温度变化的感温作用。电阻丝从中间一分为二，作为两个相邻的桥臂

电阻 r_1、r_2 与固定电阻 R_1、R_2 组成测量电桥。在中间通道的左端设置一对小磁极，以形成恒定的不均匀磁场。

待测气体从底部入口进入环形气室后，沿两侧流向上端出口。如果被测混合气体中没有顺磁性气体存在，这时中间通道内没有气体流过，电阻丝 r_1、r_2 没有热量损失，电阻丝由于流过恒定电流而保持一定的阻值。当被测气体中含有氧气时，左侧支流中的氧受到磁场吸引而进入中间通道，从而形成热磁对流，然后由通道右侧排出，随右侧支流流向上端出口。环形气室右侧支流中的氧因远离磁场强度最大区域，受不到磁场的吸引，加之磁风的方向是自左向右的，所以不可能由右端口进入中间通道。

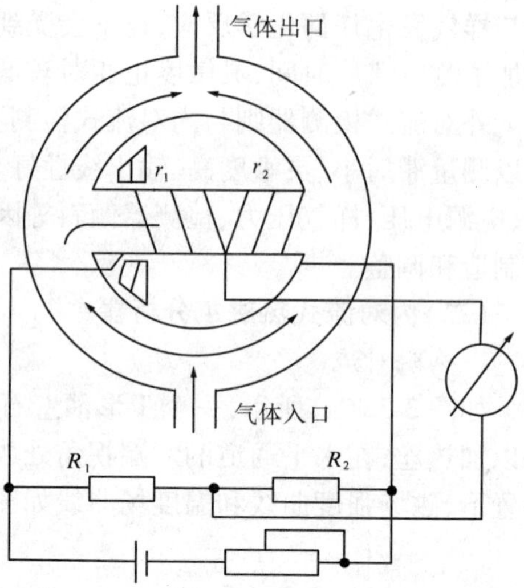

图 3-39　内对流式热磁氧分析器工作原理

由于热磁对流的结果，左半边电阻丝 r_1 的热量有一部分被气流带走而产生热量损失。流经右半边电阻丝 r_2 的气体已经是受热气体，所以 r_2 没有或略有热量损失。这样就造成电阻丝 r_1 和 r_2 因温度不同而阻值产生差异，从而导致测量电桥失去平衡，有输出信号产生。被测气体中氧含量越高，磁风的流速就越大，r_1 和 r_2 的阻值相差就越大，测量电桥的输出信号就越大。由此可以看出，测量电桥输出信号的大小就反映了被测气体中氧含量的多少。

（三）外对流式热磁氧分析器

图 3-40 是一种外对流式热磁氧分析器工作原理。其检测器由测量气室和参比气室两部分组成，两个气室在结构上完全一样。其中测量气室的底部装有一对磁极，以形成非均匀磁场，在参比气室中不设置磁场。两个气室的下部都装有既用来加热又用来测量的热敏元件，两热敏元件的结构参数完全相同。

被测气体由入口进入主气道，依靠分子扩散作用进入两个气室。如果被测气体没有氧的存在，那么两个气室的状况是相同的，扩散进来的气体与热敏元件直接接触进行热交换，气体温度得以升高。温度升高导致气体相对密度下降而向上运动，主气道中较冷的气体向下运动进入气室填充，冷气体在热敏元件上获得能量，温度升高，又向上运动回到主气道，如此循环不断，形成自然对流。由于两个气室的结构参数完全相同，两气室中形成的自然对流的强度相同，因此两个热敏元件单位时间的热量损失相同，其阻值也就相等。

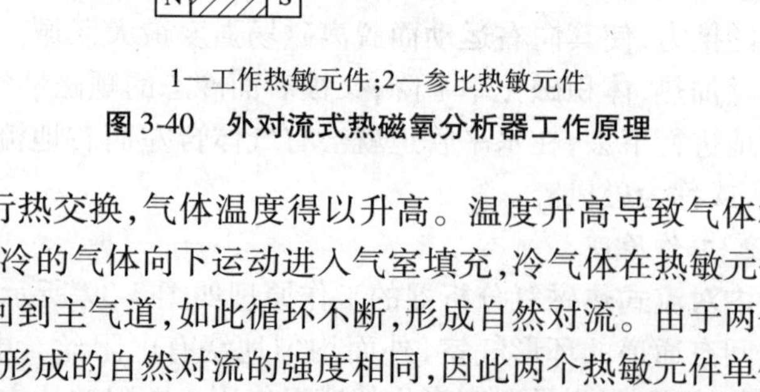

1—工作热敏元件；2—参比热敏元件

图 3-40　外对流式热磁氧分析器工作原理

当被测气体有氧存在时，主气道中氧分子在流经测量气室上端时，受到磁场吸引进入测量气室并向磁极方向运动。在磁极上方安装有加热元件（热敏元件），因此在氧分子向磁极靠近的同时，必然要吸收加热元件的热量而使温度升高，导致其体积磁化率下降，受磁场的吸引力减弱，较冷的氧分子不断地被磁场吸引进测量气室，在向磁极方向运动的同时，把先前温度已升高的氧分子挤出测量气室。因此，在测量气室中形成热磁对流。这样，在测量气室中便存在自然对流和热磁对流两种对流形式，测量气室中热敏元件的热量损失是由这两种对流形式共同造成的。而参比气室由于不存在磁场，所以只有自然对流，其热敏元件的热量损失也只是由自然对流造成的，与被测气体的氧含量无关。显然，由于测量气室和参比气室中的热敏元件散热状况的不同，两个热敏元件的温度出现差别，其阻值也就不再相等，两者阻值相差多少取决于被测气体中氧含量的多少。

若把两个热敏元件置于测量电桥中作为相邻的两个桥臂，如图 3-41 所示，那么桥路的输出信号就代表了被测气体中氧含量。为了更好地补偿由于温度变化、电源电压波动、检测器倾斜等因素给测量带来的影响，外对流式检测器一般采用双电桥结构，其气路连接见图 3-42。图中 4 个气室分为两组，分别置于两个电桥中，每组两个气室中各有一个气室底部磁极，气室中的热敏元件作为线路中测量电桥和参比电桥的桥臂。测量气室通过被测气体，而参比气室则通过氧含量为定值的参比气体，如空气。

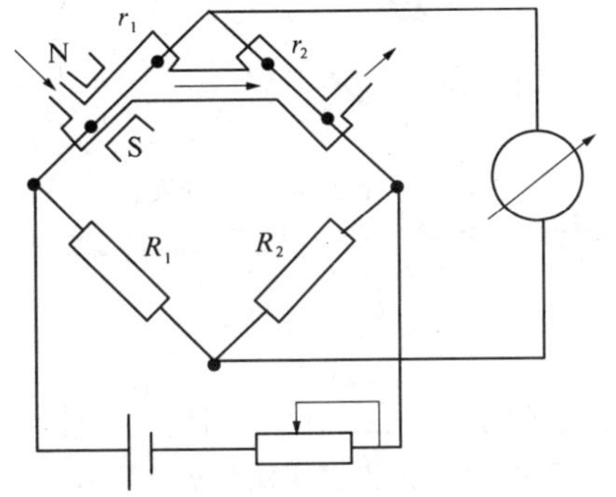

图 3-41　双臂单电桥测量原理

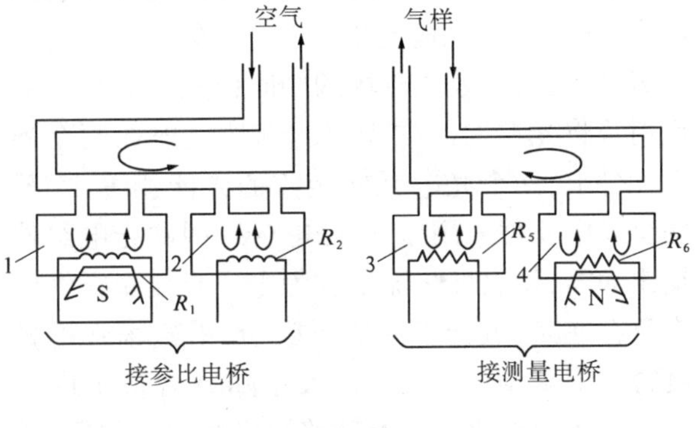

1、2—参比电桥分析室；3、4—测量电桥分析室

图 3-42　外对流式检测器气路连接

三、磁力机械式氧分析器

（一）工作原理

图 3-43 是磁力机械式氧分析器结构。在一个密闭的气室中，装有两对不均匀磁场的磁极，它们的磁场强度梯度正好相反。两个空心球（内充纯净的氮气或氩气）置于两对磁极的间隙中，金属带固定在壳体上，这样哑铃只能以金属带为轴转动而不能上下移动。在哑铃与金属带交点处装一平面反射镜。

被测样气由入口进入气室后，它就充满了气室。两个空心球被样气所包围，被测样气的氧含量不同，其体积磁化率值也不同，球体所受到的作用力 F_M 就不同。如果哑铃上的两个空心球体积相同，体积磁化率值相等，两个球体受到的力大小相等、方向相反，对于中

心支撑点金属带而言，它受到的是一个力偶 M_M 的作用，这个力偶促使哑铃以金属带为轴心偏转，该力偶矩为

$$M_M = F_M \times 2R_p \qquad (3\text{-}49)$$

式中，R_p 为球体中心至金属带的垂直距离（哑铃的力臂）。

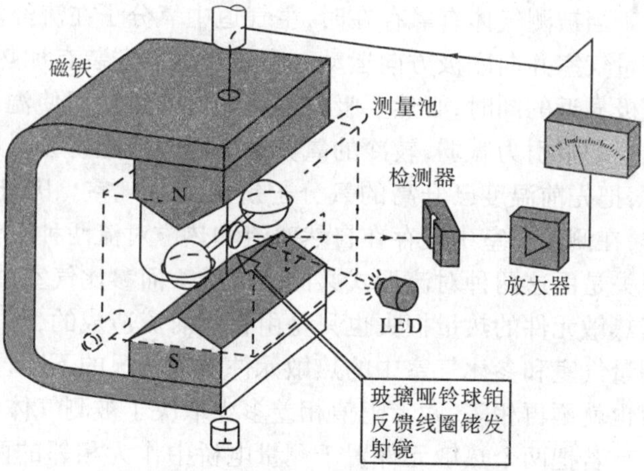

图 3-43　磁力机械式氧分析器结构

在哑铃做角位移的同时，金属带会产生一个抵抗哑铃偏转的复位力矩以平衡 M_M。被测样气中的氧含量不同，旋转力矩和复位力矩的平衡位置不同，也就会使哑铃的偏转角度 Ψ 不同。这样，哑铃偏转角度 Ψ 的大小，就反映了被测气体中氧含量的多少。

对哑铃偏转角度 Ψ 的测量，大多是采用光电系统来完成的，如图 3-44 所示，由光源发出的光投射在平面反射镜上，反射镜再把光束反射到两个光电元件（如硅光电池）上。在被测样气不含氧时，空心球处于磁场的中间位置，此时，平面反射镜将光源发出的光束均衡地反射在两个光电元件上，两个光电元件接收的光能相等，一般两个光电元件采用差动方式连接，因此光电组件输出为零，仪表最终输出也为零。当被测样气中有氧存在时，氧分子受磁场吸引，沿磁场强度梯度方向形成氧分压差，其大小随氧含量不同而异。该压力差驱动空心球移出磁场中心位置，于是哑铃偏转一个角度，反射镜随之偏转，反射出的光束也随之偏移。这时，两个光电元件接收到的光能量出现差值，光电组件有毫伏电压信号输出。被测气体中氧含量越高，光电组件输出信号越大。该信号经反馈放大镜放大作为仪表的输出。

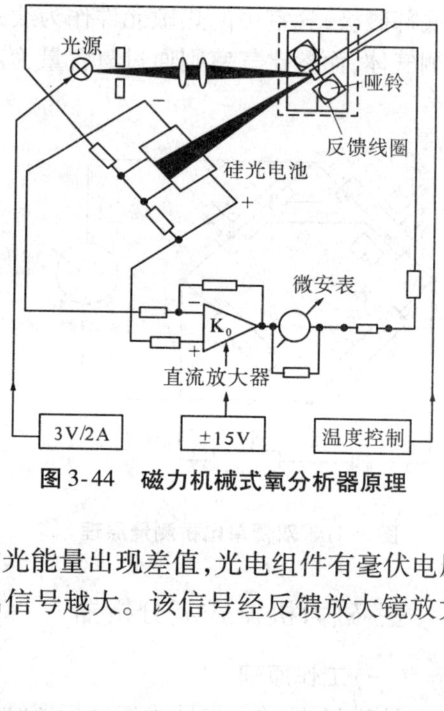

图 3-44　磁力机械式氧分析器原理

（二）主要特点

与热磁式氧分析器相比，磁力机械式氧分析器具有如下优点。

（1）它是对氧的顺磁性直接测量的仪器，在测量中，不受被测气样导热性变化、密度变化等影响。

（2）在 0～100% O_2 范围内线性刻度，测量精度较高，测量误差可低至 ±0.1% O_2。

（3）灵敏度高，除了用于常量氧的测量外，还可用于微量氧（O_2‰级）的测量。

从以上几个方面可以看出，磁力机械式氧分析器优于热磁对流式氧分析器。

四、磁压力式氧分析器

根据被测气体在磁场作用下压力的变化量来测量氧含量的仪器叫做磁压力式氧分析器。

被测气体进入磁场后，在磁场作用下气体的压力将发生变化，致使气体在磁场内和无磁场空间存在着压力差：

$$\Delta p = \frac{1}{2}\mu_0 H^2 k \tag{3-50}$$

式中，Δp 为压差；μ_0 为真空磁导率；H 为磁场强度；k 为被测气体的体积磁化率。

由式(3-50)可以看出，压差 Δp 与磁场强度 H 的平方及被测气体的体积磁化率 k 均成正比。在同一磁场中，同时引入两种磁化率不同的气体，那么两种气体同样存在压力差，这个压力差同两种气体磁化率的差值也同样存在正比关系：

$$\Delta p = \frac{1}{2}\mu_0 H^2 (k_m - k_r) \tag{3-51}$$

式中，k_m 为被测气体的体积磁化率；k_r 为参比气体的体积磁化率。

从式(3-51)可以看出，当分析器结构和参比气体确定后，μ_0、H、k_r 均为已知量，k_m 与 Δp 有着严格的线性关系，由式(3-43)可以得到：

$$k_m \approx k_1 c_1 \tag{3-52}$$

式中，k_1 为被测混合气体中氧的体积磁化率；c_1 为被测混合气体中氧的体积分数。

将式(3-52)代入式(3-51)得到：

$$\Delta p = \frac{1}{2}\mu_0 H^2 (k_1 c_1 - k_r) \tag{3-53}$$

由式(3-53)可以看出，被测气体氧的体积分数 c_1 与压差 Δp 有线性关系。这就是磁压力式分析器的测量原理。

在磁压力式氧分析器中，测量气室中被测气体的压力变化量被传递到磁场外部的检测器中转换为电信号。目前使用的检测器主要有薄膜电容检测器和微流量检测器两种。为了便于信号的检测和调制放大，采用一定频率的通断电流对磁铁线圈反复激励，使之产生交替变化的磁场，则检测器测得的信号就变成交流波动信号。

图 3-45 是磁压力式氧分析器工作原理。参比气体和测量气体经仪器入口 G10E 和 G20E 进

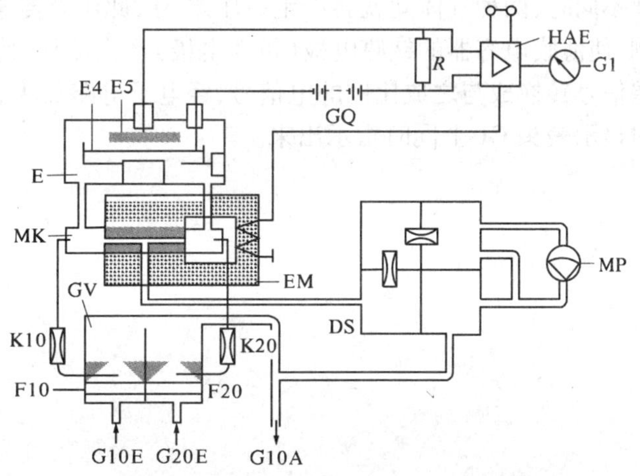

G10E—参比气入口；G20E—测量气入口；GV—气体分配器；F10、F20—过滤片；K10、K20—毛细管；MK—测量池；EM—电磁铁线圈；E—接收器；E4—钛膜电极；E5—固定电极；HAE—供电电源和电子路；GQ—直流电源；R—电阻；G1—机箱内显示表头；DS—缓冲器；MP—膜片泵；G10A—混合气出口

图 3-45　磁压力式氧分析器工作原理流程图

入气体分配器 GV，由气体分配器内的过滤片 F10 和 F20 进行保护性过滤，极少一部分参比气体和测量气体分别经由毛细管 K10 和 K20 进入测量池 MK，大部分气体则从仪器出口 G10A 排出机外，这样可使进入测量池的参比气体和测量气体的压力、流量保持稳定和平衡。

如图 3-46 所示，参比气体 VG 和测量气体 MG 从两个相反的方向进入测量池的磁隙中，在膜片泵的抽吸作用下，MG + VG 混合气体经测量池底部的中间出口进入缓冲器中，然后从仪器出口排出。

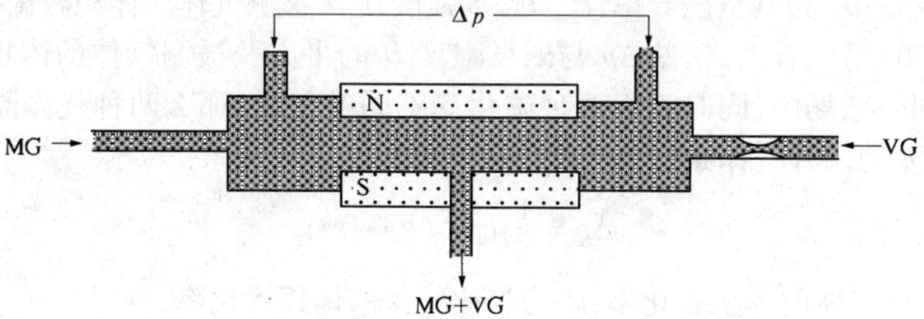

Δp—压差；MG—测量气体；VG—参比气体；MG + VG—混合气体

图 3-46　测量气室工作原理

磁隙位于电磁铁线圈 EM 的中间，当 EM 通入 12.5 Hz 的交流电流时，便在磁隙周围产生相同频率的磁场。当两种气体通过磁场时，由于氧的顺磁性而使气体中的氧分压发生变化，而且压力的变化与气体中的氧浓度成严格的线性关系。当测量气体和参比气体的氧浓度相同时，这两种气体间无压差存在，这就是仪器的零点（参考点）。当两者氧浓度不同时，两种气体间就会产生一压差 Δp，此压差传递到接收器 E 中的钛膜电极 E4 的两侧，使薄膜电容器的钛膜电极（可动电极）产生偏移，薄膜电容器的电容量发生变化，将压差信号转换成与之成比例的电信号，经电子电路放大；处理后由输出端子输出，并在机箱内显示表头 G1 上同时指示出来。

第四章　可燃气体检测

第一节　概　述

所谓可燃气体是指可以产生燃烧的气体,可燃气体是在石油、化工以及煤矿等行业随时可能遇到的有害气体。最为常见的可燃气体就是烷烃类气体,比如甲烷(瓦斯)、丙烷、丁烷(液化气)等。当然,像苯、一氧化碳等其他有机、无机气体,在一定浓度范围内也可称为可燃气体,但因为它们同时具有很大的毒性,在其浓度达到爆炸限度之前就会对现场工作人员的健康和生命构成危害,因此我们更多地把这些气体看成是有毒气体,而不是单纯地作为可燃气体来检测。例如,城市生活中常常用到的煤气,其主要组成是一氧化碳,如果仅从加热的角度,它是不折不扣的可燃气体,但是一氧化碳在空气中积累到一个极小的浓度后(比如1 000 ppm,也就千分之一的体积浓度后)就足以致命。此时,如果仅将一氧化碳看成是可燃气体是远远不够的,因为一旦一氧化碳泄漏在环境中,在没有发爆炸之前,就会发生人员中毒的危险。

在工业生产过程和日常生活中,可燃气体的泄漏是普遍存在的,泄漏的危险气体会很快被空气稀释,达到一定浓度就会造成重大火灾、爆炸、中毒事故。因此,为了保护人民生命财产安全,应在生产现场及其他可能产生燃气泄漏的地方设置可燃气体检测报警器,及时检测并发出报警信号,以便采取措施,防止上述事故的发生。

本章仅对可燃气体中的甲烷(CH_4)、氢气(H_2)检测报警器具进行讨论,其他气体在后续章节讨论。

一、可燃气体检测报警器的组成

可燃气体检测报警器一般由采样器、检测器、指示器、报警显示器和电源几个部分组成。

(1)采样器用于吸入式的检测器,一般有以下几种结构型式。

气体吸入式:在吸入口内有防止水滴进入的结构,可以安装在室内外有水滴的地方。

带过滤器的气体吸入式:内装玻璃棉或脱脂棉等过滤物,可以滤去杂质,用于多粉尘的场合。

管线过滤式:根据被采气体中的杂质含量和种类,采用玻璃棉、脱脂棉、滤纸等不同过滤物,用于管道内可燃气体的检测。

降温除湿式:用水冷或空气冷却降温除水,用于高温气体或蒸汽中可燃性、有毒性气体的检测。

(2)检测器有扩散式、吸入式两种结构型式。扩散式是指被测气体自然扩散进入检测器内,这种结构使用最普遍,但其测量结果易受风速、风向和气体浓度、安装位置的影响,反应速度较慢,而且因环境条件的不同而不同。吸入式检测器带有一个吸气泵,连续地把气体吸入到检测元件内部，这种结构的检测器反应速度快，而且不受环境条件的影响。

检测器按工作原理可分为多种类型，一种检测器不可能对各种气体都适应，因此应根据被测气体的特性选用相应的检测器类型。

(3)指示器用于浓度指示。

(4)报警显示器用于报警值设定和报警显示，并能输出开关信号给其他报警器件和执行机构。

(5)电源为可燃气体检测报警器供电。

二、可燃气体检测报警器的类型

可燃气体检测报警器主要有以下几种类型：

(1)催化燃烧型。定量准确度高，重复性好，适用范围广，几乎能测所有可燃气体。但如气体中含有能使催化剂中毒的组分(如卤化物、硫、磷、砷等)，会使检测器失效。

(2)半导体气敏型。半导体气敏元件对可燃气体比较灵敏，一般不需维护，很少有中毒现象，使用寿命长(可达5~10年)。其缺点是定量精确度较低（超过±5%)，受湿度影响大。

(3)红外线吸收型。准确度高，寿命长，无中毒问题，维护量小。但只能检测碳氢化合物气体，且价格较贵。

(4)热导型。可以检测0~100%VOL高浓度可燃气体。

(5)光干涉型。可以检测0~100%VOL高浓度可燃气体。

本章主要介绍可燃气体检测报警器、催化燃气式甲烷测定器、光干涉式甲烷测定器、热导式氢分析器、催化燃烧式氢气检测仪等5种可燃气体检测报警仪器，对每类仪器分别介绍检测工作原理、典型仪器性能与结构、仪器检定校准、仪器使用注意事项。对于使用到第三章介绍的传感器时，本章介绍省略，对前面没有介绍的传感器则在本章加以详述。

在本章和后面的两章中，重点介绍各类报警器的检定校准，依据各类仪器的检定规程，对各重要检定项目和检定方法给予详细说明。而作为气体检测报警器的一般性能指标主要包括如下几项：①示值误差(或基本误差)；②报警误差；③响应时间；④重复性；⑤漂移(或稳定性)。

第二节　可燃气体检测报警器

一、可燃气体检测报警器工作原理

仪器的检测原理主要有催化燃烧型、热导型、红外线吸收型和半导体型等几种。具体的工作原理见第三章相关内容。

二、可燃气体检测报警器典型性能

可燃气体检测报警器典型性能见表4-1。

表 4-1　可燃气体检测报警器典型性能

仪器使用方式	便携式	固定式
传感器检测原理	催化燃烧式、半导体式、热导式	
检测范围	0~100% LEL 或 0~100% VOL	0~100% LEL、0~100% VOL
检测对象	天然气、人工煤气、液化气	天然气、人工煤气、液化气
采样方式	扩散式、泵吸式	扩散式
报警方式	声、光报警	声、光多级报警
示值误差	不超过 ±5% *FS*	±5% *FS*
响应时间	不超过 30 s(T90)	不超过 30 s(T90)
电源	DC3.6(锂充电电池)	24 VDC,220 VAC/50 Hz
防爆等级	ExibⅡCT_5	ExibⅡCT_5 或 ExdⅡCT_5
输出信号		4~20 mA 或 RS485
工作时间	连续 8 h	
显示方式	液晶浓度显示或 LED 显示	液晶浓度显示
工作环境温度	-20~70 ℃	-20~70 ℃,控制器 -10~50 ℃

三、可燃气体检测报警器的结构

便携式:智能化模块设计,内置 CPU 处理芯片,LED 数码管定性显示报警或液晶数字显示浓度值,泵吸式或扩散式采样,传感器探头可以延长 200~1 000 mm,配置可充电电池,设置零点调节旋钮。

固定式:分为现场传感器(探测器)和安全区控制器,探测器由传感器探头、壳体、接线端子等组成,完成现场可燃气体的检测;控制器分为总线型和分线型两种。机箱分为壁挂式和盘装式。可以点阵式液晶显示或高亮 LED 巡回显示。可以采取两线制、三线制、总线制进行数据传输。可以配接 32~128 路探测器,探测器参数(测量范围、报警点、显示单位、气体种类、探测器位置等)可以单独设定。

四、可燃气体检测报警器的检定

(一)检定规程

JJG 693—2004《可燃气体检测报警器》。

(二)检定用标准及设备

标准气体、零点气体、流量控制器、秒表、绝缘电阻表、减压阀及气路、稀释装置、扩散罩等。

根据标准气体的浓度值不同,有两种检定方式:一种为直接使用报警点浓度标准气体,如 10% LEL、40% LEL、60% LEL,与被测气体相同的标准气体进行直接检定,检定系统如图 4-1 所示。另一种为使用高浓度标准气体,经稀释装置稀释到规定报警点浓度后进行检定，检定系统如图4-2所示。

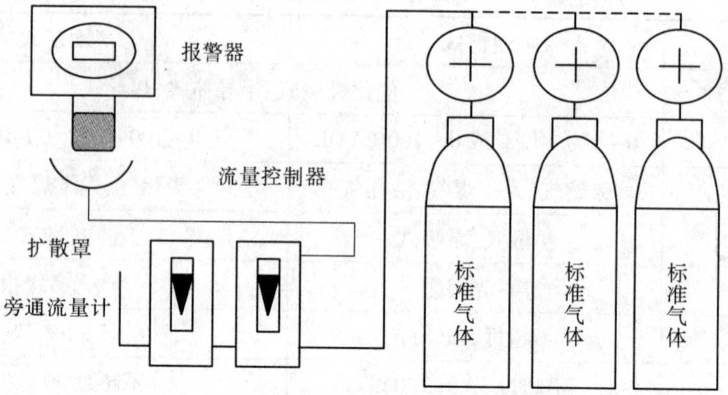

图4-1　报警点浓度标准气体检定系统

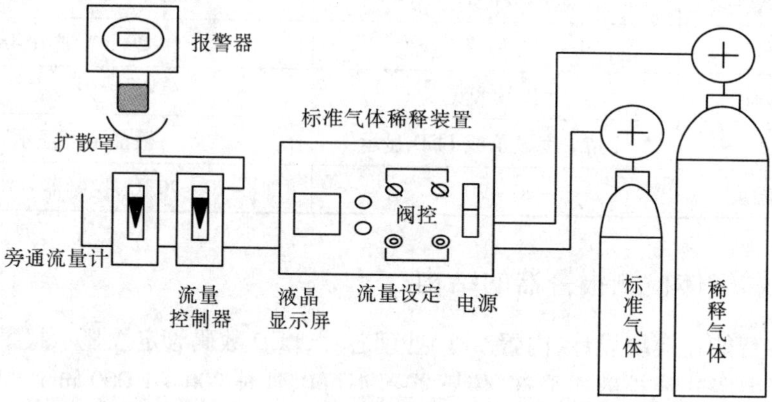

图4-2　高浓度标准气体稀释装置检定系统

（三）主要检定项目及方法

主要检定项目及方法见表4-2。

五、可燃气体检测报警器的使用及注意事项

（1）使用各类报警器时，应注意危险场所的级别要与仪器的防爆标志相适应。报警器的防爆类别、级别、组别必须符合现场爆炸性气体混合物的类别、级别、组别的要求。

（2）报警器不能在含硫、砷、磷、卤素化合物的场所中使用。它们会使仪器检测元件中毒，使报警器灵敏度下降、使用寿命缩短，严重的还会使报警器失效。要对含有上述元素化合物的可燃气体进行检测，应选用抗毒性催化燃烧型检测报警器或半导体型检测报警器。由于催化燃烧型检测报警器对氢气有引爆性，因此对于氢气的检测应选用电化学型或半导体型检测报警器。

（3）报警器不能在可燃气体浓度高于爆炸下限的环境条件下使用。因为催化燃烧型检测报警器使用的检测元件是载体催化活性元件，检测可燃气体浓度高于爆炸下限的浓度时，将烧坏报警器内的检测元件。

表 4-2　主要检定项目及方法

序号	检定项目	性能要求	检定方法	计算公式
1	示值误差	±5% *FS*	分别通入零点气体和浓度约为 60% LEL 的标准气体,校准仪器的零点和示值。然后分别通入约为 10% LEL、40% LEL、60% LEL 的标准气体。记录仪器稳定示值。每点做 3 次,3 次的算术平均值为仪器示值。计算每点 ΔC,取 ΔC 绝对值最大的为示值误差	$\Delta C=\frac{\bar{C}-C_0}{R}\times100\%$ C—仪器示值的平均值; C_0—通入仪器的标准值; R—仪器满量程
2	重复性	2%	通入零点气体校准仪器零点,再通入约为 40% LEL 的标准气体,记录仪器稳定示值 C_i,重复上述操作 6 次。计算的相对标准偏差为重复性	$s=\frac{1}{\bar{C}}\sqrt{\frac{\sum_{i=1}^{n}(C_i-\bar{C})^2}{5}}\times100\%$ $\bar{C}$—6 次测量的平均值; C_i—第 i 次的测量值
3	报警误差	±10%	通入大于 1.1 倍报警设定点浓度的标准气体,记录仪器的报警值。重复测量 3 次,3 次的算术平均值为仪器的报警值。计算报警误差	$\Delta A=\frac{\bar{A}-A}{A}\times100\%$ $\bar{A}$—三次报警值的平均值; A—仪器的报警设定值
4	响应时间	30 s 或 60 s	校准零点后,通入约为 40% LEL 的标准气体,读取稳定示值,停止通气,让仪器回到零点。再通入上述标准气体,同时启动秒表,待示值升至稳定值的 90% 时,停止秒表,记下秒表显示时间。按上述操作重复 3 次,3 次的算术平均值为仪器的响应时间	
5	零点漂移	±2% *FS*	将仪器调到零点(对指针式将示值调到 5% 处),记为 Z_0。再通入约为 60% LEL 的标准气体,读取稳定示值为 S_0,后通入零点气体。对固定式连续运行 6 h,每间隔 1 h 记录零点值为 Z_i,通入同一标准气体记录稳定示值为 S_i,对便携式连续运行 1 h,按上述同样的方法,每间隔 10 min 试验并记录读数一次。计算零点漂移和量程漂移。取绝对值最大的 ΔZ_i 为仪器的零点漂移。取绝对值最大 ΔS_i 为仪器的量程漂移	$\Delta Z_i=\frac{Z_i-Z_0}{FS}\times100\%$
	量程漂移	±5% *FS*		$\Delta S_i=\frac{(S_i-Z_i)-(S_0-Z_0)}{FS}\times100\%$

(4)注意不要使报警器进水或受水蒸气喷射。因为报警器中的检测元件进水后会影响其性能,如果意外进水,要重新更换报警器内的检测元件。安装于室外的报警器应装有防雨罩。

(5)报警器安装高度要与被测气体的密度相适应。例如,比空气轻的气体总是向上扩散的,报警器应安装在泄漏源的上方。安装高度应高出释放源所在高度 0.5 ~2 m,且与释放源的水平距离适当减小至 5 m 以内,以尽快地检测到可燃气体。对于比空气重的气体,报警器应安装在泄漏源的下方,且安装高度应高出地面 0.3 ~0.6 m。过低因雨水淋溅易造成对报警器探头的损害,过高时则超出了比空气重的气体易于积聚的高度。

(6)仪器投入运行前,要进行报警器工作电流(电压)的调整。调整后的电流(电压)值应在仪器使用说明书规定的范围内,以保证仪器的正常工作。

(7)维护仪器时,不得在仪器通电的情况下现场拆装报警器。拆装防爆零部件时要小心,注意不要损伤隔爆面和夹杂脏物。

(8)要正确选取报警器的安装位置。报警器属非防爆部分,固定安装于安全场所。其安装位置应选择在便于观察维护之处,周围不应有对仪器正常工作有影响的强电磁场。

(9)要正确设定报警器的报警值。一般情况下,报警器显示的可燃气体的浓度范围是0~100% LEL。报警设定值一般在20% ~30% LEL处。具有二级报警的仪器,一级报警(高限)设定值应小于或等于20% LEL;二级报警(高高限)设定值应小于或等于50% LEL。

(10)应按检定周期对仪器进行检定,平时应定期检查仪器的报警功能。对于有试验按钮的仪器,启动报警器的试验按钮,即可检查报警器的报警功能是否正常。

可燃气体检测报警器如图4-3所示。

图4-3 可燃气体检测报警器

第三节 催化燃烧式甲烷测定器

一、催化燃烧式甲烷测定器工作原理

催化燃烧式甲烷测定器属矿井用仪器,检测原理为催化燃烧型,具体的工作原理见第三章相关内容。

二、催化燃烧式甲烷测定器典型性能

催化燃烧式甲烷测定器典型性能见表4-3。

三、催化燃烧式甲烷测定器的结构

便携式:矿井专用瓦斯气检测,泵吸式或扩散式采样,声、光、振动报警,零点、量程可调,可充电式锂离子电池,保留峰值读数,大液晶显示屏,大容量历史数据采集存储,可选配一体化SP40气泵,其远程采样可达15 m。

表 4-3　催化燃烧式甲烷测定器典型性能

仪器使用方式	便携式	固定式
传感器检测原理	催化燃烧型	
检测范围	0～4% CH_4	0～4% CH_4
检测对象	瓦斯气(甲烷)	瓦斯气(甲烷)
采样方式	扩散式	扩散式
报警方式	声、光报警	声、光多级报警
示值误差	0.1% CH_4 或(±10% VOL)	0.1% CH_4 或(±10% VOL)
响应时间	≤20 s(T90)	≤20 s(T90)
电源	DC3.6(锂充电电池)	24 VDC,220 VAC/50 Hz
防爆等级	Exibd Ⅱ CT_5	Exibd Ⅱ CT_5
输出信号		4～20 mA
工作时间	连续 10 h	
显示方式	LCD 或 LED 显示	LCD 或 LED 显示
工作环境温度	－40～60 ℃	－40～60 ℃

固定式:分为现场传感器(探测器)和安全区控制器,探测器由传感器探头、壳体、接线端子等组成,完成现场可燃气体的检测;控制器分为总线型、分线型。可以点阵式液晶显示或高亮 LED 巡回显示。可以采取两线制或三线制进行数据传输。可以实现井下与地面中心站的数据联网监测、监控及浓度显示和报警。探测器参数(测量范围、报警点、显示单位、气体种类、探测器位置等)可以单独设定。

四、催化燃烧式甲烷测定器的检定

(一)检定规程

JJG678—2007《催化燃烧式甲烷测定器》。

(二)检定用标准及设备

标准气体(空气中甲烷气体标准物质)、零点气体、气体流量计、秒表、频率计、电阻箱、直流稳压电源声级计、直流电流表、催化燃烧式甲烷测定器检定配套装置。

使用配套装置,可以直接使用报警点浓度标准气体,该配套装置共有 5 条气路,通过配套装置后面板对应接口,用连接胶管分别与清洁空气、0.5% CH_4、1.1% CH_4、1.5% CH_4、3.0% CH_4 标准气体 5 个高压气瓶上的恒压式气瓶减压器连接。恒压式气瓶减压器集减压、恒压、流量调节功能于一体,在气瓶压力 0.6～10 MPa 范围内,其输出压力相对恒定,不需进行压力调节。通过调节配套装置前面板流量计上的调节阀或减压器输出压力端上的流量调节阀可方便地调节连接管路中的气体流量,并且流量可长时间地保持稳定。检定系统配套装置连接如图 4-4 所示。

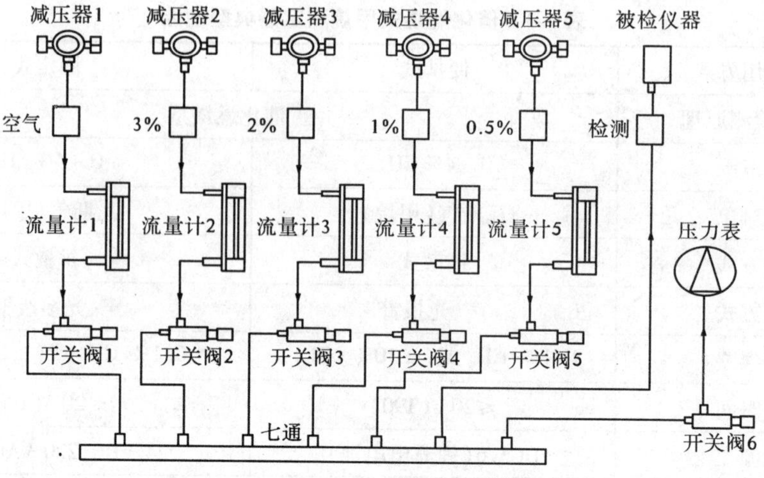

图4-4　检定系统配套装置连接

（三）主要检定项目及方法

主要检定项目及方法见表4-4。

表4-4　主要检定项目及方法

序号	检定项目		性能要求		检定方法	计算公式
			%CH_4			
1	示值误差	便携式仪器	$0<X\leq 1$	±0.10	按仪器说明书要求的流量，分别通入约为0.5% CH_4、1.5% CH_4、3.0% CH_4 的气体标准物质，读取仪器稳定示值。每点做3次，取其算术平均值为仪器各点示值，按公式计算示值误差	$\Delta X=\bar{X}-X_0$ $\bar{X}$—3次示值的平均值； X_0—通入的甲烷标准值
		固定式仪器	$1<X\leq 2$	±0.20	按仪器说明书要求的流量，分别通入约为0.5% CH_4、1.5% CH_4、3.0% CH_4 的气体标准物质，读取仪器显示的甲烷浓度值；在仪器输出端和电源负极端读取相应甲烷浓度输出的电信号值。每浓度点做3次。按公式将电信号值换算成甲烷浓度值，取算术平均值为各点浓度示值	$G=(\frac{G_m-G_0}{P_m-P_0})(P_i-P_0)$ G—输出信号 P_i 对应的甲烷浓度，%CH_4； G_m—输出信号上限对应甲烷浓度，%CH_4； G_0—输出信号下限对应甲烷浓度，%CH_4； P_i—检测的输出电信号，Hz或mA； P_m—输出信号范围上限值，Hz或mA； P_0—输出信号范围下限值，Hz或mA
		使用中仪器	$2<X\leq 4$	±0.30	按照使用说明书要求的流量和方法校准仪器后，通入约为1.5% CH_4 气体标准物质，读取稳定示值。连续做3次，取3次算术平均值为仪器示值，按公式计算示值误差	$\Delta X=\bar{X}-X_0$ $\bar{X}$—3次示值的平均值； X_0—通入的甲烷标准值

续表 4-4

序号	检定项目	性能要求	检定方法	计算公式
2	报警误差	±0.10% CH_4	按仪器说明书，将报警点设定在 1.0% 处，给仪器通入约为 1.1% CH_4 的气体标准物质，读取报警示值。重复操作 3 次，取 3 次的平均值为仪器报警值	$\Delta A = \bar{A} - A$ ΔA—仪器的报警误差； $\bar{A}$—报警平均值； A—报警设定值
3	响应时间	扩散式：20 s 泵吸式：10 s	仪器稳定后通入约为 3.0% CH_4 的标准气体，读取仪器示值；清洁空气吹洗气路，再通入同一甲烷标准气体，同时启动秒表，待仪器示值升至第一次示值的 90% 时停止秒表，此起止时间为响应时间。共做 3 次，取算术平均值为仪器响应时间	
4	零点漂移	±0.1% CH_4	便携式：连续工作 8 h，每 2 h 分别通入清洁空气和约为 3.0% CH_4 的标准气体，记录零点及 3.0% CH_4 点的示值，共做 5 次； 固定式：连续工作 24 h，前 8 h，每隔 2 h 分别通入清洁空气和约为 3.0% CH_4 的标准气体，记录零点及 3.0% CH_4 点的示值。24 h 后再测量零点及 3.0% CH_4 的气体标准物质，记录仪器示值	$X_i = S_i - Z_i$ X_i—第 i 次通入的约为 3.0% CH_4 的气体标准物质的测量值； Z_i—第 i 次零值； S_i—第 i 次通入的约为 3.0% CH_4 气体标准物质的显示值
	量程漂移	±0.2% CH_4		
5	报警声级强度	便携式： >75 dB(A) 固定式： >80 dB(A)	声级计置于环境噪音不大于 50 dB，距仪器报警声响器轴心正前方 0.5 m 处，测量 3 次，取其平均值为报警声级强度	
6	负载特性	符合示值误差规定	固定式仪器输出端串接 500 Ω 电阻，通入约为 1.5% CH_4 的标准气体，读取仪器的输出信号值。每点做 3 次，取其算术平均值为仪器各点输出信号值。按示值误差公式换算成甲烷浓度值	

五、催化燃烧式甲烷测定器的使用及注意事项

在使用中应全面了解报警器的特性，了解国家关于报警器的有关规定，使报警器真正发挥安全防护作用。

（一）报警器具有双值性特性

当空气中甲烷浓度低于 9.5% 时，甲烷能够充分燃烧，甲烷浓度越高，载体催化元件的电阻变化就越大。当空气中甲烷浓度高于 9.5% 时，甲烷不能够充分燃烧，甲烷浓度越高，载体催化元件的电阻变化就越小，如图 4-5 所示，这就是载体催化元件的双值性。

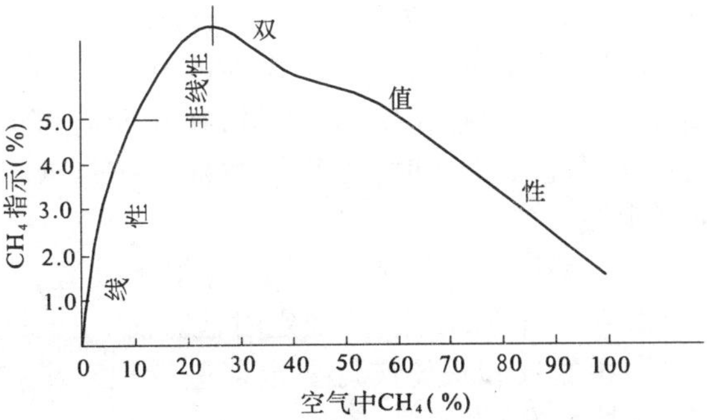

图 4-5　报警器双值性曲线

（二）检测元件的激活

当元件在甲烷浓度 1% 以下的甲

烷空气混合物中使用时，一部分 Pd 会被氧化，生成 PdO，使元件活性降低。但当空气中甲烷浓度大于 10% 时，PdO 又被还原为 Pd，元件灵敏度提高，元件被激活，元件的稳定性被破坏，并且在短时间内不能恢复。当元件被激活后，要及时用新鲜空气校准零点，用甲烷校准气样校准线性度。为避免元件被激活，低浓度甲烷传感器应具有高浓度保护功能。在煤(岩)与瓦斯突出矿井应使用高低浓度甲烷传感器。

(三)催化剂中毒

硫化物(H_2S、SO_2)、磷化物(H_3P)以及有机硅蒸气等能强烈地吸附在催化剂上，与 Pd 反应生成新的化合物，降低催化剂活性，严重时会使催化剂完全失去活性，这种现象被称为催化剂中毒。催化剂中毒分为暂时性中毒和永久性中毒。硫化物和磷化物中毒是暂时性中毒，暂时性中毒是可以恢复的。Si、Sn 等中毒是永久性中毒，是不能恢复的。一些矿井中有 H_2S 和 SO_2 气体，爆破作业也会释放 SO_2 等气体，在这些矿井中使用载体催化元件，可以选用抗中毒元件，也可以使用碱性物质和活性炭吸附剂吸附 H_2S、SO_2 等毒性物质，并定期更换吸附剂；防止失效。

(四)报警器灵敏度变化

由于高温烧结，催化剂活性物质的粒子会变大，还会升华为气态等，这些都会使元件的催化活性下降，从而使灵敏度下降。催化剂升华还会使置于同一气室的补偿元件载体上吸附微量催化剂，使甲烷能够在补偿元件上催化燃烧，从而使电桥输出灵敏度下降。

催化元件长期工作在高浓度甲烷空气混合物中，由于缺氧，甲烷不能充分燃烧，产生的碳粒子会沉积在催化剂表面或催化层的孔隙中，使催化粒子和载体粒子之间的结合力减小，导致催化层断裂、脱落，表面积减小，催化活性下降，元件灵敏度下降。为增大催化层表面积，提高元件催化活性，氧化铝载体采用多孔结构。但当元件长期处在高温下，多孔结构的氧化铝逐渐变成刚玉型氧化铝，载体表面积变小，元件灵敏度下降。

除上述影响催化元件灵敏度因素外，激活、催化剂中毒等均会使元件的灵敏度变化。因此，载体催化元件必须定期用校准气体和新鲜空气进行校准。当元件灵敏度降到初始值 50% 时，则认为元件报废。

(五)报警器的佩戴和使用要求

国家对报警器的佩戴和使用要求如下：

(1)采、掘(包括半煤岩、穿越煤层和有瓦斯释放的岩石巷道)工作面，在人员工作的地点必须设置便携式瓦斯指示报警仪(简称报警仪)。

(2)报警仪必须安放在能够真实、灵敏地反映工作地点瓦斯状况的位置(高度、风流)。

(3)放炮、机电、通风等工作中能够发生引起瓦斯爆炸火花(包括摩擦)的人员，在瓦斯有可能出现积聚的地点工作时，必须佩戴报警矿灯或矿灯报警装置。

(4)报警仪和报警矿灯(含矿灯报警装置，下同)应由专人管理、使用，并要定时检查。

(5)报警仪和报警矿灯要定期进行校对维护和检查(按标准)。

催化燃烧式甲烷测定器如图 4-6 所示。

图 4-6 催化燃烧式甲烷测定器

第四节　光干涉式甲烷测定器

一、光干涉式甲烷测定器工作原理

光干涉式甲烷测定器属于矿井用气体检测仪器，检测原理为光干射原理（雅满干涉仪原理）。光干涉式甲烷测定器是通过测量气体折射率的变化对气体成分进行定量分析的携带式仪器，测定器主要由电路、光路、气路等系统组成。测定器内部光路系统如图4-7所示。由光源发出的光，经聚光镜和狭缝到达平面镜，并经其反射与折射形成两束平行光，分别通过空气室和甲烷室，经折射棱镜折射后，两束光在 O 点及 O 点附近经平面镜折射与反射，一同进入反射棱镜，再反射入望远镜系统，在物镜的焦平面上产生干涉条纹。

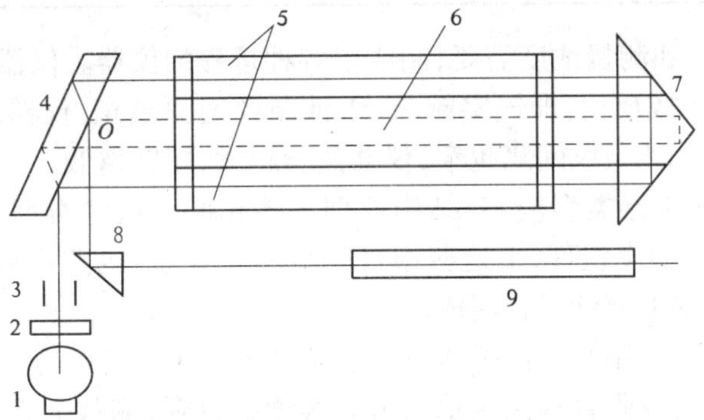

1—光源；2—聚光镜；3—狭缝；4—平面镜；5—空气室；
6—甲烷室；7—折射棱镜；8—反射棱镜；9—望远镜

图4-7　测定器内部光路系统

两相干光经过不同的气体时，由于气体密度不同，折射率也不同，因而产生光程差。当两光束相遇时，光程差决定了干涉条纹的移动，条纹移动量随气体的密度变化而变化，也就是由于气体的折射率的差值而变化。如果是混合气体，则干涉条纹的移动量随混合气体的密度变化与气体成分的百分数成比例，因此可根据观察条纹的位移数值判断被分析气体的含量。

二、光干涉式甲烷测定器典型性能

光干涉式甲烷测定器典型性能见表4-5。

三、光干涉式甲烷测定器的结构

光干涉式甲烷测定器主要用于测量矿井中的甲烷和二氧化碳的浓度。分划板的刻度是为测量甲烷浓度设计的，所以测量甲烷时，仪器的指示值即为被测甲烷的浓度。该类仪器通过测量气体的折射率 n 值，得到被测气体浓度。因为任何气体的折射率 n 值都与空气折射率 n 值不同，因此该仪器除了测量甲烷浓度外，其他任何气体都能测量。但必须具备两个基本条件：①知道被测气体的折射率 n 值，以求出其系数，将仪器指示值乘以该系数，就是被测气体的浓度；②如多种气体混合，要测出其中的某一种或几种，就必须设有气体隔离组件，将不测气体隔离，只让被测气体进入仪器进行测量。

表 4-5 光干涉式甲烷测定器典型性能

仪器使用方式	便携式
传感器检测原理	光干涉
检测范围	0～10% CH_4、0～100% CH_4
检测对象	瓦斯气（甲烷）
采样方式	手动吸入法
示值误差	±0.01%～±0.3% CH_4（0～10% CH_4）、±0.5%～±3.0% CH_4（0～100% CH_4）
响应时间	≤8 s（T90）
电源	DC3.0（干电池）
防爆等级	矿用本质安全型 Exib I
显示方式	LCD 或 LED 显示
工作环境温度	-20～40 ℃

根据测值的精度和测量浓度需要，制成了各种量程的仪器。仪器量程与气室的长度、干涉条纹间隔宽度 *N* 成反比，即气室越长、干涉条纹间隔越宽，仪器的量程越小，精度越高；反之，气室越短、干涉条纹间隔越窄，仪器量程越大，精度越低。

光干涉式甲烷测定器类型较多，结构原理大体相同。这些类型的仪器结构，大体由300多个零件组成20多个组件，由这些组件构成三个系统：电路系统、光路系统、气路系统，由这三个系统和辅助部件组合而成。

应用光干涉原理，采用光电传感器将干涉条纹的变化量转换为电信号，用单片机技术对电信号进行处理，由数码管直接显示出来。其读数直观，测数准确可靠，完全避免人眼读数的视觉和操作误差，使用方便。测定器还具有测试数据和工作人员状态存储功能，可通过计算机生成各种报表，因此测定器不单是一个检测仪器，还是一个管理仪器。

如图 4-8 所示为光干涉式甲烷测定器结构示意。

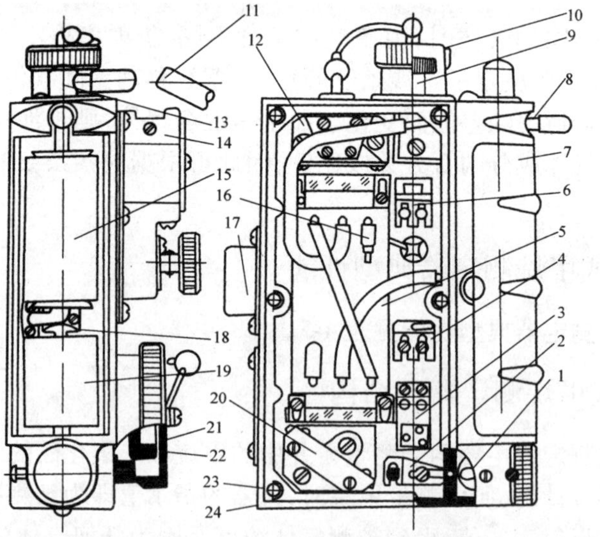

1—光源组；2—聚光镜组；3—反射棱镜组；4—物镜组；5—气室组；6—测微镜组；7—后盖；8—进气组；9—目镜组；10—目镜护盖组；11—气球组；12—折光棱镜组；13—出气嘴组；14—测微镜组；15—吸收管组；16—平衡管组；17—开关组；18—瓦斯接管组；19—电池；20—平面镜组；21—调零护盖组；22—调零组；23—本体；24—侧盖

图 4-8 光干涉式甲烷测定器结构示意

四、光干涉式甲烷测定器的检定

（一）检定规程

JJG 677—2006《光干涉式甲烷测定器》。

（二）检定用标准及设备

标准气体（空气中甲烷气体标准物质）、标准压力计、气体加压器、气体扩散箱、温度计或测温装置、光干涉型甲烷测定器检定装置（智能校验仪）。

（三）光干涉式甲烷测定器检定方法

1. 目测法

仪器的基本误差取决于干涉条纹的间隔宽度。干涉条纹的间隔宽度是由两束光出射时的分离量 C 决定的，分离量 C 是由平面镜向后倾斜与折光棱镜形成的交角 θ 决定的。平面镜向后倾斜得越大，交角 θ 值越大，条纹间隔越窄，仪器的示值比实际浓度越小；平面镜向后倾斜得越小，两镜垂直方向形成的交角 θ 值越小，条纹间隔越宽，仪器示值比实际浓度越大。因此，要达到仪器的准确度，必须调准仪器干涉条纹间隔的宽度。

气体折射率 n 与条纹移动 N 的关系式如下：

$$2L\Delta n = \lambda N \tag{4-1}$$

$$\Delta n = \frac{x}{100}(n' - n) \tag{4-2}$$

将式(4-2)代入式(4-1)得：

$$2L(n' - n)\frac{x}{100} = \lambda N \tag{4-3}$$

式中，L 为气室长度；Δn 为两种气体折射率之差；N 为条纹在分划板上移动的格数；λ 为采用的单色波长；$\frac{x}{100}$ 为被测气体的浓度；n 为空气折射率；n' 为被测气体折射率。

例如，一光干涉式甲烷测定器的气室长度 $L = 120$ mm，光束Ⅱ通过气室组测量室甲烷折射率 $n' = 1.000\ 411$，光束Ⅰ通过气室组空气室空气折射率 $n = 1.000\ 272$。设 $N = 1$，波长 $\lambda = 5.838 \times 10^{-4}$。将以上数据代入式(4-3)得到：

$$\frac{x}{100} = \frac{\lambda N}{2L(n' - n)} = \frac{5.838 \times 10^{-4}}{2 \times 120 \times (1.000\ 411 - 1.000\ 272)} = 0.017\ 5$$

计算得出，这个光干涉式甲烷测定器的条纹间隔是 1.75。即基准黑条纹对准分划板 0 位刻线，右侧第二条应在分划板 1.75 格的位置。$N = 1$，即干涉条纹在分划板上移动 1 个条纹间隔，表示被测甲烷浓度为 1.75%。

干涉条纹 1 个间隔在分划板上不易准确读出。经验上，用 4 个间隔（$N = 4$）确定仪器干涉条纹间隔宽度。由计算得知 1 个条纹间隔等于 1.75，$N = 4$ 应为 $1.75 \times 4 = 7$。由此得知，基准黑条纹对准分划板 0 位刻线，第五条条纹和分划板 7 位刻线重合，达到了条纹规定的宽度，即达到了仪器的精度。

目测法只能粗略地校对一下仪器的读数是否准确，用这种方法检定、校正是不能够满足使用要求的，但在现场缺少检验装置时可以偶尔使用。

2. 压力检定法

压力检定法是一种普遍采用的校正光干涉式甲烷测定器的方法，其设备简单、操作方便、校准精度高，比其他方法有更充足的试验和理论依据。

1）水柱压力装置

压力检定法示意图如图4-9所示。水柱压力计属于微压计。有一个贮水槽，沿水柱的刻度分布是均一的。使用前，检查水柱本身的气密性，将水柱加压到装置上限值，观察是否漏气，水柱管应充分清洁，不能有油污或柱内挂有水珠，否则应用清洗液清洗干净。使用前，水柱计的水柱面应对准零位刻度，读数以水柱的月牙面底的切线所对的刻度为准。

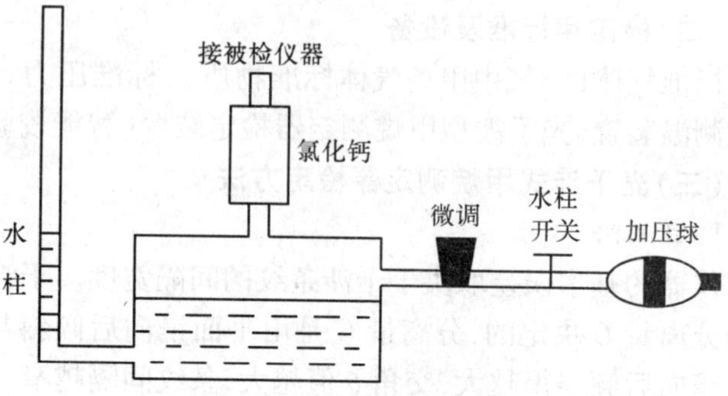

图4-9　压力检定法示意图

2）气体浓度与压力的关系

气体折射率受气压和温度的影响，可认为在任一状态下满足下式：

$$n-1=\frac{p}{T}\times\frac{T_0}{p_0}\times(n_0-1) \tag{4-4}$$

式中，n 为温度 T(K)、压力 p(Pa)状态下气体的折射率；T 为热力学温度，其值为 $(273.15+t)$，K；n_0 为温度 T_0(273.15 K)、大气压力 p_0(101 325 Pa)状态下气体的折射率。

对于甲烷气体则有：

$$n_{甲}-1=\frac{p}{T}\times\frac{T_0}{p_0}\times(n_{0甲}-1) \tag{4-5}$$

式中，$n_{甲}$ 为温度 T(K)、压力 p(Pa)状态下甲烷气体的折射率；T 为热力学温度，其值为 $(273.15+t)$，K；$n_{0甲}$为温度 T_0(273.15 K)、大气压力 p_0(101 325 Pa)状态下甲烷气体的折射率。

对于空气，则有：

$$n_{空}-1=\frac{p}{T}\times\frac{T_0}{p_0}\times(n_{0空}-1) \tag{4-6}$$

式中，$n_{空}$为温度 T(K)、压力 p(Pa)状态下空气的折射率；T 为热力学温度，其值为 $(273.15+t)$，K；$n_{0空}$为温度 T_0(273.15 K)、大气压力 p_0(101 325 Pa)状态下空气的折射率。

若光干涉式甲烷测定器的甲烷室中充满甲烷浓度为 $x\%$ 的甲烷和空气混合气体。空气室充满空气，则两室的折射率差为

$$\Delta n=\frac{x}{100}\times n_{甲}+\frac{100-x}{100}\times n_{空}-n_{空}=\frac{x}{100}(n_{甲}-n_{空}) \tag{4-7}$$

将式(4-5)、式(4-6)代入式(4-7)，得甲烷室和空气室之间气体的折射率差 Δn 为

$$\Delta n = \frac{x}{100} \times \frac{p}{T} \times \frac{T_0}{p_0} \times (n_{0甲} - n_{0空}) \tag{4-8}$$

按照温度为 293.15 K、大气压力为 p_0 的条件(标准状态)校准仪器,则根据式(4-8)知:

$$\Delta n_{标} = \frac{T_0}{293.15} \times (n_{0甲} - n_{0空}) \times \frac{x}{100} \tag{4-9}$$

若在甲烷室加上水柱压力 Δp,则有:

$$\Delta n_{校} = \frac{T_0}{p_0} \times (n_{0空} - 1) \times \frac{x}{100} \tag{4-10}$$

设在标准状态,对应于 $\Delta n_{标}$ 的干涉条纹移动量(读数)为 $x_{标}$;对应于 $\Delta n_{校}$ 的干涉条纹移动量(读数)为 $x_{校}$,则:

$$\frac{\Delta n_{标}}{\Delta n_{校}} = \frac{x_{标}}{x_{校}} = \frac{x}{x_{校}} \tag{4-11}$$

将式(4-9)、式(4-10)分别代入式(4-11),可得:

$$\Delta p_{校} = \frac{T_{校}}{293.15} \times p_0 \times \frac{n_{0甲} - n_{0空}}{n_{0空} - 1} \times \frac{x_{校}}{100} \tag{4-12}$$

式(4-12)表明在甲烷室附加的压力 $\Delta p_{校}$ 和仪器干涉条纹移动量(读数)$x_{校}$ 的关系。

在仪器的标准状态下,从式(4-12)得甲烷含量为 $x/100$ 气样所对应的水柱压力 $\Delta p_{标}$ 为

$$\Delta p_{标} = p_0 \times \frac{n_{0甲} - n_{0空}}{n_{0空} - 1} \times \frac{x}{100} \tag{4-13}$$

在仪器的非标准状态下,$\Delta p_{校}$ 用 $x_{校}$ 相应 x 的 $\Delta p_{标}$ 来表示,则可从式(4-12)、式(4-13)得 $\Delta p_{校}$ 和 $\Delta p_{标}$ 的关系:

$$\Delta p_{校} = \frac{T_{校}}{293.15} \times \Delta p_{标} \tag{4-14}$$

由式(4-14)可见,校准因子 $\frac{T_{校}}{293.15}$ 只与校准时的温度 $T_{校}$ 有关,与校准时的大气压力无关。

将式(4-13)代入式(4-14),得到:

$$\Delta p_{校} = \frac{T_{校}}{293.15} \times p_0 \times \frac{n_{0甲} - n_{0空}}{n_{0空} - 1} \times \frac{x}{100} \tag{4-15}$$

换算成水柱高度 h:

$$h = \frac{\Delta p_{校}}{\rho g} \tag{4-16}$$

式中,ρ 为水在 $T_{校}$ 时的密度;g 为压力计使用地点重力加速度。

3. 标准气样法

用标准气样来校准气体分析仪是较普遍的基本方法之一。

标准气样校准仪器时并非都是在标准状态下进行的,这时应考虑温度、压力的影响。在校准时的温度、气压为 $T_{校}$、$p_{校}$,则甲烷室(内装浓度 $x\%$ 的混合气体)和空气室气体的折射率差 $\Delta n_{校}$ 由式(4-8)得到:

$$\Delta n_{校} = \frac{x}{100} \times \frac{p_{校}}{T_{校}} \times \frac{T_0}{p_0} \times (n_{0甲} - n_{0空}) \tag{4-17}$$

气样浓度 $x\%$ 和在校准状态下它所对应的仪器读数 $x_{校}$ 之比为

$$\frac{\Delta n_{标}}{\Delta n_{校}} = \frac{x}{x_{校}} \tag{4-18}$$

由式(4-9)、式(4-17)可得:

$$\frac{x}{x_{校}} = \frac{p_0}{293.15} \times \frac{T_{校}}{p_{校}} \tag{4-19}$$

所以

$$x_{校} = \frac{293.15}{T_{标}} \times \frac{p_{校}}{101\,325} \times x \tag{4-20}$$

式(4-20)就是校准状态下标准气样浓度 $x\%$ 与其对应的仪器应得到 $x_{校}$ 的关系。

(四)光干涉式甲烷测定器检定装置

检定装置用于检定光干涉式甲烷测定器,整个装置由单管液体压力计、补偿微压计、压力调节器、五通、过滤器、截止阀、连接胶管等组成,检定装置工作原理如图 4-10 所示。调节压力调节器可以改变加到被检仪器上的压力大小,通过截止阀 K_2、K_3 的开关可选择相应压力计来测量所加压力的大小,通过截止阀 K_1 的开关,可以通大气泻压或者封闭装置气路。

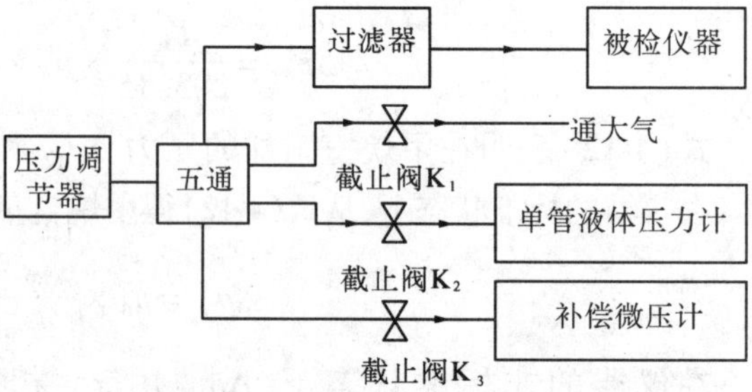

图 4-10　光干涉型甲烷测定器检定装置工作原理

装置的标准液体压力计由单管液体压力计、补偿微压计组成。单管液体压力计用于气密性能检查、6.00% 和 9.00% 两点基本误差检定,补偿微压计用于 1.00% 和 3.00% 两点基本误差检定。

单管液体压力计由底座、立柱钢架、内标式玻璃管、大容器、读数放大镜、水平泡、上下管座等构成,将五通、过滤器、截止阀等一并安装固定在其上,如图 4-11 所示。

(五)主要检定项目及方法

主要检定项目及方法见表 4-6。

五、光干涉式甲烷测定器的使用及注意事项

(一)使用前的准备

1. 注意仪器使用范围、测量范围等重要性能指标

光干涉式甲烷测定器属本质安全型,它广泛应用于矿井、环境保护、公共场所、化工、科研、国防、农业、卫生等部门易爆、易燃、温度在 −10 ~ +40 ℃范围内变化较大的场所,进行甲烷、二氧化碳等有毒有害气体浓度测量。测量范围现主要有两种:(0 ~ 10%)CH_4 和(0 ~ 100%)CH_4。

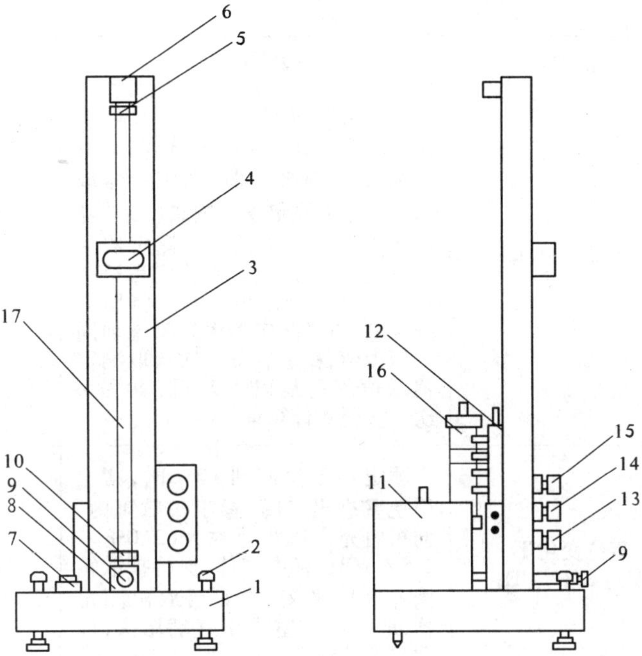

1—底座;2—底座水平调节螺钉;3—立柱钢架;4—读数放大镜;5—压紧螺母;6—上管座;
7—水平泡;8—下管座;9—放水阀;10—压紧螺母;11—大容器;12—五通;
13—补偿微压计控制阀 K_3;14—单管液体压力计控制阀 K_2;
15—液压控制阀 K_1;16—过滤器;17—内标式玻璃管

图 4-11　单管液体压力计结构

表 4-6　主要检定项目及方法

<table>
<tr><th>序号</th><th colspan="2">检定项目</th><th colspan="2">性能要求</th><th>检定方法</th><th>计算公式</th></tr>
<tr><td rowspan="9">1</td><td rowspan="9">示值误差</td><td rowspan="5">(0 ~ 10)% CH_4</td><td colspan="2">(% CH_4)</td><td rowspan="9">用清洁空气吹洗气路,时间不少于 30 s。将测定器的手动吸气球及机外的过滤器取下,并用堵头将测定器出气口堵上,用胶管连接测定器、气体加压器和标准压力计。对测量范围为(0 ~ 10%) CH_4 的测定器检定1% CH_4、3% CH_4、6% CH_4、9% CH_4 4 点,对测量范围为(0 ~ 100%) CH_4 的测定器检定 5% CH_4、10% CH_4、30% CH_4、60% CH_4、90% CH_4 5 点。环境温度为 20 ℃时,查阅压力与甲烷体积分数关系表,输入检定点对应的压力,读取测定器示值,每点做 3 次,取其算术平均值为测定器示值。按式(1)计算示值误差。检定环境温度不是 20 ℃时,输入压力按式(2)换算</td><td rowspan="9">$\Delta x = \bar{x} - x_0$　　(1)
$\bar{x}$—测定器 3 次读数的算术平均值,% CH_4;
x_0—标准值,即输入压力对应的甲烷体积分数,% CH_4;
Δx—测定器示值误差,% CH_4。
$p = 1.7665(273 + t)x$　　(2)
p—压力值,Pa;
t—环境温度,℃;
x—对应压力下的甲烷体积分数,% CH_4</td></tr>
<tr><td>$0 < x \leq 1$</td><td>±0.05</td></tr>
<tr><td>$1 < x \leq 4$</td><td>±0.10</td></tr>
<tr><td>$4 < x \leq 7$</td><td>±0.20</td></tr>
<tr><td>$7 < x \leq 10$</td><td>±0.30</td></tr>
<tr><td rowspan="4">(0 ~ 100)% CH_4</td><td>$1 < x \leq 10$</td><td>±0.5</td></tr>
<tr><td>$10 < x \leq 40$</td><td>±1.0</td></tr>
<tr><td>$40 < x \leq 70$</td><td>±2.0</td></tr>
<tr><td>$70 < x \leq 100$</td><td>±3.0</td></tr>
</table>

续表 4-6

序号	检定项目	性能要求	检定方法	计算公式
2	重复性	不超过示值误差的1/3	测量范围为(0～10%)CH_4 的测定器取3% CH_4 为检定点，测量范围为(0～100%)CH_4 的测定器取30% CH_4 为检定点。按式(2)计算检定点对应压力值。对测定器甲烷室施加计算的压力，稳定后第一次读取测定器示值。然后将压力降至零，再对测定器甲烷室施加同一压力值，稳定后第二次读取测定器示值。重复以上步骤，共做6次。按公式计算重复性	$s=\frac{1}{\bar{x}}\sqrt{\frac{\sum_{i=1}^{n}(x_i-\bar{x})^2}{5}}\times 100\%$ s—计算结果的重复性； $\bar{x}$—6 次测量的平均值； x_i—第 i 次的测量值
3	扩散性	零位变化不超过0.1% CH_4	测定器零位调到1% CH_4，堵上甲烷室进出气嘴，置于扩散箱内。向箱内充入体积分数为(2.0%～2.5%)CH_4 标准气体，保持扩散箱内外气压平衡。3 h后取出测定器，取下甲烷室进出气嘴堵头，读取零位移动量	

2. 使用前检查

为确保仪器使用中的可靠，测量准确无误，在使用前应进行以下检查。

1) 气体隔离组件检查

检查该组件吸收管内装的硅胶(或氯化钙)、钠石灰(碱石灰)药品是否失效，吸收性能是否已经降低，是否已失去隔离气体的作用，防止影响仪器准确测量和损坏仪器。

吸收管内装的硅胶，良好的为光滑深蓝色，失效后为粉红色，严重失效为不光滑粉白色；如为氯化钙，良好的颗粒大小均匀，纯白无粉末，失效后成浆糊状，后变成整个固体；如为钠石灰，良好的呈鲜艳粉红色，如变成粉白色、掉末不光滑则为失效。应将失效的药品及时更换，装满后拧紧并做简单的气密试验和畅通试验。

气体隔离组件的要求：药品装满，颗粒粒度均匀，大小适宜，一般为1.3～5 mm。若颗粒太小会造成仪器畅通不良，或进入仪器附到气室平行玻璃上影响通光，使仪器条纹不清晰；若颗粒过大，则不能充分发挥药品作用，对气体吸收能力降低，失去隔离气体的作用，影响测值准确性。隔片、隔圈相隔要均匀、平整，不得随意取掉。

换装药品方法：先松开固定螺钉，把带甲烷入口的吸收管取出，然后取出橡皮塞。为了使气体充分和药品表面接触，短的吸收管内装有3块隔片，两端的2块边缘有缺口，中间的1块有小孔，这样可使气体充分接触药品，提高吸收能力。装入药品时，应使气体先通过硅胶(或氯化钙)，再通过钠石灰(碱石灰)，避免钠石灰潮解。装好药品后两端用脱脂棉塞好，以便滤除气体中的灰尘，然后塞好橡皮塞，接好接头，把吸收管装入仪器内，用螺钉固好。

气密性检查方法：首先检查吸气球是否漏气。检查的方法为用右手捏紧吸气球，将球捏扁，压出球内气体。用左手拇指压住球上的橡皮管口，如球不膨胀还原，就证明不漏气。

漏气的吸气球可以从气球是否破损、活芯子是否清洁等方面来找出原因,或修补,或吹洗干净,或更换。其次检查仪器各部分是否漏气。检查的方法为对整个测定器甲烷室气路系统施加7 000 Pa压力,保持10 min,计算后5 min内压力下降是否超过10 Pa。若小于10 Pa,说明不漏气;否则应对各接口部分分别进行检查,找出原因进行检修。

2)检查调节、操作部位

仪器调节操作部位的开关、调零手轮、测微手轮、目镜组手轮,要求组装牢固可靠。在调节过程中,应平稳、柔和、灵活、可靠,不得有松动、卡滞杂音、急跳等现象。

3)电路系统检查

电路系统要求接触良好。分别按下开关光源按钮和测微器按钮灯泡亮,松手后灯泡灭为良好。不得出现忽明忽暗或按下按钮灯不亮,以及松手后灯常明等不良现象。若出现以上现象,应及时检查电路系统是否短路、断路,尤其电池发热或灯亮由亮很快变红等严重的短路现象。电池装入仪器中很快没电,一是电池质量;二是严重漏电,如电池接触片下钢纸垫圈受潮等,绝缘不好造成漏电或短路。

4)干涉条纹检查

干涉条纹要求:转动凋零手轮应能找到干涉条纹,并应明亮清晰,不得有影响读取示值的弯曲和倾斜。条纹在全量程范围内移动时,不得有急跳现象,并无颜色的变化。微动吸气球应能见到干涉条纹的移动。转动测微手轮,干涉条纹的移动量应与测微手轮的刻度相对应。

检查方法:把电池装好,按下按钮,由目镜观察,旋转保护玻璃框,调整视度观察数字到最清晰,再看干涉条纹是否清晰。干涉条纹如果不清晰,须调整灯泡位置。调整灯泡位置的方法是,先把灯座的上盖取下,松动螺纹夹箍,在微微拨动灯泡接触头的同时,由目镜观察条纹,一直调节到干涉条纹清晰、明显为止。调好后,再旋紧螺丝夹箍。操作时要细心,以免旋紧夹箍时又使条纹失去清晰。如一再拨动仍不能调到清晰,必须换灯泡再试。

5)分辨率检查

分辨率为0.02%。

检查方法:将测微器调到零位,分划板上左黑条纹调到1%,转动测微手轮,使测微器从0转到1%,分划板上原对1%的黑条纹应恰好回到分划板的零位为分辨率合格。如过了零或没到零,超过规定值,应上下移动测微镜组调整好。

6)用新鲜空气清洗气室

清洗要求:使用前必须在和使用地区温度相近(相差不超过±10 ℃)的新鲜空气中清洗甲烷气室。

清洗方法:在甲烷出口用吸气球握压五六次,使新鲜空气进入仪器,洗净甲烷室中残存的气体,并换以新鲜空气,与空气室中空气的折射率一样,以进行第二步的零位调整工作。对于空气室的洗净,可定期拆开盒盖,利用吸气球在橡皮堵头处吸五六次,使空气室中都是新鲜空气后再塞好橡皮堵头。

上面提到清洗甲烷气室须在和使用地区温度不超过±10 ℃的新鲜空气中的理由如下:第一,不同温度的气体的折射率不同,因此当和测量地点的温度差别太大时会引起测量误差;第二,这种仪器对于温度的变化是比较敏感的,温度的变化会引起干涉条纹的移动（“跑正”或“跑负”）。为了减小这种误差，仪器对零和使用前的安放地点与使用地区温度接近是有实际意义的。

7）干涉条纹的零位调整

调整要求：测量前，必须将仪器调好零位，当井下与地面温差不超过 ±10 ℃时，可以在地面调零；当地面和井下温差超过 ±10 ℃时，应到井下空气新鲜，温度、压力接近测定地点处调零。调整零位时，必须将干燥管、吸收管都接入测量气路，握压 5 ~ 6 次气球，将水蒸气、二氧化碳隔离，进入仪器的为纯空气。

调零方法：按下开关按钮，转动测微器手轮，从测微器组读数窗中观察刻度盘刻线零与指示板线重合（称小数回零），然后握压 5 ~ 6 次气球，拧开调零护盖，拧动调零手轮。从目镜组中观看，基准黑条纹和分划板零位刻线重合（称对零），拧上调零护盖（在测量过程中不许拧开）。

（二）测量

1. 甲烷浓度测量

到测量地点，将背在身上的仪器转到胸前，一手拿气管伸送到测量点，另一手握压气球 5 ~ 6 次，放下气球，收回气管。左手按下光源开关按钮，从目镜组中观察原对零黑条纹移动的位置，并从中读取正数值，然后从测微器读数窗中读出小数值，将两者相加，结果为被测甲烷浓度值。

2. 其他气体浓度测量

该仪器除能测甲烷气体浓度外，也可测其他气体浓度。测量其他气体的浓度，必须知道被测气体的折射率 n，以求出系数 k，将仪器指示值乘以 k，就是被测气体的浓度。

$$k=\frac{n'-n}{n_b-n} \tag{4-21}$$

式中，n'为甲烷折射率；n 为空气折射率；n_b 为被测气体折射率。

例如，测量二氧化碳气体浓度。当温度为 20.0 ℃、大气压力为 101 325 Pa 时，甲烷折射率 $n'=1.000\ 411$，空气折射率 $n=1.000\ 272$，二氧化碳折射率 $n_b=1.000\ 418$，代入式（4-21）得 $k=0.95$，将仪器指示值乘以 0.95，就是二氧化碳的浓度。

（三）使用中应注意的问题

1. 干涉条纹不清晰的原因

测定时空气中湿度过大，会使光学零件上有雾产生，灰尘容易附在上面，而使干涉条纹不清晰，因此必须用氯化钙来吸收水汽，必要时可在仪器外再添装一支氯化钙吸收管。此外，光源各部分的接触不良、灯泡振动都会影响干涉条纹的清晰。如在煤矿井下，可由使用人员到进风大巷内调节。

2. 所测甲烷读数比实际含量偏高的原因

其原因可能是：钠石灰失效，吸收能力降低。这是由于二氧化碳进入甲烷气室，把甲烷和二氧化碳的混合含量误认为甲烷含量，测得的读数偏高。因此，应注意保管和检查钠石灰。如药品吸收能力很好而读数仍偏高，这是由于药品颗粒过大，气体通过吸收管的速度较快，接触时间太短，因此不能完全吸收。如从甲烷含量高转到含量低的地点进行测定，读数会偏高，原因是吸气球或吸气球到气室之间漏气，进气管路堵塞或被压，或前一地区进入仪器中的甲烷不能被后一地区的甲烷完全置换，所以应检查仪器的进出气系统。

3. 所测甲烷读数比实际含量偏低的原因

(1)气室上所装盘形管和橡皮堵头以及与空气连接的各段接头有漏气破裂情况，使空气室中的空气不新鲜，折射率增大。这样使空气室中的折射率差值降低，读数也随之降低。

(2)甲烷入口、甲烷出口和吸气球漏气，接头不紧，吸气能力降低，吸气量不足，因此在吸气时，附近的气体渗入甲烷气室，冲淡了要测定的气体，结果读数偏低。

(3)在准备工作地点校正零位空气不新鲜，或空气室与甲烷气室之间相互串气。如一再校正，仍不能返回零位，以及气路不通，盘形管堵塞，遇有这种情况，应进行检修。

光干涉式甲烷测定器如图 4-12 所示。

图 4-12　光干涉式甲烷测定器

第五节　热导式氢分析器

一、热导式氢分析器工作原理

热导式氢分析器是通过混合气体导热率的测量来决定混合气体中某种气体的含量。在混合气体中氢气的导热率最高，比氮气、氧气等高出 7 ~ 8 倍，因此当混合气体中背景气体或其他成分基本保持恒定时，混合气体的导热率基本取决于氢气的多少，这样根据混合气体导热率不同，就可测出所含氢气的多少。热导式氧分析器适用于热电厂、化肥厂等非防爆的场所。具体的工作原理见第三章相关内容。

二、热导式氢分析器典型性能

热导式氢分析器典型性能见表 4-7。

表 4-7　热导式氢分析器典型性能

仪器使用方式	台式
传感器检测原理	热导式
检测范围	0～1%，0～10%，40%～80%，75%～100%，90%～100%等
检测对象	氢气
采样方式	扩散式、泵吸式
报警方式	可设置多组报警点
示值误差	不超过 ±2% *FS*
响应时间	≤15 s(T90)
电源	220 VAC ±10%　50 Hz ±1 Hz
防爆等级	隔爆、非防爆
输出信号	4～20 mA 或 RS485
显示方式	液晶浓度显示或 LED 显示
工作环境温度	5～45 ℃

三、热导式氢分析器的结构

微处理器和数字处理技术，大屏幕 LCD 显示，全中文菜单操作，且有操作功能提示，操作简单高效。手动/自动校准、双量程自动切换，全数字化处理，更加准确稳定可靠。标准 RS232 数字通信功能，可直接与电脑或 DCS 连接。具有软启动和看门狗功能。输出为同步、隔离的(4～20)mA 及(1～5)V 信号，电流输出负载≤400 Ω，电压输出负载≥250 Ω。具有完全隔离的校准、故障、报警、量程转换等状态的输出信号。具有故障、报警指示与提示功能。

四、热导式氢分析器的检定

(一)检定规程

JJG 663—1990《热导式氢分析器》。

(二)检定用标准及设备

标准气体(氢氮混合气体)、零点气体、U 型压力计、秒表、自动平衡记录仪、频率计、大气压计、绝缘电阻表、三通切换阀、减压阀及气路、交流耐压试验台等。检定系统参见图 4-1或图 4-2。

(三)主要检定项目及方法

主要检定项目及方法见表 4-8。

表 4-8 主要检定项目及方法

序号	检定项目	性能要求	检定方法	计算公式
1	基本误差	±2% ~ ±5%	用零点校准气体和浓度值为测量范围上限值的氢氮混合气体标准物质,分别校准仪器测量范围的下限和上限,然后在测量范围内依次通入浓度值为量程 15%、50%、85% 左右的氢氮混合标准气体,每次测量后,待示值稳定,读取数值。重复上述步骤 3 次,取其算术平均值。按公式计算基本误差 A	$A=\frac{\bar{C}-C_s}{R}\times 100\%$ $\bar{C}$—3 次测量的平均浓度; C_s—标准气体浓度; R—被检仪器量程
2	重复性	不超过基本误差的 1/2	用零点校准气体和浓度值为测量范围上限值的氢氮混合气体标准物质,分别校准校准仪器测量范围的下限和上限,然后通入浓度值为量程 85% 左右的氢氮混合气体标准物质,待示值稳定后,读取数值,再用零点气体将仪器示值回零。重复测量 6 次,按公式计算相对标准偏差 C_v	$C_v=\frac{1}{\bar{C}}\sqrt{\frac{\sum_{i=1}^{n}(C_i-\bar{C})^2}{n-1}}\times 100\%$ $\bar{C}$—n 次数值的平均值; C_i—第 i 次的测量值; n—测量次数
4	响应时间	非扩散型≤30 s 扩散型≤40 s	校准仪器零点,零点稳定后,经三通切换阀向仪器通入浓度值为量程 85% 左右的标准气体,用秒表测量从切换阀门的瞬时到仪器指示被测气体中氢气浓度值的 90% 所需要的时间。测量次数不得少于 3 次,取其算术平均值	
5	零点漂移	不超过基本误差	通入零点校准气体,将示值调到量程的 5% 处,示值稳定后记录读数 Z_s,然后切换通入浓度值为量程 85% 的标准气体,待示值稳定记录读数 W_s,再切换通入零点气体,24 h 后记录读数 Z_e,然后切换通入 85% 左右的标准气体,示值稳定后记录读数 W_e。按公式计算零点漂移误差 Z_D 和量程漂移误差 R_D	$Z_D=\frac{Z_e-Z_s}{R}\times 100\%$
	量程漂移	不超过基本误差		$R_D=S_D-Z_D$ $S_D=\frac{W_e-W_s}{R}\times 100\%$

五、热导式氢分析器的使用及注意事项

热导式气体分析器是测量(热导率相差甚大的)两种混合气体中某一组分的有效方法。主要用于测量 H_2 的含量,也常用于测量 CO_2、SO_2、Ar 的含量。典型的应用场合包括:氨厂合成气体中 H_2 含量测量,加氢装置中 H_2 纯度测量,电解水制氢、氧过程中纯 H_2 中 O_2 和纯 O_2 中 H_2 的测量,氯气生产流程中 Cl_2 中 H_2 的测量,碳氢化合物气体中 H_2 含量测量,氢冷发电机组中 H_2 的监测等。

(一)对测量误差的影响因素

热导式气体分析器是一种选择性较差的分析仪器,尽管在仪器的设计及制造中采取了种种措施,又规定了使用条件,在一定程度上抑制或削弱了某些干扰因素的影响,但其基本误差一般都在 ±2%。究其原因,主要是由于背景气组分对分析结果的影响。

工业气相色谱仪的热导检测器和热导式气体分析器的检测器完全相同,但前者测量

精度远高于后者。其原因是被测样品通过色谱柱分离后，进入热导池的仅是单一组分和载气的二元混合气体，而在热导式气体分析器中就难以做到这一点，背景气体往往是多元气体的混合物，它们对样气的导热性能会产生不同程度的影响，当背景气的组成变动时，其影响就更大。热导式气体分析器的测量误差由基本误差和附加误差两部分组成，基本误差是由其测量原理、结构特点、各环节的信号转换精度及显示仪表精度等条件决定的。即分析器在规定条件下工作时所产生的误差。而附加误差是由于对仪器的调整、使用不当或外界条件变化带来的误差。热导式气体分析器产生附加误差的主要因素是：标准气体的组成和精度，干扰组分、灰尘和液滴的存在，样气的压力、流量、温度的变化，电桥工作电流的变化等。

1. 标准气的组成和精度的影响

热导式气体分析器同其他一些分析仪器一样，需要定期用标准气体进行校准，不同之处是，热导式气体分析器对标准气体的要求更高一些。从原则上说，标准气体中背景气体的组成和含量应和被测气体一致，这一点实际上难以做到，但应保证标准气体中背景气体的热导率与被测气体中背景气体的热导率相一致，否则要对校准结果进行修正。此外，要保证标准气体的准确度，其误差不得大于仪器基本误差的一半。

2. 样气中存在干扰组分时的影响

样气中存在干扰组分是产生附加误差的重要因素。如用热导式二氧化碳分析器分析烟道气中的 CO_2 含量，烟气中的 SO_2 就是干扰组分，它的热导率是 CO_2 热导率的 1/2，如果烟气中含 1% 的 SO_2，将会使分析结果产生近 2% 的误差，因而了解背景气体中存在的干扰组分及其对测量的影响是非常必要的。

当干扰气体浓度不是 10% 时，使用表 4-8 中的数据依然可以得到近似的结果。即使干扰气体浓度高达 25%，该表数据依然有效。除了零点，线性偏差也会受到干扰气体的影响，因为大部分气体的热导率是非线性变化的。但是，对于绝大多数气体而言，当其浓度较低时，这种影响几乎是可以忽略的。

实际工作中，可考虑修正干扰气体对测量结果的影响。当干扰组分含量很少时，也可以采用一定的装置或化学试剂将干扰组分滤除掉。

3. 样气中存在液滴和灰尘的影响

样气中若含有液滴，在热导池内蒸发将吸收大量的热，对分析的影响很大。因此，要求样气的露点至少低于环境温度 5 ℃，否则要采取除湿排液措施。

样气中若含有灰尘或油污，通过热导池时不仅玷污了电阻丝表面，也玷污了池壁，从而改变了热导池的传热条件，也改变了仪器的特性。所以，样气进入仪器之前应充分过滤除尘。

4. 样气流量、压力、温度变化的影响

不同类型的热导池对样气的压力和流量的稳定性要求不同。样气压力和流量的变化对于直通型、对流型及对流扩散型热导池的分析器都有不同程度的影响。当流量变化时，气体从热导池内带走的热量要发生变化，气体压力变化也会使气体带走的热量不稳定，而且使对流传热不稳定，引起分析误差。

样气温度变化对热导池的影响是显而易见的，经粗略计算，采用无温控装置的测量电桥分析 CO_2 时，其含量每变化 2%，仪表指示值将产生 5% 左右的相对误差。所以，热导式气体分析器中均配有温控系统，恒温温度一般在55～60 ℃，温控精度均达到±0.1 ℃，有的可达±0.03 ℃。恒温装置有一定的功率限制，当环境温度过高或过低，超过仪器规定的使用条件时，恒温系统就会失去作用而引入附加误差。所以，热导式气体分析器的检测器一般都安装在环境温度变化不太大的分析小屋内。

5. 电桥工作电源稳定性的影响

不平衡电桥的电源电压是否稳定对分析准确性影响甚大。一般来说，如要求分析精度达到±1%，则电桥桥流的稳定性必须保持在±0.1%左右。所以，几乎所有的热导式气体分析器的电桥都采用稳定性很高的稳流（或稳压）电源。

（二）调校和检修

1. 调校

（1）分析器必须预热至热稳定后再进行校准（注意：仪器必须在通气的情况下预热，否则会烧坏元件）。

（2）标准气体中背景气体的热导率要与被测气体背景气体的热导率相一致，否则要进行修正。

（3）标准气体的流速要等于工作时被测气体的流速。

（4）手动校准时，应注意满足仪器切换时间的要求，否则可能导致错误的校准结果。例如，零点校准时，接通零点气体后应等待1 min再校准零点；零点校准完毕切换到量程校准，时间间隔约为1 min，再加上量程校准也有1 min的等待时间，故约有2 min的时间间隔。这个时间延迟是考虑到气路中气流的充分置换及稳定。

（5）需要准确校准时，要多校几点。

2. 检修

热导池是热导式气体分析器的心脏部件，作为桥臂的热丝，尤其是裸丝，更是精细脆弱，极易受损，而且热丝的安装十分讲究，其垂直度、偏心度稍有偏差，便会给测量精度带来直接影响，因此如无必要，最好不要轻易拆卸。热导池检修方法如下：

（1）拧开测量臂和参比臂引线的固定螺钉，拆开引线，卸下固定热丝的压帽，轻轻提出热丝。值得注意的是，对于封闭的参比气室绝不可拆卸，否则会导致参比气室中封入的气体泄漏，仪表将无法使用。

（2）用清洁、干燥的仪表空气吹扫热导池内孔。如果污染严重，可用有机溶剂和无水酒精溶解清洗，再用仪表空气吹干。

（3）用数字万用表测量热丝的阻值，其常温下的阻值应与相关资料给出的数据相符，而且4个桥臂的阻值要匹配，否则应更换热丝。更换热丝要保证4个桥臂的对称性。

（4）对覆盖玻璃膜的热丝，可采用以上方法清洁，同时要检查热丝的玻璃膜有无龟裂、引线有无异常。更换老化的或有伤痕的桥臂密封O形圈。

（5）把清洁好的热导池安装复原，安装时要确保热丝对中、垂直。

（6）安装好的热导池要做严格的气密性检查。检查方法是，给热导池封入10 kPa压力，15 min压力降应不大于0.4 kPa。

热导式氢分析器如图4-13所示。

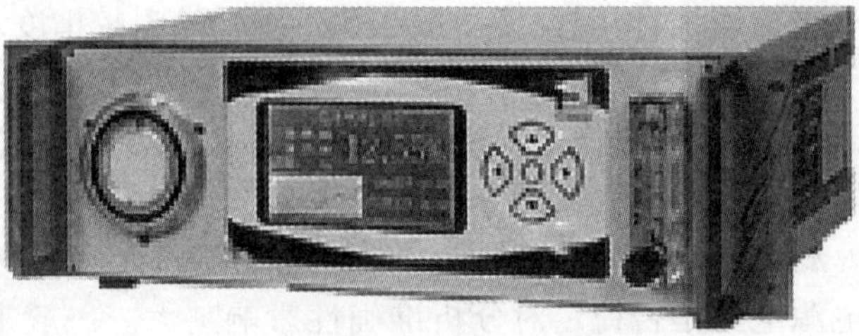

图 4-13　热导式氢分析器

第六节　催化燃烧型氢气检测仪

一、催化燃烧型氢气检测仪工作原理

催化燃烧型氢气检测仪的检测原理为催化燃烧型，具体的工作原理见第三章相关内容。

二、催化燃烧型氢气检测仪典型性能

催化燃烧型氢气检测仪典型性能见表 4-9。

表 4-9　催化燃烧型氢气检测仪典型性能

仪器使用方式	便携式	固定式
检测范围	0～100% LEL	0～100% LEL
最小示值	1% LEL	1% LEL
采样方式	泵吸式、扩散式	扩散式
报警方式	声、光报警	声、光多级报警
示值误差	不超过 ±5% *FS*	不超过 ±5% *FS*
响应时间	≤30 s(T90)	≤30 s(T90)
电源	DC3.6(锂充电电池)	24 VDC,220 VAC/50 Hz
防爆等级	Exiad Ⅱ CT_6	Exd Ⅱ CT_6
传感器寿命	>2 年	>2 年
工作环境温度	-20～50 ℃	-40～70 ℃

三、催化燃烧型氢气检测仪的结构

催化燃烧型氢气检测仪由气路、传感器、放大电路、显示系统、报警系统组成。其与催化燃烧型可燃气体报警器结构基本相同，同属于可燃气体检测报警器，被广泛应用于石油、化工、冶金、电力、建材、气象、军工、电子等行业有氢气存在的环境场所，监测氢气的浓度。

四、催化燃烧型氢气检测仪的检定

（一）检定规程

JJG 940—1998《催化燃烧型氢气检测仪》。

（二）检定用标准及设备

标准气体、转子流量计、秒表、绝缘电阻表。检定系统参见图 4-1 或图 4-2。

（三）主要检定项目及方法

主要检定项目及方法见表 4-10。

表 4-10　主要检定项目及方法

<table>
<tr><th>序号</th><th>检定项目</th><th colspan="2">性能要求</th><th>检定方法</th><th>计算公式</th></tr>
<tr><td rowspan="3">1</td><td rowspan="3">示值误差</td><td colspan="2">$\% H_2$</td><td rowspan="3">仪器校准后，按说明书要求的流量，分别通入体积分数为 1%、2%、3% 的标准气体，待示值稳定后记录仪器示值，每种浓度重复 3 次，取算术平均值，按公式计算示值误差 Δ</td><td rowspan="3">$\Delta=\bar{\varphi}-\varphi_s$
$\bar{\varphi}$—3 次测量值的算术平均体积分数值；
φ_s—标准气体体积分数值</td></tr>
<tr><td>≤2</td><td>±0.2</td></tr>
<tr><td>>2</td><td>±0.3</td></tr>
<tr><td>2</td><td>重复性</td><td colspan="2">2.5%</td><td>仪器校准后，按说明书要求的流量通入体积分数为 2% 的标准气体，待示值稳定后记录仪器示值，重复测量 6 次，按公式计算相对标准差 C_v</td><td>$C_v=\frac{1}{\bar{\varphi}}\sqrt{\frac{\sum_{i=1}^{n}(\varphi_i-\bar{\varphi})^2}{n-1}}\times 100\%$
φ_i—第 i 次测量值；
n—测量次数；
$\bar{\varphi}$—n 次测量值的算术平均值</td></tr>
<tr><td>3</td><td>报警误差</td><td colspan="2">$\pm 0.2\% H_2$</td><td>仪器调零，示值为 $0.8\% H_2$，重复 3 次，使报警信号出现时示值为 $0.8\% H_2$，最后调回零点。通入体积分数为 1% 的标准气体，记下报警信号实际读数，重复 3 次，按公式计算报警误差 ΔA_i，最大的 $|\Delta A_i|$ 值为报警误差</td><td>$\Delta A_i=\varphi_i-\varphi_A$
φ_i—3 次测量报警点的读数；
φ_A—报警设定点体积分数值</td></tr>
<tr><td>4</td><td>响应时间</td><td colspan="2">20 s</td><td>调零后，按仪器说明书要求的流量，通入浓度为 3% 的标准气体，记录仪器的稳定示值，然后断开气源，待仪器自动回零后，再分别 3 次通入上述标准气体，同时启动秒表，记录开始通气至仪器显示稳定值 90% 时所需的时间，取 3 次测量的算术平均值作为响应时间</td><td></td></tr>
<tr><td rowspan="2">5</td><td>零点漂移</td><td colspan="2">不超过示值误差</td><td rowspan="2">仪器连续工作 6 h，每 2 h 分别通入清洁空气和 $2\% H_2$ 标准气体，记录各次测量的零点及 $2\% H_2$ 标准气体的示值，共做 4 次。仪器的零点漂移用 4 次零点测量值的最大偏差表示。仪器的量程漂移用 4 次的量程测量值之间的最大偏差表示。仪器每次的量程测量值按公式计算</td><td rowspan="2">$X_i=S_i-Z_i$
X_i—第 i 次通入约为 $2.0\% H_2$ 标准气体的测量值；
Z_i—第 i 次零点测量值；
S_i—第 i 次通入约为 $2.0\% H_2$ 标准气体的显示值</td></tr>
<tr><td>量程漂移</td><td colspan="2">不超过示值误差</td></tr>
<tr><td>6</td><td>绝缘电阻</td><td colspan="2">符合示值误差规定</td><td>仪器在不通电的情况下，用不低于 500 V 绝缘电阻表测量电源引入线与外壳之间的绝缘电阻</td><td></td></tr>
</table>

五、催化燃烧型氢气检测仪的使用及注意事项

与催化燃烧型可燃气体检测报警器相同，详见本章第二节。

第五章　有毒有害气体检测

第一节　概　述

在石油、化工、天然气等领域,有毒有害气体的泄漏普遍存在。产生泄漏的主要原因有:生产设备、容器、储罐或连接管线的材质缺陷,如铸件内的蜂巢、焊接时造成的构筑蜂巢等;管子连接件松动或密封垫片、环圈不严密;工艺介质对容器、储罐、管线、焊接处的长期侵蚀、腐蚀等;人为疏失。

泄漏的危险气体会很快被空气稀释,因此具体泄漏位置较难查寻。泄漏本身是十分危险的,它可能导致错误操作、损坏设备、污染环境,甚至造成重大火灾、爆炸、中毒事故。所以,应在生产现场设置可燃、有毒气体检测报警器,及时检测并发出报警信号,以便采取措施,防止上述事故的发生。

可燃、有毒气体检测报警器有固定安装式、便携式、个人佩戴式几类产品。一般由检测器、采样装置、指示器和报警显示器等部分组成。

检测器又称传感器或探头。按工作原理主要有定电位电解型(通常称为电化学型)、气敏电极型(又称隔膜电极型)、半导体气敏型(它既可以测可燃气体,也可以测有毒气体)、光离子化型(又称 PID 型)等几种,其中定电位电解型使用较为广泛。

采样装置按采样方式可分为扩散式、泵吸式两种结构。扩散式是指被测气体自然扩散进入检测器内,这种结构使用最为普遍,但其反应速度较慢,测量结果易受风向、风速等环境条件和安装位置的影响。泵吸式检测器带有一个吸气泵,连续地把气体吸入到检测元件内部,这种结构的检测器反应速度快,而且不受环境条件的影响。

指示器用于被测气体浓度指示。

报警显示器用于报警值设定和报警显示,并能输出开关信号给其他报警器件和执行机构。

本章着重介绍有毒有害气体的检测,包括一氧化碳、二氧化碳、六氟化硫、硫化氢、二氧化硫、氮氧化物及甲醛等气体的检测。对各类仪器的介绍内容和重点与第四章类同。

第二节　一氧化碳、二氧化碳红外线气体分析器

一、一氧化碳、二氧化碳红外线气体分析器工作原理

仪器的检测原理为不分光型(非色散)红外线吸收型。具体工作原理见第三章相关内容。

二、可燃气体检测报警器典型性能

可燃气体检测报警器典型性能见表5-1。

表5-1 可燃气体检测报警器典型性能

仪器使用方式	便携式	流程式
传感器检测原理	催化燃烧式、半导体式、热导式	
检测范围	0~50 ppm 或 0~1 000 ppm	0~50 ppm 或 0~1 000 ppm
检测对象	CO、CO_2	CO、CO_2
分辨率	0.1 ppm	0.1 ppm
重复性	≤1% *FS*	≤1% *FS*
采样方式	扩散式、泵吸式	扩散式
报警方式	声、光报警	声、光多级报警
示值误差	不超过 ±5% *FS*	不超过 ±5% *FS*
响应时间	≤90 s(T90)	≤90 s(T90)
电源	DC6.0(锂充电电池)、220 VAC/50 Hz	220 VAC/50 Hz
防爆等级	Exib Ⅱ CT_5	Exib Ⅱ CT_5 或 Exd Ⅱ CT_5
输出信号		4~20 mA 或 RS485
水汽干扰误差	不超过 ±2%	不超过 ±2%
显示方式	LCD 或 LED 显示	
工作环境温度	0~35 ℃	-10~50 ℃

三、一氧化碳、二氧化碳红外线气体分析器的结构

红外线气体分析器所使用的检测器分为气动检测器和固体检测器。气动检测器主要有薄膜电容检测器和微流量检测器；固体检测器主要有光电导检测器和热释电检测器。采用气动检测器的红外线气体分析器，其光学系统一般为双光路结构，测量方式属于不分光型。

图5-1是薄膜电容检测器型双光路红外分析器的原理。仪器采用单光源和薄膜电容检测器，测量气室和参比气室采用单筒隔半型结构，接收气室属于串联型，有前、后两室，两者之间用晶片隔开。

在检测器的内腔中位于两个接收室的一侧装有薄膜电容检测器，通过参比气室和测量气室的两路光束交替地射入检测器的前、后吸收室。在较

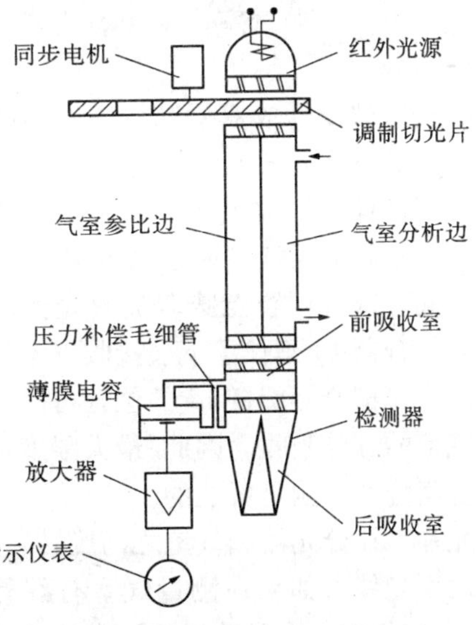

图5-1 薄膜电容检测器型双光路红外分析器的原理

短的前室充有被测气体，这里辐射的吸收主要发生在红外光谱带的中心处，在较长的后室也充有被测气体，由于后室采用光锥结构，它吸收谱带两侧的边缘辐射。

当测量气室通入不含待测组分的混合气体(零点气)时，它不吸收待测组分的特征波长，红外辐射被前、后接收气室内的待测组分吸收后，室内气体被加热，压力上升，检测器内电容器薄膜两边压力相等。接收气室的几何尺寸和充入气体的浓度都是按上述原则设计的。

当测量气室通入含有待测组分的混合气体时，因为待测组分在测量气室已预先吸收了一部分红外辐射，所以射入检测器的辐射强度变小。此辐射强度的变化主要发生在谱带的中心处，主要影响前室的吸收能量，使前室的吸收能量减小。被待测组分吸收后的红外辐射把前、后室的气体加热，使其压力上升，但能量平衡已被破坏，所以前、后室的压力就不相等，产生了压力差。此压力差使电容器膜片位置发生变化，从而改变了电容器的电容量。因为辐射光源已被调制，因此电容的变化量通过电气部件转换为交流的电信号，经放大后处理后得到待测组分的浓度。

图 5-2 是微流量检测器型双光路红外分析器光学系统示意图。它是一种采用微流量检测器的双光路红外分析器。可调红外光源 1 被加热到约为 700℃，光源发出的光经过光束分离器 3 被分成两路相等的光束(测量光束和参比光束)，红外光源可左右移动以平衡光路系统，光束分离器同时也起到滤波气室的作用。

参比光束通过充满 N_2 的参比气室 8，然后未经衰减地到达右侧参比接收气室 11。测量光束通过流动着样气的测量气室 7，并根据样气浓度的不同而产生或多或少的衰减后到达左侧测量接收气室 10。接收气室内充填有特定浓度的待测气体组分。

接收气室被设计成双层结构。光谱吸收波段中间位置的光优先被上层气室吸收，边缘波段的光几乎同样程度地被上层气室和下层气室吸收。上层气室和下层气室通过微流量传感器 12 连接在一起。这种耦合意味着吸收光谱的带宽很窄。光耦合器 13 延长了下层接收气室的光程长度。改变光耦合器旋杆 14 的位置可以改变下层检测气室的红外吸收。因此，最大限度地减少某个干扰组分的影响是可能的。

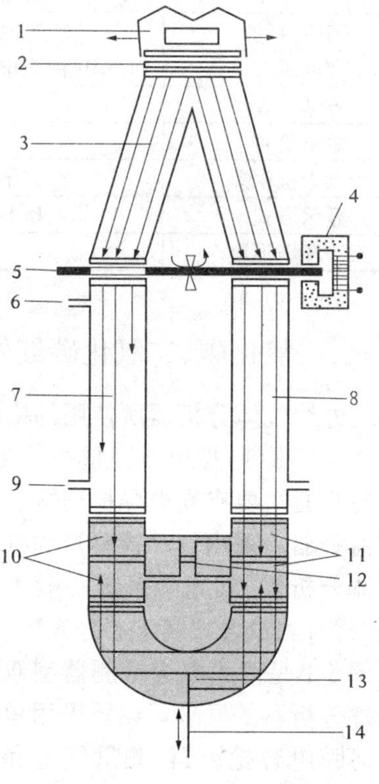

1—可调红外光源；2—光学过滤器；
3—光束分离器(兼滤波气室)；4—旋转电流驱动器；
5—切光片；6—样气入口；7—测量气室；
8—参比气室；9—样气出口；10—测量接收气室；
11—参比接收气室；12—微流量传感器；
13—光耦合器；14—光耦合器旋杆

图 5-2 微流量检测器型双光路红外分析器光学系统示意图

切光片 5 在分光器和气室之间旋转，周期性地切断两束光线。如果在测量气室有红外光被吸收，那么就将有一个脉冲气流被微流量传感器 12 转换成一个电信号。微流量传感器中有两个被加热到大约为 120 ℃的镍格栅，这两个镍格栅电阻和两个辅助电阻形成惠斯通电桥。脉冲气流反复流经微流量传感器，导致镍格栅电阻阻值发生变化，使电桥产生补偿，该补偿数值取决于被测组分浓度的大小。

四、一氧化碳、二氧化碳红外线气体分析器的检定

（一）检定规程

JJG 635—1999《一氧化碳、二氧化碳红外线气体分析器检定规程》。

（二）检定用标准及设备

标准气体（一氧化碳、二氧化碳）、零点气体（高纯氮气）、干扰气（5% CH_4/10% CO_2/N_2，5% CH_4/10% CO/N_2，0. 5% CH_4/0. 5% CO_2/N_2，0. 5% CH_4/0. 5% CO/N_2）、流量计、秒表、记录仪、大气压计、鼓泡器、绝缘电阻表、绝缘强度测试仪。

检定气路图和水蒸气干扰误差测定图分别见图 5-3、图 5-4。

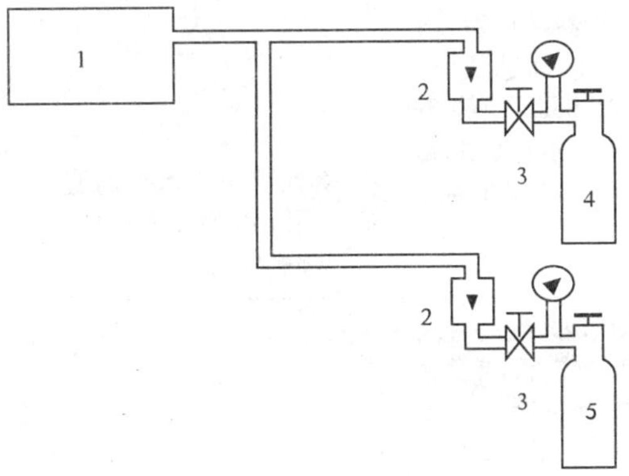

1—被检仪器；2—流量计；3—稳压阀；
4—标准气体钢瓶；5—零点校正气体钢瓶

图 5-3　检定气路图

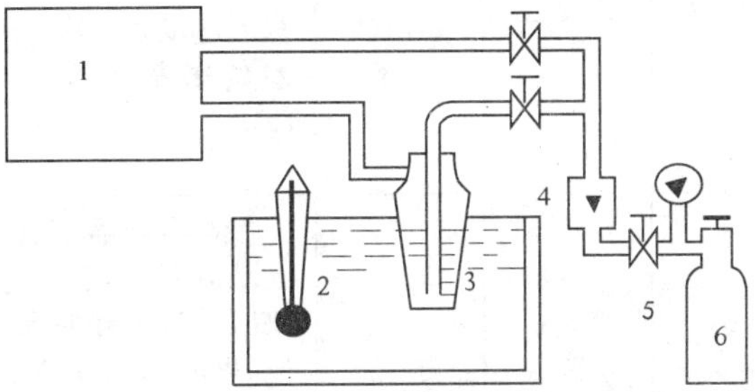

1—被检仪器；2—温度计（±1 ℃）；3—鼓泡器；
4—流量计；5—稳压阀；6—零点校正气体

图 5-4　水蒸气干扰误差测定图

（三）主要检定项目及方法

主要检定项目及方法见表 5-2。

五、一氧化碳、二氧化碳红外线气体分析器的使用及注意事项

分析器在使用过程中，应注意测量误差的影响因素。

（一）背景气中干扰组分的影响

水广泛存在于工艺气体中，生产状态的变化，预处理运行的变化，环境温度、压力的变化，都会使进入分析器中气样的含水量发生变化。

减少或降低水分对待测组分的干扰，目前的有效办法是在预处理系统中除水脱湿，降低气样的露点。常用的办法是采用冷却器降温除水。采用带温控系统的冷却器降温除水是一种较好的方法，可将气样温度降至 5 ℃ ±0. 1 ℃，保持气样中水分含量恒定在 0. 85% 左右，使它对待测组分产生的干扰恒定，这样造成的附加误差是恒定值，可从测量结果中扣除。

表 5-2　主要检定项目及方法

序号	检定项目	性能要求	检定方法	计算公式
1	示值误差	±1.0% ±2.0% ±3.0% ±5.0%	在规定的检定环境条件下，分析器经预热稳定后用零点校准气和浓度为测量范围上限值的标准气体校准分析器零点和上限，在测量范围内依次通入均匀分布的3种浓度标准气体，并记录通入后的实际读数。重复上述步骤3次，取其算术平均值，按公式计算示值误差 A。分析器的示值误差取3点中的最大值。对多量程分析器，应对每一量程进行测定计算	$A = \frac{C_m - C_s}{R} \times 100\%$ C_m— 分析器读数算术平均值； C_s— 标准气浓度值； R— 量程
2	重复性	不大于示值误差绝对值的1/2	用零点校准气校准分析器零点后，再通入上限值70% ～90% 的标准气体，待读数指示稳定后，得到测量值 C_i。重复上述步骤6次，重复性以相对标准偏差 C_v 来表示。按公式计算相对标准偏差 C_v	$C_v = \frac{1}{\overline{C}} \sqrt{\frac{\sum_{i=1}^{n} (C_i - \overline{C})^2}{n-1}} \times 100\%$ $\overline{C}$—6 次测量算术平均值； C_i— 第 i 次测量值； n— 测量次数
3	响应时间	≤60 s	校准分析器零点，按60 L/h流量通入上限值75% 左右的标准气体，读取稳定数值后撤去标准气体，使分析器指示为零。再通入上述浓度标准气体，用秒表记录从通入标准气体瞬时起到分析器指示第一次稳定示值的90% 时的时间，此时间即为分析器的响应时间。重复上述步骤3次，其算术平均值即为分析器的响应时间。多量程分析器应对最低量程进行测定	
4	稳定度	不超过示值误差	在规定的检定环境条件下，分析器经预热稳定后用零点校准气和浓度为测量范围上限值的标准气体校准分析器零点和上限。然后通入浓度为分析器上限值70%～90% 的标准气体，待分析器示值稳定后，记录数值 C_1。分析器连续运行48 h，按规定的时间间隔通上述标准气体，并分别记录分析器示值（非连续测量分析器连续运行4 h，每间隔1 h通上述标准气体，并记录分析器示值）。取全部记录示值中的最大漂移值为 C_2。记录大气压力值，如有影响则进行修正。按公式计算分析器的稳定度 δ_s	$\delta_s = \frac{C_2 - C_1}{R} \times 100\%$

续表 5-2

序号	检定项目		性能要求	检定方法	计算公式
5	零点漂移		不超过示值误差	通入零点校准气体，将分析器示值调到量程的5% 处，待分析器示值稳定后，记录数值 C_{01}。分析器连续运行 48 h，按规定的时间间隔分别记录分析器示值（非连续测量分析器连续运行 4 h，每间隔 1 h 记录 1 次分析器示值）。取全部记录示值中最大漂移值为 C_{02}。按公式计算分析器的零点漂移 δ_0	$\delta_0 = \dfrac{C_{02} - C_{01}}{R} \times 100\%$
6	非被测组分干扰误差	不含水蒸气	±2.0%	将零点校准气体通入分析器，同时将分析器指示值调到量程的5% 处，记录数值 C_0。撤去零点校准气体，然后通入规定浓度的干扰气体，待分析器示值稳定后，记录数值 C_i，$\Delta C = C_i - C_0$。上述步骤重复3 次。按公式计算干扰误差 δ_d	$\overline{\Delta C} = \dfrac{\Delta C_1 + \Delta C_2 + \Delta C_3}{3}$ $\delta_d = \dfrac{\overline{\Delta C}}{R} \times 100\%$ $\overline{\Delta C}$—3 次 ΔC 值算术平均值
		含水蒸气	> 0.1%：±2.0% ≤ 0.1%：±5.0%	将零点校准气体通入分析器，同时将分析器指示值调到量程的5% 处，记录数值 C_0。撤去零点校准气体，然后将零点校准气体经过一个水鼓泡器，再通入分析器，待示值稳定后，记录数值 C'_i，$\Delta C' = C'_i - C_0$。上述步骤重复3 次。按公式计算干扰误差 δ_w	$\overline{\Delta C'} = \dfrac{\Delta C'_1 + \Delta C'_2 + \Delta C'_3}{3}$ $\delta_w = \dfrac{\overline{\Delta C}}{R} \times 100\%$ $\overline{\Delta C'}$—3 次 $\Delta C'$ 值算术平均值
7	噪声		不大于示值误差绝对值的 2/5	在测定零点漂移时连接一台记录仪，把指示值调到分析器量程的5% 处，在规定时间（5 min）记录线摆动的最大幅度为 A_{max}，按公式计算噪声 δ_n	$\delta_n = \dfrac{A_{max}}{R} \times 100\%$

随着模块式多组分气体分析器的出现，为解决不同组分之间的交叉干扰和重叠干扰问题提供了新的途径。模块式分析器的优势是可以同时测量多种气体组分，因此可以通过计算消除不同组分之间的干扰影响。如测量 SO_2、NO 的红外分析模块增加了 H_2O 的测量功能，用 H_2O 的测量值对 SO_2、NO 的测量值进行动态校正；测量 H_2 的热导分析模块可同时测量 CO_2，用 CO_2 的测量值对 H_2 的测量值进行动态校正。

（二）样品处理过程的影响

红外线气体分析器的样品处理系统承担着除尘、除水和温度、压力、流量调节等任务，处理后应使样品满足仪器长期稳定运行要求。除应保证送入分析仪的样品温度、压力、流量恒定和无尘外，特别应注意的是样品的除水问题。

当样气含水量较大时，主要危害有：样气中存在的水分会吸收红外辐射，从而给测量造成干扰；当水分冷凝在晶片上时，会产生较大的测量误差；水分存在会增强样气中腐蚀性组分的腐蚀作用；样气除水后可能造成样气的组成发生变化。

从上面的分析可以看出，经过预处理后，气样的组成及各组分的浓度变化是十分复杂的，由此造成的示值偏离对微量组分检测尤为严重。但这种偏离并不都是附加误差，其中一部分往往反映了浓度变化的真实情况，对此应通过样品组成分析及预处理运行条件测试等，从系统误差角度加以消除。而对预处理运行状态变化引起的附加误差则需创造条件，使之降至最低。

为降低样气含水的危害，在样气进入仪器之前，应先通过冷却器降温除水（最好降至5 ℃以下），降低其露点，然后伴热保温，使其温度升高至40 ℃左右，再送入分析器进行分析。由于分析器恒温在50～60 ℃下工作，远高于样气的露点温度，样气中的水分就不会冷凝析出了。

注意，不可采用水洗的办法对高温高含水样品加以处理（例如采用水力抽气器取样，再经气水分离器加以分离的办法），因为水洗时样气中的易溶组分与水充分接触，会加大其溶解度，洗涤水中的溶解氧也会析出，从而导致样品组成的更大变化。

有时也采用干燥剂（如硅胶、分子筛、氯化钙或无氧化二磷等）对低湿样品进行处理，但应慎用，因为各种干燥剂往往同时吸附其他组分，吸附量又易受环境温度、压力变化的影响，弄得不好反而会增大附加误差。这种方法仅适用于要求不高的常量分析，在微量分析或重要的分析场合，均应采用带温控器的冷却器降温除水。

（三）环境温度和大气压力变化造成的影响

红外线气体分析器检测过程需在恒定的温度下进行。环境温度发生变化将直接影响红外光源的恒定、红外辐射的强度，以及测量气室连续流动的气样密度，还将直接影响检测器的正常工作。如果温度大大超过正常状态，检测器的输出阻抗下降，导致仪器不能正常工作，甚至损坏检测器。

分析器内部一般设有温控装置及超温保护电路，即使如此，有的仪器特别是微量分析器示值，亦可观察出环境温度变化对检测的影响，在夏季环境温度较高时影响尤为明显。

在这种情况下，需改变环境温度，设置空调是一种解决办法。日常运行时，若无必要，不要轻易打开分析器箱门，因为一旦恒温区域被破坏，需较长时间才能恢复。

大气压力即使在同一个地区、同一天内也是有变化的。若天气骤变，变化的幅度较大。大气压力的这种变化，对气样放空流速有直接影响。经测量气室后直接放空的气样，会随大气压力的变化使气室中气样的密度发生变化，从而造成附加误差。对一些微量分析或测量精确度要求很高的仪器，可增加大气压力补偿装置，以便消除这种影响。对于中间量程（如测量范围90%～100%）的红外分析器，压力变化不但对灵敏度有影响，对“零点”也有影响，必须配置大气压力补偿装置。

（四）样品流速变化造成的影响

样品流速和压力紧密关联，预处理系统运行中由于堵塞、带液或压力调节系统工作不正常时，会造成气样流速不稳定，使气室中的气体密度发生变化。一些精度较差的仪器，当流速变化20%时，仪表示值变化超过5%，对精度较高的仪器影响则更大。

为了减小流速波动造成的测量误差，取样点应选择在压力波动较小的地方，预处理系统要能在较大的压力波动条件下正常工作，并能长期稳定运行。气样的放空管道不能安装在有背压、风口或易受扰动的环境中，放空管道最低点应设置排水阀。若条件允许，气室出口可设置背压调节阀或性能稳定的气阻阀，提高气室背压，减少流速变动对测量的影响，还可提高仪器的灵敏度。

另外，取样过程不严谨将对分析结果带来影响。分析器的预热过程不足也对测量结果有影响。

一氧化碳、二氧化碳红外线气体分析器如图5-5所示。

图5-5　一氧化碳、二氧化碳红外线气体分析器

第三节　一氧化碳检测报警器

一、一氧化碳检测报警器的工作原理

仪器用于非矿井作业环境中CO浓度不大于2 000 μmol/mol（$\times 10^{-6}$）的测定和报警。一氧化碳检测报警器工作原理包括电化学电极式、催化燃烧式、半导体气敏式以及比色管技术。具体的工作原理见第三章相关内容。此处仅介绍比色管技术。

比色管技术是以化学显色反应为基础的测量方式，最大好处是可以弥补采用仪器检测时可能遇到的没有合适检测传感器的不足。比色管技术也可以看成是一种实时检测技术，它既可以针对宽范围的有毒物质进行初步确认，也可以针对特定的物质进行测量。

比色管由一个充满硅胶、活性铝或其他介质的短玻璃管构成。其中的介质上涂敷有能与特定待测有毒有害气体反应并改变颜色的化学物质。使用时，打碎玻璃管的两端，将管子插到一个手泵或自动泵之上，吸取一定时间。特定气体会同管内介质反应出现一个颜色带，颜色带的长度同气体的浓度成正比（如图5-6所示）。管子的外部一般都有刻度，可以直接读出气体的浓度。管上还会标有其他的操作信息，如抽取次数、采样体积等。

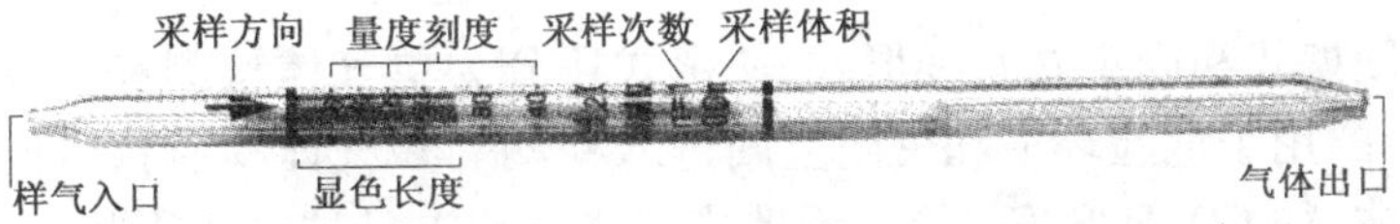

图5-6　比色管结构示意图

一氧化碳比色管：吸入的CO气体将比色管内五氧化二碘中的碘还原为碘单质，产生褐色色带。

$$CO + I_2O_5 + H_2S_2O_7 \rightarrow I_2 + CO_2 + \cdots \qquad (5\text{-}1)$$

比色管的最大优点在于：它们可以对很多污染物提供实时的检测，只要更换新的比色管就可以对新的污染物进行测量。同时，还可以通过一个特定的顺序对未知化合物进行判定。

比色管的缺点是污染物间的交叉干扰，并且它也很难提供一个随时间变化的线性的测量结果。由于湿度、操作水平等影响，比色管很难提供一个较为准确的测量结果，它的结果误差一般在20% ~50%。同时，它对污染物的测量是非连续的，即点测。

二、一氧化碳检测报警器的典型性能

一氧化碳检测报警器的典型性能见表5-3。

表5-3　一氧化碳检测报警器的典型性能

仪器使用方式	便携式	固定式
传感器检测原理	电化学式、催化燃烧式、半导体式	
检测范围	0 ~ 50 ppm 或 0 ~ 1 000 ppm	0 ~ 50 ppm 或 0 ~ 1 000 ppm
检测对象	空气中 CO	空气中 CO
分辨率	0.1 ppm	0.1 ppm
重复性	1%	1%
采样方式	扩散式、泵吸式	扩散式
报警方式	声、光、电报警	多级报警
报警信息	高低浓度、STEL、TWA、低电量	浓度自行设定
示值误差	±3% *FS*	±3% *FS*
响应时间	≤15 s(T90)	≤15 s(T90)
电源	DC3.6(锂充电电池)	220 VAC/50 Hz
防爆等级	ExiadⅠ	ExdⅡBT_6
输出信号		4 ~ 20 mA 或 RS485
工作时间	18 h	长期连续工作
显示方式	LCD 或 LED 显示	LED 显示
工作环境温度	-20 ~ 50 ℃	-20 ~ 50 ℃

三、一氧化碳检测报警器的结构

仪器分为便携式和固定式两种形式，便携式还分为单气体检测和多气体检测两种结构形式，仪器专门用于危险环境和密闭空间进入检测。多气体检测仪可同时检测两种以上有毒有害气体，如CO、H_2S、Cl_2等。便携式壳体抗冲击且抗电磁干扰，即使在恶劣的环境中也能保证良好的性能。可使用4个功能键进行简单、直观操作，包括浏览数据、校零、标定等，其5 s关机延迟可防止错误关机。其他特性还包括：振动报警，可充电式锂离子电池，保留峰值读数，大液晶显示屏，50 h数据采集容量，可选配一体化气泵，其远程采样可达15 m。

固定式采用嵌入式单片机技术，信号传输采取4 ~ 20 mA或RS485或CAN总线传输形式，现场和控制室显示有毒有害气体的浓度值。

四、一氧化碳检测报警器的检定

（一）检定规程

JJG 915—2008《一氧化碳检测报警器》。

（二）检定用标准及设备

标准气体（CO 标准气体）、零点气体、流量控制器、秒表。

检定系统见第四章图 4-1。

（三）主要检定项目及方法

主要检定项目及方法见表 5-4。

表 5-4 主要检定项目及方法

序号	检定项目	性能要求	检定方法	计算公式
1	报警浓度	声光报警显示正常	仪器开机稳定后，通入浓度约为 1.5 倍仪器报警（下限）设定值的气体标准物质，记录仪器的报警（下限）设定值，观察仪器声或光报警是否正常	
2	报警功能			
3	示值误差	绝对误差：±5 μmol/mol 相对误差：±10%	经校准后的仪器，依次通入浓度约为 1.5倍仪器报警（下限）设定值、30% 测量范围上限值和 70% 测量范围上限值的标准气体，记录气体通入后仪器的实际读数。重复 3 次。分别记录仪器显示值 A_i。分别按式（1）和式（2）计算仪器 3 个浓度测试点的示值误差 Δ_e 和 Δ'_e，取绝对值最大的 Δ_e 和 Δ'_e 作为仪器的示值误差	$\Delta_e = \dfrac{\bar{A} - A_s}{A_s} \times 100\%$ （1） $\Delta'_e = \bar{A} - A_s$ （2） Δ_e— 相对误差； Δ'_e— 绝对误差； $\bar{A}$—3 个浓度测试点仪器读数值的算术平均值； A_s— 标准气体浓度值
4	重复性	2%	经校准好的仪器，通入浓度约为70% 测量范围上限值的标准气体，待读数稳定后，记录仪器显示值，重复上述测量 6 次，重复性以单次测量的相对标准差来表示。按公式计算仪器的重复性 s_r	$s_r = \dfrac{1}{\bar{A}}\sqrt{\dfrac{\sum_{i=1}^{n}(A_i - \bar{A})^2}{n-1}} \times 100\%$ $\bar{A}$—仪器读数值算术平均值； A_i— 仪器读数值； n— 测量次数

续表 5-4

序号	检定项目	性能要求	检定方法	计算公式
5	响应时间	扩散式：≤60 s 吸入式：≤30 s	用零点气体调整仪器的零点，通入浓度约为 70% 测量范围上限值的标准气体，读取稳定数值后，撤去标准气体，通入零点气体至仪器稳定后，再通入上述浓度的标准气体，同时用秒表记录从通入标准气体瞬时起到仪器显示稳定值 90% 时的时间。重复测量 3 次，取 3 次测量值的平均值作为仪器的响应时间。在仪器示值误差的使用中检验的同时，对仪器的响应时间进行检定。测量 2 次，取平均值为仪器的响应时间	
6	漂移	零点漂移：±3 μmol/mol 量程漂移：±5%	通入零点气体至仪器稳定后，记录仪器显示值 A_{z0}，然后通入浓度约为 70% 测量范围上限值的标准气体，仪器稳定后，记录读数 A_{s0}，撤去标准气体。非连续性测量的仪器连续运行 1 h，每间隔 15 min 重复上述步骤一次，连续性测量的仪器连续运行 4 h，每间隔 1 h 重复上述步骤一次；同时记录仪器显示值 A_{zi} 及 A_{si}（$i = 1,2,3,4$）。计算零点漂移，取绝对值最大的 Δ_{zi} 作为仪器的零点漂移值 Δ_z	$\Delta_{zi} = A_{zi} - A_{z0}$ $\Delta_{si} = \frac{(A_{si} - A_{zi}) - (A_{s0} - A_{z0})}{A_{s0} - A_{z0}} \times 100\%$

五、一氧化碳检测报警器的使用及注意事项

（一）有毒有害气体检测报警器的选用

可根据被测气体具体特性和检测器适用范围确定，同时还应考虑被测有毒气体与安装环境中可能存在的其他气体的交叉干扰影响。

（1）硫化氢、一氧化碳气体可选用定电位电解型或半导体型。

（2）氯气可选用气敏电极型、定电位电解型或半导体型。

（3）氰化氢气体可选用定电位电解型、气敏电极型。

（4）环氧乙烷、丙烯腈气体可选用半导体型。

（5）氯乙烯气体宜选用半导体型或光离子化型。

（6）氨气可选用气敏电极型、半导体型或光离子化型。

（7）苯、甲苯、卤代烃可选用光离子化型。

（二）报警级别和报警值的设定

有毒有害气体的检测报警分为两个级别，即一级报警和二级报警。常规的检测报警只采用一级报警；当工艺需要采取联锁保护措施时，应采用一级报警和二级报警，在二级

报警的同时，输出接点信号供联锁保护系统使用。

有毒有害气体的报警设定值≤100% TLV（车间最高允许浓度），当试验用标准气体调制困难时，报警设定值可≤200% TLV。

（三）有毒有害气体检测报警器的设置场所

在石油化工现场，有毒有害气体的释放源一般有如下一些：①气体压缩机、液体泵的动密封处；②不正常运行时可能泄漏出危险气体的设备、管法兰、阀门组；③不正常运行时可能挥发出危险气体的液体采样口、排液口；④液体储罐区、液化烃灌装站。上述场所均应设置有毒有害气体检测报警器。

对于可燃气体和有毒有害气体同时存在的场所，应按如下原则设置检测器：

（1）可燃气体与有毒气体同时存在的场所，一般应同时设置可燃气体和有毒气体检测器。

（2）组成比较稳定的混合气体泄漏后，如可燃气体可能达到25% LEL，但有毒气体不能达到100% TLV，只设可燃气体检测器；反之，只设有毒气体检测器。

（3）同一气体既属可燃气体又属有毒气体，只设有毒气体检测器。

（四）有毒气体检测报警器的安装要求

1. 安装位置的选择

有毒有害气体检测器能否正确检测，与安装位置的选择有极密切的关系，总的要求是应该保证被测气体能充分与检测器接触。

（1）注意气体的密度。比空气轻的气体总是向上扩散的，检测器应安装在泄漏源的上方；否则应安装在泄漏源的下方，一般在接近地面处或低洼处。

（2）考虑风向。风向是影响气体扩散的重要因素。在室外的工艺区内，检测器应根据主导风向来考虑，安装在释放源最小频率风向的上风侧。如果可能的话，最好在所需检测设备的周围均装设，这样最可靠。

（3）注意环境温度、湿度的影响。环境温度对检测器本身没有影响，主要是考虑阳光直射房顶时，在房间顶部形成一个热空气障，阻碍比空气轻的可燃气体向房顶扩散，使检测器无法检测。因此，检测器不能安装在紧靠房顶处，而应以安装在距房顶0.2 m距离处为宜。湿度对检测器的准确性有一定影响，露天安装时应有防雨罩。

（4）如果检测器找不到理想的安装位置，可以利用捕集罩等将气体集中后引向检测器。

（5）检测器应安装在无冲击、无振动、无强电磁场干扰的场所，周围应留有不小于0.3 m的净空。

（6）在装有强制通风设施的房间内，空气流动较快。在有百叶窗和通风口的房间内，空气会形成自然对流。若室内设备是一个热源，这种对流会加快。若检测器安装在室内空气流动线及对流线附近，显然是不适宜的。因为大气在此区域快速稀释，并快速带走泄漏气体，使检测器无法准确测定。在这种情况下，检测器安装位置应选择在空气扰动小，扩散的泄漏气体容易积沉而又易于带走的区域。若泄漏气体相对密度小于1，检测器可安装在距屋顶和墙壁0.2 m的地方；若泄漏气体相对密度大于1，检测器可安装在距地面和墙脚0.3 m的地方。注意：不要把检测器安装在房间的死角或空气不流动处，因为此处的检测结果没有代表性。

2. 安装高度的确定

(1)检测比空气重的气体时,检测器的安装高度应距地坪(或地板)0.3～0.6 m。过低易因雨水淋溅对检测器造成损害,过高则超出比空气重的气体易于积聚的高度。

(2)检测比空气轻的气体时,检测器的安装高度宜高出释放源0.5～2 m。当释放源位于封闭或半封闭的厂房内时,应在释放源上方设置检测器,还应在厂房内最高点易于积聚可燃气体处设置检测器。

(3)有毒有害气体检测器应装在释放源上下1 m范围内(检测比空气轻的气体时装在上方,检测比空气重的气体时装在下方),也可装在释放源附近距地面1.5 m高处(即人的呼吸高度处)。

一氧化碳检测报警器如图5-7所示。

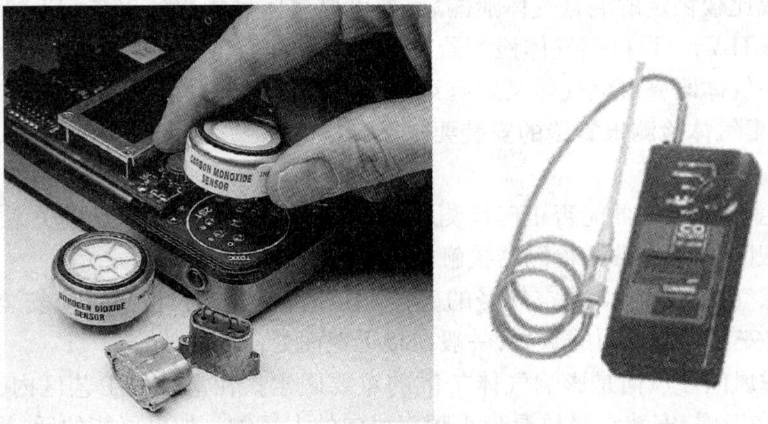

图5-7　一氧化碳检测报警器

第四节　六氟化硫检漏仪

一、六氟化硫检漏仪的工作原理

检测原理有ECD电子捕获、声速法、负电晕放电法和卤素传感器法等。

负电晕放电法工作原理:卤化物气体在探头电晕放电使电流减少,检测电流变化并转化为声音报警频率的增加,频率越高所测的SF_6(卤化物)浓度越大。

二、六氟化硫检漏仪的典型性能

六氟化硫检漏仪的典型性能见表5-5。

表 5-5　六氟化硫检漏仪的典型性能

仪器使用方式	便携式
传感器检测原理	ECD 电子捕获器、负电晕放电、卤素传感器
检测范围	0 ~ 30 000 ppm
检测对象	空气中 SF_6
分辨率	0.1 ppm
灵敏度	泄漏量 2.83 g/年
重复性	1%
采样方式	扩散式、泵吸式
报警方式	声、光报警
引用误差	±3%
响应时间	≤0.1 s(T90)
电源	DC3.6(锂充电电池)
输出信号	数字显示和声光信号、RS485 通信
工作时间	30 h
显示方式	LCD 显示
工作环境温度	-10 ~ 50 ℃

三、六氟化硫检漏仪的结构

六氟化硫检漏仪的结构有便携式和固定式两种形式，固定式可以组成 SF_6 气体泄漏定量报警系统。系统主要检测环境空气中 SF_6 气体含量和氧气含量，当环境中 SF_6 气体含量超标或缺氧时，能实时进行报警，同时自动开启通风机进行通风，并具有温度和湿度检测、工作状态语音提示、远传报警、历史数据查询等诸多丰富功能。系统采用声速原理，能够实时、定量测量 SF_6 浓度，浓度在 50 ppm(V/V)也能有效检测，可以达到保障人身安全和设备正常运行的目的；原装进口高稳定的超声波传感器和氧传感器，可以为现场工作人员提供更多一层可靠保护。本系统可广泛应用于各种电压等级的 SF_6 开闭室、SF_6 开关室、组合电器室(GIS 室)、SF_6 主变室等。

六氟化硫检漏仪具有环境中 SF_6 气体含量定量检测功能，SF_6 气体含量超标报警功能，空气中氧气含量检测功能，缺氧报警功能，缺氧或 SF_6 含量超标时强制排风功能，人工设置报警点及定时排风功能，定点采集功能，SF_6、O_2 含量曲线分析功能。

现场总线设计，用一根电缆连接所有采集器及主机，可分立、可组合，具有很高的现场适应性。多点组网检测，单个变电站最多 128 点同时检测，满足现场环境需要，提高检测可靠性。远程监控功能，系统采用 CDT 通信规约，可将数据传送到远方控制中心。系统带有的远程监控软件，具有多年安全运行经验，系统稳定性、扩展性好，具有数据组态、图形组态、曲线分析、数据报表、历史数据查询等功能。有多种通信方式，远程通信可以采用多种通信介质，包括光纤、载波、以太网、电话线等。

四、六氟化硫检漏仪的检定

(一)检定规程

JJG 914—1996《六氟化硫检漏仪》。

（二）检定用标准及设备

标准气体（SF_6 标准气体）、清洁空气、载气和稀释气体、转子流量计、秒表、减压阀和管路、调压器、电压表。检定系统如第四章图 4-2 所示。

（三）主要检定项目及方法

主要检定项目及方法见表 5-6。

表 5-6　主要检定项目及方法

序号	检定项目	性能要求	检定方法	计算公式
1	校准曲线的绘制		校准仪器零点。根据被检仪器的量程范围，使用 SF_6 标准气体稀释装置稀释 SF_6 标准气体，稀释一系列量程范围内不同含量（不少于 5 ~ 7 点）的 SF_6 标准气体，通入被检仪器，每点做 3 次，取算术平均值作为示值。以不同含量的标准气体在被检仪器上的示值为纵坐标，SF_6 标准气体含量为横坐标，绘制校准曲线	
2	引用误差	±10%	选用含量约为满量程的 30%、60%、90% 的气体标准物质通入仪器，各测 3 次，取算术平均值作为示值，在相应的校准曲线上查得该示值所对应的 SF_6 含量，按公式计算引用误差	引用误差 $= \frac{C_i - C_0}{FS} \times 100\%$ C_i— 由不同含量 SF_6 的响应值从校准曲线上查得的 SF_6 的含量； C_0— 通入仪器的 SF_6 的含量
3	最小检测限的检定	符合仪器说明书	根据相应的仪器说明书中给定的最小检测限，用 SF_6 气体标准物质稀释装置将 SF_6 气体标准物质稀释到 SF_6 含量为仪器最小检测限附近，然后将此气体通入仪器，仪器的响应值应与说明书相符	
4	重复性	5%	按说明书要求校准仪器零点。选取约为仪器满量程 40% 的 SF_6 气体标准物质通入仪器，读取稳定示值，重复 6 次，按公式计算重复性	$r = \frac{s}{FS} \times 100\%$ $s = \sqrt{\frac{\sum_{i=1}^{n}(x_i - \bar{x})^2}{n-1}} \times 100\%$ r — 重复性误差，%FS； s— 单次测量的相对标准偏差； n— 测量次数； x_i— 第 i 次测量的值； $\bar{x}$— n 次测量的平均值

续表 5-6

序号	检定项目	性能要求	检定方法	计算公式
5	响应时间	≤ 10 s	仪器稳定后用清洁空气调零，将约为量程 60% 的 SF_6 标准气体按说明书规定的流量第一次通入仪器，读取稳定示值，再用清洁空气清洗仪器气路，校准零点。然后通入同一 SF_6 标准气体，同时启动秒表，待仪器示值升至第一次示值的 90% 时停止秒表，此起止时间间隔为响应时间。以同样的方法连做 3 次，取算术平均值作为响应时间	
6	报警功能误差	± 25%	清洁空气调准仪器零点后，通入报警设置点浓度 1.5 倍的气体标准物质，重复 3 次，读取报警值	
7	稳定性 零点漂移	± 10% *FS*	仪器稳定后，通入清洁空气，在最低量程将仪器示值调到某一值，此时记录读数为 Z_0；再通入含量约为该量程 60% 的 SF_6 标准气体，读数示值为 S_0；接着通入清洁空气连续运行 1 h，读取零点读数为 Z_1。然后通入同一 SF_6 标准气体，读数示值为 S_1，按公式计算零点漂移和量程漂移	$\Delta Z = \dfrac{Z_1 - Z_0}{FS} \times 100\%$ $\Delta S = \dfrac{(S_1 - Z_1) - (S_0 - Z_0)}{FS} \times 100\%$ ΔZ— 测得的零点漂移值； ΔS— 测得的量程漂移值
	稳定性 量程漂移	± 10% *FS*		
8	电源电压影响	± 5% *FS*	选仪器最低量程，按额定电压 ± 10% 改变电压，通入已知含量的 SF_6 气体标准物质，在各电压下重复测量 3 次，读取各电压下的稳定值。分别计算出算术平均值作为仪器示值	

五、六氟化硫检漏仪的使用及注意事项

SF_6 由两位法国化学家 Moissan 和 Lebeau 在 1900 年合成得到。从 20 世纪 60 年代起，SF_6 作为极其优越的绝缘、灭弧介质广泛应用于全世界电力行业中的高压断路器及变电设备中。在今天，SF_6 气体几乎成为高压、超高压断路器和 GIS 中唯一的绝缘和灭弧介质。

纯净的 SF_6 气体无色、无味、不燃，在常温下化学性能特别稳定，是空气密度的 5 倍多。但在电力系统中，由于 SF_6 气体主要充当绝缘和灭弧介质，在电弧及局部放电、高温等因素影响下，SF_6 气体会进行分解。它的分解物遇水分后生成腐蚀性电解质，尤其是某些高毒性分解物，如 SF_4、S_2F_2、SOF_2、HF、SO_2 等，如大量吸入人体会引起头晕和肺水肿，甚至昏迷及死亡。

在相对密封的室内，由于空气流通不畅，SF_6 及其分解物在室内沉积，加上 SF_6 气体

无色、无味，从而对巡视、检修人员产生极大的危害。当装有 SF_6 设备的配电装置室如 GIS 产生泄漏后，SF_6 气体积聚在地坪上方低层空间，当达到一定浓度后，如果工作人员进入室内，会造成大脑缺氧，使人窒息而造成重大事故。

正是由于 SF_6 气体的危害性，《电业安全工作规程》（发电厂和变电站部分）特别规定，装有 SF_6 设备的配电装置室必须保证 SF_6 气体浓度小于 1 000 ppm，除须装设强力通风装置外，还必须安装能报警的氧量仪和 SF_6 气体浓度检测报警仪等。

国家有关 SF_6 的安全要求如下：

（1）装有 SF_6 设备的配电装置室和 SF_6 气体实验室，必须装设强力通风装置。风口应设置在室内低位。

（2）在室内，设备充装 SF_6 气体时，周围环境相对湿度 80%，同时必须开启通风系统，并避免 SF_6 气体泄漏工作区。工作区空气中 SF_6 气体含量不得超过 1 000 ppm。

（3）工作人员进入 SF_6 配电装置室，必须先通风 15 min，并用检漏仪测量 SF_6 气体含量，尽量避免一人进入 SF_6 配电装置室进行巡视，不准一人进入从事检修工作。

（4）工作人员进入 SF_6 配电装置室低位区或电缆沟进行工作时，应先检测含氧量（不低于 18%）和 SF_6 气体含量是否合格。

（5）SF_6 配电装置室低位区安装能报警的氧量仪和 SF_6 气体泄露报警仪，这些仪器应定期试验。

（6）发生紧急事故应立即开启全部通风系统进行通风。发生设备防爆破膜破裂事故时，应停电处理，并用汽油或丙酮擦拭干净。

六氟化硫检漏仪如图 5-8 所示。

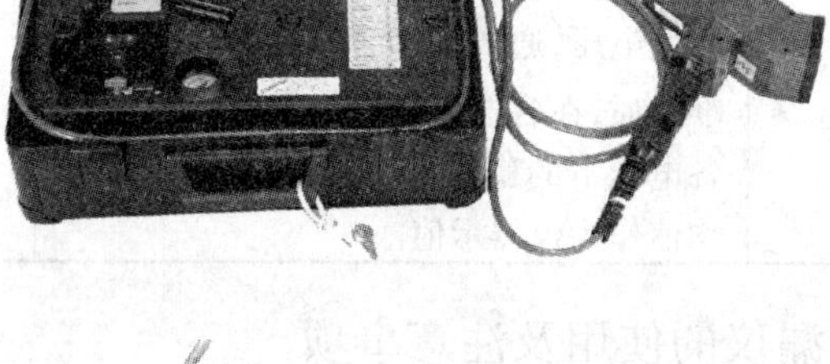

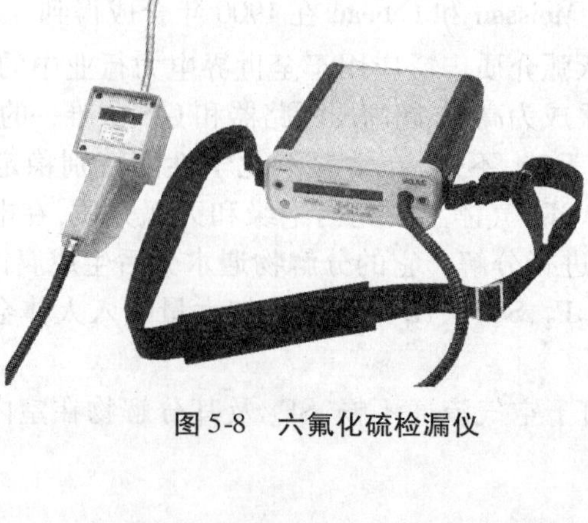

图 5-8　六氟化硫检漏仪

第五节　二氧化硫气体检测仪

一、二氧化硫气体检测仪的工作原理

仪器检测原理包括紫外光荧光式、电化学式等。具体的工作原理见第三章相关内容。

二、二氧化硫气体检测仪的典型性能

二氧化硫气体检测仪见表 5-7（表中仅介绍电化学式）。

表 5-7　二氧化硫气体检测仪

仪器使用方式	便携式	固定式
传感器检测原理	电化学式	
检测范围	0 ~ 100 ppm	0 ~ 100 ppm
检测对象	空气中 SO_2	空气中 SO_2
分辨率	0.1 ppm	0.1 ppm
重复性	1%	1%
采样方式	扩散式、泵吸式	扩散式
报警方式	声、光、振动报警	多级报警
报警信息	高低浓度、STEL、TWA、低电量	浓度自行设定
示值误差	±3% *FS*	±3% *FS*
响应时间	≤30 s(T90)	≤30 s(T90)
电源	DC3.6（锂充电电池）	220 VAC/50 Hz
防爆等级	Exibd Ⅱ CT_3	Exd Ⅱ CT_6
输出信号		4 ~ 20 mA、RS485、CAN 总线
工作时间	200 h	长期连续工作
显示方式	LCD 或 LED 显示	LED 显示
传感器寿命	2 年	2 年
工作环境温度	-20 ~ 50 ℃	-20 ~ 50 ℃

三、二氧化硫气体检测仪的结构

仪器分为便携式和固定式两种形式，便携式还分为单气体检测和多气体检测两种结构形式，仪器专门用于危险环境和密闭空间进入检测。多气体检测仪可同时检测两种以上有毒有害气体，如 CO、H_2S、Cl_2、NH_3 等。便携式壳体抗冲击且抗电磁干扰，即使在恶劣的环境中也能保证良好的性能。其他特性还包括：声、光、振动报警，可充电式锂离子电池，保留峰值读数，大液晶显示屏，50 h 数据采集容量，可选配一体化气泵，其远程采样可达 15 m。

固定式采用嵌入式单片机技术，信号传输采取 4 ~ 20 mA 或 RS485 或 CAN 总线传输形式，现场和控制室显示有毒有害气体的浓度值。

四、二氧化硫气体检测仪的检定

（一）检定规程

JJG 551—2003《二氧化硫气体检测仪》。

（二）检定用标准及设备

标准气体（SO_2 标准气体）、零点校准气体、转子流量计、秒表、绝缘电阻表、绝缘强度测试仪。

检定系统如第四章图 4-1、图 4-2 所示。

（三）主要检定项目及方法

主要检定项目及方法见表 5-8。

表 5-8　主要检定项目及方法

序号	检定项目	性能要求	检定方法	计算公式
1	示值误差	±5.0% *FS*	检测仪经预热稳定后，用零点气体和浓度为测量范围上限值 80% 左右的标准气体校准仪器的零点和示值，然后在测量范围内依次通入浓度分别为量程上限值 20% 和 50% 左右的标准气体（如果仪器有两个量程，应在低量程范围内通入至少一种标准气体），并记录通入后的实际读数。重复上述步骤 3 次，取其算术平均值，按公式计算检测仪的示值误差	$E_i = C_j - C_s$ $E_{ri} = \frac{C_j - C_s}{R} \times 100\%$ C_j— 测量值的算术平均值； C_s— 标准气体浓度值； R— 量程
2	重复性	2%	在规定的检定环境条件下，检测仪经预热稳定后用零点校准气校准仪器零点，再通入浓度为量程 80% 左右的标准气体，待读数稳定后，记录测量值 C_i。重复上述测量步骤 6 次，重复性以相对标准偏差 C_v 表示。按公式计算仪器的重复性 C_v	$C_v = \frac{1}{C}\sqrt{\frac{\sum_{i=1}^{n}(C_i - C)^2}{n-1}} \times 100\%$ C—n 次测量的算术平均值； C_i— 第 i 次的测量值； n— 测量次数
3	响应时间	扩散式：≤ 60 s 泵吸式：≤ 30 s	校准零点后，通入浓度为量程 80% 左右的标准气体，读取稳定数值后撤去标准气体，使检测仪显示为零。再通入上述浓度的标准气体，同时用秒表记录从通入标准气体瞬时起到检测仪显示第一次稳定值的 90%时的时间，即为检测仪的响应时间。重复上述步骤 3 次，取算术平均值为检测仪的响应时间	

续表 5-8

<table>
<tr><th>序号</th><th>检定项目</th><th>性能要求</th><th>检定方法</th><th>计算公式</th></tr>
<tr><td>4</td><td>零点漂移</td><td>不超过最大示值误差</td><td rowspan="2">经预热稳定后校准仪器的零点和上限。通入零点标准气体，调节仪器零点电位器，将检测仪示值调到量程的10%（如果检测仪的零点不可调节，则直接读取其示值），待检测仪稳定后，记录示值 C_{01}，然后通入浓度为检测仪量程 80% 左右的标准气体，检测仪稳定后，记录读数 C_{s1}，撤去标准气体，通入零点气体，待检测仪回零后撤去零点气。检测仪连续运行 6 h，每间隔 1 h 重复上述步骤一次（非连续测量仪器连续运行 1 h，每间隔 10 min 测定一次）。分别记录读数 C_{0i} 和 C_{si} 按公式计算零点漂移（Δ_{0i} 或 Δ_{0ri}）。取绝对值最大的 Δ_{0i} 或 Δ_{0ri} 作为检测仪的零点漂移值。按公式计算稳定性（Δ_{si} 或 Δ_{sri}）。取绝对值最大的 Δ_{si} 或 Δ_{sri} 作为检测仪的稳定性</td><td>$\Delta_{0i} = C_{0i} - C_{01}$
$\Delta_{0ri} = \frac{C_{0i} - C_{01}}{R} \times 100\%$
Δ_{0i}— 检测仪的零点漂移（绝对值）；
Δ_{0ri}— 检测仪的零点漂移（相对值）；
C_{0i}— 第 i 次检测仪零点漂移读数；
C_{01}— 第 1 次检测仪零点漂移读数</td></tr>
<tr><td>5</td><td>稳定性</td><td>不超过最大示值误差</td><td>$\Delta_{si} = C_{si} - C_{s1}$
$\Delta_{sri} = \frac{C_{si} - C_{s1}}{R} \times 100\%$
Δ_{si}— 检测仪的零点漂移（绝对值）；
Δ_{sri}— 检测仪的零点漂移（相对值）；
C_{si}— 第 i 次检测仪零点漂移读数；
C_{s1}— 第 1 次检测仪零点漂移读数</td></tr>
<tr><td>6</td><td>报警设置误差</td><td>不超过最大示值误差的 1/2</td><td>检测仪经预热稳定后用零点气体和浓度为测量范围上限值80% 左右的标准气体，校准检测仪的零点和示值。然后通入浓度约为报警设定点（A_s）1.5 倍左右的标准气体，记录检测仪的实际报警浓度值（A_i），撤去标准气体，通入零点气体使检测仪回零。重复上述步骤 3 次，按公式计算检测仪的报警设置误差，取绝对值最大的作为检测仪的报警设置误差</td><td>$\delta_{Ai} = \frac{A_i - A_s}{R} \times 100\%$</td></tr>
</table>

五、二氧化硫气体检测仪的使用及注意事项

内容参见本章第三节相同部分。

二氧化硫气体检测仪如图 5-9 所示。

图 5-9　二氧化硫气体检测仪

第六节　硫化氢气体检测仪

一、硫化氢气体检测仪的工作原理

仪器工作原理包括化学比色法、紫外吸收法、色谱法、电化学法等。电化学法工作原理见第三章相关内容。此处仅介绍化学比色法、紫外吸收法。

(一)醋酸铅纸带比色法

醋酸铅纸带比色法是硫化氢气体检测仪中常用的测量方法。其优点是灵敏度高,最低可以对硫化氢含量为 10 ppb 以下的样品进行测定,价格适中,使用较为广泛,是国标 GB/T 18605—2001 规定的天然气中硫化氢含量测定方法。缺点是:测量范围窄,仅能进行微量分析,硫化氢含量为 50 ppm 以上的样品必须增加稀释系统,从而带来测量误差。醋酸铅纸带是消耗品,需经常更换,运行费用较高。此方法主要用于在线分析。

测量原理:当恒定流量的气体样品从浸有醋酸铅的纸带上面流过时,样气中的硫化氢与醋酸铅发生化学反应生成硫化铅褐色斑点,反应式如下:

$$H_2S + PbAc_2 \rightarrow PbS + 2HAc \tag{5-2}$$

反应速率即纸带颜色变暗的速率与样气中 H_2S 浓度成正比,利用光点检测系统测得纸带颜色变暗的平均速率,即可得知样气中的 H_2S 的含量。

硫化氢气体检测仪每隔一段时间移动纸带,以便进行连续分析,新鲜纸带暴露在样气中的这段时间叫做测量分析周期时间(一般为 3 min 左右)。

图 5-10 是醋酸铅纸带法硫化氢气体检测仪在一个测量分析周期内光电检测系统输出信号的波形，其分析过程如下。

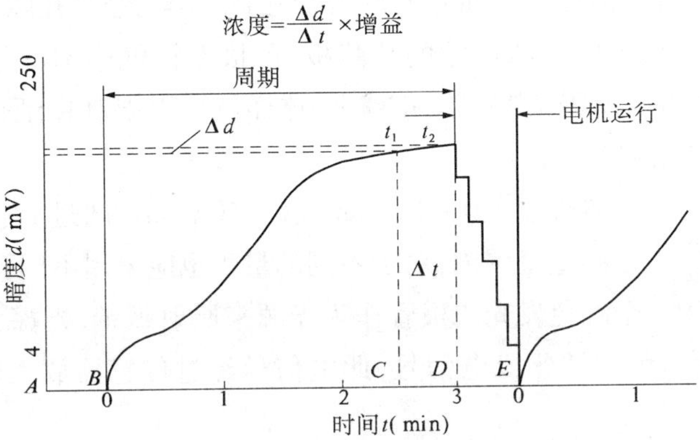

图 5-10　典型分析周期波形

AB 段：电机运转并驱动纸带进纸 1/4 英寸。

BC 段：采样延迟时间，一般为 140 s。在这段时间，参加反应的纸带开始慢慢变暗，反应曲线呈现轻微的非线性关系。检测仪测得纸带变暗过程呈非线性关系，认为测量结果不够精确，因此无需更新显示结果和检测仪输出。但此时的测量结果却可以用于精确地预测样气浓度是否超过报警限。每隔 4 s，检测仪计算出该时间段的平均变化率和对应的硫化氢含量。如果含量超过报警限，检测仪将产生报警。产生报警时，检测仪将只显示测量到的最高实时数据。检测仪将一直处于预报警分析状态，直到硫化氢含量低于报警限。

CD 段：采样时间，30 s。纸带变暗速率在 t_1 到 t_2 时间段内呈现出线性关系。检测仪计算出线性开始时刻 h 处的纸带暗度读数，30 s 后再计算出时刻 t_2 处的暗度读数。系统软件用此两点的数据计算出纸带变暗的速率并换算成硫化氢的浓度。

DE 段：检测仪将纸带卷动进纸，一个新的测量分析周期重新开始。

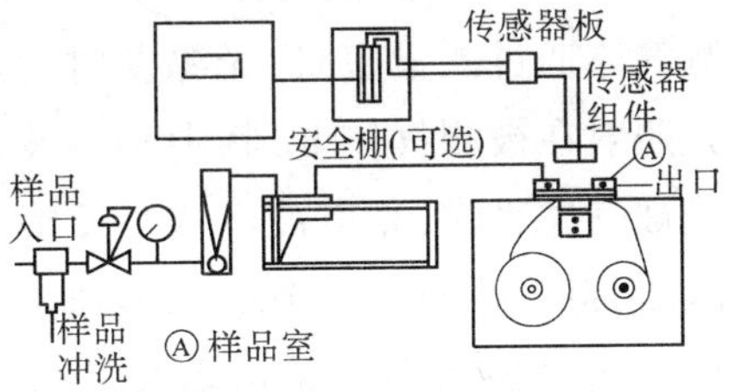

图 5-11　醋酸铅纸带法硫化氢气体检测仪的结构组成

该仪器主要由以下几个部分组成，见图5-11。

(1)样品处理系统。通常由过滤器、减压阀、流量计、增湿器组成。过滤器采用旁通过滤器，其作用是除尘并加快样气流动以减小分析滞后。样气流量通过带针阀的转子流量计来控制，样气流量通常为 100 mL/min。增湿器的作用是使样气通过醋酸溶液加湿，以便与醋酸铅纸带反应。增湿器的结构一般是一个鼓泡器，将样气通入醋酸溶液中鼓泡而出，也有采用渗透管结构的，醋酸溶液渗透入管内对样气加湿。醋酸溶液是将 50 mL 冰醋酸加入蒸馏水中制成 1 L 的溶液(5%)。

(2)走纸系统。由纸带密封盒、醋酸铅纸带、导纸轮、卷纸马达和压纸器等组成。纸带事先用5%醋酸铅溶液浸泡，并在无 H_2S 条件下干燥。检测仪每隔一段时间移动纸带，以便进行连续分析。

(3)光电检测系统。由样气室和光电检测器组成。样气经过孔隙板上的孔隙与纸带接触。检测仪配有一组不同孔隙尺寸的孔隙板，可根据样气中 H_2S 浓度的不同加以更换。通常 H_2S 含量越高，所需孔隙的尺寸越小，这样就可以限制在纸带上反应的 H_2S 气体数量，以调节纸带的变暗速率。

H_2S 分析仪的测量范围通常在0~25 ppm或0~50 ppm。超过上述测量范围，样气必须经过稀释。即使在上述测量范围内，对于不同的量程也应采用不同孔隙尺寸的孔隙板。

光电检测器采用一个红色发光二极管作为光源来照射纸带，光探头是一个硅光敏二极管，可将纸带的明暗程度转化成电信号，此电信号经过传感器放大电路放大成0~25 mV信号。

(4)数据处理系统。由微处理器、数字显示器、打印机等组成。

(5)负压排气管。硫化氢气体检测仪分析后的气体经负压排气管排出。负压排气管实际上是一个气流喷射器，管中气体通常采用减压阀处压力为2 000 Pa的样气驱动，也可采用其他干燥气体或压缩空气驱动。

(二)紫外吸收法

紫外气体检测仪是紫外—可见分光光度计中的一种，其分析方法属于紫外吸收光谱法，工作原理基于朗伯—比耳定律。分为固定分光式紫外气体检测仪和连续扫描式紫外分光光谱仪两种。

图5-12是一种双光束双波长固定分光紫外气体检测仪的原理结构。当被测气体通过测量室时，光源发射的紫外光照射在被测气体上，其中某一波长的光被气体吸收，光束被半透半反镜分成两路，每一路通过一个单色器到达检测仪。测量通道上的单色器只让被测气体吸收波长的光通过，参比通道上的单色器只让未被气体吸收的某一波长的光通过，测量对数放大器的输出值与参比对数放大器的输出值之差与被测气体的浓度成正比。

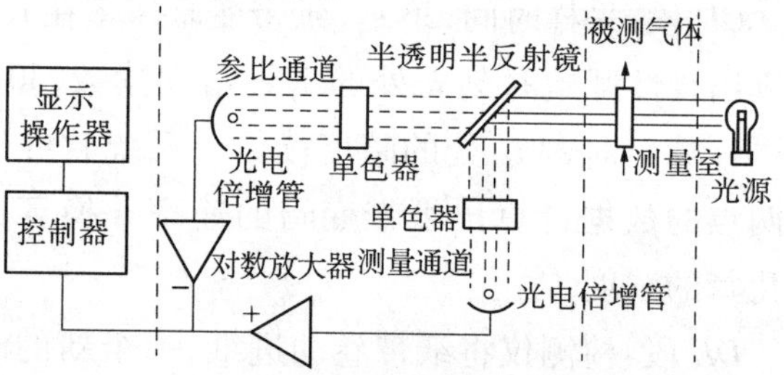

图5-12　双光束双波长固定分光紫外气体检测仪的原理结构

二、硫化氢气体检测仪的典型性能

硫化氢气体检测仪的典型性能见表5-9(表中仅介绍电化学式)。

表 5-9　硫化氢气体检测仪的典型性能

仪器使用方式	便携式	固定式
传感器检测原理	电化学式	
检测范围	0 ~ 500 ppm	0 ~ 500 ppm
检测对象	空气中 H_2S	空气中 H_2S
分辨率	1 ppm	1 ppm
重复性	1%	1%
采样方式	扩散式、泵吸式	扩散式
报警方式	声、光、振动报警	多级报警
报警信息	高低浓度、STEL、TWA、低电量	浓度自行设定
示值误差	±3% *FS*	±3% *FS*
响应时间	≤15 s(T90)	≤15 s(T90)
电源	碱性电池或 DC3.6(锂充电电池)	220 VAC/50 Hz
防爆等级	Exia Ⅱ CT_4	Exd Ⅱ CT_6
输出信号		4 ~ 20 mA、RS485、CAN 总线
工作时间	500 h、充电 18 h	长期连续工作
显示方式	LCD 或 LED 显示	LED 显示
传感器寿命	2 年	2 年
工作环境温度	-20 ~ 50 ℃	-20 ~ 50 ℃

三、硫化氢气体检测仪的结构

仪器分为便携式和固定式两种形式,便携式还分为单气体检测和多气体检测两种结构形式,仪器专门用于危险环境和密闭空间进入检测。多气体检测仪可同时检测两种以上有毒有害气体,如 CO、H_2S、Cl_2、NH_3 等。便携式壳体抗冲击且抗电磁干扰,即使在恶劣的环境中也能保证良好的性能。其他特性还包括:声、光、振动报警,可充电式锂离子电池,保留峰值读数,大液晶显示屏,50 h 数据采集容量,可选配一体化气泵,其远程采样可达 15 m。固定式采用嵌入式单片机技术,信号传输采取 4 ~ 20 mA 或 RS485 或 CAN 总线传输形式,现场和控制室显示有毒有害气体的浓度值。

气体报警控制器可配接多种气体探测器,实现一路至六路测量、显示和报警控制。当环境中探测气体浓度达到或超过预置报警值时,报警器立即发出声光报警,以提醒及早采取安全措施,并驱动排风、控制系统,防止发生爆炸、火灾、中毒事故,从而保障安全生产。可用于石油、化工、冶金、煤矿等需要防火、防爆、防中毒的场所进行气体安全检测报警。

四、硫化氢气体检测仪的检定

(一)检定规程

JJG 695—2003《硫化氢气体检测仪》。

(二)检定用标准及设备

标准气体(H_2S)、零点校准气体、流量计、秒表、绝缘电阻表、绝缘强度测试仪。检定系统如第四章图 4-1、图 4-2 所示。

(三)主要检定项目及方法

主要检定项目及方法见表 5-10。

表 5-10　主要检定项目及方法

序号	检定项目	性能要求	检定方法	计算公式
1	示值误差	$\leqslant 100\times10^{-6}$：$\pm5\times10^{-6}$ $>100\times10^{-6}$：$\pm5\%FS$	仪器经预热稳定后用零点气和浓度为测量范围上限值 80% 左右的标准气体校准零点和示值，在测量范围内依次通入浓度分别为量程上限值 20% 和 50% 左右的标准气体（如果仪器有两个量程，应在低量程范围内通入至少一种标准气体），并记录通入后的实际读数。重复上述步骤 3 次，取其算术平均值，按公式计算检测仪的示值误差。当仪器量程 $>100\times10^{-6}$ 时，用式(1)计算，取绝对值最大的 Δ_e 作为仪器的示值误差。当仪器的量程 $\leqslant 100\times10^{-6}$ 时，用式(2)计算，取绝对值最大的 Δ_e 作为仪器的示值误差	$\Delta_e=\dfrac{\overline{A}-A_S}{R}\times100\%$　(1) $\Delta_e=\overline{A}-A_i$　(2) $\overline{A}$— 读数的平均值； A_S— 标准值； A_i— 仪器显示值； R— 量程
2	重复性	2%	检测仪经预热稳定后用零点校准气体校准仪器零点，再通入浓度为量程 50% 左右的标准气体，待读数稳定后，记录测量值。重复上述测量步骤 6 次，分别记录读数 A_i。重复性以相对标准偏差 Δ_c 表示。按公式计算仪器的重复性	$\Delta_c=\dfrac{1}{\overline{A}}\sqrt{\dfrac{\sum_{i=1}^{n}(A_i-\overline{A})^2}{n-1}}\times100\%$ $\overline{A}$— 仪器示值平均值； A_i— 仪器显示值； n— 测量次数
3	响应时间	扩散式：$\leqslant 60$ s 泵吸式：$\leqslant 30$ s	校准仪器零点，通入浓度为量程 50% 左右的标准气体，读取稳定数值后，撤去标准气体，使检测仪显示为零。再通入上述浓度的标准气体，用秒表记录从通入标准气体瞬时起到检测仪显示第一次稳定值的 90% 时的时间，即为响应时间。重复上述步骤 3 次，取算术平均值为检测仪的响应时间	

续表 5-10

序号	检定项目		性能要求	检定方法	计算公式
4	漂移	零点漂移	不超过示值误差限	在规定的检定条件下，仪器经预热稳定后，用零点气和浓度为量程的80%左右的标准气体校准仪器零点和示值。将示值调到量程的10%（如果零点不可调，则直接读取示值），稳定后记录示值A_{Z1}，通入浓度为量程50%标准气，稳定后记录读数A_{S1}，撤去标准气，通入零点气体。仪器连续运行6 h，每间隔1 h重复上述步骤一次（非连续测量仪器连续运行1 h，每间隔10 min测定一次），记录读数A_{Zi}及A_{Si}，按式(3)或式(4)计算零点漂移：当仪器的量程 > 100×10^{-6}时，用式(3)计算，取绝对值最大ΔZ_i作为仪器的零点漂移值；当仪器的量程 ≤ 100×10^{-6}时，用式(4)计算。按式(5)或式(6)计算示值漂移：当仪器的量程 > 100×10^{-6}时，用式(5)计算，取绝对值最大ΔS_i作为仪器的示值漂移值；当仪器的量程 ≤ 100×10^{-6}时，用式(6)计算	$\Delta Z_i=\frac{A_{Zi}-A_{Z1}}{R}\times100\%$ (3) $\Delta Z_i=A_{Zi}-A_{Z1}$ (4)
5		示值漂移	不超过示值误差限		$\Delta S_i=\frac{A_{Si}-A_{S1}}{R}\times100\%$ (5) $\Delta S_i=A_{Si}-A_{S1}$ (6)
6	报警设置误差		不超过报警设置点的±20%	在规定的检定条件下，仪器经预热稳定后，用零点气和浓度为量程的80%左右的标准气体校准检测仪的零点和示值。然后通入浓度约为报警设定点(A_S)1.5倍左右的标准气体，记录检测仪的实际报警浓度值(A_i)，撤去标准气体，通入零点气体使检测仪回零。重复上述步骤3次，按公式计算检测仪的报警设置误差，取绝对值最大的ΔA_i作为检测仪的报警设置误差	$\Delta A_i=\frac{A_i-A_S}{R}\times100\%$

五、硫化氢气体检测仪的使用及注意事项

内容参见本章第三节相同部分。硫化氢气体检测仪如图5-13所示。

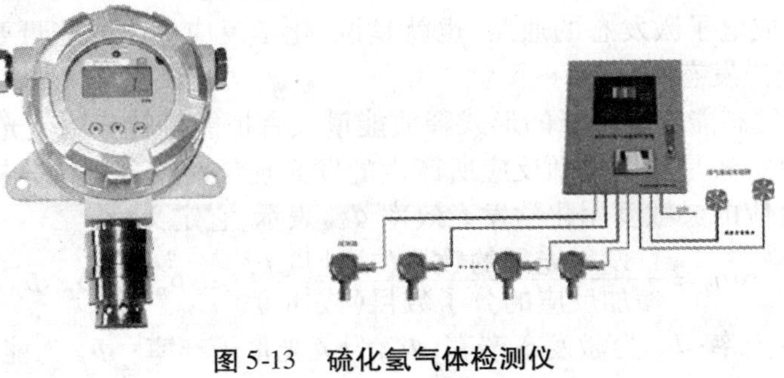

图5-13 硫化氢气体检测仪

第七节　化学发光法氮氧化物分析仪

一、化学发光法氮氧化物分析仪的工作原理

仪器的工作原理为化学发光法。化学发光法是具有灵敏度极高的微量及痕量分析技术,它具有仪器设备简单、操作方便、分析迅速、灵敏度高等优点。这种光学分析方法由于不使用任何光源,减少或消除了拉曼和瑞利散射,避免了背景光和杂散光的干扰,降低了噪声,因此应用广泛,发展前景诱人,是当前分析化学研究中的一个热点。化学发光广泛应用于化学、生物、环境、材料、医学、工业等领域,已成为分析检测中一个重要的方法和手段。

化学发光辐射的光电子通过光电倍增管接收,把光信号转换成电信号,电信号通过记录仪或 A/D 转换板把模拟信号转换成数字信号并通过计算机记录下来。在选择光电倍增管时,应从信噪比和光谱响应两个角度考虑,一般以信噪比大、光谱响应宽为宜。经光电倍增管出来的信号为电流信号,而且强度很小。信号放大系统将电流信号转换为电压信号,并且能够对很弱的电压信号进行足够倍数的放大。放大的信号再由检测记录系统记录,并且进行数据分析。通常用化学发光的强度作为定量分析的依据。

化学发光是在化学反应过程中,由于化学物质分子吸收了化学能而受激跃迁至激发态,当激发态分子重新回到基态时,以光子形式释放能量,产生光辐射的现象。化学发光可以看成是光化反应的逆过程,它与大多数的化学反应以热的形式释放能量不一样,是一种以光的形式释放能量的现象。根据化学发光反应在某一时刻的发光强度(如峰值或发光总量)来确定反应中的相应组分含量的分析方法叫做化学发光分析法。

化学发光能用发光的颜色、强度、量子产率和衰变速度 4 个参数来表示。化学发光按时间或持久度来分可有如下两种极端情况:快化学发光,这类反应可瞬间完成(<1 s);慢化学发光,这类反应的持续时间很长(>1 d)。化学发光一般是以可见光为主的电磁辐射(紫外光、可见光或红外光)。

对化学发光而言,激发态必须能在化学反应过程中产生,并且有能够以光子形式释放能量的通路。针对这些特点,发生化学发光的反应条件是:

(1)反应必须释放能量,而且放出的能量足以形成电子激发态。化学发光反应的自由能变化 ΔG(kcal/mol)可表示为

$$-\Delta G \geqslant hc/\lambda_{ex} \text{或} -\Delta G \geqslant 2.86 \times 10^4/\lambda_{ex} \tag{5-3}$$

式中,h 为普朗克常数;c 为光速;λ_{ex} 为发射光波长,mm。

对于可见化学发光至少需要 40 ~ 70 kcal/mol 的能量。

(2)存在生成电子激发态的通路,也就是说,化学反应放出的能量要能被化学物质分子吸收形成电子激发态。

(3)电子激发态能够以光子的形式释放能量或者把能量转移到荧光物质上去。

化学发光分析法是利用化学反应所产生的发光现象对组分进行分析的方法。

化学发光反应的灵敏度用化学发光效率 Φ_{CL} 表示,它定义为

$$\Phi_{CL} = \frac{\text{发射光子的数目(或速度)}}{\text{参加反应的分子数目(或速度)}} = \Phi_R \Phi_{ES} \Phi_{ET} \Phi_F \tag{5-4}$$

式中,Φ_R 为反应产率;Φ_{ES} 为激发态产率;Φ_{ET} 为荧光量子产率; Φ_F 为能量转移效率。

一般而言，化学发光中的 Φ_{CL} 小于 0.01，其值与发光物质的结构和反应条件有关，对于某一确定的发光物质，其值一般为定值。

化学发光强度 I_{CL} 与化学反应速率及化学发光效率 Φ_{CL} 之间的定量关系如下：

$$I_{CL}(t)=\Phi_{CL}\mathrm{d}C(t)/\mathrm{d}t \tag{5-5}$$

对于一个确定的化学发光反应，Φ_{CL} 为定值，是一个常数，一般介于 0.01 ~ 0.2。但化学发光易受反应条件的影响，如反应温度、pH、反应物的浓度、表面活性剂等。如果在反应条件一定的情况下，通过测定化学发光强度就可以测定反应体系中样品的浓度。

测量化学发光强度的方式有三种：光强度峰值测量、总发光强度测量和部分积分发光强度测量。

化学发光法氮氧化物分析仪用来测定一氧化氮（NO）以及总的氮氧化物（NO_x）的浓度。通过计算，还可测定二氧化氮（NO_2）的浓度，仪器是通过测定 NO 与 O_3 气相发光反应的光强度进行的，反应如下：

$$NO+O_3 \rightarrow NO_2^*+O_2 \tag{5-6}$$

$$NO_2^* \rightarrow NO_2+h\nu \tag{5-7}$$

在 NO 模式，当气样中的 NO 和 O_3（臭氧）反应生成 NO_2 时，大约有 10% 的 NO_2 处于激发状态（以 NO_2^* 表示）。这些激发态的二氧化氮分子向基态过渡时，发射出波长 590 ~ 2 500 nm 的光量子 $h\nu$，其强度与 NO 的浓度成正比。利用光电倍增管将这一光能转变为电信号输出可推算出 NO 的浓度。

在 NO_x 模式，样气首先进入 NO_x 转换装置，样气中的 NO_x 包括 NO 和 NO_2，其中的 NO_2 在此转换成 NO，全部的 NO 经反应、检测，光子通过滤光片和光电倍增管后，输出一个正比于 NO_x 的直流电流，电流的大小与 NO 的浓度成正比，数字面板表显示 NO_x 的浓度。如果气样不经过转化器而经旁路直接进入反应室，则测得的是 NO 量，将 NO_x 量减去 NO 量就可得到 NO_2 量。化学发光法氮氧化物分析仪工作原理见图 5-14。

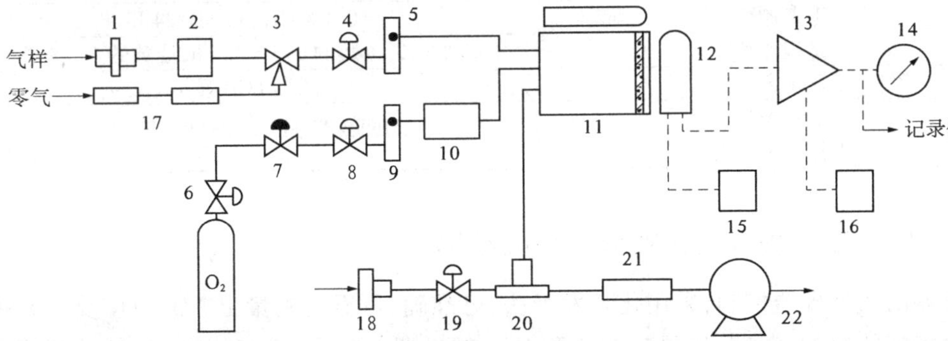

1、18—粉尘过滤器；2—$NO_2 \rightarrow NO$ 转换器；3、7—电磁阀；4、6、19—针形阀；5、9—流量计；8—膜片阀；10—臭氧（O_3）发生器；11—反应室及滤光片；12—光电倍增管；13—放大器；14—指示表；15—高压电源；16—稳压电源；17—零气处理装置；20—三通；21—净化器；22—抽气泵；23—半导体制冷器

图 5-14 化学发光法氮氧化物分析仪工作原理

分析器从气流中取样，通过数字化光电倍增管（PMT）的信号测定 NO 的浓度，通过转化器用阀门切换样品流，转化器里面含有加热的 Mo，将样品流中存在的 NO_2 还原为 NO，反应为

$$3NO_2+Mo \xrightarrow{315\ ℃} 3NO+MoO_3 \tag{5-8}$$

此时分析器测定的是总的氮氧化物（NO_x）的浓度。NO_x 与 NO 的浓度相减（由内部计算机进行计算）可得到 NO_2 的浓度。上述三种结果（NO、NO_x、NO_2 的浓度）经内部计算机进一步处理并存盘，可以得到这三种组分很多的即时浓度与长期的平均值。

计算机软件使用自调谐滤波器以适应浓度的快速变化。这个测量系统检测 NO 和 NO_x 通道的浓度变化率。如果检测到浓度有变化，软件能改变样品滤波器对这种变化作出快速响应。滤波器应进行调节，以使因 NO_x 和 NO 两通道测量之间的时间延迟而产生的误差减至最小，从而确保 NO_2 测量的准确性。当浓度变化率降低时，滤波器被拉长以获得较高的信噪比。

二、化学发光法氮氧化物分析仪的典型性能

化学发光法氮氧化物分析仪的典型性能见表 5-11。

表 5-11　化学发光法氮氧化物分析仪的典型性能

仪器使用方式	便携式
传感器检测原理	真空加热化学发光法
检测范围	0～4 ppm 直到 0～10% NO_x
检测对象	空气中氮氧化物（NO_x）
分辨率	0.1 ppm
重复性	1%
采样方式	泵吸式
流量敏感度	小于 1%，1～3 L/min
示值误差	±2% *FS*
响应时间	≤1.5 s（T90）
过滤器	卡尔曼（Kalman）数字过滤器
电源	220 VDC，50 Hz
输出信号	4～20 mA 模拟输出，RS232、USB 接口
零点漂移	0.1%/℃，50 ppt/24 h
量程漂移	0.05%/℃，读数的 0.5%/24 h，读数的 1.0%/30 d
显示方式	图形 LCD 显示
显示单位	ppm、ppb、ppt 或 $\mu g/m^3$、mg/m^3
工作环境温度	3～35 ℃

三、化学发光法氮氧化物分析仪的结构

仪器由微处理器控制，采用化学发光法，可准确、可靠地测量出 NO、NO_2 及 NO_x 的浓度。对于气体温度、湿度、流量的变化及 NO_2 转换器的效率对 NO_x、NO 及 NO_2 浓度的影响，仪器可自动做校正及补偿，仪器的结构一般包括臭氧发生器、转换器、检测器、真空泵、电子单元等。

由于臭氧是不稳定的，因此在分析仪内部产生。臭氧发生器模块由高压交流电源、无声放电管和渗透型空气干燥器组成。臭氧发生器所需的干燥空气由隔膜干燥器提供，其露点为 0 ℃或更低。隔膜的出气端与仪器后部的真空集气管（歧管）相连。通常的空气中所含的水蒸气足以使臭氧发生器及其以后的部件受到损害。为了防止这种损害，仪器在冷启动的情况下，臭氧发生器应在 30 min 以后接通电源；否则，发生器的启动应按

表 5-12规定进行。臭氧发生器中存在致命的高压,勿使电子安全装置失效。钼转化器是一个不锈钢盒,里面装有加热到 315 ℃的钼片。转化器的功能是将 NO_2 还原为 NO,该模块的温度由计算机控制。

卡尔曼(Kalman)数字过滤器能在反应时间和降低噪声之间连续提供最佳补偿。

另外,可使用特殊的转化剂(更低的介质和更大的反应面)提高 NO_2 和 NO 的转换效率。

图 5-15 是氮氧化物化学发光法传感器结构示意。

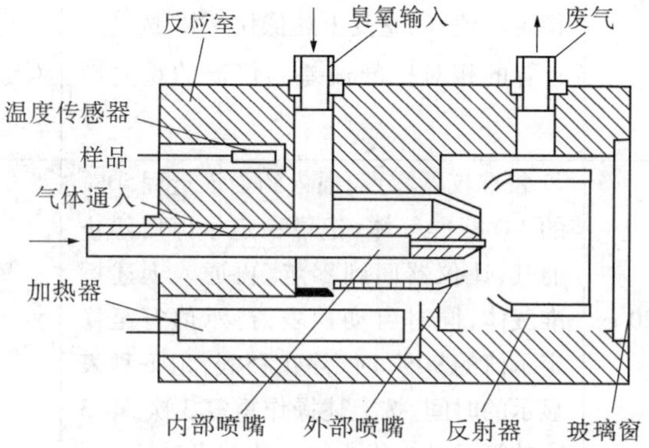

图 5-15　氮氧化物化学发光法传感器

四、化学发光法氮氧化物分析仪的检定

(一)检定规程

JJG 801—2004《化学发光法氮氧化物分析仪》。

(二)检定用标准及设备

标准气体(NO 标准气体)、零点气体、NO_2 混合气体(氮气中 NO_2)、流量计、秒表、绝缘电阻表、绝缘强度测试仪。检定系统如第四章图 4-1、图 4-2 所示。

(三)主要检定项目及方法

主要检定项目及方法见表 5-12。

表 5-12　主要检定项目及方法

序号	检定项目	性能要求	检定方法	计算公式
1	示值误差	不超过 ±3.0%	给仪器通电预热至少 1.5 h 后,通过放空流量计监测通入的总流量要大于说明书要求的流量。首先通入零点气体,调准零点,再通入约为该量程 85% 的 NO 标准气体,待示值稳定后,将仪器的 NO 和 NO_x 的示值调到与标准值一致。经校准后的仪器,按校准时的流量要求,分别通入约为量程 20%、50%、85% 的 NO 标准气体,记录稳定示值。每点做 3 次,取 3 次的算术平均值为仪器示值,按公式计算结果,取结果绝对值的最大值为示值误差(ΔC)。对多量程仪器选用高、中、低量程进行检定	$\Delta C=\frac{\overline{C}-C_0}{C_0}\times 100\%$ $\overline{C}$— 仪器示值算术平均值; C_0— 通入仪器NO标准浓度值

续表 5-12

<table>
<tr><th>序号</th><th colspan="2">检定项目</th><th>性能要求</th><th>检定方法</th><th>计算公式</th></tr>
<tr><td>2</td><td colspan="2">重复性</td><td>≤1%</td><td>在仪器中间量程，按校准时的流量要求，通入零点气体校准零点，再通入约为量程50%的NO标准气体，记录仪器稳定示值C_i，重复上述操作6次。按公式计算的相对标准偏差为仪器的重复性</td><td>$RSD = \frac{1}{C}\sqrt{\frac{\sum_{i=1}^{6}(C_i - \overline{C})^2}{5}} \times 100\%$
$\overline{C}$—6次测量算术平均值
C_i—第i次的测量值</td></tr>
<tr><td>3</td><td colspan="2">响应时间</td><td>≤120 s</td><td>校准仪器零点，通入约为该量程50%的NO标准气体，记录稳定示值后停止通气，让仪器回到零点。再通入上述标准气体，同时启动秒表，待示值升至稳定示值的90%时，停止秒表，记下秒表显示的时间。按上述操作重复3次，取3次的算术平均值为仪器的响应时间</td><td></td></tr>
<tr><td>4</td><td colspan="2">二氧化氮的转换效率</td><td>≥95%</td><td>在仪器的中间量程，按校准时的流量，通入含量约为该量程10%的NO_2混合气体，读取仪器显示的NO_2稳定示值。按同样的方法连续3次，取3次的算术平均值为结果，按公式计算转换效率</td><td>转换效率 $= \frac{\overline{C}_{NO_2}}{C_0} \times 100\%$
$\overline{C}_{NO_2}$—3次测量NO_2平均值；
C_0—NO_2混合气体浓度</td></tr>
<tr><td rowspan="2">5</td><td rowspan="2">漂移</td><td>零点漂移</td><td>不超过±1.0%FS</td><td rowspan="2">在仪器最高量程通入零点气体，记录稳定读数Z_0；再通入含量约为量程85%的NO标准气体，读取稳定示值S_0。连续运行6 h，每间隔1 h通入零点气体记录零点值为Z_i。通入上述同一标准气体，记录仪器示值为S_i，按公式计算零点漂移(ΔZ_i)和量程漂移(ΔS_i)。取绝对值最大的ΔZ_i为零点漂移(ΔZ)。取绝对值最大的ΔS_i为量程漂移(ΔS)</td><td rowspan="2">$\Delta Z_i = \frac{Z_i - Z_0}{R} \times 100\%$
$\Delta S_i = \frac{(S_i - Z_i) - (S_0 - Z_0)}{R} \times 100\%$
Z_i—第i次通入零点气体零点值；
S_i—第i次通入标准气体示值；
R—仪器满量程</td></tr>
<tr><td>量程漂移</td><td>不超过±2.0%FS</td></tr>
</table>

五、化学发光法氮氧化物分析仪的使用及注意事项

（一）在标准状态下(0 ℃,101 325 Pa)的单位换算

换算方法如下：

NO ppb ×1.34 = NO μg/m³

NO ppm ×1.34 = NO mg/m³

NO_2 ppb ×2.05 = NO_2 μg/m³

NO_2 ppm ×2.05 = NO_2 mg/m³

（二）提高分析结果的准确性需要注意的问题

必须保证 NO 容器、校准仪器或样品管中没有氧气，否则，氧气会与 NO 反应生成 NO_2，从而导致 NO 浓度测量的严重误差。

为了提高分析仪的敏感度，应尽量增大 O_3 浓度，降低其他成分浓度。为此，应检查臭氧发生管的效率，定期检查维护真空泵，使反应器维持在良好的减压状态。

NO_2 转换器的效率直接影响分析精度，故要定期检查，当转换器效率低于 95% 时，应更换新品。

在排气成分中，其他产生化学发光的物质有 CO、烯烃等，由于它们都以比 59 nm 短的波长发光，用能透过近红外光的玻璃滤光器后，可忽略它们对 NO 分析仪的影响。但 CO_2 共存成分易转移 NO_2 的能量，使发光消失。在直接取样（直采法）时，CO_2 浓度变化大，要注意这种测定的影响。

控制仪器校准的频次，为了保证对 NO、NO_x 和 NO_2 浓度的准确测量，分析器除了在安装的时候进行校准外，下列情况下应对分析器重新校准：①离最近一次校准的时间不要超过 3 个月或者执行检查跟踪以确认分析器的校准符合要求；②仪器操作中断了好几天；③对仪器作了影响其校准的修理；④分析器移动了位置；⑤仪器出现有可能不准确的任何迹象（包括过大的零点漂移和跨度漂移）。

出现上述情况，应对仪器的零点和跨度进行检查，以确定仪器是否需要校准。如果分析仪的零点漂移和跨度漂移超过校准限度，则应对仪器进行校准。

仪器精密度至少每两个星期用 0.08 ~ 0.10 ppm 的 NO_2 进行一次单点检查，准确度则每一个季度用三点跟踪的方法确定一次。分析仪必须在通常的样品方式下操作，精密度测试气体应该通过通常环境样品测试时要使用的所有过滤、清洗器、调节器及其他部件。

每两个星期应对仪器进行一级零点及跨度检查。

一级零点及跨度校准：一级零点及跨度校准是一种简单的两点分析仪校准，用于分析仪的线性不需要检查或验证的时候。有时候，当未对仪器作任何调节时，一级校准可以称之为零点及跨度检查。此时不要与二级零点及跨度检查相混淆。由于大多数的分析仪的浓度输出响应都有可靠的线性或近似线性关系，因此只用两个浓度标准（两点浓度）就可以进行校准，并且其中一个标准可为零，这一浓度很容易获得，也不需证明。因此，两点（一级）零点及跨度校准只需要一个经检定的浓度标准。尽管两点校准缺乏多点校准的优点，但由于其简单方便，因此可以（也应该）经常进行这一校准，并且两点校准很容易实现自动化。经常用两点零点及跨度校准对仪器进行检查或更新仪器的校准关系，可以使仪器的校准关系与响应的任何变化（漂移）更加匹配，从而使得监测数据的质量大大改善。

检查及更换样品颗粒过滤膜：对于颗粒过滤膜应经常检查其是否阻塞或者有污染。污染颗粒常常会吸附 NO_2，从而使读数偏低。

更换臭氧清洗器的活性炭：臭氧清洗器由一个固定在气泵上的装有活性炭的筒组成。

注意，臭氧清洗器使用的活性炭不应用卤素化合物（氯、碘等）处理，因这些杂质与臭氧可形成爆炸的化合物。

更换渗透管：渗透管需在 50 ℃ 预热 48 h 才能给出稳定的输出，建议在校准检查或调节之前,以及对渗透管本身作出评价时,应该等这么长的时间。

更换零点空气清洗器。

更换钼转化器。

注意,转化器在 315 ℃运作,如果没有足够的时间让其冷却会引起严重烫伤,因此一定要冷至室温。

清洗反应池:一旦查明故障的原因出自反应池,则应对其进行清洗。有玷污的反应池会引起额外的噪音、不稳定的零点或跨度以及低的响应。

气动管路检查:气路里的颗粒物会影响流速以及响应时间。定期对气动系统进行检查非常重要,需要的时候进行彻底的清洗。将气动管路卸下来,让甲醇在其中通过 3 次,然后用氮气或者干净的零点空气干燥。同时,定期检查所有的气动管路是否有破裂或者磨损,必要的话进行更换。

化学发光法氮氧化物分析仪见图 5-16。

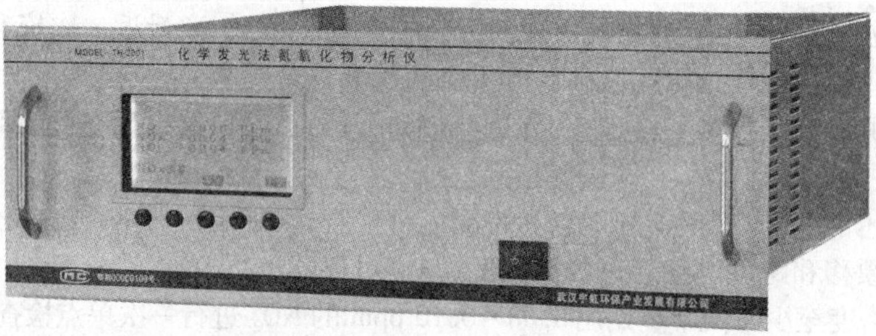

图 5-16　化学发光法氮氧化物分析仪

第八节　甲醛气体检测仪

一、甲醛气体检测仪的工作原理

仪器工作原理包括分光光度法、色谱法、荧光法、极谱法、传感器法、化学比色法、电化学法等。电化学法工作原理见第三章相关内容。

二、甲醛气体检测仪的典型性能

甲醛气体检测仪的典型性能见表 5-13(表中仅介绍电化学式)。

表 5-13　甲醛气体检测仪的典型性能

仪器使用方式	便携式	固定式
传感器检测原理	电化学式	
检测范围	0 ~ 20 ppm、0 ~ 1 000 ppm	0 ~ 20 ppm、0 ~ 1 000 ppm
检测对象	空气中 HCHO	空气中 HCHO
分辨率	0.01 ppm、0.1 ppm	0.01 ppm、0.1 ppm
重复性	1%	1%
采样方式	泵吸式	扩散式
报警方式	声、光、振动报警	多级报警

续表 5-13

仪器使用方式	便携式	固定式
报警信息	高低浓度、STEL、TWA、低电量	浓度自行设定
示值误差	±1.5% *FS*	±1.5% *FS*
响应时间	≤50 s(T90)	≤50 s(T90)
电源	DC3.6(锂充电电池)	220 VAC/50 Hz
工作时间	200 h	长期连续工作
防爆等级	Exibd Ⅱ CT_3	Exd Ⅱ CT_6
输出	USB 接口	4~20 mA、RS485、CAN 总线
工作时间	200 h	长期连续工作
显示方式	LCD 或 LED 显示	LED 显示
传感器寿命	3 年	3 年
工作环境温度	-10~45 ℃	-20~50 ℃

三、甲醛气体检测仪的结构

仪器分为便携式和固定式两种形式。便携式的特性是声、光、振动报警,可充电式锂离子电池,大液晶显示屏,内置抽气泵,其远程采样可达 10 m。固定式采用嵌入式单片机技术,信号传输采取 4~20 mA 或 RS485 或 CAN 总线传输形式,现场和控制室显示有毒有害气体的浓度值。

仪器采用独特的过滤器滤除干扰气体,在被测现场调零,无须借助室外空气,可存储、打印测量数据,可使用电池或交流电源。适用于公共场所室内甲醛气体检测、民用建筑室内甲醛气体检测、建筑材料中甲醛含量检测。可广泛应用于家具、地板、壁纸、涂料、园艺、室内装饰与整修、染料、造纸、制药、医疗、食品、防腐、消毒、化肥、树脂、黏合剂和农药、原料、样品、工艺过程及养殖厂、垃圾处理厂、烫发场所、生产车间和生活场所中甲醛的定量测定。仪器由先进的电化学传感器、采样泵和微处理器构成,可直接实时测量和在带背光的液晶屏上显示被测样品中甲醛的百分含量或 ppm 浓度含量,自带外置高精度数字式温湿度传感器显示和补偿提高测试精度,数据可通过 USB 下载进行连续实时环境监测和分析。

四、甲醛气体检测仪的检定

(一)检定规程

JJG 1022—2007《甲醛气体检测仪》。

(二)检定用标准及设备

标准气体(三聚甲醛扩散管标准物质)、甲醛动态配气装置、零点气体、气体流量计、温度计、大气压计、秒表、绝缘电阻表、绝缘强度测试仪。

1. 甲醛动态配气装置

甲醛动态配气装置按照 ISO 6145 标准气体的制备——动态配气方法标准要求进行设计。同时,由于采用三聚甲醛为甲醛配气原料的扩散管,这种扩散管扩散出来的是三聚甲醛,而不是单分子甲醛,三聚甲醛必须经催化裂解成单分子甲醛。因此,需设计三聚甲醛裂解装置与动态配气系统连用。图 5-17 是检定规程中使用的甲醛动态配气装置示意图,图 5-18是另外一种甲醛动态配气装置示意图,图 5-19 是甲醛扩散管示意图。

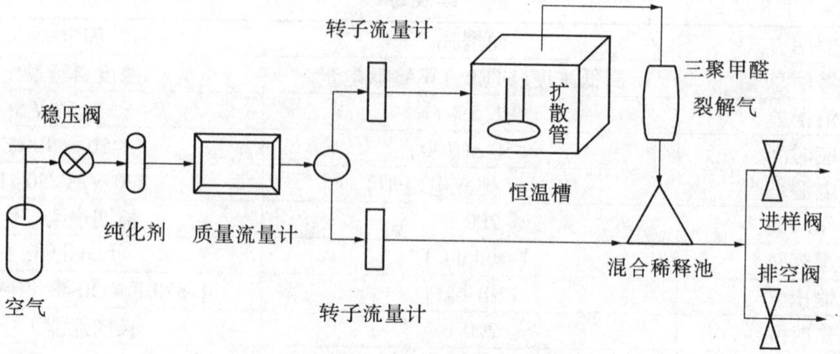

图 5-17　甲醛动态配气装置示意图(一)

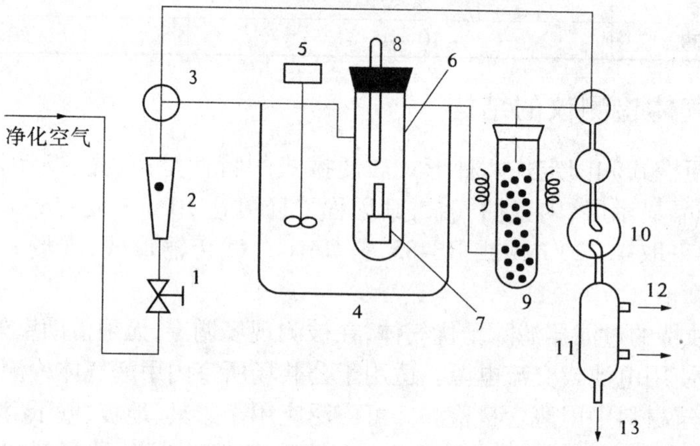

1—流量调节阀;2—流量计;3—分流阀;4—恒温水浴;5—搅拌器;6—气体发生瓶;7—甲醛扩散管;8—精密温度计;9—热催化分解柱;10—气体混合球;11—多支管;12—标准气体出口;13—放空

图 5-18　甲醛动态配气装置示意图(二)

2. 甲醛动态配气原理

ISO 6145—8:2003 标准指出动态配气扩散管法在挥发性、腐蚀性、吸附性标准气体的配制中显示出较低的不确定度(1% ~2%)。动态配气扩散管法是建立在称量基础上的一种标准气体配制方法,它是利用装有欲配组分的扩散管在一定温度和压力下,其组分扩散率保持不变的原理,通过载带气体连续稳定地流过扩散池,将从扩散管稳定扩散出来的组分载带出来并进行稀释,以得到不同浓度的标准气体。用动态配气扩散管法产生的标准气体,吸附性小,准确度高,操作方便,扩散管寿命长,可以作为挥发性、腐蚀性、吸附性标准气体的发生装置。

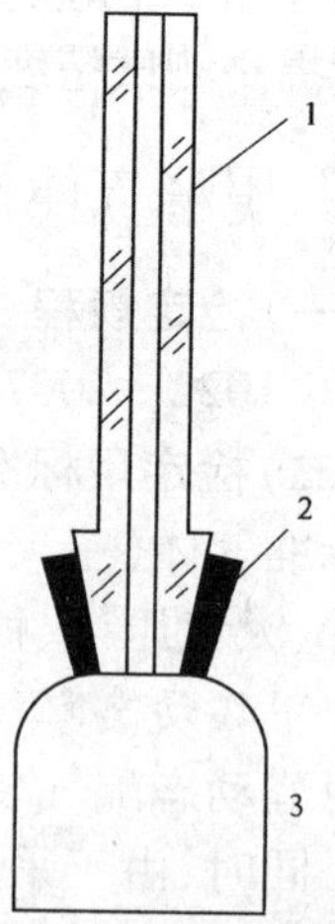

1—扩散毛细管;2—磨合接口;3—储料池(内装三聚甲醛)

图 5-19　甲醛扩散管示意图

三聚甲醛扩散管扩散率可以通过称重法测得。已知三聚甲醛扩散管扩散率和载气流速,经裂解后甲醛配气浓度可用式(5-9)计算:

$$c_0 = \frac{p_0 V_0 T}{T_0 p M Q} \times R_m \times 10^3 = 276.699 \times \frac{T}{pQ} \times R_m \tag{5-9}$$

式中，c_0 为配气浓度，μmol/mol；p_0 为标准状态下大气压值，101.325 kPa；V_0 为标准状态下理想气体摩尔体积，22.4 L/mol；T_0 为标准状态热力学温度值，273.15 K；T 为环境温度，K；p 为环境压力，kPa；M 为组分气体分子摩尔质量，g/mol；R_m 为扩散管的扩散率，μg/min；Q 为载带气体与稀释气体总流量，mL/min。

3. 甲醛动态配气装置技术要求

甲醛动态配气装置主要性能指标见表 5-14。另外，三聚甲醛裂解效率应为 100%；气源应经活性炭纯化管纯化后，甲醛和三聚甲醛含量应小于 10^{-10} mol/mol。

表 5-14　甲醛动态配气装置主要性能指标

恒温槽温度 t		总流量 Q		混合池压力 p		混合池温度 T	
温度测量误差	温度变化 *RSD*	流量测量误差	流量变化 *RSD*	压力测量误差	压力变化 *RSD*	温度测量误差	温度变化 *RSD*
±0.1%	0.1%	±0.5%	0.5%	±0.05%	0.05%	±0.1%	0.1%

检定系统如图 5-20 所示。

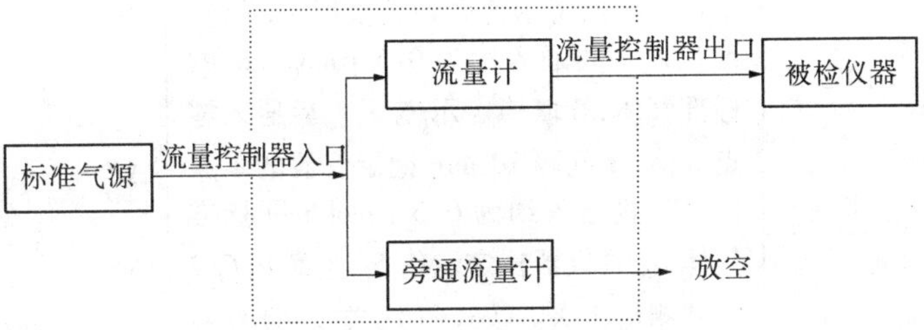

图 5-20　检定系统

（三）主要检定项目及方法

主要检定项目及方法见表 5-15。

表 5-15　主要检定项目及方法

序号	检定项目	性能要求	检定方法	计算公式
1	示值误差	0.01 ~ 0.10 μmol/mol：±20% 0.10 ~ 2.0 μmol/mol：±10%	校准仪器的零点和示值，然后分别通入浓度约为 0.08、0.5、1.2 μmol/mol 的甲醛标准气体，记录仪器稳定示值。每点测 3 次，3 次的平均值为仪器示值。按公式计算示值误差 Δc_i，取绝对值最大的 Δc 为示值误差	$\Delta c_i = \frac{\bar{c} - c_0}{c_0} \times 100\%$ $\bar{c}$—仪器示值的平均值； c_0—通入仪器的标气浓度值

续表 5-15

序号	检定项目		性能要求	检定方法	计算公式
2	重复性		5%	通入浓度约为 0.5 μmol/mol 甲醛标准气体，待示值稳定后读值。重复测量 6 次，每次测量前需用零点气体校零，按公式计算仪器的重复性	$s_r = \frac{1}{\bar{c}}\sqrt{\frac{\sum_{i=1}^{n}(c_i-\bar{c})^2}{n-1}} \times 100\%$ c_i— 仪器示值； $\bar{c}$—6 次测量值算术平均值； n— 测量次数，$n = 6$
3	响应时间		扩散式：≤180 s 泵吸式：≤90 s	通入零点气体校准仪器零点后，再通入约为 0.5 μmol/mol 的标准气体，读取稳定示值，停止通气，让仪器回到零点。再通入上述标准气体，同时启动秒表，待示值升至稳定值的 90% 时，停止秒表，记录秒表读数。按上述操作方法重复 3 次，3 次秒表读数的算术平均值为仪器的响应时间	
4	稳定性	零点漂移	±10% FS	通入零点气体，将仪器调到零点（对指针式仪器将示值调到满量程 5% 处），记为 Z_0。再通入约为 0.5 μmol/mol 的标准气体，读取稳定示值 S_0。后通入零点气体，每间隔 20 min 记录仪器的零点值 Z_i。再通入约为 0.5 μmol/mol 标准气体，记录仪器稳定示值 S_i，连续运行 2 h，共测量 7 次。按式(1)、式(2)计算零点漂移和量程漂移，式(1)和式(2)中，FS 为仪器测量上限值。取 ΔZ_i 和 ΔS_i 绝对值中最大值作为仪器的零点漂移和量程漂移	$\Delta Z_i = \frac{Z_i - Z_0}{FS} \times 100\%$ (1) $\Delta S_i = \frac{(S_i - Z_i) - (S_0 - Z_0)}{FS} \times 100\%$ (2)
5		量程漂移	±10% FS		

五、甲醛气体检测仪的使用及注意事项

甲醛气体检测仪是专门用于室内民用建筑工程及装修工程室内环境污染现场检测低浓度甲醛含量的直读式气体检测仪。仪器使用的是定电位电解传感器，反应迅速，检测结果准确，可以连续检测现场并得到结果。

（一）甲醛气体检测仪使用前的工作

仪器在使用时必须保持静止状态，避免因仪器移动产生的气流对检测数值的影响；当仪器对一个检测点检测结束后，必须放到清洁空气中回零后，才可在另外的检测点使用。

检测环境的要求：应将房间对外门窗和通风系统关闭 12 h 以上，停止空调等换气装置，停止房间内日常活动，现场检测不应在 5 级以上的大风天气条件下进行。

检测点的设置：当房间面积 <50 m^2 时，设 1 个检测点；当房间面积为 50 ~ 100 m^2 时，设 2 个检测点；当房间面积为 100 ~ 500 m^2 时，不少于 3 个检测点；当房间面积为 500 ~

1 000 m^2时，不少于5个检测点；当房间面积为1 000～3 000 m^2时，不少于6个检测点；当房间面积>3 000 m^2时，不少于9个检测点。

检测点位置：检测点应在距离内墙壁0.5～1 m、高度0.8～1.5 m处均匀分布。检测点应避开通风道和通风口。

温度条件：本仪器的使用温度范围是10～40 ℃，如果使用监控热烘，热烘的温度在40 ℃以下就可以。在一定时间内，将室温提高，以促进甲醛及甲苯、二甲苯物质等的挥发，并且反复通风换气，使甲醛、甲苯、二甲苯从建筑材料中迅速排出，这种方法称为热烘。此方法被认为是在施工时及验收前一种有效消除室内有害气体的方法。

（二）甲醛检测仪在使用过程中注意的问题

调零：仪器在使用前应首先在清洁空气（不含甲醛或其他干扰气体的空气）中调零。

检测：显示值的读取应取5 min后的数值，若5 min后显示值仍然上升，可能是干扰气体或环境湿度的影响。干扰气体是妨碍检测甲醛的气体。由于存在干扰气体，会出现与实际甲醛浓度相异的显示值。虽然测定仪的传感器对甲醛有非常高的敏感度，但因为检测的浓度非常低，如有高浓度的干扰气体存在，显示值就会出现很大的误差。

一般情况下，甲醛气体受一氧化碳、水蒸气及乙醇类气体影响很大，由于甲醛气体易溶于水，所以当周围环境湿度过高时显示值会有很大误差。甲醛气体几乎不受甲苯、二甲苯等芳香族的影响。对于氮氧化物，二氧化氮影响程度很小（比甲苯还低），一氧化氮却显示出和甲醛同程度的输出值。另外，香烟中所含的尼古丁、焦油附着在抽气通路的途中或传感器的表面，会影响传感器的灵敏度。

在使用甲醛检测仪时，要消除检测环境中的干扰气体发生源。干扰气体发生源主要有：香烟的烟雾，酒，芳香剂、除臭剂、香水，使用空气中喷雾器，汽油，废气或油烟等。

（三）检测结束后的工作

仪器的回零：测试结束后先不切断电源，在清洁空气中停留一会儿，是为了清洁管路和传感器。特别是当检测过高浓度气体以后，显示值的下降回零还需要一段时间，当显示值降到0.0 ppm以下时，切断电源就可以了。

仪器的保管：仪器使用结束后，应在配备的专用仪器袋里存放，这样可避免周围的甲醛气体或干扰气体对传感器的影响，增加传感器寿命。请勿把仪器放在以下场所，以免受到损伤：易结露的地方，高温潮湿的地方，气味浓烈的地方，另外，也不要放在有有机溶剂、建材等物品的地方。

甲醛气体检测仪如图5-21所示。

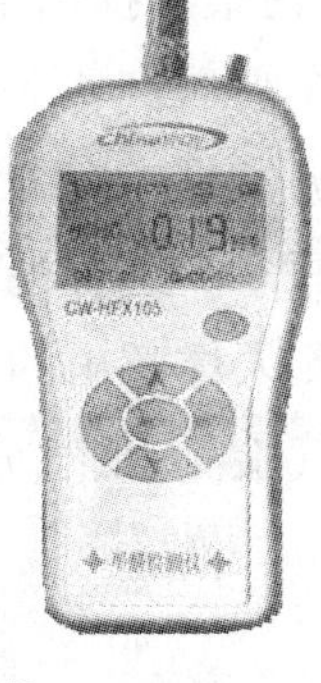

图5-21　甲醛气体检测仪

第六章　其他气体检测

第一节　概　述

前面介绍了可燃气体和有毒有害气体的检测，还有一些气体不适合归到这两种中，如氧气的检测，对环境保护有影响的烟气的检测、汽车排放气体的检测，以及呼出酒精气体的检测等。但是这些气体的检测在当前与可燃气体和有毒有害气体同样重要，如氧气的检测，氧气的不足和过量都会对人类造成严重后果。在密闭空间中，影响人体健康的氧气浓度检测要考虑到两个浓度点：氧气浓度太低会造成窒息，而超过常量的过量氧气可能会引起对燃烧或其他的化学反应的加速或提高。

烟气中颗粒物、SO_2、NO_x 对人类的危害如下：烟气中的颗粒物大量排入大气，造成空气污浊，使人的可视范围变窄，不但影响景观效果，而且对人的心情影响较为严重，甚至使交通事故增加。烟气中的 SO_2、NO_x 大量排入大气，与大气中的 H_2O、O_2 发生反应，会生成硫酸、硝酸分子，是形成酸雨的主要原因。酸雨破坏了生态平衡系统，造成土壤酸化、营养成分流失、森林破坏、湖泊酸化、鱼类减少、重金属溶出，危害十分严重。

大气污染的主要来源首先是火电厂，其次是钢铁厂和水泥厂。我国2/3的电力来自火力发电，而燃料主要是煤。我国煤炭的含硫量和粉尘含量较高，许多电厂特别是中小型电厂又缺少脱硫、脱硝、除尘设备，大大加重了排放烟气中二氧化硫、一氧化氮和粉尘的含量。

治理大气污染、减少污染物的排放是一项系统工程，以火力发电厂为例，包括燃烧控制、烟气除尘、脱除硫化物、脱除氮氧化物、烟气排放监测等环节。在线分析仪器在火电厂治污减排、节能降耗中起着重要作用。

汽车给人们带来了高效、便利，但也给人们带来了污染、痛苦、灾难。为了最大限度地发挥汽车的效率，有效降低汽车给人类带来的危害，各国都在制定各种限制和降低汽车危害的措施，对汽车排放污染物提出限制标准。因此，对汽车排放的检测也越来越重要。

酒后驾驶一直是车祸居高不下的主要原因，对驾驶员的饮酒检测也是刻不容缓的。呼出气体酒精含量探测器是专门为警察设计的一款执法用的检测工具，执勤民警可用来对司机是否饮酒和饮酒多少进行检测及处理，有效减少重大交通事故的发生。也可以用来在其他场合进行检测人体呼出的气体中酒精含量，避免人员伤亡和财产的重大损失。

木章主要介绍氧气检测、烟气分析检测、汽车排放气体检测、呼出气体酒精检测等气体检测。

第二节　氧化锆氧分析器

一、氧化锆氧分析器工作原理

(一)氧化锆的导电机理

电解质溶液靠离子导电,具有离子导电性质的固体物质称为固体电解质。固体电解质是离子晶体结构,靠空穴使离子运动而导电,与P型半导体靠空穴导电的机理相似。

纯氧化锆(ZrO_2)不导电,掺杂一定比例的低价金属物作为稳定剂,如氧化钙(CaO)、氧化镁(MgO)、氧化钇(Y_2O_3),就具有高温导电性,成为氧化锆固体电解质。为什么加入稳定剂后,氧化锆就会具有很高的离子导电性呢?这是因为,例如掺有少量CaO的ZrO_2混合物,在结晶过程中,钙离子进入立方晶体中,置换了锆离子。由于锆离子是+4价,而钙离子是+2价,一个钙离子进入晶体中只带入了一个氧离子,而被置换出来的锆离子带出了两个氧离子,结果在晶体中便留下了一个氧离子空穴,如图6-1所示。例如$(ZrO_2)_{0.85}(CaO)_{0.15}$这样的氧化锆(括号外下角数字表示它们的摩尔分数,$ZrO_2$的摩尔分数是85%、CaO的摩尔分数是15%),则具有7.5%摩尔分数的氧离子空穴,是一种良好的氧离子固体电解质。

Zr^{4+}	O^{2-}	O^{2-}	Zr^{4+}	O^{2-}	O^{2-}	Zr^{4+}	O^{2-}	O^{2-}
O^{2-}	Ca^{2+}	◎◎	O^{2-}	Zr^{4+}	O^{2-}	O^{2-}	Zr^{4+}	O^{2-}
O^{2-}	O^{2-}	Zr^{4+}	O^{2-}	O^{2-}	Ca^{2+}	◎◎	O^{2-}	Zr^{4+}
Zr^{4+}	O^{2-}	O^{2-}	Ca^{2+}	◎◎	O^{2-}	Zr^{4+}	O^{2-}	O^{2-}
O^{2-}	Zr^{4+}	O^{2-}	O^{2-}	Zr^{4+}	O^{2-}	O^{2-}	Zr^{4+}	O^{2-}
O^{2-}	Zr^{4+}	O^{2-}	O^{2-}	O^{2-}	Zr^{4+}	O^{2-}	Zr^{4+}	O^{2-}

◎◎为氧离子空穴

图6-1　氧离子空穴形成示意图

(二)氧化锆氧分析器的测量原理

在一片高致密的氧化锆固体电解质的两侧,用烧结的方法制成几微米到几十微米厚的多孔铂层作为电极,再在电极上焊上铂丝作为引线,就构成了氧浓差电池,如图6-2所示。电池左侧通入参比气体(空气),其氧分压为p_0;电池右侧通入被测气体,其氧分压为p_1(未知)。

设$p_0>p_1$,在高温(650~850 ℃)下,氧就会从分压大的p_0侧向分压小的p_1侧扩散。这种扩散不是氧分子透过氧化锆从p_0侧到p_1侧,而是氧分子离解成氧离子后通过氧化锆的过程。在750 ℃左右的高温中,在铂电极的催化作用下,在电池的p_0侧发生还原反应,一个氧分子从铂电极取得4个电子,变成两个氧离子(O^{2-})进入电解质,即

$$O_2(p_0)+4e\rightarrow 2O^{2-}$$

p_0侧的铂电极由于大量给出电子而带正电,成为氧浓差电池的正极或阳极。

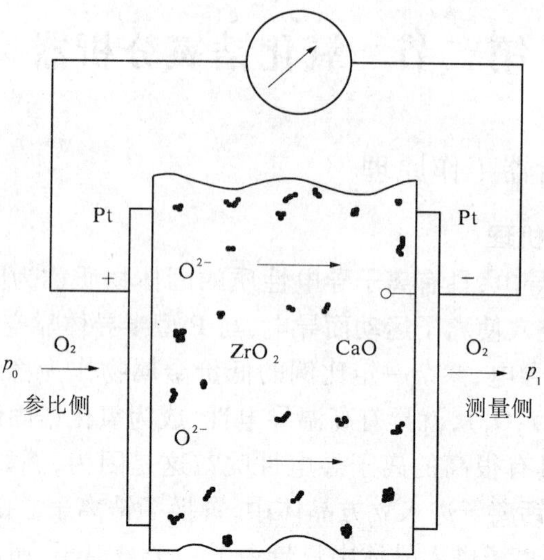

图6-2　氧浓差电池原理

这些氧离子进入电解质后，通过晶体中的空穴向前运动到达右侧的铂电极，在电池的 p_1 侧发生氧化反应，氧离子在铂电极上释放电子并结合成氧分子析出，即

$$2O^{2-} \rightarrow O_2(p_1) + 4e$$

p_1 侧的铂电极由于大量得到电子而带负电，成为氧浓差电池的负极或阴极。

这样，在两个电极上由于正负电荷的堆积而形成一个电势，称之为氧浓差电动势。当用导线将两个电极连成电路时，负极上的电子就会通过外电路流到正极，再供给氧分子形成氧离子，电路中就有电流通过。

（三）氧化锆探头的理论电势输出值

氧浓差电动势的大小与氧化锆固体电解质两侧气体中的氧浓度有关。通过理论分析和试验证实，它们的关系可用能斯特方程式表示为

$$E = 1\ 000\frac{RT}{nF}\ln\frac{p_0}{p_1} \tag{6-1}$$

式中，E 为氧浓差电动势，mV；R 为气体常数，8.314 5 J/(mol·K)；T 为氧化锆探头的工作温度，K，$T = 273.15 + t$(℃)；n 为参加反应的电子数，对氧而言，$n = 4$；F 为法拉第常数，96 500C；p_0 为参比气体的氧分压；p_1 为被测气体的氧分压。

如被测气体的总压力与参比气体的总压力相同，则式(6-1)可改写为

$$E = 1\ 000\frac{RT}{4F}\ln\frac{c_0}{c_1} \tag{6-2}$$

式中，c_0 为参比气体中氧的体积分数，一般用空气作为参比气体，取 $c_0 = 20.6\%$（干空气氧含量为20.9%，25 ℃、相对湿度为50%时，氧含量约为20.6%）；c_1 为被测气体中氧的体积分数，$O_2\%$。

从式(6-2)可以看出，当参比气体中的氧含量 $c_0 = 20.6\%$ 时，氧浓度差电动势仅是被测气体中氧含量 c_1 和温度 T 的函数。被测气体中的氧含量越小，氧浓差电动势越大。这对于测量氧含量低的烟气是有利的。把式(6-2)中的自然对数换为常用对数，得：

$$E = 2\ 302.5\frac{RT}{4F}\lg\frac{20.6}{c_1} = 0.049\ 6T\lg\frac{20.6}{c_1} = 0.049\ 6(273.15+t)\lg\frac{20.6}{c_1} \qquad (6\text{-}3)$$

实际工作中,可按式(6-3)计算氧化锆探头理论电势输出值。

例如,氧化锆探头的工作温度为750 ℃,c_0 为20.6%,则电池的氧浓差电动势为

$$E = 50.74\lg\frac{20.6}{c_1} \qquad (6\text{-}4)$$

若烟气中氧含量分别为1%、5%和10%,则以 $c_1 = 1\%$、5%、10%代入式(6-4)后得:

$$E_{1\%} = 66.7\ \text{mV}, E_{5\%} = 31.2\ \text{mV}, E_{10\%} = 15.9\ \text{mV}$$

二、氧化锆氧分析器的典型性能

氧化锆氧分析器的典型性能见表6-1。

表6-1 氧化锆氧分析器的典型性能

性能指标	探头(检测器)	性能指标	变送器
传感器检测原理	电化学(氧浓差电池)	参比气体	空气
检测范围	1% ~100% VOL	环境温度	-20 ~150 ℃
检测对象	O_2	使用寿命	4年
基本误差	±1% *FS*	显示方式	LCD触摸屏显示
重复性	0.5%	输出信号	4 ~20 mA、接点输出
响应时间	≤5 s(T90)	电源	220 V,50 Hz
采样方式	扩散式、吸入式	传输距离	≤300 m
漂移	±2% *FS*/月	环境温度	-20 ~55 ℃
样气温度	0 ~700 ℃	电流输出负载电阻	≤250 Ω
样气压力	-5 ~250 kPa	氧量mV电压输入范围	±140 mV
探头长度	0.15 ~5.4 m	氧量测量准确度	0.5%
探头材料	SUS316(JIS)	氧量输出准确度	0.2%

三、氧化锆氧分析器的结构

根据氧化锆探头结构形式和安装方式的不同,可把氧化锆氧分析器分为直插式和抽吸式两类。就使用数量而言,目前大量使用的是直插式氧化锆氧分析器。

(一)直插式氧化锆氧分析器

将探头直接插入烟道中进行分析,直插式探头有以下几种类型。

(1)中、低温直插式氧化锆探头。这种探头适用于烟气温度0 ~650 ℃(最佳烟气温度350 ~550 ℃)的场合,探头中自带加热炉。主要用于火电厂锅炉、6 ~20 t/h工业炉等,是目前国内用量最大的一种探头。

(2)带导流管的直插式氧化锆探头。这也是一种中、低温直插式氧化锆探头,但探头较短(400 ~600 mm),带有一根长的导流管,先用导流管将烟气引导到炉壁附近,再用探

头进行测量。主要用于大型、炉壁比较厚的加热炉。燃煤炉宜选带过滤器的直插式探头，不宜选导流式探头(易出现灰堵)，燃油炉两者均可选用。

(3)高温直插式氧化锆探头。这种探头本身不带加热炉，靠高温烟气加热，适用于700～900 ℃的烟气测量。主要用于电厂、石化厂等高温烟气分析场合。

直插式氧化锆氧分析器的突出优点是：结构简单、维护方便、反应速度快和测量范围广，特别是它省去了取样和样品处理环节，从而避免了许多麻烦，因而被广泛应用于各种锅炉和工业炉窑中。

直插式氧化锆氧分析器的结构组成：由氧化锆探头(检测器)和转换器(二次表)两部分组成，两者连接在一起的称为一体式结构，两者分开安装的称为分离式结构。

(二)抽吸式氧化锆氧分析器

这类分析器的氧化锆探头安装在烟道壁或炉壁之外，将烟气抽出后再进行分析。它主要用于以下两种场合：①用于烟气温度为700～1 400 ℃的场合；②用于燃气炉。

直插式氧化锆氧分析器可用于燃煤炉、燃油炉，但不适用于燃气炉。这是由于采用天然气等气体燃料的炉子，烟气中往往含有少量的可燃气体，如H_2、CO、CH_4等。氧化锆探头的工作温度约在750 ℃，在高温条件下，由于铂电极的催化作用，烟气中的氧会和这些气体成分发生氧化反应而耗氧，使测得的氧含量偏低。当燃烧不正常烟气中可燃气体含量较高时，与高温氧化锆探头接触甚至可能发生起火、爆炸等危险。

石化行业的燃气炉已采用抽吸式氧化锆氧分析器取代了顺磁式氧分析器，这种分析器在氧化锆探头之前增加了一个可燃气体检测探头，可同时测量烟气中的氧含量和可燃气体的含量。其作用有以下几点：

(1)在可燃气体检测探头上，可燃气体与氧发生催化反应而消耗掉，从而消除了其对氧化锆探头的干扰和威胁。

(2)用可燃气体检测结果对氧化锆探头输出值进行修正和补偿，从而使氧含量测量结果更为准确。

(3)根据可燃气体检测结果判断燃烧工况是否正常，以便及时进行调节和控制。

也有在氧化锆探头之前增设两个检测探头的产品，一个是可燃气体探头，另一个是甲烷气体探头，甲烷气体探头的作用是为了更准确地判断天然气的燃烧工况是否正常。

(三)直插式氧化锆分析器结构

直插式氧化锆分析器由氧化锆探头(检测器)和转换器(二次表)两部分组成，两者连接在一起的称为一体式结构，两者分开安装的称为分离式结构。典型的分离式氧化锆氧分析器系统配置见图6-3。

1. 氧化锆探头

图6-4是氧化锆探头组成示意图，图6-5和图6-6分别是氧化锆探头的外形结构和工作原理。

图中锆管为试管形，管内侧通被测烟气，管外侧通参比气体(空气)。锆管很小，管径一般为10 mm，壁厚约为1 mm，长度约为160 mm。材料有以下几种：$(ZrO_2)_{0.85}(CaO)_{0.15}$、$(ZrO_2)_{0.90}(MgO)_{0.10}$、$(ZrO_2)_{0.90}(Y_2O_3)_{0.10}$。

内外电极为多孔形铂(Pt)，用涂敷和烧结方法制成，长为20～30 mm，厚度几微米到

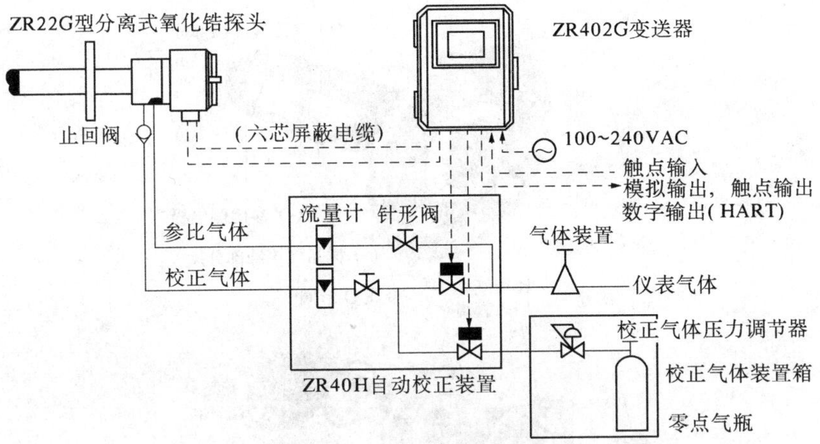

图 6-3　分离式氧化锆氧分析器系统配置

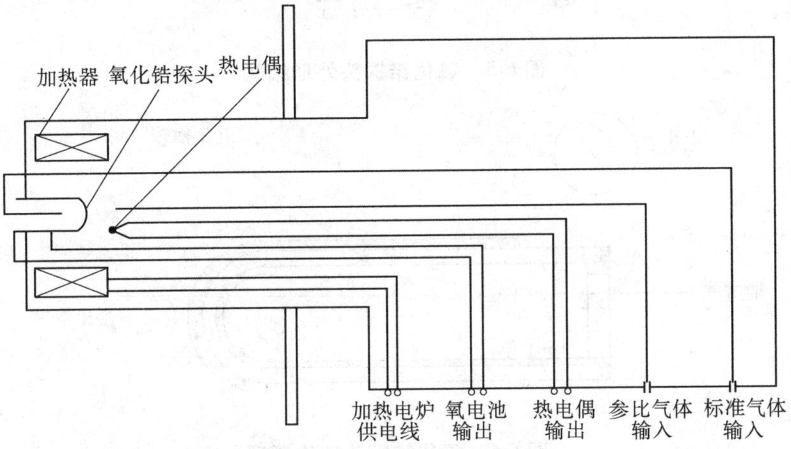

图 6-4　氧化锆探头组成示意图

几十微米。铂电极引线一般多采用涂层引线，即在涂敷铂电极时将电极延伸一点，然后用 ф0.3～0.4 mm 的金属丝与涂层连接起来。

热电偶检测氧化锆探头的工作温度多采用 K 型热电偶。加热电炉用于对探头加热和进行温控。过滤网用于过滤烟尘，也可采用陶瓷过滤器或碳化硅过滤器。参比气体管路通参比空气，校准气体管路在仪器校准时通入校准气体。

2. 转换器

转换器除了要完成对检测器输出信号的放大和转换外，还要重点解决以下三个问题：

(1)氧浓差电池是一个高内阻信号源，要想真实地检测出氧浓差电池输出的电动势信号，首先要解决与信号源的阻抗匹配问题。

(2)氧浓差电动势与被测样品中的氧含量之间呈对数关系，所以要解决输出信号的非线性问题。

(3)根据氧浓差电池的能斯特公式，氧浓差电池电动势的大小取决于温度和固体电解质两侧的氧含量。温度的变化会给测量带来较大误差，所以，还要解决检测器的恒温控

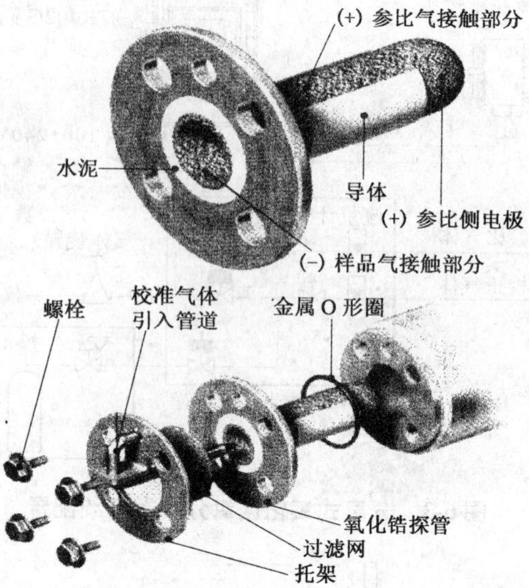

图 6-5　氧化锆探头外形结构

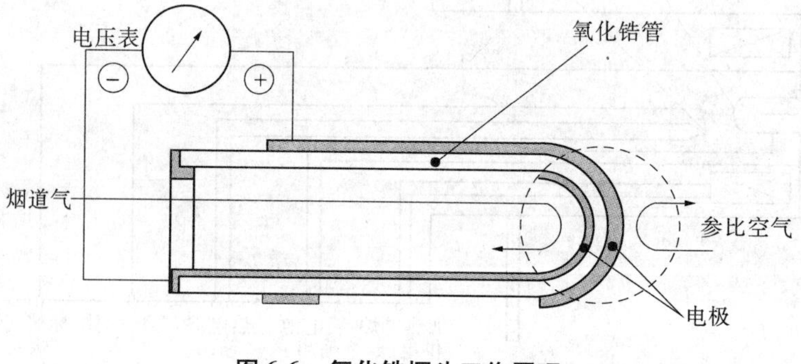

图 6-6　氧化锆探头工作原理

制问题。

检测器有两个输出信号，一个是氧浓差电池输出的电动势信号，另一个是测温元件热电偶输出的电动势信号。信号处理部分包括氧浓差电动势信号处理回路和热电偶电动势信号处理回路。

（四）抽吸式氧化锆氧分析器结构

典型的抽吸式氧化锆分析器由氧化锆探头和计算单元两部分组成，探头与计算单元采取 CAN 总线结构，一个计算单元最多可以带 3 个探头。探头包括插入烟道中的取样管和置于烟道外的氧化锆氧传感器，见图 6-7。高温烟气由压缩空气作动力的喷射泵从烟道中抽出，烟气从传感器入口的毛细管吸入，从空气出口排出，控制压缩空气的压力就能控制吸入的流量。氧化锆元件的两侧表面烧结了多孔金属电极，锆管的工作温度为 700 ℃，由内腔的电加热器加热。

如图 6-7 所示的抽吸式氧化锆探头是一种电流型的氧传感器，它的工作原理不同于前述的直插式氧化锆探头。直插式探头采用电势法，测量的是锆管两侧的电势差，其原理属于电位分析法；而抽吸式探头采用电流法，在多孔金属电极两侧施加一直流电压，测量通过锆管的离子流，其原理属于伏安分析法。探头的工作特性曲线见图6-8。

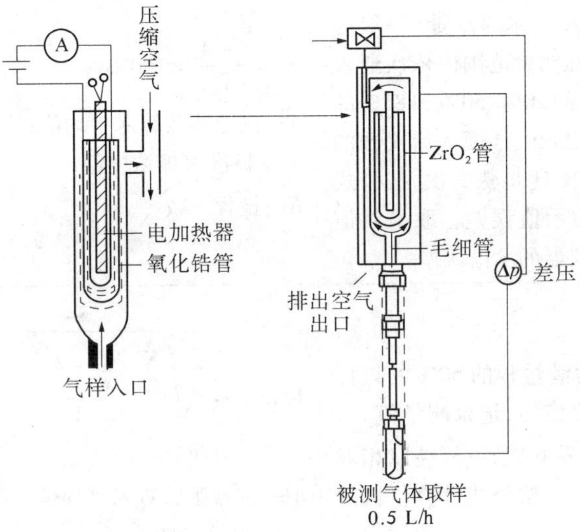

图6-7　抽吸式氧化锆传感器探头

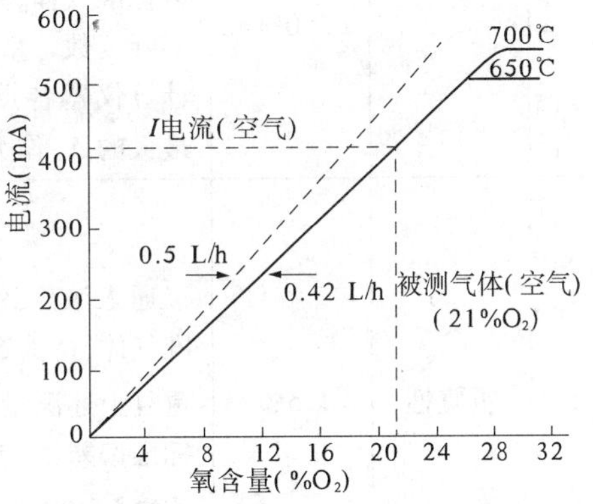

图6-8　抽吸式探头工作特性曲线

在高温条件下，氧化锆材料由于氧离子的运动成为导体，当温度高于650 ℃时，氧离子就能流动，当氧浓度增加时，电流随离子流的增加成比例地增加。从图6-8可以看出，气体中的氧含量(%O_2)与电流(mA)成正比，含21% O_2 的空气对应的电流值比400 mA稍大一些。从图6-8还可以看出，电流与温度无关(650 ℃和700 ℃是同一曲线)，而与气体流量有关(0.42 L/h和0.5 L/h不是同一曲线)。所以，电流型传感器并不需要控制氧化锆元件的温度，只要控制气体的流量就能得到高的测量准确度，这对于测量高温气体中的 O_2 浓度具有比电势法明显的优越性。

与直插式氧化锆探头相比，抽吸式氧化锆探头的突出特点是：不需要温度控制；不需要参比气体；校准仪器时，吸入空气就可以求得氧浓度对电流的斜率，因而其校准不需要标准气体，也无需多点校准。

四、氧化锆氧分析器的检定

(一)检定规程

JJG 535—2004《氧化锆氧分析器》。

(二)检定用标准及设备

氧标准气体(氮中氧标准气体)、气体流量计、秒表、绝缘电阻表、绝缘强度测试仪。

检定系统如第四章图4-1、图4-2所示。

(三)主要检定项目及方法

主要检定项目及方法见表6-2。

表 6-2　主要检定项目及方法

序号	检定项目		性能要求	检定方法	计算公式
1	示值误差		(0.1% ~ 100%)O_2 ±5.0% FS	按制造厂的规定仪器经预热稳定和校准后，控制通入气体的流量(一般为 300 mL/min)。在测量范围内依次通入浓度约为满量程的 20%、50% 和 85% 的氧标准气体，并记录气体通入后仪器的实际读数。重复上述步骤 3 次，按公式计算仪器各点的示值误差。取绝对值最大的 Δ_e 作为仪器的示值误差	$\Delta_e = \frac{\bar{A} - A_s}{R} \times 100\%$ $\bar{A}$—仪器读数算术平均值； A_s—标准气体浓度值； R—量程
2	重复性		1.5%	通入浓度约为满量程的 50% 的氧标准气体，待读数稳定后，记录测量值 A_i。重复上述测量步骤 6 次，重复性以相对标准偏差 Δ_e 表示。按公式计算仪器的重复性 RSD	$RSD = \frac{1}{\bar{A}}\sqrt{\frac{\sum_{i=1}^{n}(A_i - \bar{A})^2}{n-1}} \times 100\%$ $\bar{A}$— 仪器读数算术平均值； A_i— 仪器读数值； n— 测量次数，$n = 6$
3	响应时间		≤ 20 s	校准仪器零点，通入浓度为量程 50% 左右标准气体读取稳定数值，撤去标准气体，使检测仪显示为零。再通入上述浓度标准气体，同时用秒表记录从通入标准气体瞬时起到检测仪显示第一次稳定值的 90% 时的时间，即为检测仪的响应时间。重复上述步骤 3 次，取算术平均值为检测仪的响应时间	
4	漂移	零点漂移	不超过允许误差限的 1/2	通入浓度为量程的 5% 的氧标准气体，稳定后记录示值 A_{Z0}，后通入浓度约为满量程的 85% 的氧标准气体，稳定后记录读数 A_{S0}，撤去标准气体。仪器连续运行 4 h，每间隔 1 h 重复上述步骤一次，同时记录读数 A_{Zi} 及 A_{Si}($i = 1,2,3,4$)，按公式计算零点漂移，取绝对值最大的 ΔZ_i 作为仪器的零点漂移。按公式计算量程漂移，取绝对值最大的 ΔS_i 作为仪器的量程漂移	$\Delta Z_i = \frac{A_{Zi} - A_{Z0}}{R} \times 100\%$
		量程漂移	不超过允许误差限的 1/2		$\Delta S_i = \frac{(A_{Si} - A_{Zi}) - (A_{S0} - A_{Z0})}{R} \times 100\%$

五、氧化锆氧分析器的使用及注意事项

(一)安装和投运氧化锆氧分析器时应注意的问题

(1)安装前,必须检查氧化锆氧分析器是否完好,以免运输和储存过程中出现的某些问题影响以后的正常投运。其检验内容包括3项:电阻测量、升温试验和标准气体校准试验。

电阻测量:用数字万用表分别测量探头热电偶两端、加热炉两端和信号两端的电阻,然后测量上述三者与不锈钢外壳间的绝缘电阻,最后测量热电偶任何一端与信号正端之间的绝缘电阻,这些部位的阻值应分别符合仪器使用说明书的要求。

升温试验:用电缆或导线将探头与转换器连接好,接通电源,这时探头池温逐渐上升,直至稳定在设定温度范围内。如果池温不能升至设定范围,而是低于该值,可用万用表检查热电偶与信号正端是否有短路现象,如有,在断电情况下将热电偶退出1~2 mm即可排除。

标准气体校准试验:仪器恒温后,将 $x\%$ O_2 的标准气体以约定流量通入探头标准气体入口,这时氧含量显示数值应从空气值降到标准气体值附近,然后调节"本底"电位器,使显示值等于标准气体值。这一操作说明氧化锆电池是正常的。

(2)安装氧化锆探头时,注意不要损坏头部过滤器,插入后一定要用螺栓将安装法兰密封好,以免环境空气漏入。

(3)连接三对接线时,先检查接线是否正确后,再送电投运。

(4)仪器投运24 h内,指示是不正常的,投运1 d后,再用标准气体校准。新安装的氧化锆探头至少要运行1 d以上才能进行校准。这是因为,新装探头中存在一些吸附水分或可燃物质,装上炉后,在高温下这些吸附水分蒸发,可燃物质燃烧,消耗了参比侧电池中的参比空气,导致参比空气的氧含量低于正常值(20.6%),会出现探头信号偏低,甚至出现负信号,造成测得的氧含量偏高,甚至大于20.6%的现象,这时的氧含量是不准确的。直到水分或可燃物质被新鲜空气置换干净后才能使测量准确。这一过程对于短探头需要2~12 h,而对长探头则需1~2 d,因此一般新装探头至少运行1 d后才能进行校准。

(二)选择探头安装点应考虑的几点

(1)安装点的烟气温度应与探头类型相适应:对于中、低温直插式氧化锆探头,最佳烟气温度为350~550 ℃。在该烟温范围内,既可避免低温腐蚀,又可避免高温腐蚀。

火电厂燃煤蒸气炉、炼油厂或城市热电厂燃油蒸气炉,安装点应选在过热器后,而化工、轻纺印染、食品加工、造纸厂、取暖等工业锅炉,安装点则应选在过热器前,这些地点的烟气温度一般在350~550 ℃。炼油厂加热炉、输油管泵站加热炉,安装点可选在烟道入口处,烟温约为400 ℃。

(2)烟气流通条件好:烟气流通好坏直接关系到仪器响应时间的快慢。探头安装点应选在烟气流通良好、流速较快一些的位置,不要安装在死角。但须注意,不要将安装点选在烟速过大的烟道缩口处,因为烟速过大易造成探头灰堵或探头达不到设定温度而影响测量。

(3)维护方便:安装点应避免机械振动,并应有充足的维护空间。

（三）日常维护

(1)定期对仪器进行校准。氧化锆氧分析器在使用过程中存在许多干扰因素，如锆管的老化、积灰、SO_2 和 SO_3 对电极的腐蚀等。虽然安装时已经进行过校准，但在运行过程中仪器性能会逐渐变化，给测量带来误差，因此必须定期进行校准。一般来说，接入自控系统的仪器应做到每1~2个月校准一次，未接入自控系统的仪器每3个月校准一次。

校准时，不能用纯 N_2 作为零点气体，我国规定，零点气体的氧含量应为满量程的10%，量程气体的氧含量应为满量程的90%。对于量程0~10% O_2 的仪器来说，应使用含1% O_2 的 N_2 作为零点气体，含9% O_2 的 N_2 作为量程气体（有的仪器采用干燥新鲜的空气或无油仪表空气作为量程气体，也有的仪器采用单标准气体进行校准）。

(2)经常巡视仪器是否正常，仪器一旦出现故障，及时查找原因，如属探头正常老化或损坏，或一时查不出故障原因，应及时更换探头。

(3)根据需要，定期清洗探头有关部件。

(4)开炉前，先开仪器。停炉时，应等炉停后再关仪器。

(5)炉子短期检修最好不要停仪器。其原因有二：一是由于氧化锆管是一根陶瓷管，虽然有一定的抗热振性能，但在停开过程中，因急冷、急热而有断裂的可能，因此最好少做停开操作；二是涂敷在氧化锆管上的铂电极与氧化锆管间的热膨胀系数不一致，探头使用一段时间后，容易在开停过程中产生脱落现象，导致探头内阻变大，甚至损坏探头。一般来说，如果停炉时间在一个月之内，若不影响炉子的检修，就不要关仪器。

(6)做好每台仪器的运行档案，内容包括进厂日期、安装时间、运行、维修情况等。

氧化锆氧分析仪如图6-9所示。

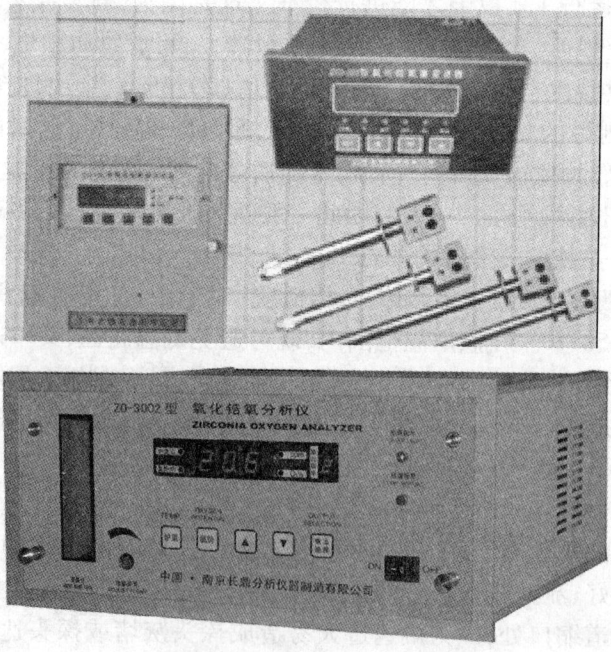

图6-9　氧化锆氧分析仪

第三节　原电池法气体氧分析器

一、原电池法气体氧分析器的工作原理

仪器检测依据电化学原理，原电池型气体传感器也叫伽伐尼电池型气体传感器、燃料电池型气体传感器、自发电池型气体传感器。工作原理详见第三章有关内容。

所谓燃料电池，是原电池中的一种类型。原电池型氧分析器中的电化学反应可以自发地进行，不需要外部供电，其综合反应是气样中的氧和阳极的氧化反应，反应的结果生成阳极材料的氧化物。这种反应类似于氧的燃烧反应，所以这类原电池也称为燃料电池，以便与其他类型的原电池相区别，这类仪器也称为燃料电池式氧分析器。由于阳极在反应中不断消耗，因而电池需定期更换。

燃料电池型氧分析器的使用场合较为广泛，它既可以测微量氧，也可以测常量氧。此处需要说明的是，测量常量氧是顺磁式氧分析器的优势，燃料电池型氧分析器虽然也能测常量氧，但测量精度和长期使用的稳定性均不如顺磁式氧分析器，电池的使用寿命与氧的浓度有关，需定期更换，因此它仅适用于要求不高的一般场合。测量微量氧则是燃料电池型氧分析器的优势，测量下限可达 ppm 级，而顺磁式氧分析器测量下限一般为 0.1% O_2（1 000 ppm），个别产品可达 0.01% O_2（100 ppm）。

二、原电池法气体氧分析器的典型性能

原电池法气体氧分析器的典型性能见表 6-3。

表 6-3　原电池法气体氧分析器的典型性能

传感器检测原理	电化学
检测范围	微量：0 ~ 5 ppm、0 ~ 10 ppm、0 ~ 100 ppm、0 ~ 1 000 ppm 常量：0 ~ 1%、0 ~ 5%、0 ~ 25%
检测对象	O_2
基本误差	±2% *FS*
灵敏度	0.01 ppm
采样形式	泵吸式
重复性	2%
零点漂移、量程漂移	±2% *FS*/7 d
响应时间	≤15 s（T90）
输出信号	4 ~ 20 mA、RS232
被测定气体流量	2 ~ 4 L/min
取样工作压力	≤0.1 MPa
报警方式	任意设置上下限报警点
防爆等级	Exia Ⅱ CT_5
工作环境温度	0 ~ 50 ℃
电源	6.0 VDC 或 220 VAC
使用寿命	3 年

三、原电池法气体氧分析器的结构

燃料电池中的电解质以前均采用电解液，近20年来开发出多种采用固体（糊状）电解质的燃料电池，为了便于叙述，将其分别称为液体燃料电池和固体燃料电池。两者相比，固体燃料电池有一定优越性，将来能否完全取代液体燃料电池，目前尚难预料。

在液体燃料电池中，根据电解液的性质，又有碱性液体燃料电池和酸性液体燃料电池之分，下面分别加以介绍。

（一）碱性液体燃料电池氧传感器

碱性液体燃料电池由银阴极+铅阳极+KOH碱性电解液组成，适用于一般场合，既可测微量氧，也可测常量氧。当被测气体中含有酸性成分（如CO_2、H_2S、Cl_2、SO_2、NO_x等）时，会与碱性电解液起中和反应并对银电极有腐蚀作用，造成电解池性能的衰变，出现响应时间变慢、灵敏度降低等现象，因此它不适用于含酸性成分的气体测量。

如图6-10所示是一种碱性液体燃料电池氧传感器的原理结构。它由银阴极+铅阳极+KOH碱性电解液组成，图中的接触金属片作为电极引线分别与阴极和阳极相连，电解液通过上表面阴极的众多圆孔外溢形成薄薄的一层电解质，薄电解质层的上面覆盖了一张可以渗透气体的聚四氟乙烯（PTFE）膜。

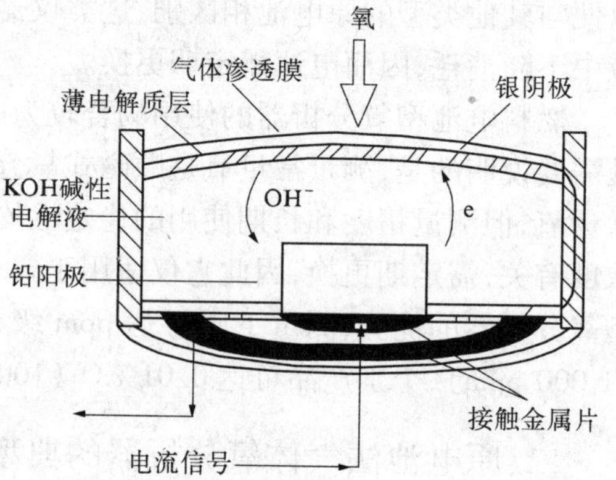

图6-10 碱性液体燃料电池氧传感器的原理结构

被测气体经过渗透膜进入薄电解质层，气样中的氧在电池中进行下述电化学反应：

银阴极 $O_2+2H_2O+4e \rightarrow 4OH^-$

铅阳极 $2Pb+4OH^- \rightarrow 2PbO+2H_2O+4e$

电池的综合反应 $O_2+2Pb \rightarrow 2PbO$

此反应是不可逆的，OH^-离子流产生的电流与气样中氧的浓度成比例。在没有氧存在时不会发生反应，也不会产生电流，传感器具有绝对零点。阳极的铅（Pb）在反应中不断地变成氧化铅，直至铅电极耗尽为止，就像某些燃料被不断氧化烧尽一样。

（二）酸性液体燃料电池氧传感器

酸性液体燃料电池由金阴极+石墨阳极（或铅阳极等）+醋酸电解液组成，适用于被测气体中含有酸性成分的场合，例如用于烟道气的分析，但不适用于含碱性成分（如NH_3等）的气体测量。它只能测常量氧，不能用于微量氧的测量。图6-11是一种酸性液体燃料电池氧传感器的原理结构。其阴极是金（Au）电极，阳极是石墨（C）电极，电解液为醋酸（乙酸，CH_3COOH）溶液。该燃料电池可以表示为

$$阴极\ Au|CH_xCOOH|C\ 阳极$$

注意，金电极对燃料电池是阴极，发生还原反应，放出电子；但对于外电路来说是正极，

获得电子。同样,石墨电极对燃料电池是阳极,发生氧化反应,得到电子;但对于外电路来说是负极,供给电子。

样气中的氧分子通过 FEP(聚全氟乙丙烯)氧扩散膜进入燃料电池,在电极上发生如下电化学反应:

金阴极　$O_2 + 2H_2O + 4e \rightarrow 4OH^-$

石墨阳极　$C + 4OH^- \rightarrow CO_2 + 2H_2O + 4e$

电池的综合反应　$O_2 + C \rightarrow CO_2$

反应产生的电流与氧含量成正比。图 6-12 是另一种酸性液体燃料电池氧传感器的原理结构。

电极反应如下:

金阴极　$O_2 + 2H_2O + 4e \rightarrow 4OH^-$

铅阳极　$2Pb + 4OH^- \rightarrow 2PbO + 2H_2O + 4e$

电池的综合反应　$O_2 + 2Pb \rightarrow 2PbO$

燃料电池输出的电流与氧的浓度成正比,此电流信号通过测量电阻和热敏电阻转换为电压信号(见图 6-12(b))。温度补偿是由热敏电阻实现的,热敏电阻装在传感器组件里面(见图 6-12(a)),监视电池内的温度并改变电阻值。因此,传感器的输出不随温度而变化,只与氧浓度有关。此信号经前置放大器放大后送入微处理器中进行处理,然后以4 ~20 mA 电流信号或数字信号的形式输出。

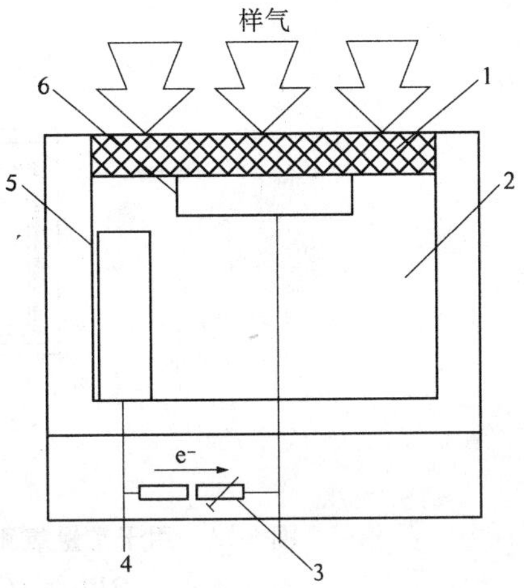

1—FEP 制成的氧扩散膜;2—电解液(醋酸);
3—用于温度补偿的热敏电阻和负载电阻;
4—外电路信号输出;5—石墨阳极;6—金阴极

图 6-11　酸性液体燃料电池氧传感器的原理结构之一

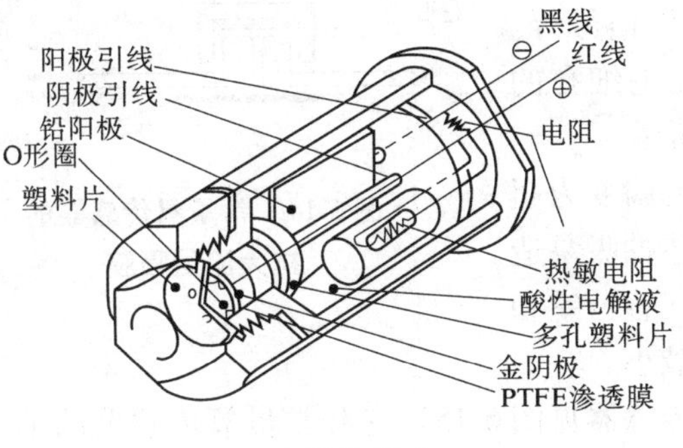

(a) 结构组成

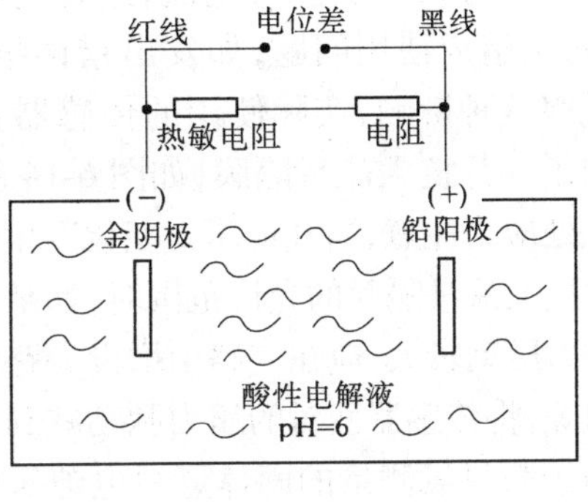

(b) 测量原理

图 6-12　酸性液体燃料电池氧传感器的原理结构之二

(三)固体燃料电池氧传感器

图 6-13 是固体燃料电池氧传感器的原理结构,这种传感器用于常量氧的测量。

在传感器顶部有一毛细孔,被测气体进入传感器的多少取决于孔隙的大小。当气体中的氧到达工作电极(银阴极)时,立刻被分解成羟基离子:

$$O_2 + 2H_2O + 4e \rightarrow 4OH^-$$

这些羟基离子穿过 KOH 糊状电解质到达铅阳极,发生如下反应:

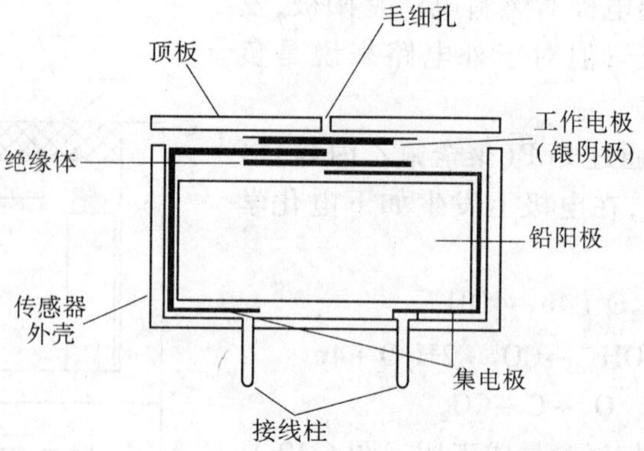

图 6-13 用于常量氧测量的固体燃料电池氧传感器的原理结构

$$2Pb + 4OH^- \rightarrow 2PbO + 2H_2O + 4e$$

图 6-13 中的集电极收集电流信号，并通过一只外接电阻转换成电压信号（电势差），电池的电势差与气样中的氧含量有关。

这种传感器属于裸露式结构，产生的电流和单位时间内进入传感器的氧量（气样中氧的浓度 × 进入传感器的气样流量）成比例，当气样的压力突变时（如由抽吸泵引起的压力脉动），进入传感器的流量也会突变，此时传感器将产生瞬间过大（或过小）电流，这种情况如不加以控制，将会造成使用问题，如发出错误报警信号等。为了克服这种影响，实际使用的传感器在毛细孔的上面加了一片抗大流量隔膜，如图 6-14 所示。

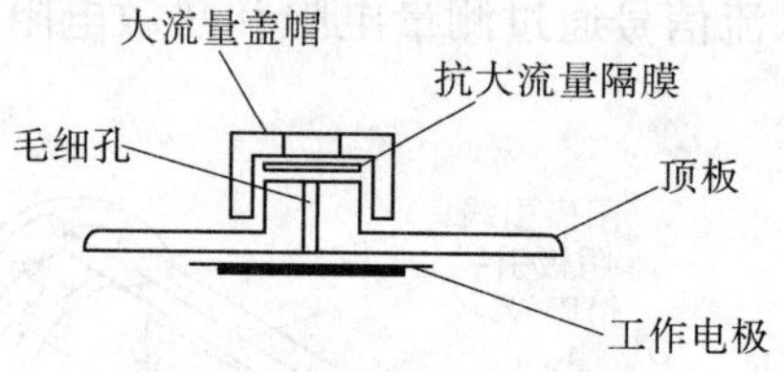

图 6-14 常量氧传感器的抗大流量隔膜

此处应当注意，当气样压力变化产生的瞬变力超出这种抗大流量隔膜的允许范围时，如某些抽吸泵造成的压力脉动较大，应在气路中增设旁路气容分室和阻尼阀等，将传感器面对的压力脉动减到最小。

用于微量氧测量的固体燃料电池氧传感器见图 6-15。它和常量氧传感器的不同之处是：在传感器的顶部加了一层薄的聚四氟乙烯（PTFE）渗透膜，用一个大面积的孔代替了毛细孔。它产生的电流和气样中氧的分压成比例，对气样流量和压力的波动并不敏感。这是由于聚四氟乙烯渗透膜的渗透速率和氧的压力梯度有关，当气样流量变化时，只要氧的浓度未变化，氧的分压和渗透速率也不会变化，由于聚四氟乙烯渗透膜的阻尼作用，气样压力的瞬时变化对其影响也较小。

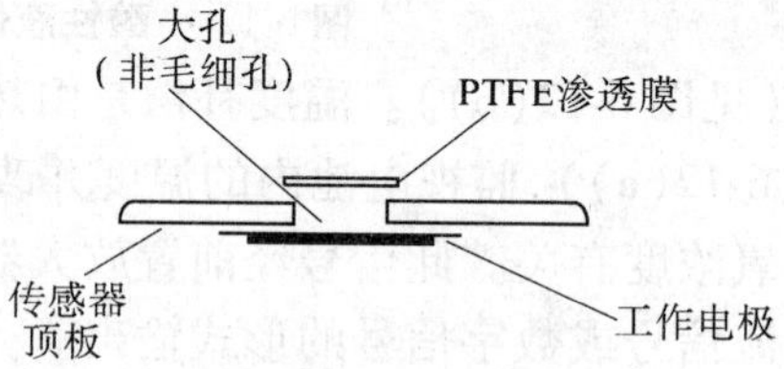

图 6-15 用于微量氧测量的固体燃料电池氧传感器

电化学反应引起的铅的氧化作用使得这种传感器有一定使用期限，一旦铅块被完全氧化，传感器将停止工作。其使用寿命通常为 1 ~ 2 年，但可通过增加阳极尺寸或限制接触阳极的氧量来延长其使用寿命。

四、原电池法气体氧分析器的检定

（一）检定规程

JJG 945—1999《原电池法气体氧分析器》。

（二）检定用标准及设备

氧标准气体（氮中氧标准气体）、零点气体、气体减压阀、气体流量计、秒表、气体连接管路。

检定系统如图6-16所示。

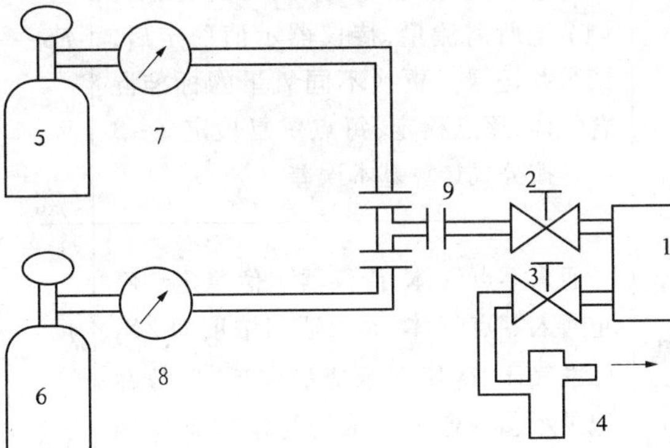

1—微氧仪；2—进气口阀门；3—出气口阀门；

4—流量计；5—标准气体；6—零点气体；

7、8—减压阀；9—三通阀

图6-16 检定系统

（三）主要检定项目及方法

主要检定项目及方法见表6-4。

表6-4 主要检定项目及方法

序号	检定项目	性能要求	检定方法	计算公式
1	残余电流	不超过满度值的1%	通入零点气体，调至适当流量，并对整个气路进行严格检漏。将仪器量程转换器放置最高灵敏挡，待仪器稳定后，将残余电流用零点电位器进行补偿，零值误差不得超过满度的0.1%	

续表 6-4

序号	检定项目		性能要求	检定方法	计算公式
2	基本误差		±1.0%	选择满度值的 20%、50%、85% 附近。检定应按不同量程范围由低到高逐段、逐点进行。将减压阀与气路连接，开启气瓶后，调至 0.02 ~ 0.05 MPa 以适当流量吹洗整个气路 3 ~ 5 min 后，在通气状态下与测氧仪进气口相接，并缓慢打开仪器的进气阀门，在确认无泄漏后，调节至所需流量，待仪器示值稳定后，读数并记录。更换不同氧量的标准混合气体，逐点检定，每点重复检定 2 ~ 3 次。按公式计算基本误差	$\Delta X = \frac{X_i - X_s}{FS} \times 100\%$ X_i——实际测量值； X_s——标准值； FS——量程满度值
3	重复性		不超过基本误差限的 1/3	通入零点气体，待仪器示值稳定。停止通入零点气体，通入适当浓度 O_2/N_2 标准气体，待仪器示值稳定后，读数并记录示值。通入含量约为量程 50% 的标准气体，在正常工作条件下连续测量 6 次，记录各次稳定值，按公式计算重复性	$s = \frac{1}{\overline{X}} \sqrt{\frac{\sum_{i=1}^{n}(X_i - \overline{X})^2}{n-1}} \times 100\%$ $\overline{X}$—6 次测量平均值； X_i—i 次的测量值； n— 测量次数，$n = 6$
4	响应时间		≤ 60 s	通入零点气体清洗仪器气路，待仪器示值稳定，改换通入含量为量程 80% 的标准气体，读取稳定示值，待仪器稳定后再用零点气体清洗气路。然后通入同一标准气体，同时启动秒表，仪器示值达到被测气体含氧量的 90% 时停止秒表；读取并记录的时间即为响应时间。重复测量 3 次，计算算术平均值	
5	稳定性	零点漂移	不超过基本误差的 1/3	在仪器最小量程挡，通入零点气体连续记录 4 h，取测量值中的最大漂移值为零点漂移。在仪器的最小量程挡通入 80% 含量的标准气体，每半小时记录 1 次，连续记录 4 h，取测量值中最大漂移值为量程漂移。连续监测用仪器需连续检定 24 h，非连续监测用仪器需连续检定 4 h。按公式计算稳定性	$W = \frac{X_{max} - X_{min}}{FS} \times 100\%$ X_{max}— 读数最大值； X_{min}— 读数最小值； FS— 量程满度值
		量程漂移	不超过基本误差的 1/3		

续表 6-4

序号	检定项目	性能要求	检定方法	计算公式
6	电压波动影响	不大于基本误差	选择适当量程的 60% 的标准含氧混合气体通入仪器，使仪器处于正常工作状态，稳定地指示被测气体的含量，记下示值 A_0。用调压器调节额定电压 ±10% 范围内变化，分别读取 220 V、198 V、242 V 的仪器示值，待示值稳定后，记下示值 A_1、A_2 等。每个电压值测试 3 次，取算术平均值，按公式进行计算	$\Delta_i = \frac{\mid A_i - A_0 \mid}{FS} \times 100\%$ A_i— 改变额定电压时仪器示值； A_0— 额定电压时仪器示值； FS— 量程满度值

五、原电池法气体氧分析器的使用及注意事项

（一）安装配管注意事项

（1）应确保气路系统严格密封，管路系统中某个环节哪怕出现微小泄漏，大气环境中的氧也会扩散进来，从而使仪表示值偏高，甚至对测量结果造成很大影响。虽然气样压力高于环境大气压力，但气样中的氧是微量级的，根据亨利定律，氧的分压与其体积含量成正比，大气中含有约为 21% 的氧，与以 ppm 计算浓度的被测气样的氧分压相差 10 000 倍左右，因而气样中微量氧的分压远低于大气中氧的分压，当出现泄漏时，大气中的氧便会从泄漏部位迅速扩散进来。

取样管线尽可能短，接头尽可能少，接头及阀门应保证密闭不漏气。待样品管线连接完毕之后，必须做气密性检查。样品系统的气密性要求是：在 0.25 MPa 测试压力下，持续 30 min，压力降不大于 0.01 MPa。

（2）为了避免样品系统对微量氧的吸附和解吸效应，样品系统的配管应采用不锈钢管，管线外径以 6 mm 为宜，管子的内壁应光滑洁净。对于痕量级（ <1 ppmVOL）氧的分析，必须选用内壁抛光的不锈钢管。所选接头、阀门死体积应尽可能小。

（3）为防止样气中的水分在管壁上冷凝凝结，造成对微量氧的溶解吸收，应根据环境条件对取样管线采取绝热保温或伴热保温措施。

（4）微量氧传感器应安装在样品取出点近旁的保温箱内，不宜安装在距取样点较远的分析小屋内，以免管线加长可能带来的泄漏和吸附隐患。

（二）仪器使用注意事项

（1）燃料电池的寿命与所测氧的浓度有关，浓度越大，阳极消耗越多，电池寿命越短。一旦电池达到寿命，读数锐减至零，此时必须换上备用电池。

（2）此种分析器日常维护量很小，一般 3 个月用纯氮及量程上限气体标定一次，接近电池寿命时多关注读数，检查电池是否耗尽，并及时更换。

（3）应备用一块燃料电池，考虑到一旦保护不当电池失效时使用，但不宜多备。

（4）燃料电池储存时，放在充氮的保护袋内，并用短路环将端子短路。储存时不应损坏保护袋，只有更换电池时才打开保护袋，取下短路环后，要立即将电池装入分析器。

（5）生产装置停工检修、分析仪停用期间，应像零点校验一样给分析器燃料电池充入

氮气并将样气的进、出分析器的两个截止阀关严,否则进入燃料电池的是环境空气,浓度高达20.6%,燃料电池会很快耗尽。

原电池法气体氧分析器如图6-17所示。

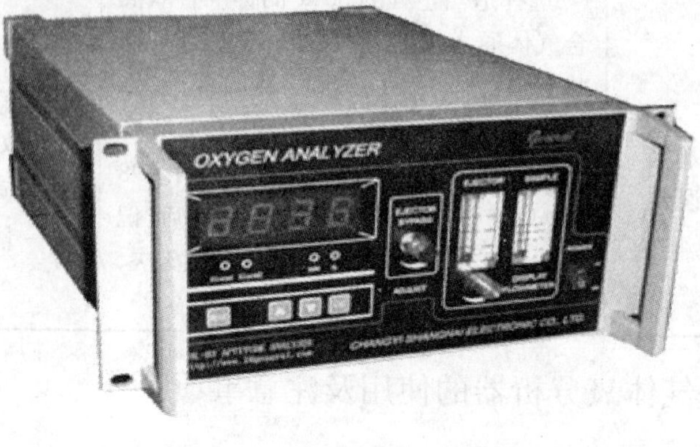

图6-17 原电池法气体氧分析器

第四节 电化学氧测定仪

一、电化学氧测定仪的工作原理

仪器工作原理为电化学电极式。电化学氧测定仪主要用于化学工业、冶金工业、环境监测、医疗卫生、航空航天、电子工业领域中生产和应用的气体及环境空气中氧含量的测量。该类仪器为电化学原理,包括:原电池法(燃料电池、赫兹电池、隔膜伽伐尼电池)、恒电位电解池、恒电流电解池、库仑电量法、极谱法等以电化学原理为检测单元的气体氧分析器。具体的工作原理见第三章相关内容。

二、电化学氧测定仪的典型性能

电化学氧测定仪的典型性能见表6-5。

表6-5 电化学氧测定仪的典型性能

传感器检测原理	电化学
检测范围	0~5%、0~25%、0~100%
检测对象	O_2
基本误差	±2% *FS*
采样形式	手捏吸式或泵吸式
重复性	2%
零点、量程漂移	±1% *FS*/7 d
响应时间	≤25 s(T90)
输出信号	4~20 mA
工作环境温度	-10~40 ℃
电源	6.0 VDC或220 VAC
使用寿命	3年

三、电化学氧测定仪的结构

该仪器通常由电化学氧传感器(液体或固体电解质)、气路单元和电子显示单元组成。依据气体采样方式分为泵吸入式、正压输送式、扩散式三种类型。

在本章第三节介绍了原电池型氧分析器,本节介绍电解池型氧分析器。

电解池型氧分析器中的电化学反应不能自发进行,需外接电源供给电能,其阳极是非消耗型的,一般不需要更换。它一般用于微量氧的测量,测量下限可达 ppb 级(燃料电池型仅达 ppm 级)。图 6-18 是一种典型的电解池型微量氧传感器的结构示意图。

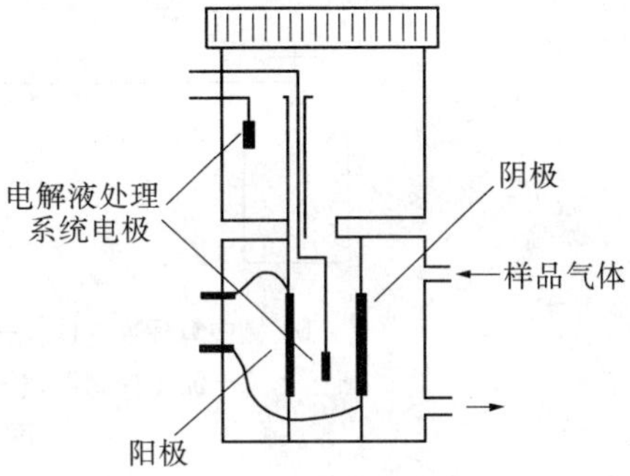

图 6-18　电解池型微量氧传感器的结构示意图

电解池型微量氧传感器由外电路供电,属于电解池型传感器。与原电池型传感器相比有以下优点。

(一)其阳极是非消耗型的

样品气中的氧通过渗透膜进入阴极。在阴极,O_2 被还原成 OH^- 离子,阴极反应为

$$O_2 + 2H_2O + 4e \rightarrow 4OH^-$$

借助于 KOH 溶液,OH^- 迁移到阳极,在阳极发生氧化反应,即

$$4OH^- \rightarrow O_2 + 2H_2O + 4e$$

反应生成的 O_2 排入大气。

由电极反应式可见,阳极未产生消耗,因此使用中一般无需更换电极和电解池,只要适时补充蒸馏水和电解液即可,从而克服了消耗型原电池需定期更换的弱点。

(二)可克服酸性气体造成的干扰

传感器中有一对电解液处理系统电极,其作用是抵消酸性气体对碱性电解液的中和作用和对银电极的腐蚀作用,在酸性气体造成麻烦之前,将其从测量敏感区除去,以保证分析器读数的准确可靠。

四、电化学氧测定仪的检定

(一)检定规程

JJG 365—2008《电化学氧测定仪》。

(二)检定用标准及设备

氧标准气体(氮中氧气体标准物质)、零点气体、流量控制器、秒表、绝缘电阻表、绝缘强度测试仪、气体减压阀、压力表、气体管路。

检定气路如图 6-19 所示。流量控制器如图 6-20 所示。

(三)主要检定项目及方法

主要检定项目及方法见表 6-6。

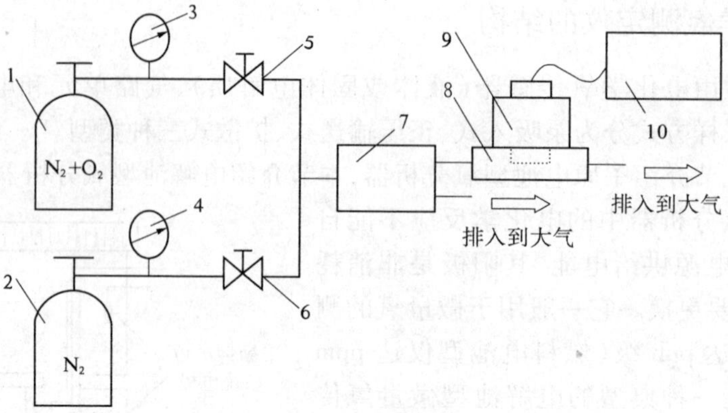

1—氮中氧标准气体;2—零点气体;3、4—压力表;5、6—调压阀;
7—流量控制器;8—隔气帽;9—氧电极;10—氧测定仪

图 6-19　检定气路

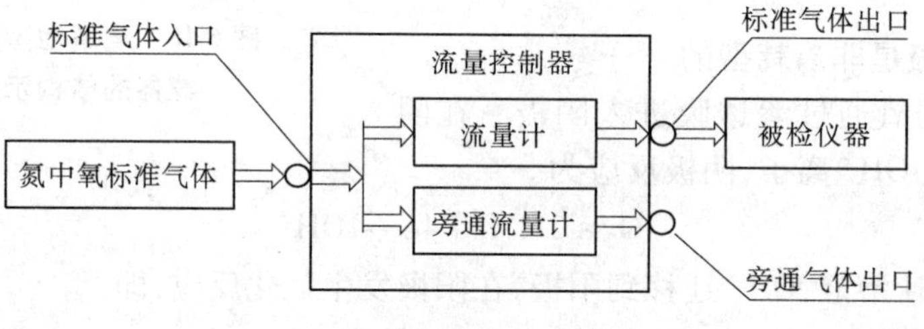

图 6-20　流量控制器

表 6-6　主要检定项目及方法

序号	检定项目	性能要求	检定方法	计算公式
1	绝缘电阻	≥40 MΩ	仪器不连接供电电源,但接通电源开关。将绝缘电阻表的一个接线端子接到电源插头的相线上,另一接线端子接到仪器的接地端(或机壳)上,用绝缘电阻表测量仪器的绝缘电阻	
	绝缘强度	无击穿飞弧	仪器不连接供电电源,但接通电源开关。将绝缘强度测试仪的两根接线分别接到仪器电源插头的相线及接地端(或机壳)上,将电压平稳地施加到 1 500 V,漏电流设置为 5 mA,保持 1 min,然后将电压平稳地下降到 0,在试验过程中不应出现击穿和飞弧现象	

续表 6-6

序号	检定项目	性能要求	检定方法	计算公式
2	示值误差	量程≤25%：不超过±2.0% FS	仪器的标准：按照仪器使用说明书的要求对仪器进行预热稳定以及零点和量程的校准。量程校准时，如使用说明书未做出规定，可以采用在20.9%校准点进行量程的校准。量程检定点不得少于3点（一般选择满量程20%、50%、80%附近3点），其他量程不少于2点（一般选择满量程20%、80%附近2点）。仪器示值应从低氧点到高氧点的顺序逐点检定。校准仪器零点和量程：将已知含量的氧标准气体通入分析器，待示值稳定后读值。更换不同浓度的氧标准气体，逐点检定，每点重复检定3次，取算术平均值，按公式计算其示值误差	$\Delta A_i = \frac{\overline{A}_i - A_s}{FS} \times 100\%$ $\overline{A}_i$—仪器示值的平均值； A_s—标准气体的氧含量； FS—被检量程的满量程
		量程>25%：不超过±3.0% FS		
3	重复性	相对标准偏差≤1%	通入浓度约为量程50%的氮中氧标准气体，待示值稳定后，记录仪器示值A_i。重复检定6次，重复性以单次测量的相对标准偏差RSD来表示。按公式计算仪器的重复性	$RSD = \frac{1}{\overline{A}}\sqrt{\frac{\sum_{i=1}^{n}(A_i - \overline{A})^2}{n-1}} \times 100\%$ $\overline{A}$— 仪器示值的平均值； A_i— 仪器第i次测量的示值； n— 测量次数（$n = 6$）
4	响应时间	吸入式：≤30 s 扩散式：≤60 s	通入零点气体校准仪器零点后，按300 mL/min的流量向仪器通入浓度为量程80%左右的氮中氧标准气体，用秒表测定从通入标准气体开始到仪器示值变化至被测气体稳定示值90%所需的时间，重复测量3次，取算术平均值为仪器的响应时间	
5	漂移 零点漂移	不大于对应示值误差限的1/3	在仪器的最高量程，通入零点气体，记录稳定示值为A_{Z0}；再通入含量约为量程80%的氮中氧标准气体，记录稳定示值A_{S0}。对电池供电的仪器，每间隔15 min，重复上述步骤记录1次，连续检定1 h；对电源供电的仪器，每间隔1 h，重复上述步骤记录1次，连续检定4 h，分别记录仪器稳定示值的A_{Zi}、A_{Si}，按公式计算仪器的零点漂移和量程漂移	$\Delta Z_i = \frac{A_{Zi} - A_{Z0}}{FS} \times 100\%$ A_{Zi}—零点第i次示值； A_{Z0}—零点初次示值
	漂移 量程漂移			$\Delta S_i = \frac{(A_{Si} - A_{Zi}) - (A_{S0} - A_{Z0})}{FS} \times 100\%$ A_{Si}—通入标准气体后第i次示值； A_{S0}—通入标准气体后初次示值

五、电化学氧测定仪的使用

测定仪用于在线连续分析混合物气体中氧气的含量，应用领域广泛。

(1)对工矿企业环境、船舱、坑道、化工、化肥工业等气体中氧含量的测定,可以保证产品质量,对避免生产过程由于过氧而发生系统爆炸及防止检修人员在缺氧环境中发生窒息事故是很有效的。

(2)对内燃机排气中氧含量及烟气中氧含量的检测,以达到合理控制燃烧与通风量之间的最佳比例,提高燃烧效率,节约燃料。

(3)对粮食、果品、烟草、中草药、干果等的气调储藏中进行氧含量测定。

(4)对医疗单位呼吸机、麻醉机、高压氧舱、婴儿保育箱以及宇航、潜水作业的氧含量进行测定。

(5)在中学、高校、医学院等教学部门的物理、化学、生物等课程中是不可缺少的试验设备。

电化学氧传感器在实际应用中存在着气候影响、寿命与可靠性以及残余电流等影响,应加以解决。

(一)气候对氧传感器的影响

在正常情况下,气候条件的变化(温度、湿度和气压的波动)会对氧传感器性能的稳定性产生不同程度的影响。温度的变化会对透氧膜的透氧率产生影响,从而影响扩散电流。用热敏电阻补偿可以抵偿一部分温度波动而产生的偏差,使之变为原来的 1/2 ~ 1/3。还有些氧传感器表面的透气膜黏附水汽的能力强,其透氧量会随湿度升高而减少,造成氧传感器性能降低,所以选择氧传感器的透气膜时,应选择对水汽的黏附力不强且黏附性较稳定的透气膜。大气压波动会同步地引起传感器性能波动,目前许多国家正在研究消除大气压波动对氧传感器性能影响的方法。方法之一是利用池壁来安装压力缓冲器,这种压力缓冲器实质上是一张不透气的膜,利用这张膜的缓冲性可减少大气压波动对氧传感器性能的影响。

(二)化学氧传感器的寿命与可靠性

由于受电极结构、电解质材料及生产工艺的影响,电化学式氧传感器的可靠性偏低,满足不了使用要求,为客观反映电化学式氧传感器保持其性能指标的能力,分析和评价电化学式氧传感器的可靠性,建立传感器可靠度随时间变化规律模型及特征参数间关系就具有重要意义。做法之一就是从同批产品中随机抽样,先进行使用寿命试验,再根据试验数据进行寿命分布模型统计推断和失效分析。失效分析的主要指标是灵敏度、测量范围和测量精度。

(三)残余电流问题

当气样的含氧量为零时,传感器的扩散电流并不为零,这个电流称为残余电流或漏电流(I_c)。在传感器状态为新且电解液洁净时,I_c 很小且可以忽略。但随着使用过程中传感器被杂质的感染及酸碱度的变化,I_c 逐渐变大,这将对仪表的测量精度造成影响。因此,仪表设计中应设有残流校正(利用高纯氮气或氨气定期校正残流),使得仪表在使用过程中保证测量的高精度。

(四)安装配管注意事项

(1)应确保气路系统严格密封,管路系统中某个环节哪怕出现微小泄漏,大气环境中的氧也会扩散进来,从而使仪表示值偏高,甚至对测量结果造成很大影响。虽然气样压力高于环境大气压力，但气样中的氧是微量级的，根据亨利定律，氧的分压与其体积含量成正比，大气中含有约为21%的氧，与以ppm计算浓度的被测气样的氧分压相差10 000倍左右，因而气样中微量氧的分压远低于大气中氧的分压，当出现泄漏时，大气中的氧便会从泄漏部位迅速扩散进来。

取样管线尽可能短，接头尽可能少，接头及阀门应保证密闭不漏气。待样品管线连接完毕之后，必须做气密性检查。样品系统的气密性要求是：在0.25 MPa测试压力下，持续30 min，压力降不大于0.01 MPa。

(2)为了避免样品系统对电解池型微量氧的吸附和解吸效应，样品系统的配管应采用不锈钢管，管线外径以6 mm为宜，管子的内壁应光滑洁净。对于痕量级（<1 ppm VOL）氧的分析，必须选用内壁抛光的不锈钢管。所选接头、阀门死体积应尽可能小。

(3)为防止样气中的水分在管壁上冷凝凝结，造成对微量氧的溶解吸收，应根据环境条件对取样管线采取绝热保温或伴热保温措施。

(4)电解池型微量氧传感器应安装在样品取出点近旁的保温箱内，不宜安装在距取样点较远的分析小屋内，以免管线加长可能带来的泄漏和吸附隐患。

电化学氧测定仪如图6-21所示。

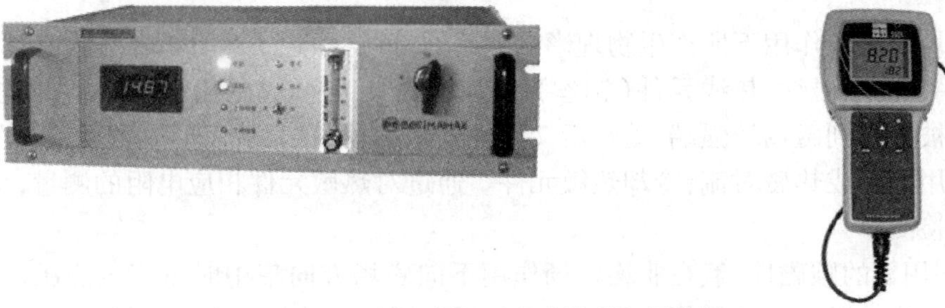

图6-21 电化学氧测定仪

第五节 顺磁式氧分析器

一、顺磁式氧分析器的工作原理

仪器检测是依据氧气的顺磁性特性进行的。工作原理详见第三章有关内容。

二、顺磁式氧分析器的典型性能

顺磁式氧分析器的典型性能见表6-7。

表6-7 顺磁式氧分析器的典型性能

传感器检测原理	电化学
检测范围	微量：0~5 ppm、0~10 ppm、0~100 ppm、0~1 000 ppm 常量：0~1%、0~5%、0~25%
检测对象	O_2
基本误差	±2% *FS*
灵敏度	0.01 ppm

续表 6-7

传感器检测原理	电化学
采样形式	泵吸式
重复性	2%
零点、量程漂移	±2% *FS*/7 d
响应时间	≤15 s(T90)
输出信号	4~20 mA、RS232
被测定气体流量	2~4 L/min
取样工作压力	≤0.1 MPa
报警方式	任意设置上下限报警点
防爆等级	Exia Ⅱ CT_5
工作环境温度	0~50 ℃
电源	6.0 VDC 或 220 VAC
使用寿命	3 年

三、顺磁式氧分析器的结构

根据氧在非均匀磁场作用下所产生物理影响的不同,可将顺磁式氧分析器分为三类。

热磁式:利用氧的顺磁性,热线元件(铂丝)受热时,附近可形成磁化学梯度场,使较远处的冷氧分子被吸引到磁场较强端,受热后又被推到磁场较弱端,从而形成磁风。氧在非均匀磁场的作用下形成热磁对流,冷却热敏元件。通过对热敏元件相应电阻的测量,从而达到氧浓度的检测。

磁压力式:利用氧的顺磁性,氧在非均匀场作用下向磁场方向集中时可产生磁压,其强度与氧分压成正比。通入参比气体左右对称的气桥一侧出口处的压力因磁场对样气中氧分子的吸引而升高。通过处于气桥中部与左右支路连接的热敏元件或薄膜电容器,将左右支路的压力差转化为相应的电信号,由此可测氧的浓度。

磁力机械式:利用氧的顺磁性,氧在磁场作用下,受到磁场方向引力的作用,使悬挂在不均匀磁场中的"哑铃"形元件在磁场梯度方向上产生密度梯度(对应于氧分压)的作用而受到一个排斥力矩,并在力矩的作用下发生偏转,偏转角大小与氧浓度有关。偏转角大小通过光电检测,转变成对应的电信号,由此可测氧的浓度。

四、顺磁式氧分析器的检定

(一)检定规程

JJG 662—2005《顺磁式氧分析器》。

(二)检定用标准及设备

氧标准气体(氮中氧标准气体)、零点气体、气体流量计、秒表、绝缘电阻表、绝缘强度测试仪。

检定系统如第四章图 4-1、图 4-2 所示。

(三)主要检定项目及方法

主要检定项目及方法见表 6-8。

表 6-8　主要检定项目及方法

序号	检定项目	性能要求	检定方法	计算公式
1	示值误差	±1.0% *FS* ±1.5% *FS* ±2.5% *FS* ±5.0% *FS*	检定点不少于3点(一般选择在量程的20%、50%、80%附近3点),其他量程应选择20%、80%附近2点。仪器示值从低氧浓度点到高氧浓度点的顺序检定。校准仪器零点和量程。将已知浓度的氮中氧标准气体通入仪器,待示值稳定后读数。更换不同氧浓度的标准气体。逐点检定,每点重复检定3次,取算术平均值,按公式计算示值误差	$\Delta A=\frac{\bar{A}-A_S}{R}\times 100\%$ $\bar{A}$—仪器示值的平均值; A_S—标准气体的氧含量; R—被检仪器的量程
2	重复性	不超过示值误差限的1/2	通入浓度约为量程50%的氮中氧标准气体,待示值稳定后读值。重复检定6次,按公式计算仪器的重复性 *RSD*	$RSD=\frac{1}{\bar{A}}\sqrt{\frac{\sum_{i=1}^{n}(A_i-\bar{A})^2}{n-1}}\times 100\%$ $\bar{A}$— 仪器示值的平均值; A_i— 仪器示值; n— 测量次数,$n=6$
3	响应时间	热磁式 ≤50 s 其他形式 ≤30 s	校准仪器零点。如无特殊要求,均按300 mL/min,但流量波动应不超过±20 mL/min,向仪器通入氮中氧标准气体,用秒表测定从通气开始到仪器示值变化至被测气体稳定示值90%所需的时间,重复测量3次,取算术平均值	
4	稳定性:零点漂移	不超过示值误差限	按仪器说明书要求预热后,将仪器零点调5%量程处,通入零点气体,记录仪器示值 A_{Zi};通入约为量程50%的标准气体,记录示值 A_{Si}。每间隔1 h,重复上述步骤1次,连续检定4 h。按公式计算零点漂移和示值漂移,取各点中 ΔZ、ΔS 的最大值作为仪器的零点漂移值和示值漂移值	$\Delta Z=\frac{A_{Z\max}-A_{Z\min}}{R}\times 100\%$ $A_{Z\max}$— 读数最大值; $A_{Z\min}$—读数最小值
	稳定性:示值漂移	不超过示值误差限		$\Delta S=\frac{A_{S\max}-A_{S\min}}{R}\times 100\%$ $A_{S\max}$—示值最大值; $A_{S\min}$—示值最小值

五、顺磁式氧分析器的使用及注意事项

(一)安装使用注意事项

1. 安装

内对流式热磁氧分析器安装时,必须保证检测器处于水平位置,否则会引起较大的测

量误差。其原因是，工作室稍有倾斜后，改变了分析室中热磁对流和自然对流的相互关系，热磁对流矢量和热自然对流矢量形成的夹角不同，检测器将有不同的输出特性。

安装后应检查检测器的水平度：一般热磁式氧分析器的检测器都装有水准仪，检查水准仪的气泡是否处在标记的中间，如有偏移，则调节水平螺钉，使水准仪的气泡正好处在标记中间。

2. 使用

(1)磁力机械式氧分析器基于对磁化率的直接测量，像氧化氮等一些强顺磁性气体会给测量带来严重干扰，所以应将这些干扰组分除掉。此外，一些较强逆磁性气体也会引起不容忽视的测量误差，如氙(Xe)等，若气样中有含量较多的这类气体，也应予以清除或对测量结果采取修正措施。

(2)氧气的体积磁化率是压力、温度的函数，气样压力、温度的变化以及环境温度的变化，都会对测量结果带来影响。因此，必须稳定气样的压力，使其符合调校仪表时的压力值。整个检测部件均应工作在设计的温度范围内，一般来说，各种型号的磁力机械式氧分析器均带有温度控制系统，以维持检测部件在恒温条件下工作。

(3)无论是短时间的剧烈振动，还是轻微的持续振动，都会削弱磁性材料的磁场强度，因此该类仪器多将检测部件的敏感部分安装在防振装置中。当然，仪器安装位置也应避开振源并采取适当的防振措施。另外，任何电气线路都不允许穿过这些敏感部分，以防电磁干扰和振动干扰。

(二)应避免在使用过程中可能出现的几种附加误差

1. 气样温度变化引起的误差

理论推导可知，顺磁式氧分析器的示值与气样温度的平方成反比。但在实际使用中，温度变化造成的影响比理论推导更为严重。国外文献认为，顺磁式氧分析器的示值和气样温度的4次方成反比。试验证明，在常温情况下，气样温度每变化1 ℃，热磁式氧分析器仪器的示值可变化1% ~1.5%。

所以，温度变化是测量中产生误差的重要原因。在顺磁式氧分析器中普遍采取了恒温措施，设置了温度控制系统，恒温温度一般在600 ℃左右，温度控制精度在±0.1 ℃以内。

2. 气样压力变化引起的误差

从理论推导可知，顺磁式氧分析器的示值与气样压力成正比。由于气样直接放空，大气压或放空背压的变化都会使检测器中气样压力随之变化，从而影响到输出示值。

大气压的变化，一是指季节或气候变化导致的气压变化，在同一地点，这种变化通常是很微弱的，对测量误差的影响一般可忽略不计，但在精密测量中仍需考虑其影响；二是指仪器安装地点海拔不同带来的测量误差，例如，大气压由101.3 kPa变化到99.7 kPa时，仪器的示值约降低2.63%。仪器投运之前用标准气进行校准，即可消除仪器生产地点和使用地点因大气压的差异而带来的影响。

放空背压的变化通常发生在分析后气样经火炬放空或多台分析仪集中放空等场合，如放空背压不稳定或频繁波动，可加装背压调节阀或采取其他稳压措施。

为了克服上述因素引起的测量误差，有些高精度的氧分析器中带有压力补偿措施。

3. 气样流量变化引起的误差

气样流量变化引起的误差较大，当流量波动 ±10% 时，示值误差可达 1% ~5%。为了减小这种影响，在热磁式氧分析器的样品处理系统中需设置稳压阀，对于低量程的测量，还需配置稳流阀，有的仪器也采用扩散式结构的检测室来减小流量波动的影响。

对于磁力机械式和磁压力式氧分析器来说，若气样密度和空气相差较大，需要重新寻找最佳流速，既达到输出响应最大，又使流速在一定范围内变化时对输出无影响。

4. 气样中背景气体成分引起的误差

磁力机械式和磁压力式氧分析器基于对磁化率的直接测量，像氧化氮等一些强顺磁式气体会给测量带来严重干扰，所以不宜测量含有氧化氮成分的气样。如果氧化氮的含量很少，可设法将其除掉后再进行测量。此外，一些较强逆磁性气体也会引起不容忽视的测量误差，如氙(Xe)等，若气样中有含量较多的这类气体，也应予以清除或对测量结果进行修正。

对于热磁式氧分析器而言，其测量原理不仅基于气体的磁效应，还与气体的热效应有关，气体的热导率以及密度等因素都会对热传导带来影响，尤其是热导率最高而密度最小的氢和密度很大的二氧化碳的影响更为显著。例如，H_2 含量增加 0.5% 时，仪器示值将降低 0.1% O_2；CO_2 含量增加 1.5% 时，仪器示值将增加 0.1% O_2。

5. 气样经预处理后由于背景气体成分变化引起的误差

样品处理系统的任务是将气样中对检测器有害的组分(如水分、腐蚀性气体等)以及干扰测量的组分除掉。如果这些除掉的组分含量较高，势必会引起样品组成发生变化，氧含量亦随之变化，从而造成测量误差。这种情况对氧分析器的测量，尤其是低量程测量影响十分严重。因此，要充分考虑其影响程度，采取措施尽量加以避免或对仪器示值进行修正。

一般情况下，工艺操作关心的是被测气体的干基组成，或被测气体在常温下的组成。高温工艺气体中往往含有常温下的过饱和水，将其降温除水后不会影响到样品的组成。但如果除水方法不当，也会破坏其组成。例如，在高温烟气中，除含水外还含有大量的 CO_2 和部分 SO_2，以前曾采用水力抽气器取样，再经气水分离器加以分离，这实际上是一种水洗的处理方法。CO_2 和部分 SO_2 易溶于水，经过水洗处理后，一部分 CO_2 和部分 SO_2 溶入水中，改变了样品组成，加之冷却水中一部分溶解氧释放出来，这些都会使气样中氧的浓度增高，造成氧分析器测量值虚高。所以，不应采用这种方法处理烟气样品，正确的方法是用压缩机或半导体冷却器降温除水。

6. 标准气体组成引起的误差

当标准气体中的非氧组分与被测样气的背景组分相一致时，可使测量误差减至最小。但这样的标准气体来源困难，一般均采用来源方便的 N_2 作零点气体，并以 N_2 为底气配制量程气体，当被测样气背景组分的体积磁化率与 N_2 的体积磁化率有较大差异时，这样校准的分析器零点和量程点必然存在误差。对于磁力机械式和磁压力式氧分析器来说，其零点的微小变化会给测量带来较大误差。所以，针对这种情况须采用零点迁移方法进行修正。

当用空气作为量程气体和参比气体时，必须使用新鲜干燥的空气。空气中的水分含量随环境温度、大气压等因素变化而变化，组成空气的各种组分包括氧在内，浓度也会随之变化，如果使用未经干燥或干燥不好的空气来校准量程或作为参比气体使用，势必会给仪表带来较大的测量误差。

顺磁式氧分析器如图 6-22 所示。

图 6-22　顺磁式氧分析器

第六节　烟气分析仪

一、烟气分析仪的工作原理

对烟气中有毒有害气体的检测有两类工具：一类是便携式烟气分析仪，另一类是污染源排放连续监测系统 CEMS(Continuous Emission Monitoring System)。依据的工作原理包括电化学法、红外线吸收法、紫外荧光法、化学发光法等。

(一)便携式烟气分析仪

烟气分析仪主要用于测量烟气中的二氧化硫、氮氧化物、一氧化碳等有害气体及氧气的浓度。传感器可选择性配置，测定一种或多种气体。分析仪由气路系统和电路系统两部分组成。其工作原理是抽气泵将烟气经采样管送至传感器的气室，传感器的输出电信号通过电子线路将模拟信号放大，转换成被测气体的浓度。

烟气分析仪适用于各种行业的锅炉气体污染排放分析、热工分析、燃烧过程研究等，可同时测量 O_2、CO、NO、NO_2、SO_2、烟气温度、环境温度、压力，以及自动计算 CO_2、NO_x、净温度、效率、过剩空气系数、CO/CO_2 等。

(二)污染源排放连续监测系统 CEMS

可对固定污染源(如锅炉、工业炉窑、焚烧炉等)排放烟气中的颗粒物、气态污染物的浓度(mg/m^3)和排放率(kg/h、t/d)进行连续的、实时的跟踪测定。CEMS 由烟尘监测子系统、气态污染物监测子系统、烟气参数监测子系统、系统控制及数据采集处理子系统四个基本部分组成。气态污染物监测子系统主要监测烟气中的 SO_2、NO_x 等的浓度。本书主要探讨的是气体检测，因此对粉尘及其他物质参数的测量不在本书的讨论之列。

气态污染物监测系统的类型：根据测量方式的不同，气态污染物监测系统可分为抽取采样法、直接测量法两类。

1. 抽取采样法监测系统(Extractive CEMS)

抽取采样法是用抽气泵(隔膜泵或喷射泵)抽取烟气样品，送入分析仪进行测量的方式。根据采样方法的不同，又分为直接抽取法和稀释抽取法两种。

(1)直接抽取采样法监测系统(Dry Extractive CEMS)：用隔膜泵直接抽取烟气样品送

入分析仪进行测量，样品在到达分析仪之前经冷凝除湿，分析仪测得的是干基样品中的污染物浓度。系统流程见图 6-23。

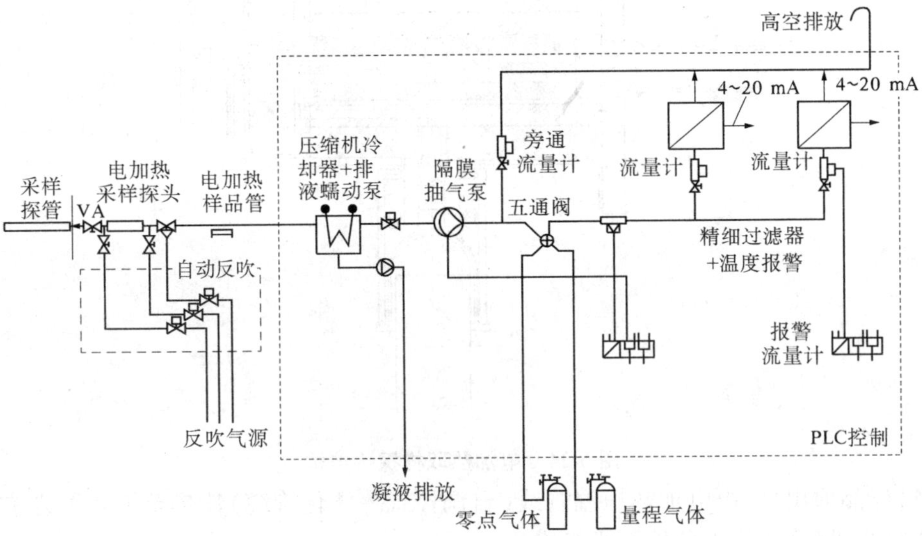

图 6-23　直接抽取法采样和样品处理系统流程

(2)稀释抽取采样法监测系统(Dilution Extractive CEMS)：用干燥、清洁的仪表空气作为动力源和稀释气体，通过喷射泵抽取烟气样品并对其进行稀释，将稀释后的样品送入分析仪进行测量，分析结果再折算回未稀释烟气中的浓度，分析仪测得的是湿基样品中的污染物浓度。

2. 直接测量法监测系统(In Situ CEMS)

直接测量法是将分析仪安装在烟道上(或烟道旁路上)，对烟气中的污染物直接进行测量的方式。它不需要抽取采样在烟道外进行分析，分析仪测得的是湿基样品中的污染物浓度。

目前，直接抽取法和直接测量法大多采用非分散红外分析仪或紫外分光光度计，稀释抽取法则采用紫外荧光法 SO_2 分析仪和化学发光法 NO_x 分析仪。

1)直接测量法采样和样品处理系统

图 6-24 是电加热取样探头结构。该系统各部件的功能和样品处理过程说明如下：

(1)探头的采样管为 φ25 mm 的 316Ti 不锈钢管，探头内有孔径为 2 μm 的陶瓷过滤器，烟尘含量大时，还可在采样探管前部加装预过滤器。烟气由耐腐蚀隔膜泵抽吸，经探头过滤芯除尘后由样品出口排出，烟气流通路径由箭头示出。

(2)陶瓷过滤器四周是不锈钢过滤腔体，恒温调节器控制电加热块工作，可使过滤器和样品温度保持在某一设定值(一般在 150 ℃左右)，高于烟气中水分的露点温度，防止冷凝液与尘粒混合将过滤器堵塞，同时防止酸性可溶性气体溶于冷凝液腐蚀系统部件，保证采集样品的代表性。

(3)为防止采样探头积尘堵塞，设有反吹清洁系统，由 PLC 控制定时吹扫(吹扫空气须加热后再吹入，以防止冷凝堵塞)。

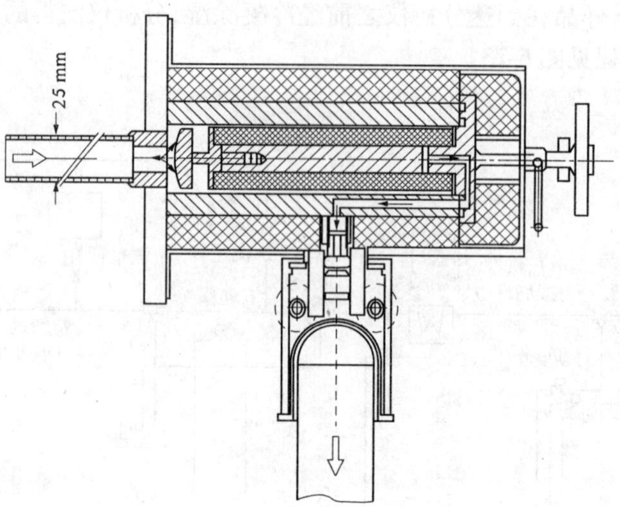

图 6-24　电加热取样探头结构

(4)样品取出后,由电加热恒温管线(自调控式一体化管缆)伴热至 140 ℃左右,传送到样品预处理系统(位于预处理机柜中)。

(5)样品进入预处理系统后,由压缩机或半导体冷却器将样品快速冷却至 5 ℃(精度 ±0.1 ℃),冷凝脱除的水分经排液蠕动泵排出,快冷可防止样品失真(SO_2、CO_2 易溶于水),冷却温度的精确控制便于计算 SO_2、CO_2 损失量,使分析结果更为准确。

(6)样品经 0.1 μm 精细过滤器进一步除去粉尘颗粒,然后经针阀流量计调节流量(和压力),使样气成为无尘、无水、流量和压力稳定的气体,送入分析仪进行分析。

(7)预处理系统中的旁通支路用于加快样气流动,减小分析滞后时间;五路球阀用于实现校准气体切换;精细过滤器湿度报警用于监视样气中是否带液滴,以免损害分析仪的检测器;针阀流量计流量报警用以监视样气流量(压力)是否过低,以保证分析仪的正常工作条件。以上两项报警同时监视样品系统工作正常与否(脱湿、除尘效果,是否堵塞)。

2)分析仪器

直接抽取采样法气态污染物监测系统中使用的分析仪器,目前大多采用多组分红外线气体分析器,通常增设一个氧分析模块,大多采用酸性电解液电化学燃料电池,其作用是同时测得烟气中的含氧量。

3. 稀释抽取采样法气态污染物监测系统

1)稀释抽取采样原理

稀释抽取采样是用气流喷射泵抽吸烟气,用干燥压缩空气作气流喷射源及稀释气体,压缩空气主气流在喷射泵的一级喷嘴和二级喷嘴之间的空间内产生一个负压,此负压将烟道内的烟气经限流小孔抽入,并与主气流混合稀释后经管线输送至分析仪中。

经理论分析,当限流小孔满足临界条件,即限流小孔上游压力 $p_{上}$ 与下游压力 $p_{下}$ 满足 $p_{下} \leqslant 0.53\ p_{上}$ 时,孔板达到临界状态。在临界状态下,流体通过孔板的流量被限制在声速,此时流过小孔的流量不再与小孔两侧的压差有关,体积流量保持为恒定值,其流量为

$$Q = CAp/\sqrt{T} \tag{6-5}$$

式中，Q 为流过小孔的体积流量；C 为比例常数；A 为小孔的面积；p 为烟气进入小孔处的压力；T 为烟气的热力学温度（绝对温度）。

限流小孔也称为声速孔、临界孔。p 和 T 对 Q 有影响，高精度的稀释采样器必须修正烟气压力和温度变化对稀释比造成的影响。

2）稀释比

稀释比是指稀释后气体的总流量与采样烟气流量之比，设稀释空气流量为 Q_1，采样烟气流量为 Q_2，则稀释比 r 为

$$r = (Q_1 + Q_2)/Q_2 \tag{6-6}$$

通过调节稀释空气的压力（即调节其流量）可以调整稀释比 r，r 的范围可以从 12∶1 到 350∶1，通常多选择在 100∶1～300∶1。

稀释比的选择应满足以下条件：在所用分析仪的量程内，并保证在最低环境温度下气体管路不结露（根据最低环境温度和烟气湿度决定）。

3）气态污染物浓度换算

稀释采样测得的气态污染物浓度是经稀释后的湿烟气中的浓度，而我国环保法规要求监测干烟气中的浓度，所以对其测量值要进行换算。换算方法如下。

将稀释后的污染物浓度换算为未经稀释时的污染物浓度，换算公式如下：

$$c_w = c'_w r \tag{6-7}$$

式中，c_w 为湿烟气中污染物浓度值；c'_w 为湿烟气稀释后的污染物浓度值；r 为稀释比。

将湿烟气中的污染物浓度换算为干烟气中的污染物浓度，换算公式如下：

$$c_d = c_w/(1 - X_{sw}) \tag{6-8}$$

式中，c_d 为干烟气中污染物浓度值；X_{sw} 为烟气湿度（水分含量），%V。

4. 稀释采样探头

1）内置式稀释采样探头

图 6-25 是内置式稀释采样探头结构。稀释采样探头的所有部件均装于耐热耐蚀的 Fe－Ni－Cr 合金钢筒中，通过安装法兰 7 固定于烟道中。筒的前端装有一粗网过滤器 1，可除去烟气中的大颗粒物。接着安装带有前置细过滤器（石英毛细过滤器 2）的限流小孔 3，限流小孔 3 通过烟气样品管路 4 与文丘里抽吸器 5 相连。

稀释用压缩空气经管路 8 引入，稀释后样气经管路 10 输送至分析仪。服务管路 6 的主要作用是将校准用标准气体送至探头中，它还是反吹空气的引入管路，用以将过滤器 1 和 2 上的沉积物吹掉，另外，也可监视烟道中的压力。真空管路 9 的作用是监视采样探头中由气流喷射泵产生的局部真空度。

稀释探头采样系统需要一个探头控制器（图中未画出），其功能是：向探头提供压缩空气，并监视其压力及喷射泵的真空度，以保持规定的稀释比；向探头输送标准气体，操纵分析仪进行零点及量程校准；定时对探头进行反吹冲洗。

2）外置式稀释采样探头

图 6-26 是外置式稀释采样探头结构。采样过程如下：烟气通过自循环泵吸入并返回烟道（自循环泵利用烟气和环境空气之间的压力差工作），烟气经惯性过滤器进入复合过滤器组件，过滤后的烟气通过声速限流小孔进入喷射泵与稀释空气混合后，由样气导引管

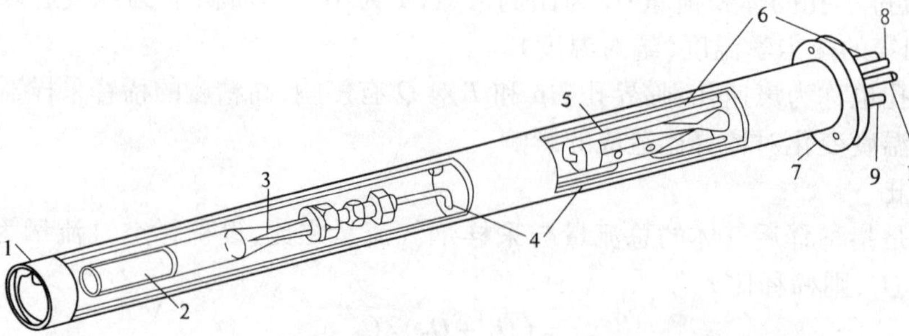

1—粗网过滤器;2--石英毛细过滤器;3—限流小孔;4—烟气样品管路;5—文丘里抽吸器;
6—服务管路;7—法兰;8—稀释用压缩空气管路;9—真空管路;10—稀释后样气管路

图 6-25　内置式稀释采样探头结构

输入分析器。仪器校准时,标准气体由图中相应管路引入。临界状态监测管路与电子真空监测器相连,用以监视声速限流小孔前的局部真空度。

5. 紫外荧光法 SO_2 分析器

其原理前面已有介绍,此处仅介绍结构。图 6-27 是紫外荧光法 SO_2 分析器的原理结构。

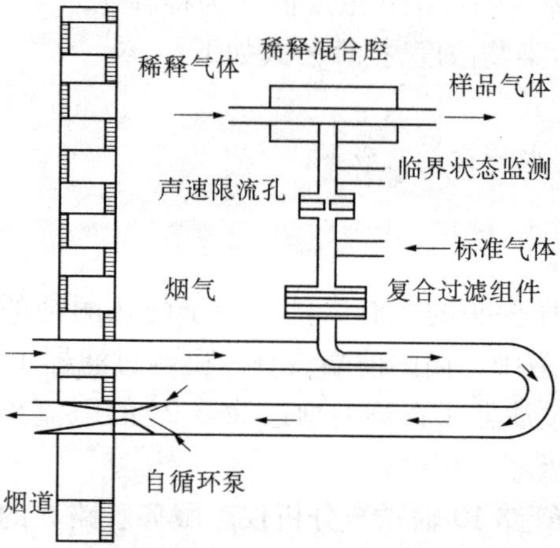

图 6-26　外置式稀释采样探头结构

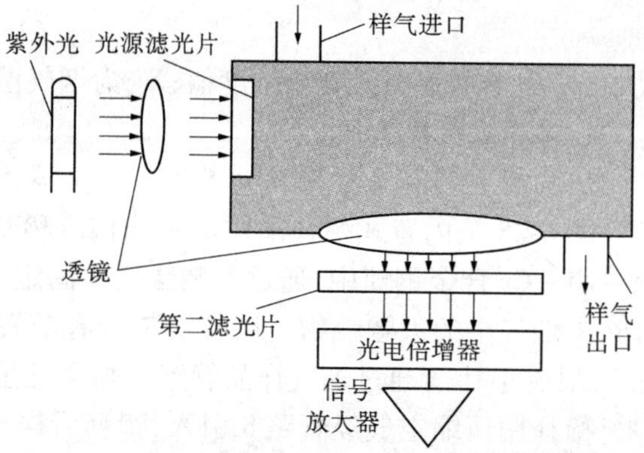

图 6-27　紫外荧光法 SO_2 分析器的原理结构

紫外光源发射的紫外光经光源滤光片(又称激发光滤光片,光谱中心 220 nm)进入反应室,SO_2 分子在此产生荧光反应,发出的荧光经第二滤光片(又称荧光滤光片,光谱中心 330 nm)投射到光电倍增管上,光电倍增管把荧光强度信号转变为电信号,经放大处理后指示记录。

烟气样品经过滤除尘后通过采样电磁阀进入仪器,首先进入渗透膜除湿器的内管,将烟气中的水分除去,除湿后的样品再经芳烃切割器除去烃类,然后进入荧光反应室。反应后的干燥样气再通入渗透膜除湿器的外管,吸收水分后由泵排出仪器。当仪器进行校准时，零点气体及量程气体经相应电磁阀切换进入仪器。

紫外荧光法 SO_2 分析器的主要干扰物质是水分及芳烃类有机物，SO_2 遇水会产生荧光猝灭反应，造成负误差；某些芳烃类化合物在 190～230 nm 紫外光的激发下也会发射荧光，造成正误差，所以必须除去。

6. 化学发光法 NO_x 分析器

其原理前面已有介绍，图 6-28 是化学发光法 NO_x 分析器的测量原理。图 6-29 是化学发光法 NO_x 分析器的原理结构。

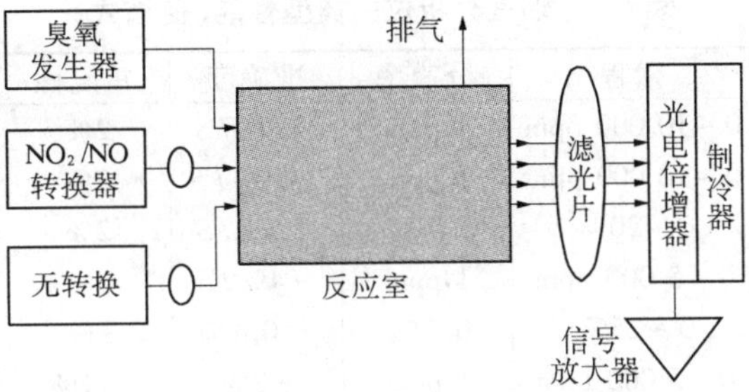

图 6-28　化学发光法 NO_x 分析器的测量原理

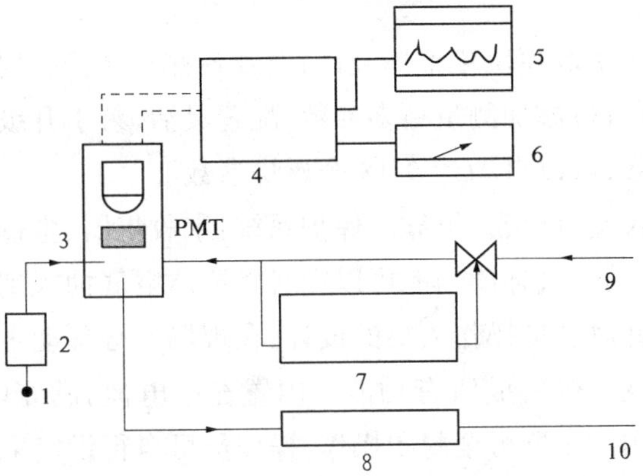

1—干燥空气；2—O_3 发生器；3—反应室；4—电子线路；

5—记录仪；6—指示表；7—转换器；8—洗涤器；

9—样气；10—废气

图 6-29　化学发光法 NO_x 分析器的原理结构

干燥空气进入 O_3 发生器，在此空气中的 O_2 在高压（7 000 V）电弧放电作用下形成 O_3，恒定流量的 O_3 再进入反应室。同时，将稳定流量的烟气样品导入反应室。为了使气体有效混合，反应室的进气管路设计成套管式，样气走内管，O_3 走外管，在反应室进口处，样气总是被过量的 O_3 所包围。在反应室中 O_3 与 NO 产生化学发光反应，所发出的光由光电倍增管（PMT）检出，经放大后指示记录 NO 浓度。

在样气流路上设有切换阀，可使样气经转换器再进入反应室，在钼转换中 NO_x（NO + NO_2）全部转换成 NO，因此样气经过转换后实际测定的是 NO_x 浓度值，指示记录 NO_x 浓度。前后两次测定的结果经减法器运算，$NO_x - NO = NO_2$，指示记录 NO_2 浓度。反应后的废气（含过量 O_3）经洗涤器除去 O_3 后由抽气泵排出。为了降低光电倍增管的暗电流和噪声，提高信噪比，光电倍增管应在低温下工作，通常装有半导体致冷器。

二、烟气分析仪的典型性能（便携式）

烟气分析仪的典型性能（便携式）见表 6-9。

表 6-9 烟气分析仪的典型性能（便携式）

测量气体	化学式	量程	分辨率	准确度	重复性	响应时间	检测方法
碳氢化合物	HC	0 ~ 10 000 ppm	1 ppm	±3% *FS*	2%	4.5 s	NDIR
一氧化碳	CO	0 ~ 10 000 ppm	1 ppm	±5% *FS*	2%	4.5 s	RDIR
二氧化碳	CO_2	0 ~ 20%	0.01%	±5% *FS*	2%	4.5 s	NDIR
氧化氮	NO_x	0 ~ 5 000 ppm	1 ppm	±4% *FS*	3%	5.5 s	EC
氧气	O_2	0 ~ 25%	0.1%	± 0.1%	3%	40 s	EC
二氧化硫	SO_2	0 ~ 5 000 ppm	1 ppm	±2%	±1%	10 s	EC

三、烟气分析仪的结构

便携式烟气分析仪采取模块化整体设计，内置各种气体传感器，独立的测量模块对传感器进行自动校准，可自行添加测量更多参数，配置灵活，易于升级，可同时测量 7 种气体和 3 个温度及压力参数，可以自动计算 18 个燃烧参数。

便携式烟气分析仪具有严密、可靠的保护系统：水收集器、尘过滤器和传感器滤膜，可做到三层过滤保护，自动空气补偿功能可以定时将清洁空气抽入到仪器内部，有效保护了传感器和内部部件。针对现场操作人员的设计，在现场不必移动主机，通过轻便的小型手操器和数据线便可遥控主机完成所有功能。内置充电电池，满充电一次可连续工作 8 h 以上，电源交、直流两用。仪器可全封闭操作，操作员可自行设定采样、打印和数据采集周期，锁定仪器后可将便携式烟气分析仪作为无人职守的自动监测站。

四、烟气分析仪的检定

（一）检定规程

JJG 968—2002《烟气分析仪》。

（二）检定用标准及设备

标准气体（二氧化硫、一氧化氮、一氧化碳、氧气标准物质）、零点气体、流量控制器、秒表、绝缘电阻表。

检定系统如第四章图 4-1、图 4-2 所示。

（三）主要检定项目及方法

主要检定项目及方法见表 6-10。

表 6-10　主要检定项目及方法

序号	检定项目	性能要求	检定方法	计算公式
1	示值误差	±5.0%	分析仪校准零点后，分别通入约为满量程20%、50%和80%的标准气体，每一浓度的气体通入3次，读取各稳定示值 c_i。按公式分别计算出不同浓度测量值的示值误差 Δ_a。取示值误差 Δ_a 中的最大值作为分析仪的示值误差	$\Delta_a = \frac{\bar{c}_i - c_s}{c_s} \times 100\%$ Δ_a— 一种浓度示值误差； $\bar{c}_i$—仪器示值的平均值； c_s—标准气体的浓度
2	重复性	2.0%	分析仪校准零点后，分别通入约为满量程80%的标准气体，待示值稳定后，得到测量值 c_i，然后回零。上述步骤重复6次，重复性以相对标准偏差 s_r 表示，各参数的 s_r 均可按公式计算	$s_r = \frac{1}{\bar{c}} \sqrt{\frac{\sum_{i=1}^{n}(c_i - \bar{c})^2}{n-1}} \times 100\%$ s_r— 相对标准偏差； c_i— 第 i 次测量值； $\bar{c}$— 6次测量算术平均值； n— 测量次数
3	响应时间	≤ 90 s	校准零点后，首先通入约为满量程80%的标准气体，读取仪器稳定初值，然后通入清洁空气，让仪器回零后，再通入上述标准气体，并同时用秒表记录仪器达到稳定初值90%的时间，重复上述步骤3次，取算术平均值为分析仪的响应时间	
4	稳定性	1 h内示值变化≤ 5%	校准零点后，通入约为量程80%的标准气体，读取示值 c_1，作为仪器初始值。让仪器连续运行1 h，每间隔15 min通入一次标准气体，同时读取稳定示值 c_i。每种标准气体读取稳定示值4次，取与初始值偏离最大的值 c_i。按公式计算稳定性 δ_s	$\delta_s = \frac{\lvert c_i - c_1 \rvert}{c_1} \times 100\%$ δ_s— 稳定性； c_1— 仪器的初始值； c_i— 与初始值偏离最大的值

五、烟气分析仪的使用及注意事项

(1)在测试过程中，烟气中的水蒸气会冷凝在导管中，然后流入到水收集器里。所以，水收集器应该小心、经常性地清洗。

(2)粉尘过滤器是仪器的重要组成部分，一定要经常更换粉尘过滤芯。它能避免烟气中的粉尘、漂浮物进入仪器内，以保证泵和传感器的正常工作。因此，当过滤器变色时一定要更换。

(3)在采样时,探头尖端应处于烟气气流中心。在移开采样探头时,会非常热。禁止触摸探针,禁止将探针放在塑料材料上或其附近,例如分析仪外壳,否则这些材料会熔化。

(4)排空集液器。应经常观察集液器并排空,以防止液体进入分析仪中。

(5)必须定期校准传感器,以保持气体测量准确度。根据运行环境和气体暴露历史,气体传感器会对时间进行漂移。除 O_2 传感器以外,气体传感器每个月的信号损失最大可达 2%。O_2 传感器每年的信号损失最大可达 5%。通过校准可以消除因长期使用,传感器、器件等性能漂移产生的误差。

烟气分析仪如图 6-30 所示。

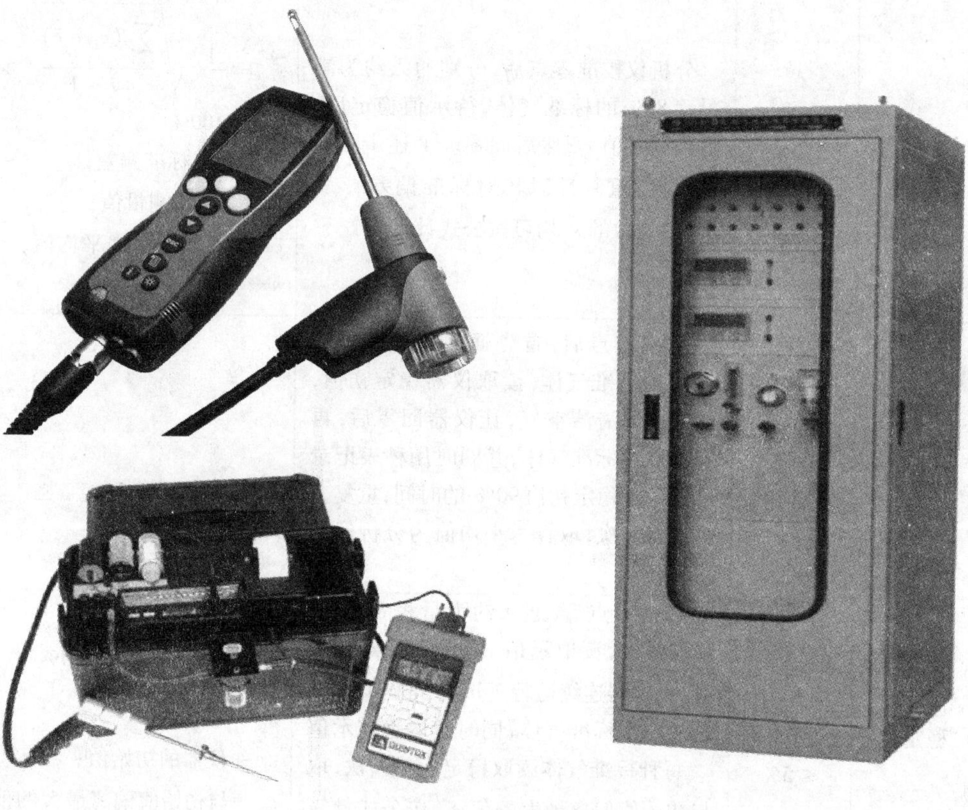

图 6-30　烟气分析仪

第七节　汽车排放气体测试仪

一、汽车排放气体测试仪工作原理

汽车排放气体测试仪最常用的是不分光红外线气体分析仪(NDIR),其工作原理为不分光红外吸收法,此外,还有氢火焰离子化法(FID)、化学发光法(CLD)、电化学法(EC)

等。不分光红外吸收法仪器结构简单，测量精度高，运行费用低，操作简便，可分析 CO、CO_2、HC、NO 等气体的浓度，因而被广泛用于汽车排放污染物浓度的分析。电化学法 O_2 检测器是电化学式，属消耗性的，寿命多为两年以内。氢火焰离子化法测量 HC 具有准确度高、输出与碳原子数呈良好线性关系的优点。而化学发光法分析 NO_x 具有灵敏度高、反应速度快、线性好等特点。因而，用氢火焰离子化法分析 HC、用化学发光法分析 NO_x 被各国广泛推荐为发动机排气分析的标准方法。但由于它们结构较复杂，运行费用较高，操作不够简便，目前只应用于发动机排气分析。光学平台为仪器的心脏部分，控制仪器的整个运行。从光源辐射出来的红外光，被切光片调制成断续的光束，此光束通过样品气室，然后穿过滤光片，进入检测器。样品检测器接收到这些光信号，便转换成电压信号输出，系统进行数据处理，从而获得被测气体的相应浓度。相关检测原理见第三章。

二、汽车排放气体测试仪的典型性能

汽车排放气体测试仪的典型性能见表 6-11。

表 6-11　汽车排放气体测试仪的典型性能

传感器检测原理	电化学法、不分光红外吸收法
检测范围	HC：0～9 999 ppm；CO：0～10%；CO_2：0～20%；O_2：0～25%；NO_x：0～5 000 ppm
示值误差	HC：±3%～±10%；CO：±10%；CO_2：±5%；O_2：±5%；NO_x：±3%～±10%
分辨率	HC：1 ppm；CO：0.01%；CO_2：0.1%；O_2：0.01%；NO_x：1 ppm
取样方法	从汽车排气管直接取样
重复性	2%
响应时间	≤4.5 s(T90)
输出信号	RS232
使用压力	70～110 kPa
预热时间	6 min
工作环境温度	0～40 ℃
电源	220 VAC，50 Hz
使用寿命	3 年

三、汽车排放气体测试仪的结构

便携式烟气分析仪采取模块化整体设计，内置各种气体传感器，大屏幕液晶显示，双怠速、多组分测量，RS232 接口，内置打印机。仪器显示主要有三种方式：电流表指针、LED、LCD。

测试仪是从汽车排气管内收集汽车的尾气，并对气体中所含有的 CO 和 HC 等气体浓度进行连续测定。它主要由尾气采集部分、尾气分析部分、尾气指示部分和校正装置等构成。图 6-31 是一种典型的测试仪检测系统。

如图 6-31 所示，系统由探头、过滤器、导管、水分离器和泵等构成。用探头、导管、泵从排气管采集尾气。排气中的粉尘和碳粒用过滤器滤除，水分用水分离器分离出去。最后，将气体成分输送到分析部分。排气经过相应分析部分进行显示，最后经流量计排出。

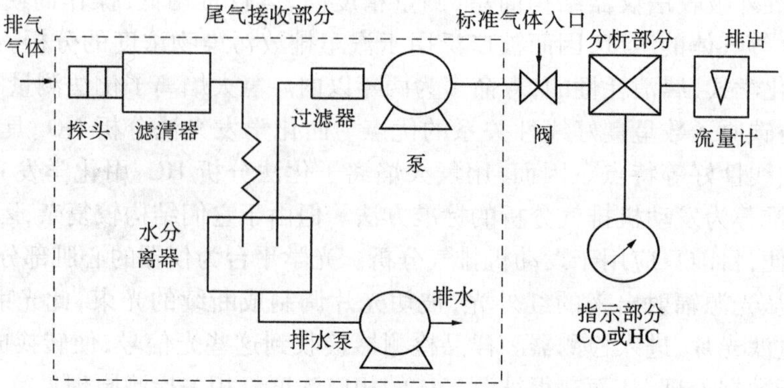

图 6-31　典型测试仪检测系统

四、汽车排放气体测试仪的检定

（一）检定规程

JJG 688—2007《汽车排放气体测试仪》。

（二）检定用标准及设备

标准气体（见表 6-12 ~ 表 6-14）、零点气体、秒表、绝缘电阻测试仪。

汽车排放气体测试仪示值允许误差见表 6-15。

表 6-12　示值允许误差、重复性和示值漂移检定用标准气体的标准值

气体名称	1 号	2 号	3 号	4 号
	物质的摩尔分数			
氮中丙烷气体标准物质	200×10^{-6}	960×10^{-6}	$1\,920\times10^{-6}$	$3\,200\times10^{-6}$
氮中一氧化碳气体标准物质	0.5×10^{-2}	2.4×10^{-2}	4.8×10^{-2}	8.0×10^{-2}
氮中二氧化碳气体标准物质	3.6×10^{-2}	6.0×10^{-2}	7.2×10^{-2}	12.0×10^{-2}
氮中氧气气体标准物质	0.5×10^{-2}	5×10^{-2}	10×10^{-2}	20.9×10^{-2}
氮中一氧化氮气体标准物质	300×10^{-6}	900×10^{-6}	$1\,800\times10^{-6}$	$3\,000\times10^{-6}$

表 6-13　响应时间检定用标准气体的标准值

气体名称	物质的摩尔分数
氮中丙烷气体标准物质	$1\,920\times10^{-6}$
氮中一氧化碳气体标准物质	4.8×10^{-2}
氮中二氧化碳气体标准物质	12.0×10^{-2}
氮中氧气气体标准物质	0.5×10^{-2}
氮中一氧化氮气体标准物质	900×10^{-6}

表 6-14　丙烷/正己烷当量系数（P. E. F）试验用标准气体的标准值

气体名称	1 号	2 号
	物质的摩尔分数	
氮中丙烷气体标准物质	200×10^{-6}	$2\,000\times10^{-6}$
氮中正己烷气体标准物质	100×10^{-6}	$1\,000\times10^{-6}$

表 6-15　汽车排放气体测试仪示值允许误差

气体	测量范围	00 级		0 级		Ⅰ级		Ⅱ级	
		绝对误差	相对误差	绝对误差	相对误差	绝对误差	相对误差	绝对误差	相对误差
HC	$(0 \sim 2\,000) \times 10^{-6}$	$\pm 4 \times 10^{-6}$	±3%	$\pm 10 \times 10^{-6}$	±5%	$\pm 12 \times 10^{-6}$	±5%	$\pm 30 \times 10^{-6}$	±10%
	$(2\,001 \sim 5\,000) \times 10^{-6}$	—	±5%	$\pm 10 \times 10^{-6}$	±5%	—	±10%	$\pm 30 \times 10^{-6}$	±10%
	$(5\,001 \sim 9\,999) \times 10^{-6}$	—	±10%	—	±10%	—	±10%	$\pm 30 \times 10^{-6}$	±10%
CO	$(0.00 \sim 10.00) \times 10^{-2}$	$\pm 0.02 \times 10^{-2}$	±3%	$\pm 0.03 \times 10^{-2}$	±5%	$\pm 0.06 \times 10^{-2}$	±5%	$\pm 0.2 \times 10^{-2}$	±10%
	$(10.01 \sim 14.00) \times 10^{-2}$	—	±5%	—	±10%	—	±10%	$\pm 0.2 \times 10^{-2}$	±10%
CO_2	$(0.0 \sim 16.0) \times 10^{-2}$	$\pm 0.3 \times 10^{-2}$	±3%	$\pm 0.5 \times 10^{-2}$	±5%	$\pm 0.5 \times 10^{-2}$	±5%	$\pm 1 \times 10^{-2}$	±10%
	$(16.1 \sim 18.0) \times 10^{-2}$	—	±5%	$\pm 0.5 \times 10^{-2}$	±5%	$\pm 0.5 \times 10^{-2}$	±5%	$\pm 1 \times 10^{-2}$	±10%
NO	$(0 \sim 4\,000) \times 10^{-6}$	$\pm 25 \times 10^{-6}$	±4%	$\pm 25 \times 10^{-6}$	±4%	$\pm 25 \times 10^{-6}$	±4%	$\pm 40 \times 10^{-6}$	±10%
	$(4\,001 \sim 5\,000) \times 10^{-6}$	—	±8%	—	±8%	—	±8%	$\pm 40 \times 10^{-6}$	±10%
O_2	$(0.0 \sim 25.0) \times 10^{-2}$	$\pm 0.1 \times 10^{-2}$	±5%	$\pm 0.1 \times 10^{-2}$	±5%	$\pm 0.1 \times 10^{-2}$	±5%	$\pm 0.2 \times 10^{-2}$	±10%

示值允许误差检定系统如第四章图 4-1 所示，响应时间检定装置见图 6-32。

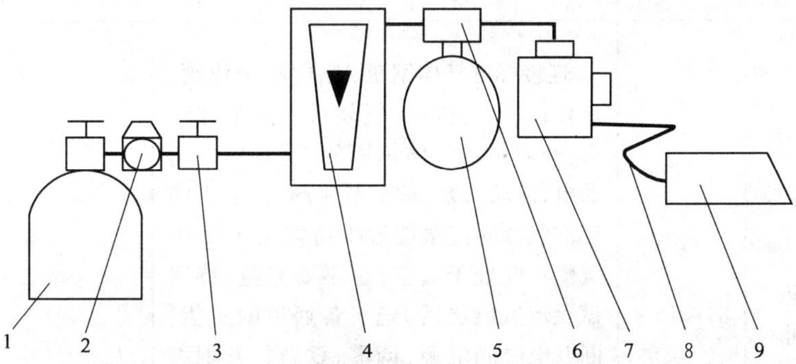

1—标准气体钢瓶；2—减压阀；3—节流阀；4—流量计；5—气囊；
6—三通接头；7—二位三通电磁阀；8—5 m 采样管；9—测试仪

图 6-32　响应时间检定装置

（三）主要检定项目及方法

主要检定项目及方法见表 6-16。

表 6-16　主要检定项目及方法

序号	检定项目	性能要求	检定方法	计算公式
1	示值允许误差	见表 6-15	向测试仪通入符合表 6-12 中规定的 4 号标准气体，调整测试仪的示值，使其与标准气体的标称值相符。依次向测试仪通入符合表 6-12 中规定的 1 号、2 号、3 号和 4 号标准气体，待示值稳定后，记录测试仪相应示值。共测量 3 次。按公式计算示值误差	$\Delta_i = \bar{x}_{di} - x_s, \delta_i = \frac{\bar{x}_{di} - x_s}{x_s} \times 100\%$ Δ_i—第 i 检定点的示值绝对误差； $\bar{x}_{di}$—第 i 检定点 3 次测量结果的平均值； x_s—标准气体的标称值； δ_i—第 i 检定点的示值相对误差
2	重复性	不超过示值允许误差 1/2 ~ 1/3	启动气泵，通入清洁的空气，对测试仪进行零位调节。关闭气泵。通入按表 6-12 规定的 1 号标准气体，待示值稳定后，记录测试仪相应示值。重复上述操作 6 次。按公式计算重复性	$s = \frac{1}{\bar{x}} \sqrt{\frac{\sum_{i=1}^{n}(x_i - \bar{x})^2}{n-1}} \times 100\%$ s — 重复性（以试验标准偏差表示）； x_i— 第 i 次通入标准气体的示值； $\bar{x}$— 6 次测量算术平均值； n— 测量次数，$n = 6$
3	响应时间	8 ~ 15 s	连接标准气体钢瓶、减压阀、节流阀、流量计、三通接头、气袋及 5 m 采样管等。开启标准气体钢瓶的阀门，电磁阀通电，启动气泵。调节节流阀，使通入的标准气体的流量能够维持如图 6-32 中气囊不要处于真空，也不要充盈。待测试仪示值稳定后，记下各通道的示值。断开电磁阀电源，调零。重新打开钢瓶阀门，然后给电磁阀通电，使标准气体进入测试仪。同时，用秒表分别测量从电磁阀接通至测试仪各通道的示值达到其稳定值的90% 时的时间间隔。记录秒表的读数	

续表 6-16

<table>
<tr><th>序号</th><th colspan="2">检定项目</th><th>性能要求</th><th>检定方法</th><th>计算公式</th></tr>
<tr><td rowspan="2">4</td><td rowspan="2">稳定性</td><td>零位漂移</td><td>不超过示值允许误差</td><td rowspan="2">测试仪完成预热后启动气泵，通入清洁的空气。对测试仪进行零位调整后，记录测试仪相应示值。关闭气泵，向测试仪通入符合表6-12中规定的3号标准气体。待示值稳定后，记录测试仪相应示值。重新启动气泵，使测试仪继续运行。每隔15 min记录1次零位示值和通入标准气体时测试仪示值。零位示值应在开泵时读取，通入标准气体时应先关闭气泵。按式(1)计算HC、CO、CO_2、NO零位漂移的绝对误差，按式(2)计算O_2零位漂移的相对误差。按式(3)和式(4)计算各通道示值漂移的绝对误差和示值漂移的相对误差</td><td>$\Delta Z_j = Z_j - Z_0$ (1)
$\delta Z_j = \frac{Z_j - Z_0}{Z_0} \times 100\%$ (2)
ΔZ_j— 第j次零位漂移的绝对误差；
Z_j— 第j次零位示值；
Z_0— 检定开始时零位示值；
δZ_j— 第j次的零位漂移的相对误差</td></tr>
<tr><td>示值漂移</td><td>不超过示值允许误差</td><td>$\Delta S_j = (M_j - Z_j) - (M_0 - Z_0)$ (3)
$\delta S_j = \frac{(M_j - Z_j) - (M_0 - Z_0)}{M_0 - Z_0}$ (4)
ΔS_j— 第j次示值漂移的绝对误差；
M_j— 第j次通入标准气体时测试仪的示值；
M_0— 开始时通入标准气体测试仪示值；
δS_j— 第j次示值漂移的相对误差</td></tr>
</table>

五、汽车排放气体测试仪的使用及注意事项

(一)在用车新国标确定可以应用的排放检测方法

检测方法主要有双怠速法、柴油车自由加速法、汽油车稳态工况法、汽油车简易瞬态工况法、柴油车加载减速法。

新的检测方法与对应的受检车辆见表6-17。

表 6-17 新的检测方法与对应的受检车辆

<table>
<tr><th>车类</th><th>车型</th><th>可以应用的试验方法</th><th>限值</th></tr>
<tr><td rowspan="2">装用点燃式发动机汽车
(汽油车)</td><td>轻型车</td><td>双怠速法
稳态工况法
简易瞬态工况法</td><td>规定
未规定
未规定</td></tr>
<tr><td>重型车</td><td>双怠速法</td><td>规定</td></tr>
</table>

1. 双怠速法

1）怠速、高怠速工况

怠速工况：发动机在无负载运转状态。即离合器处于接合位置，变速器处于空挡位置（自动变速箱车辆处于“停车”或“P”挡位）；采用化油器供油系统的车辆，阻风门处于全开位置；油门踏板处于完全松开位置。

高怠速工况：离合器处于接合位置，变速器处于空挡位置（自动变速箱车辆处于“停车”或“P”挡位）；采用化油器供油系统的车辆，阻风门处于全开位置；用油门踏板将发动机转速稳定控制在50%额定转速或制造厂规定的高怠速转速时的工况。

2）检测仪器

五气体分析仪：检测5种气体组分 CO、HC、NO、CO_2、O_2。

3）测量原理

CO、HC、CO_2 采用不分光红外线吸收型（NDIR）检测器，O_2 和 NO 采用电化学法检测器。

4）试验准备

安装发动机转速计、点火正时仪、冷却液和润滑油测温计。

达到汽车使用说明书规定的热车状态（发动机冷却液和机油温度不低于80 ℃）。

5）检测程序

发动机从怠速状态加速到70%额定转速，运转30 s后降至高怠速状态；将取样探头插入排气管内，插深不少于400 mm，并固定在排气管上；在高怠速转速保持15 s，然后分析仪读取30 s内检测到的 CO、HC 浓度取平均值，或者人工读取30 s内分析仪显示的 CO、HC 浓度的最高值和最低值，取其平均值作为检测结果。

装用闭环控制电子燃油喷射系统发动机和三效催化器后处理装置的车辆，高怠速检测同时读取过量空气系数 λ 值。

发动机从高怠速降至怠速状态15 s后，分析仪读取30 s内检测到的 CO、HC 浓度，取平均值；或者人工读取30 s内分析仪显示的 CO、HC 浓度的最高值和最低值，取其平均值作为检测结果。

6）注意事项

高怠速转速：轻型车（2 500 ± 100）r/min，重型车（1 800 ± 100）r/min。

多排气管车辆，应取各排气管检测结果的算术平均值作为排放检测结果。

车辆排气管长度较短，或者插深不够400 mm时，应使用排气加长管。

单一燃料车（汽油仅用于紧急情况或发动机启动，汽油箱容积不超过15 L）：只检测燃用气体燃料时的尾气排放。

两用燃料车：燃用气体燃料（LPG、NG）和汽油时的排放都要检测，判定合格与否。

7）检测结果判定

任何车辆，在怠速和高怠速工况，如果被检测污染物中有任一项的检测结果超过规定限值，就判定为尾气排放不合格。

装用闭环控制电子燃油喷射系统发动机和三效催化器后处理装置的车辆，如果检测的过量空气系数 λ 超出规定要求，也判定为排放不合格。

2. 简易工况法

在用车简易工况法是相对于新车型式认证时复杂的工况法试验程序而言的，其设备、仪器作了简化，试验时间也缩短了很多，故称为简易工况法。

将车辆置于底盘测功机上，车辆按规定车速在底盘测功机上行驶，驱动轮带动滚筒转动，滚筒并非处于自身无阻力可旋转状态，底盘测功机（电涡流器）会按照检测标准的设定向滚筒、最终向驱动轮施加一定的负荷，来模拟汽车道路行驶阻力。

3. 汽油车简易稳态工况法（ASM）

汽油车稳态工况法在美国被称为加速模拟工况（Acceleration Simulation Mode，简称ASM），该方法只有稳定的匀速（匀负荷）检测过程。ASM 最大的特点是：试验设备充分简化，可使用在怠速法中广泛采用的直接取样浓度分析仪。ASM 所需的整套设备价格不足新车工况试验设备的 10%，操作与维护也比新车工况试验设备简单容易得多。

1）试验运转循环

稳态工况法有两个等速工况段：一是 ASM5025 工况，车速为 25 km/h，按车辆加速度为 1.47 m/s^2 时负荷的 50% 对该工况进行加载，故称为 ASM5025 工况；二是 ASM2540 工况，车速为 40 km/h，按车辆加速度为 1.47 m/s^2 时负荷的 25% 对该工况进行加载，故称为 ASM2540 工况。试验运转示意如图 6-33 所示。

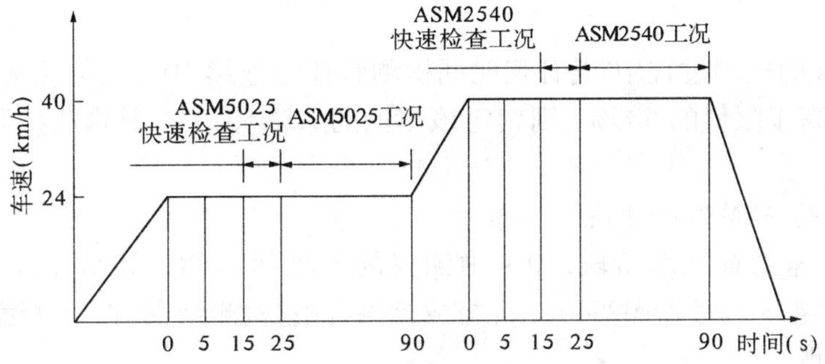

图 6-33 试验运转示意

2）稳态工况法准备

车辆准备：发动机预热到正常工作状态（水温、油温），关闭空调、暖风等附属装备，轮胎气压符合车辆使用说明书规定，车辆开到滚筒上（驱动轮在滚筒上），车辆从动轮应采用限位装置固定。

试验设备准备：底盘测功机、分析仪按规定的时间预热；分析仪开机预热后，进行取样系统泄漏检查；每次试验前，分析仪进行零点标定、环境空气测定和 HC 残留量检查。

试验准备：车辆驱动轮位于底盘测功机滚筒上，分析仪取样探头插入排气管中，插深为 400 mm，并固定在排气管上；底盘测功机根据输入的车辆基准质量及试验工况设定试验时对车辆的加载载荷；记录环境温度、湿度和大气压；分析仪检查排气管和取样系统的 $CO + CO_2$ 是否小于 6%。

3）测试程序

ASM5025 工况：车辆加速至 25 km/h；稳定车速在（25 ± 1.5）km/h，等速 5 s 后，检测

开始（$t=5$）；控制系统开始记录分析仪读数，持续 10 s（$t=15$）取平均值，为 ASM5025 快速检查工况；继续运行至 90 s（$t=90$）完成 ASM5025 工况。

ASM2540 工况：车辆加速至 40 km/h，控制系统根据输入的车辆基准质量设定 ASM2540 工况时车辆的加载载荷，工况计时开始 $t=0$；稳定车速在（40 ± 1.5）km/h，等速 5 s 后，检测开始（$t=5$）；控制系统开始记录分析仪读数，持续 10 s（$t=15$）取平均值，为 ASM2540 快速检查工况；继续运行至 90 s（$t=90$）完成 ASM2540 工况。

4）注意事项

试验时自动变速箱车辆使用前进挡；手动变速器车辆应使用二挡，如果二挡所能达到的最高车速低于 45 km/h 可使用三挡。

5）测试结果判定

第一步，进行 ASM5025 工况。

（1）若在快速检查工况阶段，10 s 内测得的 3 项污染物的排放平均值都在限值的 50% 以内，则判定该车辆 ASM5025 工况排放检测合格，直接转入进行 ASM2540 工况；否则继续进行直至完成全部 90 s 的检测。

（2）在 90 s 的检测中，若 3 项污染物连续 10 s 的排放平均值都低于或等于限值，则判定该车辆 ASM5025 工况排放检测合格，继续进行 ASM2540 工况；如果任何一种污染物连续 10 s 的排放平均值超过限值，则判定该车辆的 ASM5025 工况排放检测不合格，检测结束。

（3）在 90 s 的检测过程中，若任何时间检测到任意连续 10 s 内的任何一种污染物的 10 次排放值均高于限值的 500%，则判定该车辆的 ASM5025 工况排放检测不合格，检测结束。

第二步，进行 ASM2540 工况。

（1）若在快速检查工况阶段，10 s 内测得的 3 项污染物的排放平均值都在限值的 50% 以内，则判定该车辆 ASM2540 工况排放检测合格，检测结束；否则继续进行直至完成全部 90 s 的检测。

（2）在 90 s 的检测中，若 3 项污染物连续 10 s 的排放平均值都低于或等于限值，则判定该车辆 ASM2540 工况排放检测合格；如果任何一种污染物连续 10 s 的排放平均值超过限值，则判定该车辆的 ASM2540 工况排放检测不合格，检测结束。

（3）在 90 s 的检测过程中，若任何时间检测到任意连续 10 s 内的任何一种污染物的 10 次排放值经修正后均高于限值的 500%，则判定该车辆的 ASM2540 工况排放检测不合格，检测结束。

只有当 ASM5025 和 ASM2540 两种工况下，3 种污染物的 10 s 连续排放平均值都低于或等于限值时，才判定该车辆稳态工况法排放检测合格；否则，判定该车辆稳态工况法排放检测不合格。

对于可使用两种燃料的车辆，要求使用两种燃料分别进行稳态工况法排放检测，使用两种燃料的检测结果都应合格。

4. 汽油车简易瞬态工况法（VMAS）

简易瞬态工况法，顾名思义就是瞬时检测车辆各个工况状态下的排放状态，该工况之所以冠以“简易”两字是因为整个试验过程是截取了GB 18352.1—2001《轻型汽车污染物排放限值及测量方法(Ⅰ)》规定的试验工况中市区运转循环的第一个工况循环单元而构成的。

简易瞬态工况法也被称为十五工况，由怠速、加速、等速、减速等15个不同的运行工况组成，平均车速19 km/h，有效行驶时间195 s，理论行驶里程1.013 km。

简易瞬态工况法与简易稳态工况法的区别就是系统设备增加了VMAS流量分析装置，检测结果以g/km显示，便于城市车辆排放总量的统计分析。但单车的检测时间较长(简易瞬态工况法单车检测平均需要7～9 min；而稳态工况法平均只要4 min左右，快速检测只需1～2 min)。

1)瞬态工况法检测过程准备

车辆准备：车辆机械状况良好，无影响试验安全因素；进排气系统无泄漏，发动机、变速箱和冷却系统等无液体泄漏；关闭空调、暖风等附属装备；轮胎气压符合车辆使用说明书规定；车辆开到滚筒上(驱动轮在滚筒上)，发动机预热到正常工作状态(水温、油温)；车辆从动轮应采用限位装置固定。

试验设备准备：底盘测功机、流量及分析仪器按照规定预热；底盘测功机开机预热后，进行滑行试验。

试验准备：车辆驱动轮位于底盘测功机滚筒上，系统的取样管接口与排气管口对接；底盘测功机根据输入的车辆基准质量设定对试验车辆的加载载荷；自动记录环境温度、湿度和大气压。

2)测试程序

在怠速状态下运行40 s；40 s结束开始十五工况循环，试验员驾驶车辆按照十五工况曲线运行；系统稀释排气，并进行流量计算，同时抽取一定比例的样气，送入分析仪检测；分析仪连续读取稀释排气样气中各污染物的浓度，并进行累计积分，直至试验工况循环结束。

3)检测结果处理

工况循环结束后，底盘测功机测取的车辆实际行驶距离(km)，系统连续计量的稀释排气总体积量(m^3或L)，以及分析仪累计积分的各污染物浓度，都汇总到主控计算机，经修正、计算，最终得出在195 s的十五工况循环运行中该试验车辆平均排放的CO、HC、NO_x质量各为多少(g/km)。3种污染物任意一项超限值，判定为不合格。

(二)汽车排气污染物

汽油是目前汽车(点燃式发动机)普遍使用的常规燃料，其组成十分复杂，主要有20%的丁、戊烷，45%高碳烷、烯烃，芳烃及其他添加剂。氢碳比控制在约1.85∶1。以辛烷值衡量抗爆性能，从理论上讲，正庚烷的抗爆性能最差(0)，异辛烷最高(100%)。汽油在发动机内燃烧产生的有害气体主要有CO、HC、NO_x等，CO是不完全燃烧的产物，由燃油混合不均匀或燃气温度低等造成；HC有100～200种成分，也是不完全燃烧造成的，它并非是未燃烧的燃料而是燃烧的副产物，主要包括甲、乙烷等烷烃，烯烃，芳香烃；NO_x中90%的是NO，是燃料在1 600 ℃时燃烧造成的，在通常怠速，甚至双怠速测试中的高怠速状况下，NO不高(只有数百ppm)，只有在加速模拟功况法(ASM)状况下监测NO的浓度才有意义(数千ppm)。另外，在汽油中添加含氧化合物(甲醇、乙醇)也会导致其排放增高。随着全球环保意识的增强,越来越多的国家开始使用替代燃料减少排污,如液化石油气(LPG)、压缩天然气(CNG)、酒精(乙醇)等。天然气中包含85% ~99%的甲烷,排放与汽油相比,非甲烷HC低90%,CO低20% ~80%,NO_x 最大低60%,但甲烷高9倍(未完全燃烧),其他有毒物如苯等远低于汽油的,由于含碳少,CO_2 的排放也少得多,算得上真正的清洁燃料。使用石油气作燃料的车的排放与使用天然气的相似,CO很低,HC中等,NO_x 与汽油车近似,排放虽略逊色于天然气,但应用较广。使用酒精(乙醇)作燃料的车相比汽油车,其CO排放低20% ~30%,NO_x 低15%,有毒物苯等也低很多,未燃烧的乙醇、乙醛却高十几倍,当然这可通过催化剂加以削减。

(三)测试仪的使用及注意事项

1.测定前的准备工作

在进行汽车排放污染物检测时必须做好测定前的准备工作,包括测量仪器的准备和被测车辆的准备。

1)仪器的准备

仪器使用前,先接通电源,预热30 min以上。接着从仪器上取出采样导管进行校正:吸进清洁空气,用零点调整旋钮去调整零位,再把测定器附属的标准气体从标准气体注入口注入,用标准气体校正旋钮,使指示值符合校正基准值(注意:当注入标准气体时,应关闭仪器上的泵开关)。

一氧化碳测定器以标准气体储气瓶里的一氧化碳浓度作为校正基准值,而碳氢化合物测定器由于在标准气体里采用丙烷(C_3H_8)气体,所以须通过下式求出正己烷(C_6H_{14})换算值来作为校正基准:

校正基准值 = 标准气体(丙烷)浓度 × 换算系数(正己烷换算值)

例如,换算系数为0.530,标准气体丙烷浓度为 700×10^{-6},则校正基准值 $=700\times10^{-6}\times0.530=371\times10^{-6}$。

简易校正开关对于有校正位置刻度线的仪器,可用标准调整旋钮把仪表指针调到标准刻度线位置。对于没有标准刻度线的仪器,要在标准气体校正后立即进行简易校正,使仪器指针与标准气体校正后的指示值重合。

2)车辆准备

(1)排气系统不得有泄漏。

(2)应保证取样探头插入排气管的深度不小于400 mm,否则排气管应加接管,但应保证接口不漏气。

(3)发动机应达到规定的热状态。

(4)按汽车制造厂使用说明书规定的调整法,调至规定的怠速和点火正时。

2.检测方法

(1)发动机由怠速加速到中等转速,维持5 s以上,再降至怠速状态。

(2)把指示仪表的读数转换开关打到最高量程挡位。

(3)将取样探头插入汽车排气管中,深度不小于400 mm。

(4)一边观看指示仪表,一边用读数转换开关选择适于废气浓度的量程挡位,待指针稳定后,读数取最大值。若为多排气管,则取各管测量值的算术平均值。

(5)检测工作结束后,把取样探头从排气管里取出来,让它吸入新鲜空气工作 5 min,待仪器指针回到零点后再关掉电源。

汽车排放气体测试仪如图 6-34 所示。

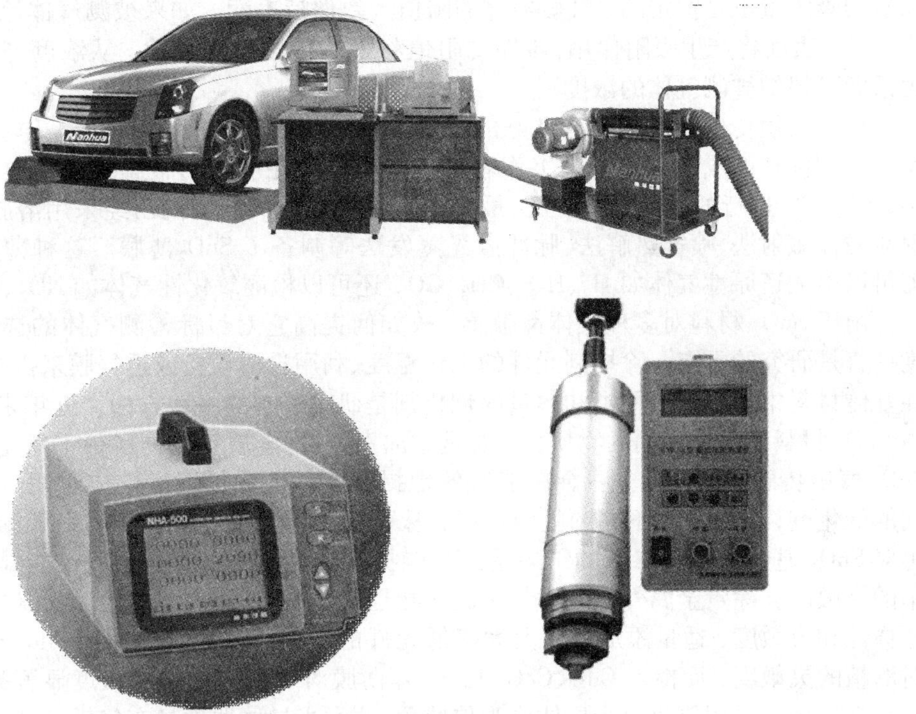

图 6-34　汽车排放气体测试仪

第八节　呼出气体酒精含量探测器

一、呼出气体酒精含量探测器工作原理

呼出气体酒精含量探测器的工作原理有电化学型(燃料电池)、半导体型(纳米半导体、陶瓷半导体)、红外线型、气相色谱分析型、比色型等。燃料电池型和半导体型呼出气体酒精测试仪是对气体中酒精含量进行检测的主要设备。这两种能够制造成便携型呼出气体酒精测试器,适合于现场使用。相关工作原理见第三章。

半导体气敏传感器是利用待测气体与半导体(主要是金属氧化物)表面接触时产生的电导率等物性的变化来检测气体的。半导体气敏器件被加热到稳定状态下,当气体接触器件表面而被吸附时,吸附分子首先在表面自由地扩散(物理吸附),失去其运动能量,其间的一部分分子蒸发,残留分子产生热分解而固定在吸附处(化学吸附)。这时,如果器件的功函数小于吸附分子的电子亲和力(离解能),则吸附分子将从器件夺取电子而变成负离子吸附。具有负离子吸附倾向的气体有 O_2 和 NO_2,称为氧化性气体或电子接收性气体。如果器件的功函数大于吸附分子的离解能,吸附分子将向器件释放电子,而成为正离子吸附。具有这种正离子吸附倾向的气体有 H_2、CO、HC 和酒类等,称为还原性气体或电子供给性气体。

当氧化性气体吸附到N型半导体上、还原性气体吸附到P型半导体上时，将使载流子减少，而使电阻增大；相反，当还原性气体吸附到N型半导体上、氧化性气体吸附到P型半导体上时，将使载流子增多,而使电阻下降。空气中的氧成分大体上是恒定的，因而氧的吸附量也是恒定的，气敏器件的阻值大致保持不变。如果被测气体流入这种气氛中，器件表面将产生吸附作用,器件的阻值将随气体浓度而变化，从浓度与阻值的变化关系即可得知被测气体的浓度。

SnO_2气敏传感器因其具有良好的稳定性、能在较低的工作温度下工作、检验气体种类较多等优点而成为众多科学工作者研究的重点。在所有的金属氧化物类气敏传感器中，对SnO_2进行的研究是最广泛、最深入和最有成效的。人们已经采用溶胶－凝胶法、射频磁控溅射法、喷雾热解法、脉冲激光蒸发法等制备了SnO_2薄膜。这种薄膜气敏传感器可以检测还原性气体如H_2、H_2S、CH_4、CO，还可以检测氧化性气体如NO_2、NH_3、O_2等。

由于SnO_2材料对多种气体都敏感，故如何提高它对目标检测气体的选择性和灵敏度一直是研究的重点。除控制元件的工作温度、利用过滤设备或透气膜来提高选择性外，在基体材料中加入不同种类和数量的催化剂是研究最多的一种方法。近年来，有人尝试往SnO_2材料中添加不同的物质，主要是添加贵金属、金属氧化物和稀土氧化物，以改善SnO_2气敏传感器的性能。贵金属能有效地提高元件的灵敏度和响应时间，加之选择不同的催化剂，导致产生不同的吸附试样，从而提高器件的选择性。各种贵金属如Pt、Pd等对SnO_2基气敏材料掺杂的结果是：Pt能提高其对CO的灵敏度，Pd能提高对H_2、酒精的灵敏度。除贵金属外，掺入金属氧化物也可以提高SnO_2基气敏材料对某种气体的选择性和灵敏度，适量添加还可大大降低元件的阻值。研究结果表明,Mo、Sb能提高其对酒精的灵敏度，而掺入CuO、CeO_2后SnO_2薄膜对H_2S气体的灵敏度显著提高。

半导体型采用氧化锡半导体作为传感器,这类半导体器件具有气敏特性,当接触的气体中其敏感的气体浓度增加,对外呈现的电阻值就降低。这种半导体在不同工作温度时,对不同的气体敏感度是不同的,因此半导体型呼出气体酒精测试仪中都采用加热元件,把传感器加热到一定的温度,该传感器对酒精具有最高的敏感度。燃料电池型呼出气体酒精测试仪采用燃料电池酒精传感器作为气敏元件,它属于电化学类型,因此又称为电化学型。燃料电池是当前全世界都在广泛研究的环保型能源,它可以直接把可燃气体转变成电能,而不产生污染,酒精传感器只是燃料电池的一个分支。燃料电池酒精传感器采用贵金属铂作为电极,在燃烧室内充满特种催化剂,使进入燃烧室内的酒精充分燃烧转变为电能,也就是在两个电极上产生电压,电能消耗在外接负载上,此电压与进入燃烧室内气体的酒精浓度成正比。与半导体型相比,燃料电池型呼出气体酒精测试仪具有稳定性好、精度高、抗干扰性好的优点。但是由于燃料电池酒精传感器的结构要求非常精密,制造难度相当大,目前只有美国、英国、德国等少数几个国家能够生产,加上材料成本高,因此价格相当昂贵,是半导体酒精传感器的几十倍。

仪器除示值误差和重复性等基本指标外,还必须具备抗干扰能力和防记忆效应能力。所谓抗干扰能力实际上是仪器对其他气体敏感度的大小。理想的酒精测试仪应该只对酒精有反应,而对其他气体不应该有任何反应。

二、呼出气体酒精含量探测器的典型性能(便携式)

呼出气体酒精含量探测器的典型性能(便携式)见表6-18。

表 6-18　呼出气体酒精含量探测器的典型性能(便携式)

传感器检测原理	电化学(燃料电池)、半导体(纳米半导体、陶瓷半导体)
检测范围	0.00 ~ 1.00 mg/L
准确度	±10% *FS*
取样方法	呼入
重复性	2%
响应时间	≤8 s(T90)
报警方式	声报警
显示方式	带绿色背光的 3 位 LCD 数字显示
预热时间	18 s
恢复时间	40 s
工作环境温度	0 ~ 45 ℃
电源	DC3.0 V(2 × AAA 电池)
使用寿命	1 年

三、呼出气体酒精含量探测器的结构

仪器采用先进的超低功耗 16 位微处理控制器; LCD 大屏幕液晶显示;可自由设置高低报警点;两级声光报警信息,屏幕显示报警类别;可更换的模块化传感器;具有欠压提示功能;具有温度超限报警功能,可记录 2 000 个报警纪录,包括报警时间、报警类型、测试时的环境温度状态等信息;具有拒绝测试和吹气中断功能;可与计算机通信传出数据,分析检测数据结果;开机自动全功能自动检测功能。先进的纳米半导体酒精传感器还具有以下特性:响应、恢复迅速、检测快捷方便;测试过程屏幕直观显示;便携设计,小巧轻便;方便卫生的无接触呼气设计;夜间照明。

四、呼出气体酒精含量探测器的检定

(一)检定规程

JJG 657—2006《呼出气体酒精含量探测器》。

(二)检定用标准及设备

标准气体(乙醇标准气体)、空气中正已烷混合气体、无水乙醇、取样器、清洁压缩空气(零点气体)、秒表、直流电源、压力计、减压阀及防吸附气路与气袋。标准气体也可以使用液态有机气体配气装置、酒精呼出气体模拟器配制乙醇标准气体,或瓶装空气中乙醇有证标准气体。

气敏元件式探测器检定装置见图 6-35。燃料电池式探测器呼出压力检定装置见图 6-36。燃料电池式探测器检定装置见图 6-37。

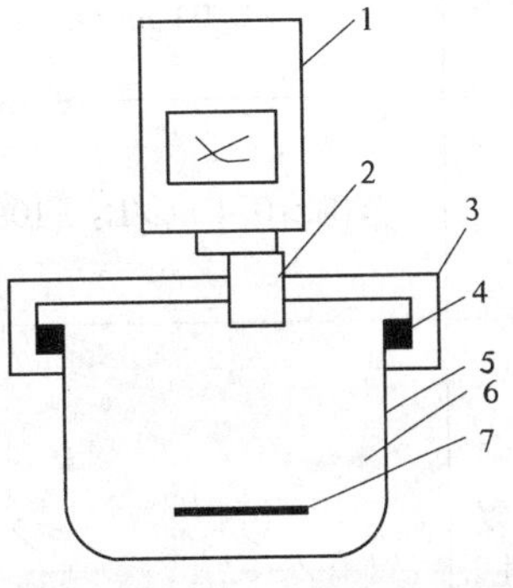

1—探测器;2—测量孔;3—配气瓶盖;4—密封圈;5—配气瓶;6—乙醇气体;7—聚氟乙烯片(厚 0.1 mm)

图 6-35　气敏元件式探测器检定装置

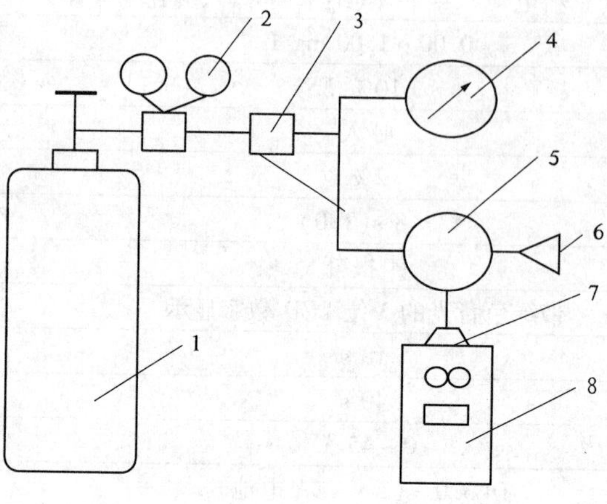

1—氮气；2—减压器；3—稳流阀；4—气压表；
5—定时阀；6—排气孔；7—输气管；8—被检探测器

图 6-36　燃料电池式探测器呼出压力检定装置

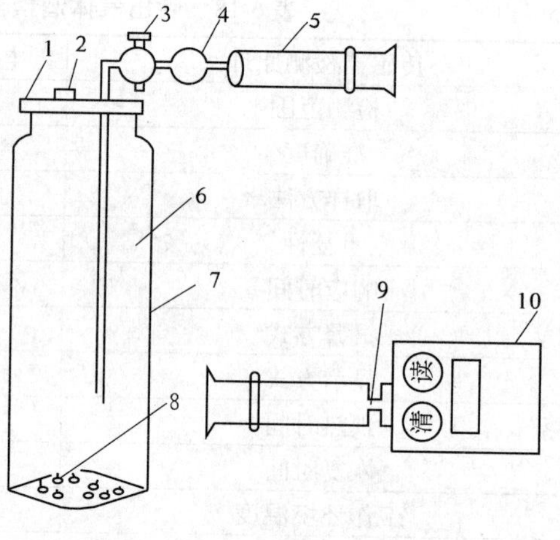

1—密封盖；2—进样口；3—气阀门；4—硅橡胶取样头；
5—取样针筒；6—乙醇气体；7—配气瓶；
8—氟塑料颗粒；9—进气孔；10—被检探测器

图 6-37　燃料电池式探测器检定装置

（三）主要检定项目及方法

主要检定项目及方法见表 6-19。

表 6-19　主要检定项目及方法

序号	检定项目	性能要求	检定方法	计算公式
1	示值误差	范围 <0.2 mg/L：±0.025 mg/L	给仪器通电预热稳定后，分别通入零点气体和质量浓度约为 0.5 mg/L 的乙醇标准气体，校准仪器零点和示值，然后分别通入约为 0.1、0.3、0.5 mg/L 的乙醇标准气体，记录仪器示值。每点做 3 次，3 次的算术平均值为仪器示值。0.1 mg/L 和 0.3 mg/L 按式（1）、0.5 mg/L按式（2）计算每点 Δc	$\Delta c = \bar{c} - c_0$　（1） $\Delta c = \frac{\bar{c} - c_0}{c_0} \times 100\%$　（2） Δc—示值误差； $\bar{c}$—仪器 3 次示值的平均值； c_0—通入仪器的乙醇标准气体浓度
		范围在 0.2 ~0.4 mg/L：±0.04 mg/L		
		范围 >0.4 mg/L：±10%		
2	重复性	3%	通入质量浓度约为 0.3 mg/L 乙醇标准气体，记录仪器示值 c_i，重复上述操作 6 次。按公式计算的相对标准偏差为仪器的重复性 *RSD*	$RSD = \frac{1}{\bar{c}}\sqrt{\frac{\sum_{i=1}^{6}(c_i - \bar{c})^2}{5}} \times 100\%$ c_i— 第 i 次的测量值； $\bar{c}$—6 次测量值的算术平均值

续表 6-19

序号	检定项目	性能要求	检定方法	计算公式
3	抗干扰能力	对 2 mg/L 空气中正己烷混合气体，响应值应不大于 0.04 mg/L	通入 2 mg/L 空气中正己烷混合气体，读取仪器的示值	
4	记忆效应	对测量不同浓度的乙醇标准气体，仪器记忆效应不应大于 0.05 mg/L	给仪器通入 0.3 mg/L 的乙醇标准气体，记录示值 c_1，60 s 后测量 0.5 mg/L 的乙醇标准气体，间隔 60 s 再测量 0.3 mg/L 的乙醇标准气体，记录稳定示值 c_2。c_2 和 c_1 的差值应符合要求	

五、呼出气体酒精含量探测器的使用及注意事项

使用呼出气体酒精含量探测器可以通过呼出气体酒精浓度来间接检测人体的血液酒精浓度。从理论上说，要判断是否是酒后驾驶，最准确的方法应该是检查驾驶人员血液中的酒精含量。但是，在违章处理或者公路交通例行检查中，要在现场抽取血液往往是不现实的，而送到医院再抽取血液却会因为路上花去的时间使血液中的酒精浓度与在现场时有所不同。

最简单可行的方法是现场检测驾驶人员呼出气体中的酒精含量。大量的统计研究结果表明，如果被测者深吸气后以中等力度呼气达 3 s 以上，这时呼出的气体就是从肺部深处出来的气体，呼出气体中的酒精含量与血液中的酒精含量就有如下关系：

$$BAC(mg/L) = BrAC(mg/L) \times 2\ 200$$

式中，BAC 是血液酒精浓度的英文缩写；BrAC 则是呼气酒精浓度的缩写。

也就是说，以每升多少毫克为单位的血液酒精浓度在数值上相当于以每升多少毫克为单位的呼出气体酒精浓度乘上系数 2 200（由于各国的情况不同，在美国此系数采用 2 000，而欧洲很多国家采用 2 100）。目前，全世界几乎所有国家都采用呼出气体酒精测试仪对驾驶人员进行现场检测，以确定被测量者是否是酒后驾驶。

呼出气体酒精浓度能够与血液中的酒精浓度建立直接关系的前提条件是被测者要以中等力度呼气并且持续 3 s 以上。为了保证这一点，规程对吹气压力和吹气持续时间作了规定，在实际使用中不应忽视，否则，其测试结果可能有较大出入。

半导体型酒精测试仪的最大优点是价格低廉，只有燃料电池型的几分之一，但性能远比燃料电池差，所以通常用于自我检测或一般性测试。对于作为执法或者处罚依据的人体酒精含量检测，应该使用燃料电池型酒精测试仪。

探测器的吹管对保证检测准确度也非常重要。被测者口含吹管呼气，进入吹管的气体几乎全部是被测者呼出的气体。如果从一个喇叭口送入气体，被测者不接触喇叭口而吹气，根据流体力学的原理，气体流动时压力减小，这就把周围的空气一起带进仪器内，相

当于把呼气中的酒精浓度稀释了，检测到的酒精浓度就会比被测者实际呼出气体的酒精浓度低，这显然是不容许的。在选择警用酒精测试仪时必须注意这个问题。

几种酒精浓度表示单位的关系：人体酒精含量有两种表示方法，分别是血液酒精浓度（BAC）和呼气酒精浓度（BrAC）。BrAC 和 BAC 的关系已经在前面作了说明。我们经常在一些酒精测试仪上看到“%”和“‰”两种表示单位，它们都是血液酒精浓度（BAC）的表示方法。按照前面说过的计算方法，0.455 mg/L 的 BrAC 相当于 1 000 mg/L 的 BAC。而 1 000 mg/L = 1 mg/mL = 0.001 g/mL 即表示每毫升血液中含有 0.001 g 酒精。因为数值太小，习惯上就采用百分数或千分数来表示，在这种情况下，往往又把实际单位 g/mL 省略了。也就是说，0.1% 实际上就是 0.1% g/mL 的 BAC。所以，就有以下两个关系：

$$\mathrm{BAC}(\%) = \mathrm{BrAC}(\mathrm{mg/L}) \times 0.22$$

$$\mathrm{BAC}(‰) = \mathrm{BrAC}(\mathrm{mg/L}) \times 2.2$$

这样，0.05% 的 BAC 等于 0.5‰的 BAC，相当于 0.227 mg/L 的 BrAC。

此外，还有用 100 mL 血液里面有多少毫克酒精来表示血液酒精浓度的，从以上说明可以很容易知道 100 mg/100 mL 的血液酒精浓度等于 0.1% 的血液酒精浓度。

为使结果更精确，测试前 20 min 内不要抽烟或吃其他东西，建议在喝酒 20 min 后进行测试，这是因为需要约 20 min 的时间将酒精从消化器官吸收入血液，且残留在口腔中的酒精也需这么长时间扩散。避免在强风下或空气污浊的密闭房间内进行测试，电池电压过低时及时充电或更换电池，可贮存在手提箱内，避免液体流入测试管。

呼出气体酒精含量探测器如图 6-38 所示。

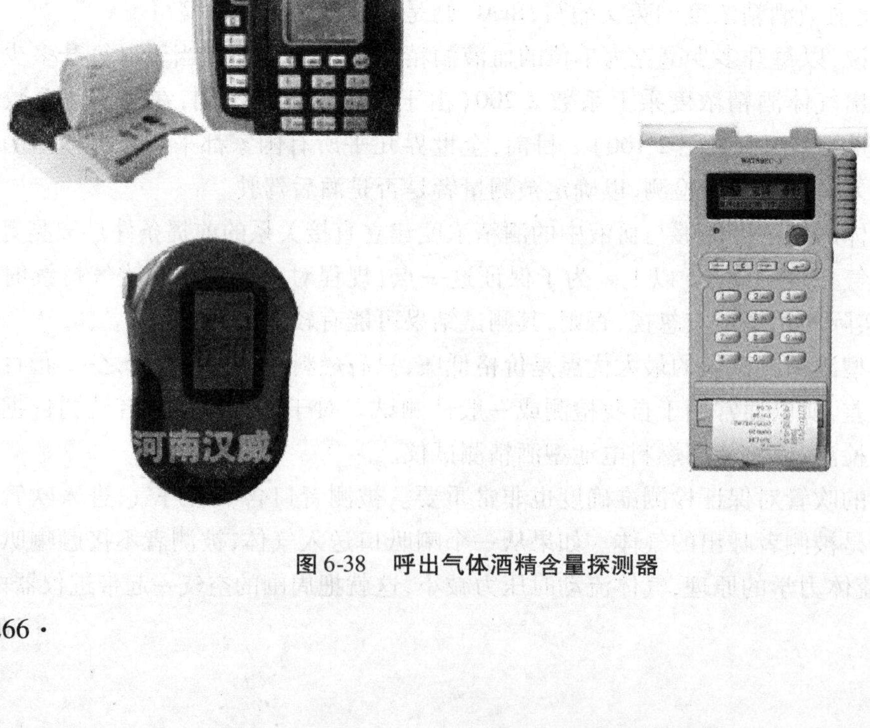

图 6-38　呼出气体酒精含量探测器

附表1　气体安全知识一览表

序号	化学名称和化学式	空气中最高允许浓度（mg/m³）	浓度短期暴露对健康的相对危害	化学危险性等级			着火点（℃）	沸点（℃）	蒸气压（133.32 Pa）	密度或相对密度
				危害健康	可燃性	化学稳定性				
1	氩 Ar		窒息					-185.7	47^{-143}	
2	砷化氢 AsH_3	0.3(0.2)	中毒					-55		2.695 g/L
3	三氯化硼 BCl_3		腐蚀性液体，刺激呼吸道					12.5	477	1.35
4	三氟化硼 BF_3	(3)	中毒					-99.9	27.9^{30}	2.99g/L
5	硼乙烷 B_2H_6	(0.1)	中毒	3	4	3	145	-92.5	760^{-93}	液0.445
6	溴化氰 CNBr	(0.5)	很毒					61.1	920^{20}	2.015
7	氯化氰 CNCl	(0.5)	体积分数浓度为 1.6×10^{-4} 10 min 即可使人致死	2	4	0	651	13.1	2.1	1.2
8	一氧化碳 CO	30(55)						-191.5	760^{-191}	1.250 g/L
9	二氧化碳 CO_2	(9000)	化学窒息，中毒					-8.5 升华		1.977
10	氧硫化碳 COS		高浓度会引起麻痹	3	4	1		-50.2	360^{25}	1.073 g/L
11	二硫化碳 CS_2	10(60)皮		2	3	0		46.3	3.66^{0}	1.261
12	氯 Cl_2	1(3)	慢性中毒	3	0	1		-34.6	1	
13	氟 F_2	(0.2)	强糜烂性，刺激呼吸道	4	0	3		-183		1.69^{15} g/L
14	锗烷 GeH_4		剧毒					-90		3.43 g/L
15	氢 H_2		剧毒，强刺激性，腐蚀性	0	4		585	-252.8		0.089 9 g/L
16	溴化氢 HBr	(10)	窒息					-67.0		3.5
17	氯化氢 HCl	15(7)	有毒，强刺激性、腐蚀性，毒性大，浓度为0.13%～0.2%时，几分钟有生命危险							
18	氰化氢 HCN	3.0(1)	吸入或渗入皮肤，剧毒	4	4	2	538	26		$0.988\ 4^{20}_{44}$
19	氟化氢 HF	1(2)	腐蚀性极强中毒	4	0	0		19.45	5.6	0.991
20	硫化氢 H_2S	10(15)	中毒	3	4	0	260	-90.7		1.539 g/L
21	硒化氢 H_2Se	(0.2)	剧毒					-42		2.004 g/L
22	氦 He		窒息作用					-269		0.124 9
23	氪 Kr		窒息作用					-152.9		
24	氮 N_2		窒息作用					-195.8	30～149	气 1.250 6 g/L
25	三氟化氮 NF_3	(29)	中毒					-128.8		液 1.537^{-129}
26	一氧化氮 NO		慢性中毒					-152		气 1.340 2 g/L
27	二氧化氮 NO_2	5(6)	慢性中毒					21.2		1.449 4
28	三氧化二氮 N_2O_3		剧毒					3.5		
29	四氧化二氮 N_2O_4		慢性中毒	3	0	1		158		
30	氖 Ne		窒息作用					-246		气 0.835 g/L

续附表 1

序号	化学名称和化学式	空气中最高允许浓度 (mg/m^3)	浓度短期暴露对健康的相对危害	化学危险性等级 危害健康	可燃性	化学稳定性	着火点 (℃)	沸点 (℃)	蒸气压 (133.32 Pa)	密度或相对密度
31	臭氧 O_3	0.3	强刺激,体积分数为 1.7×10^{-9},几分钟即可致命					-111.9		2.144 g/L
32	二氟化氧 OF_2	(0.1)	中毒					-144.8		1.90
33	五氟化磷 PF_5		刺激					162 升华		4.658 g/L
34	磷化氢 PH_3	(0.4)	剧毒				40~60	-84.7		液 0.796
35	四氟化硫 SF_4		剧毒					-40		液 1.919 1
36	二氧化硫 SO_2	15(13)	刺激、中毒	3	0	0		-10		气 2.3
37	三氧化硫 SO_3		刺激、中毒					44.8 (16.83)		液 1.5
38	硅烷 SiH_4							-112		
39	氙 Xe		窒息		空气中自燃			-108		
40	三溴甲烷 $CHBr_3$	(50)皮	中毒					149.5		气 5.897g/L
41	三氯甲烷 $CHCl_3$	(240)	慢性中毒					61.2	5.6^{25}	2.889 9
42	溴氯甲烷 CH_2BrCl	(1 050)	麻醉					69	200^{25}	1.491 6
43	二氯甲烷 CH_2Cl_2	(1 700)	皮肤接触发痛、麻醉	2	0	0	662	40	$(155\sim160)^{25}$	1.991
44	重氮甲烷 CH_2N_2	(0.4)	剧毒、过敏有生命危险,致癌物质					-23	440^{25}	1.335
45	甲醛 CH_2O	3(3)	对皮肤,呼吸道过敏		4		430	-21		
46	溴甲烷 CH_3Br	1(80)皮	慢性中毒	3	1	0	537	3.59		1.732
47	氯甲烷 CH_3Cl	(210)	慢性中毒	2	4	0	652	-23.76		0.92
48	碘甲烷 CH_3I	1(78)皮	中毒					42.5		2.28
49	硝基甲烷 CH_3NO_2	(250)	刺激中毒	1	3	4	379	108	27.8^{20}	1.135 4
50	甲烷 CH_4		单纯窒息				537	-161.49		0.415
51	甲醇 CH_4O	50(260)	麻醉、中毒永久性伤害	1	3	0	446	64.96	160^{30}	0.791 4
52	甲硫醇 CH_4S	(20)	浓度高会引起麻醉、中毒	2	4	0		6(-123)	$760^{-6.8}$	0.866 5
53	甲胺 CH_5N	5(12)	皮肤、呼吸道过敏	3	4	0	430	-6.32(93.46)	$1\,520^{25}$	0.699^{11}
54	一溴三氟甲烷 $CBrF_3$		麻醉					-59		
55	一氯三氟甲烷 $CClF_3$		毒性较低					-84.1		7.01 g/L
56	二氯二氟甲烷 CCl_2F_2		麻醉					-29	10^{23}	1.292
57	光气 CCl_2O	(0.4)	剧毒					8.02	568	1.392
58	三氯氟甲烷 CCl_3F	(5 600)	麻醉					23.77		液 1.464
59	四氟化碳 CF_4	25(65)皮	毒性低,麻醉					-129	760^{-128}	3.42
60	四氯化碳 CCl_4		中毒					120.8	113^{25}	1.631 1

续附表1

序号	化学名称和化学式	空气中最高允许浓度（mg/m^3）	浓度短期暴露对健康的相对危害	化学危险性等级			着火点（℃）	沸点（℃）	蒸气压(133.32 Pa)	密度或相对密度
				危害健康	可燃性	化学稳定性				
61	三氯乙烯 C_2HCl_3		慢性中毒					87	77^{25}	1.462^{15}
62	乙炔 C_2H_2		单纯窒息	1	4	3	299	-83.6 升华		$0.618\ 1^{-82}$
63	1,1-二氯乙烯 $C_2H_2Cl_2$		慢性中毒	2	4	2	458	37		1.3
64	溴乙烯 C_2H_3Br							15.8		1.493 3
65	氯乙烯 C_2H_3Cl	30(1 300)	麻醉、中毒	2	4	2	472	84	87^{25}	1.256
66	氟乙烯 C_2H_3F		低毒	2	4	1		-72		
67	乙烯 C_2H_4		用做麻醉剂	1	4	2	450	-104		0.001 26
68	1,2-二溴乙烷 $C_2H_4Br_2$	(190)皮	慢性中毒					131	12^{25}	2.180^{20}
69	1,2-二氯乙烷 $C_2H_4Cl_2$	(200)	刺激呼吸道黏膜,麻醉、中毒	2	3	0	413	84	87.25	1.256
70	1,1-二氯乙烷 $C_2H_4Cl_2$	(400)	慢性中毒	2	3	0		57	234^{25}	1.177 6
71	1,1-二氟乙烷 $C_2H_4F_2$		低毒,使用时要通风,防缺氧窒息					-24.7		0.895^{25} g/mL
72	乙醛 CH_3COH	(300)	皮肤、呼吸道过敏	2	4	2		20.8	740^{20}	0.780~0.790
73	环氧乙烷 CH_2CH_2O	5(90)	刺激、中毒	2	4	3		13~14	$625^{5.6}$	0.822
74	溴乙烷 C_2H_5Br	(880)	刺激、中毒	2	3	0		38.4	475^{25}	1.460 4
75	氯乙烷 C_2H_5Cl	(2 600)	麻醉、中毒	2	4	1		131	539^{25}	0.902 8
76	碘乙烷 C_2H_5I							72		1.950
77	硝基乙烷 $C_2H_5NO_2$	(310)	麻醉、刺激	1	3	3		115 爆炸	15.6^{20}	1.044 8
78	乙烷 C_2H_6		高浓度时窒息	1	4	0		-88.63		0.572
79	甲醚 C_2H_6O				4	6		-23.6	2 128	0.661
80	乙醇 C_2H_5OH	(1 900)	刺激中毒	0	3	0		78.5	50	0.789 3
81	乙硫醇 C_2H_6S	(1)	中毒	2	4	0		37		0.839 1
82	二甲硫 C_2H_6S			4	4	0	206	37.3		0.845 8
83	二甲胺 $(CH_3)_2NH$	10(18)	皮肤、呼吸道过敏中毒	3	4	0	430	7.4	2 大气压^{10}	0.680 4
84	乙胺 C_2H_7N	(18)	刺激					16.6	400^{2}	0.689 2
85	乙二胺 $C_2H_8N_2$	(25)	皮肤、呼吸道过敏	3	2	0		116.5	$10^{21.5}$	0.899 5
86	溴三氟乙烯 C_2BrF_3		窒息、麻醉					-2~0		
87	一氯五氟乙烷 C_2ClF_5		基本无毒					-387		1.26
88	一氯三氟乙烷 C_2ClF_3	(100)	中毒	3	4	2				1.305
89	四氯乙烯 C_2Cl_4	(760)	麻醉					186		
90	六氯乙烷 C_2Cl_6	(10)皮	中毒							2.091

续附表 1

序号	化学名称和化学式	空气中最高允许浓度（mg/m^3）	浓度短期暴露对健康的相对危害	化学危险性等级			着火点（℃）	沸点（℃）	蒸气压（133.32 Pa）	密度或相对密度
				危害健康	可燃性	化学稳定性				
91	液化石油气	（1 800）	麻醉							
92	丙二烯 C_3H_4		麻醉					−34.5		1.787
93	丙炔 C_3H_4	（1 650）	麻醉	2	4	2		−23.2	744^{-235}	0.706 2
94	1,3－二氯丙烯 $C_3H_4Cl_2$							104	52	1.225
95	丙烯醛 C_3H_4O	0.3(0.25)	皮肤、呼吸道过敏	3	3	2	278	52.5～53.5	214^{20}	0.862 5
96	3－溴丙烯 C_3H_5Br			3	3	1	295	70		1.398
97	3－氯丙烯 C_3H_5Cl	（3）	慢性中毒刺激	3	3	1	392	45	365^{25}	0.939 7
98	环丙烷 $CH_2H_2CH_2$	（800）	窒息	1	4	0	498	−33	786^{-32}	0.720 4
99	丙烯 C_3H_6	（800）	窒息、麻醉	1	4	1	927	−47.7		液 0.513 9
100	丙酮 CH_3COCH_3	400(2 400)	麻醉	1	3	0	538	56.2	226^{25}	0.790 8
101	丙烯醇 C_3H_6O	2(5)皮		3	3	1	378	97	23.8^{25}	0.845
102	丙醛 C_3H_6O		皮肤、呼吸道过敏	2	3	1	207	48.8	300^{25}	0.807
103	氧化丙烯 C_3H_6O	（240）	皮肤、呼吸道过敏中毒	2	4	2		33.9	445^{20}	0.830 4
104	丙烷 C_3H_8	（1 800）	单纯窒息	1	4	0	466	−44.5	8.8^{20}	0.583 4
105	异丙胺 C_3H_9N	（12）	刺激	3	4	0	402	33.0	460^{20}	0.691
106	丙胺 C_3H_9N	2		3	3	0	318	49	$400^{31.1}$	0.719
107	三甲胺 $(CH_3)_3N$			3	4	0	190	3.5	$760^{2.9}$	0.607 9
108	一氯－丁二烯 C_4H_5Cl			3	4	2		32.8		0.9
109	1,3－丁二烯 C_4H_6	100(2 000)	麻醉	2	4	2	42.9	−4.4		
110	1－丁炔 C_4H_6		窒息					8.1		0.669
111	乙烯基醚 C_4H_6O			2	3	2	60	39		0.769
112	2－丁烯 C_4H_8	100	单纯窒息				230	3.7	760	0.621 3
113	1－丁烯 C_4H_8		单纯窒息	1	4	0	384	−6.3	$760^{-6.3}$	0.594 6
114	异丁烯 C_4H_8		单纯窒息	1	4	0	465	−6.6		0.599 2
115	乙烯基乙基醚 C_4H_8O							36	4.28	0.754
116	氯丁烷 C_4H_9Cl		慢性中毒	2	3	0	460	78.4		0.886 5
117	丁烷 C_4H_{10}		单纯窒息	1	4	0	405	−0.5	$1\,823^{25}$	0.601 2
118	异丁烷 i－C_4H_{10}			1	4	0	462	−12		0.563
119	正丁醇 $C_4H_{10}O$	200(300)	麻醉	1	3	0	365	117.5	6.5^{25}	0.809 8
120	异丁醇 i－$C_4H_{10}O$	（450）	麻醉	1	3	0	406	99.5	23.9^{30}	0.808 0

续附表 1

序号	化学名称和化学式	空气中最高允许浓度（mg/m^3）	浓度短期暴露对健康的相对危害	化学危险性等级			着火点（℃）	沸点（℃）	蒸气压（133.32 Pa）	密度或相对密度
				危害健康	可燃性	化学稳定性				
121	乙醚 $C_4H_{10}O$	500(1 200)	麻醉	2	4	1	180	34.6	438.9	0.714
122	正丁硫醇 $C_4H_{10}S$	(35)	中毒	2	3	0		97.8		
123	叔丁硫醇 $C_4H_{10}S$	(15)皮		0	3			64.22	0.794 7	
124	正丁胺 $C_4H_{11}N$		皮肤、呼吸道过敏刺激	3	3	0	312	77.8	70^{20}	0.764
125	叔丁胺 $C_4H_{11}N$			3	4	0		45.2		0.696
126	二乙胺 $C_4H_{11}N$	(75)	刺激	3	3	0	312	56.3	195^{20}	0.710 8
127	异丁胺 $C_4H_{11}N$			3	3	0	378	65.6	100	0.733
128	环戊二烯 C_5H_6	(200)	中毒					40.83		0.802 1
129	甲基-1,3-丁二烯 C_5H_8			2	4	1	220	34		0.681 0
130	环戊烷 C_5H_{10}			1	3	0		49.3		0.751 0
131	1-己烯 C_5H_{10}			1	3	0		63.3		0.70
132	2-甲基-2-丁烯 C_5H_{10}				3	0		38~42		0.667 0
133	2-甲基-1-丁烯 C_5H_{10}				4	0		38.6		0.662 3
134	溴戊烷 $C_5H_{11}Br$			1	3	0		129.6		1.217 7
135	1-氯戊烷 $C_5H_{11}Cl$			1	3	0	232	108.2		0.882 8
136	新戊烷 C_5H_{12}		窒息、麻醉		4	0	450	9.45	606^{21}	0.613 5
137	戊烷 C_5H_{12}	(1 500)	麻醉	1	4	0	260	36.074	500^{24}	0.626 2
138	环己烯 C_6H_{10}	100(1 050)	麻醉	1	3	0		83		0.811 0
139	环己烷 C_6H_{12}	(1 050)	麻醉	1	3	0	260	81	103.60^{26}	0.779 1
140	2,2-二甲基丁烷 C_6H_{14}			1	3	0	425	49.7		0.674 2
141	己烷 C_6H_{14}	(1 800)		1	3	0	261	68	$150^{24.8}$	0.659 5
142	乙丁醚 $C_6H_{14}O$			2	3	0		92		0.749 0
143	异丙醚 $C_6H_{14}O$	(1 050)	麻醉	2	3	1	443	69	119.4^{20}	0.7024
144	甲基环乙烷 C_7H_{14}	(2 000)	麻醉		3	0	285	100.4	43^{25}	0.769 5
145	苯乙烯 C_8H_8	40(420)	刺激、麻醉	2	3	2	490	145~146	4.3^{15}	0.909 0
146	乙苯 C_8H_{10}	(435)	中毒	2	3	0	432	136		0.867 2
147	间二甲苯 C_8H_{10}	100(435)	刺激	2	3	0	528	139	$10^{28.2}$	0.868 4
148	邻二甲苯 C_8H_{10}	100(435)	刺激	2	3	0	464	144	$10^{32.1}$	0.896 8
149	对二甲苯 C_8H_{10}	100(435)	刺激	2	3	0	529	13.8	$10^{27.3}$	0.856 6
150	苯 C_6H_6	40(80)	慢性中毒	2	3	0	562	80.1	100^{26}	0.878 7

注：1. 空气中最高允许浓度有两种数值：无括号的数值是我国 TT 36—79《工业企业设计卫生标准》中规定的车间空气中有害物质的最高容许浓度；括号中的数值是美国对作业场所空气中有害物质规定的最高容许浓度的时间加权平均容许浓度值（TLV - TWA），人员在该容许浓度情况下，每日工作 8 h，对身体不会产生危害。表中加注

“皮”表示该物质可以通过皮肤(或黏膜、眼睛)侵入人体产生影响。

2. 浓度短期暴露对健康的相对危害：

中毒指可使人体某些器官及其功能受到损害,长期接触会产生慢性中毒；

刺激是对人体皮肤或黏膜有强烈刺激作用；

厌恶是使人感到厌恶不适；

烟(雾)热指烟雾、烟尘引起人体发热,脱离接触后会消退；

麻醉是使人体神经中枢受抑制,产生睡眠或昏迷；

致癌指可能引发肿瘤或癌症。

3. 化学危害性等级。从危害健康、可燃性和化学稳定性3个方面可以说明,均用0,1,2,3,4五个等级来表示。

(1)危害健康：

0—在燃烧条件下也无危害；

1—暴露后会引起刺激或不适；

2—引起暂时中毒、不能工作或可能产生残留损伤；

3—短期暴露会引起严重危害,经过医治后还会有暂时的或残留的损伤；

4—短期暴露即会引起死亡,或者经医治后仍有严重后遗症。

(2)可燃性：

0—不燃烧物质；

1—需经预热后才能被点燃的物质；

2—在高温下才能被点燃的物质；

3—在常温下就能被点燃的物质；

4—在常温常压下会迅速地完全气化、扩散和易燃烧的物质。

(3)化学稳定性：

0—即使遇火源也是稳定的,不与水起反应的物质；

1—通常是稳定的,但在温度和压力提高时变得不稳定,或者与水反应,但无猛烈能量放出的物质；

2—不稳定的和具有激烈化学反应,但不爆炸的物质,或者与水发生激烈反应、能形成潜在爆炸性的物质；

3—能爆炸或有爆炸性反应,但要有引发源,或预先加热,或与水有爆炸性反应的物质；

4—常温下容易爆炸或者有爆炸性反应的物质。

4. 着火点。气体受热后会着火或者引起自燃所必需的最低温度。

5. 沸点。101.325 kPa压力下液体沸腾的温度。

6. 蒸气压,单位为133.32 Pa。右上角注是该蒸气压的温度(℃)。

7. 密度或相对密度。表中单位除注明的外,其余均为g/mL,相对密度无量纲。数值的右上角注是测定密度时的温度(℃),右下角注是参考物质即水的温度(℃)。

8. 1大气压等于101.325 kPa。

附表 2　工作场所空气中化学物质容许浓度

序号	中文名	英文名	化学文摘号	OELs(mg/m^3)			备注
			(CAS No.)	MAC	PC－TWA	PC－STEL	
1	安妥	Antu	86－88－4	—	0.3	—	—
2	氨	Ammonia	7664－41－7	—	20	30	—
3	2－氨基吡啶	2－Aminopyridine	504－29－0	—	2	—	皮
4	氨基磺酸铵	Ammonium sulfamate	7773－06－0	—	6	—	—
5	氨基氰	Cyanamide	420－04－2	—	2	—	—
6	奥克托今	Octogen	2691－41－0	—	2	4	—
7	巴豆醛	Crotonaldehyde	4170－30－3	12	—	—	—
8	百草枯	Paraquat	4685－14－7	—	0.5	—	—
9	百菌清	Chlorothalonil	1897－45－6	1	—	—	G2B
10	钡及其可溶性化合物(按 Ba 计)	Barium and soluble compounds, as Ba	7440－39－3(Ba)	—	0.5	1.5	—
11	倍硫磷	Fenthion	55－38－9	—	0.2	0.3	皮
12	苯	Benzene	71－43－2	—	6	10	皮,G1
13	苯胺	Aniline	62－53－3	—	3	—	皮
14	苯基醚(二苯醚)	Phenyl ether	101－84－8	—	7	14	—
15	苯硫磷	EPN	2104－64－5	—	0.5	—	皮
16	苯乙烯	Styrene	100－42－5	—	50	100	皮,G2B
17	吡啶	Pyridine	110－86－1	—	4	—	—
18	苄基氯	Benzyl chloride	100－44－7	5	—	—	G2A
19	丙醇	Propyl alcohol	71－23－8	—	200	300	—
20	丙酸	Propionic acid	79－09－4	—	30	—	—
21	丙酮	Acetone	67－64－1	—	300	450	—
22	丙酮氰醇(按 CN 计)	Acetone eyanohydrin, as CN	75－86－5	3	—	—	皮
23	丙烯醇	Allyl alcohol	107－18－6	—	2	3	皮
24	丙烯腈	Acrylonitrile	107－13－1	—	1	2	皮,G2B
25	丙烯醛	Acrolein	107－02－8	0.3	—	—	皮
26	丙烯酸	Acrylic acid	79－10－7	—	6	—	皮
27	丙烯酸甲酯	Methyl acrylate	96－33－3	—	20	—	皮,敏
28	丙烯酸正丁酯	n－Butyl acrylate	141－32－2	—	25	—	敏
29	丙烯酰胺	Acrylamide	79－06－1	—	0.3	—	皮,G2A
30	草酸	Oxalie acid	144－62－7	—	1	2	—
31	重氮甲烷	Diazomethane	334－88－3	—	0.35	0.7	—

续附表 2

序号	中文名	英文名	化学文摘号 (CAS No.)	OELs(mg/m³) MAC	PC－TWA	PC－STEL	备注
32	抽余油(60～220 ℃)	Raffinate(60～220 ℃)	—	—	300	—	—
33	臭氧	Ozone	10028－15－6	0.3	—	—	—
34	滴滴涕(DDT)	Dichlorodiphenyltci choroethone(DDT)	50－29－3	—	0.2	—	G2B
35	敌百虫	Trichlotfon	52－68－6	—	0.5	1	—
36	敌草隆	Diuron	330－54－1	—	10	—	—
37	碲化铋(按 Bi_2Te_3 计)	Bismuth telluride, as Bi_2Te_3	1304－82－1	—	5	—	—
38	碘	Iodine	7553－56－2	1	—	—	—
39	碘仿	Iodoform	75－47－8	—	10	—	—
40	碘甲烷	Methyl iodide	74－88－4	—	10	—	皮
41	叠氮酸蒸气	Hydrazoic acid vapor	7782－79－8	0.2	—	—	—
42	叠氮化钠	Sodium azide	26628－22－8	0.3	—	—	—
43	丁醇	Butyl alcohol	71－36－3	—	100	—	—
44	1,3－丁二烯	1,3－Butadiene	106－99－0	—	5	—	G2A
45	丁醛	Butylaldehyde	123－72－8	—	5	10	—
46	丁酮	Methyl ethyl ketone	78－93－3	—	300	600	—
47	丁烯	Butylene	25167－67－3	—	100	—	—
48	毒死蜱	Chlorpyrifos	2921－88－2	—	0.2	—	皮
49	对苯二甲酸	Terephthalic acid	100－21－0	—	8	15	—
50	对二氯苯	p－Dichlorobenzene	106－46－7	—	30	60	G2B
51	对茴香胺	p－Anisidine	104－94－9	—	0.5	—	皮
52	对硫磷	Parathion	56－38－2	—	0.05	0.1	皮
53	对特丁基甲苯	p－Tert butyltoluene	98－51－1	—	6	—	—
54	对硝基苯胺	p－Nitroaniline	100－01－6	—	3	—	皮
55	对硝基氯苯	p－Nitrochlorobenzene	100－00－5	—	0.6	—	皮
56	多次甲基多苯基多异氰酸酯	Polymetylhlene, polyphenyl isocyanate(PMPPI)	57029－46－6	—	0.3	0.5	—
57	二苯胺	Diphenylamine	122－39－4	—	10	—	—
58	二苯基甲烷二异氰酸酯	Diphenylmethane diisocyanate	101－68－8	—	0.05	0.1	—
59	二丙二醇甲醚	Dipropylene glycolmethyl ether	34590－94－8	—	600	900	皮
60	2－N 二丁氨基乙醇	2－N－Dibutylaminoethanol	102－81－8	—	4	—	皮
61	二噁烷	1,4－Dioxane	123－91－1	—	70	—	皮,G2B

续附表2

序号	中文名	英文名	化学文摘号（CAS No.）	OELs(mg/m³) MAC	PC－TWA	PC－STEL	备注
62	二氟氯甲烷	Chlorodifluoromethane	75－45－6	—	3 500	—	—
63	二甲胺	Dimethylamine	124－40－3	—	5	10	—
64	二甲苯（全部异构体）	Xylene(all isomers)	1330－20－7; 95－47－6; 108－38－3	—	50	100	—
65	二甲基苯胺	Dimethylaniline	121－69－7	—	5	10	皮
66	1,3－二甲基丁基乙酸酯(乙酸仲己酯)	1,3－Dimethylbutyl acetate (sec－hexyl acetate)	108－84－9	—	300	—	—
67	二甲基二氯硅烷	Dimethyl dichlorosilane	75－78－5	2	—	—	—
68	二甲基甲酰胺	Dimethylformamide(DMF)	68－12－2	—	20	—	皮
69	3,3－二甲基联苯胺	3,3－Dimethylbenzidine	119－93－7	0.02	—	—	皮,G2B
70	N,N－二甲基乙酰胺	Dimethylacetamide	127－19－5	—	20	—	皮
71	二聚环戊二烯	Dicyclopentadiene	77－73－6	—	25	—	—
72	二硫化碳	Carbon disulfide	75－15－0	—	5	10	皮
73	1,1－二氯－1－硝基乙烷	1,1－Dichloro－1－nitroethane	594－72－9	—	12	—	—
74	1,3－二氯丙醇	1,3－Dichloropropanol	96－23－1	—	5	—	皮
75	1,2－二氯丙烷	1,2－Dichloropropane	78－87－5	—	350	500	—
76	1,3－二氯丙烯	1,3－Dichloropropene	542－75－6	—	4	—	皮,G2B
77	二氯二氟甲烷	Dichlorodifluoromethane	75－71－8	—	5 000	—	—
78	二氯甲烷	Dichloromethane	75－09－2	—	200	—	G2B
79	二氯乙炔	Dichloroacetylene	7572－29－4	0.4	—	—	—
80	1,2－二氯乙烷	1,2－Dichloroethane	107－06－2	—	7	15	G2B
81	1,2－二氯乙烯	1,2－Dichloroethylene	540－59－0	—	800	—	—
82	二缩水甘油醚	Diglycidyl ether	2238－07－5	—	0.5	—	—
83	二硝基苯(全部异构体)	Dinitrobenzene(all isomers)	528－29－0; 99－65－01; 100－25－4	—	1	—	皮
84	二硝基甲苯	Dinitrotoluene	25321－14－6	—	0.2	—	皮,G2B
85	4,6－二硝基邻苯甲酚	4,6－Dinitro－o－cresol	534－52－1	—	0.2	—	皮
86	二硝基氯苯	Dinitrochlorobenzene	25567－67－3	—	0.6	—	皮
87	二氧化氮	Nitrogen dioxide	10102－44－0	—	5	10	—

续附表 2

序号	中文名	英文名	化学文摘号 (CAS No.)	OELs(mg/m³) MAC	PC－TWA	PC－STEL	备注
88	二氧化硫	Sulfur dioxide	7446－09－5	—	5	10	—
89	二氧化氯	Chlorine dioxide	10049－04－4	—	0.3	0.8	—
90	二氧化碳	Carbon dioxide	124－38－9	—	9 000	18 000	—
91	二氧化锡(按 Sn 计)	Tin dioxide, as Sn	1332－29－2	—	2	—	—
92	2－二乙氨基乙醇	2－Diethylaminoethanol	100－37－8	—	50	—	皮
93	二亚乙基三胺	Diethylene triamine	111－40－0	—	4	—	皮
94	二乙基甲酮	Diethyl ketone	96－22－0	—	700	900	—
95	二乙烯基苯	Divinyl benzene	1321－74－0	—	50	—	—
96	二异丁基甲酮	Diisobutyl ketone	108－83－8	—	145	—	—
97	二异氰酸甲苯酯(TDI)	Toluene－2,4－diisocyanate (TDI)	584－84－9	—	0.1	0.2	敏,G2B
98	二月桂酸二丁基锡	Dibutyltin dilaurate	77－58－7	—	0.1	0.2	皮
99	钒及其化合物(按 V 计)	Vanadium and compounds, as V	7440－62－6(V)				
	五氧化二钒烟尘	Vanadium pentoxide fume dust		—	0.05	—	—
	钒铁合金尘	Ferrovanadium alloy dust		—	1	—	—
100	酚	Phenol	108－95－2	—	10	—	皮
101	呋喃	Furan	110－00－9	—	0.5	—	G2B
102	氟化氢(按 F 计)	Hydrogen fluoride, as F	7664－39－3	2	—	—	—
103	氟化物(不含氟化氢)(按 F 计)	Foorides (except HF), as F	—	—	2	—	—
104	锆及其化合物(按 Zr 计)	Zirconium and compounds, as Zr	7440－67－7(Zr)	—	5	10	—
105	镉及其化合物(按 Cd 计)	Cadmium and compounds, as Cd	7440－43－9(Cd)	—	0.01	0.02	G1
106	汞—金属汞(蒸气)	Mercury metal (vaper)	7439－97－6	—	0.02	0.04	皮
107	汞—有机汞化合物(按 Hg 计)	Mercury organic compounds, as Hg	—	—	0.01	0.03	皮
108	钴及其氧化物(按 Co 计)	Cobalt and oxides, as Co	7440－48－4(Co)	—	0.05	0.1	G2B
109	光气	Phosgene	75－44－5	0.5	—	—	—
110	癸硼烷	Decaborane	17702－41－9	—	0.25	0.75	皮
111	过氧化苯甲酰	Benzoyl peroxide	94－36－0	—	5	—	—

续附表 2

序号	中文名	英文名	化学文摘号	OELs(mg/m³)			备注
			(CAS No.)	MAC	PC – TWA	PC – STEL	
112	过氧化氢	Hydrogen peroxide	7722 – 84 – 1	—	1.5	—	—
113	环己胺	Cyclohexylamine	108 – 91 – 8	—	10	20	—
114	环己醇	Cyclohexanol	108 – 93 – 0	—	100	—	皮
115	环己酮	Cyclohexanone	108 – 94 – 1	—	50	—	皮
116	环己烷	Cyclohexane	110 – 82 – 7	—	250	—	—
117	环氧丙烷	Propylene oxide	75 – 56 – 9	—	5	—	敏,G2B
118	环氧氯丙烷	Epichlorohydrin	106 – 89 – 8	—	1	2	皮,G2A
119	环氧乙烷	Ethylene oxide	75 – 21 – 8	—	2	—	G1
120	黄磷	Yellow phosphorus	7723 – 14 – 0	—	0.05	0.1	—
121	己二醇	Hexylene glycol	107 – 41 – 5	100	—	—	—
122	1,6 – 己二异氰酸酯	Hexamethylene diiso eyanate	822 – 06 – 0	—	0.03	—	—
123	己内酰胺	Caprolaotam	105 – 60 – 2	—	5	—	—
124	2 – 己酮	2 – Hexanone	591 – 78 – 6	—	20	40	皮
125	甲拌磷	Thimet	298 – 02 – 2	0.01	—	—	皮
126	甲苯	Toluene	108 – 88 – 3	—	50	100	皮
127	N – 甲苯胺	N – Methyl anline	100 – 51 – 8	—	2	—	皮
128	甲醇	Methanol	67 – 56 – 1	—	25	50	皮
129	甲酚(全部异构体)	Cresol(all isomers)	1319 – 77 – 3; 95 – 48 – 7; 108 – 39 – 4; 106 – 44 – 5	—	10	—	皮
130	甲基丙烯腈	Methylacrylonitrile	126 – 98 – 7	—	3	—	皮
131	甲基丙烯酸	Methylacrylie acid	79 – 11 – 4	—	70	—	—
132	甲基丙烯酸甲酯	Methyl methacrylate	80 – 62 – 6	—	100	—	敏
133	甲基丙烯酸缩水甘油酯	Glycidyl methacrylate	106 – 91 – 2	5	—	—	—
134	甲基肼	Methyl hydrazine	60 – 34 – 4	0.08	—	—	皮
135	甲基内吸磷	Methyl demeton	8022 – 00 – 2	—	0.2	—	皮
136	18 – 甲基炔诺酮(炔诺孕酮)	18 – Methyl norgestrel	6533 – 00 – 2	—	0.5	2	—
137	甲硫醇	Methyl mercaptan	74 – 93 – 1	—	1	—	—
138	甲醛	Formddehyde	50 – 00 – 0	0.5	—	—	敏,G1
139	甲酸	Formic acid	64 – 18 – 6	—	10	20	—
140	甲氧基乙醇	2 – Methoxyethanol	109 – 86 – 4	—	15	—	皮
141	甲氧氯	Methoxychlor	72 – 43 – 5	—	10	—	—

续附表 2

序号	中文名	英文名	化学文摘号	OELs(mg/m^3)			备注
			(CAS No.)	MAC	PC - TWA	PC - STEL	
142	间苯二酚	Resorcinol	108 - 46 - 3	—	20	—	—
143	焦炉逸散物(按苯溶物计)	Coke oven emissions, as benzene soluble matter	—	—	0.1	—	G1
144	肼	Hydrazine	302 - 01 - 2	—	0.06	0.13	皮,G2B
145	久效磷	Monocrotophos	6923 - 22 - 4	—	0.1	—	皮
146	糠醇	Furfuryl alcohol	98 - 00 - 0	—	40	60	皮
147	糠醛	Furfurel	98 - 01 - 1	—	5	—	皮
148	考的松	Cortisone	53 - 06 - 5	—	1	—	—
149	苦味酸	Picric acid	88 - 89 - 1	—	0.1	—	—
150	乐果	Rogor	60 - 51 - 5	—	1	—	皮
151	联苯	Biphenyl	92 - 52 - 4	—	1.5	—	—
152	邻苯二甲酸二丁酯	Dibutyl phthalate	84 - 74 - 2	—	2.5	—	—
153	邻苯二甲酸酐	Phthalie anhydride	85 - 44 - 9	1	—	—	敏
154	邻二氯苯	o - Dichlorobenzene	95 - 50 - 1	—	50	100	—
155	邻茴香胺	o - Anisidine	90 - 04 - 0	—	0.5	—	皮,G2B
156	邻氯苯乙烯	o - Chlorostyrene	2038 - 87 - 17	—	250	400	—
157	邻氯苄叉丙二腈	o - Chlorobenzylidene malononitrile	2598 - 41 - 1	0.4	—	—	皮
158	邻仲丁基苯酚	o - sci - Butylphenol	89 - 72 - 5	—	30	—	皮
159	磷胺	Phosphanmdon	13171 - 21 - 6	—	0.02	—	皮
160	磷化氢	Phosphine	7803 - 51 - 2	0.3	—	—	—
161	磷酸	Phosphoric acid	7664 - 38 - 2	—	1	3	—
162	磷酸二丁基苯酯	Dibutyl phenyl phosphate	2528 - 36 - 1	—	3.5	—	皮
163	硫化氢	Hydrogen sulfide	7783 - 06 - 4	10	—	—	—
164	硫酸钡(按 Ba 计)	Barium sulfate, as Ba	7727 - 43 - 7	—	10	—	—
165	硫酸二甲酯	Dimethyl sulfate	77 - 78 - 1	—	0.5		皮,G2A
166	硫酸及三氧化硫	Sulfuric acid and sulfur trioxide	7664 - 93 - 9	—	1	2	G1
167	硫酰氟	Sulfuryl fluoride	2699 - 79 - 8	—	20	40	—
168	六氟丙酮	Hexafluoroacetone	684 - 16 - 2	—	0.5	—	皮
169	六氟丙烯	Hexanuoropropylene	116 - 15 - 4	—	4	—	—
170	六氟化硫	Sulfur hexafluoride	2551 - 62 - 4	—	6 000	—	—
171	六六六	Hexachlorocyclohexane	608 - 73 - 1	—	0.3	0.5	G2B
172	γ - 六六六	γ - Hexachlorocyclohexane	58 - 89 - 9	—	0.05	0.1	皮,G2B
173	六氯丁二烯	Hexachlorobutadiene	87 - 68 - 3	—	0.2	—	皮

续附表2

序号	中文名	英文名	化学文摘号（CAS No.）	OELs(mg/m^3) MAC	PC－TWA	PC－STEL	备注
174	六氯环戊二烯	Hexachlorocyclopentadiene	77－47－4	—	0.1	—	—
175	六氯萘	Hexachlomnaphthalene	1335－87－1	—	0.2	—	皮
176	六氯乙烷	Hexachloroethane	67－72－1	—	10	—	皮，G2B
177	氯	Chlorine	7782－50－5	1	—	—	—
178	氯苯	Chlorobenzene	108－90－7	—	50	—	—
179	氯丙酮	Chloroacetone	78－95－5	4	—	—	皮
180	氯丙烯	Allyl chloride	107－05－1	—	2	4	—
181	β－氯丁二烯	Chloroprene	126－99－8	—	4	—	皮，G2B
182	氯化铵烟	Ammonium chloride fume	12125－02－9	—	10	20	—
183	氯化苦	Chloropicrin	76－06－2	1	—	—	—
184	氯化氢及盐酸	Hydrogen chloride and chlorhydric acid	7647－01－0	7.5	—	—	—
185	氯化氰	Cyanogen chloride	506－77－4	0.75	—	—	—
186	氯化锌烟	Zine chloride fume	7646－85－7	—	1	2	—
187	氯甲甲醚	Chloromethyl methy lether	107－30－2	0.005	—	—	G1
188	氯甲烷	Methyl chloride	74－87－3	—	60	120	皮
189	氯联苯(54%氯)	Chlorodiphenyl(54% Cl)	11097－69－1	—	0.5	—	皮，G2A
190	氯萘	Chloronaphthalene	90－13－1	—	0.5	—	皮
191	氯乙醇	Ethylene chlorohydrin	107－07－3	2	—	—	皮
192	氯乙醛	Chloroacetaldehyde	107－20－0	3	—	—	—
193	氯乙酸	Chloroacetic acid	79－11－8	2	—	—	皮
194	氯乙烯	Vinyl chloride	75－01－4	—	10	—	G1
195	α－氯乙酰苯	α－Chloroacetophenone	532－27－4	—	0.3	—	—
196	氯乙酰氯	Chloroacetyl chloride	79－04－9	—	0.2	0.6	皮
197	马拉硫磷	Malathion	121－75－5	—	2	—	皮
198	马来酸酐	Maleic anhydride	108－31－6	—	1	2	敏
199	吗啉	Morpholine	110－91－8	—	60	—	皮
200	煤焦油沥青挥发物（按苯溶物计）	Coal tar pitch volatiles, as Benzene soluble matters	65996－93－2	—	0.2	—	G1
201	锰及其无机化合物（按 MnO_2 计）	Manganese and inorgallic compounds, as MnO_2	7439－96－5(Mn)	—	0.15	—	—

续附表2

序号	中文名	英文名	化学文摘号(CAS No.)	OELs(mg/m^3)			备注
				MAC	PC-TWA	PC-STEL	
	钼及其化合物(按Mo计)	Molybdenum and compounds, as Mo	7439-98-7(Mo)				
202	不溶性钼化合物	Molybdenum and insoluble compounds		—	6	—	—
	可溶性钼化合物	Soluble molybdenum compounds		—	4	—	—
203	内吸磷	Demeton	8065-48-3	—	0.05		皮
204	萘	Naphthalene	91-20-3	—	50	75	皮,G2B
205	2-萘酚	2-Naphthol	2814-77-9	—	0.25	0.5	—
206	萘烷	Decalin	91-17-8	—	60		—
207	尿素	Urea	57-13-6	—	5	10	—
	镍及其无机化合物(按Ni计)	Nickel and inorganic compounds, as Ni	7440-02-0(Ni)				
208	金属镍与难溶性镍化合物	Nickel metal and insoluble compounds		—	1		G1
	可溶性镍化合物	Soluble nickel compounds		—	0.5	—	G2B
209	铍及其化合物(按Be计)	Beryllium and compounds, as Be	7440-41-7(Be)	—	0.000 5	0.001	G1
210	偏二甲基肼	Unsymmetric dimethylhydrazine	57-14-7	—	0.5	—	皮,G2B
	铅及其无机化合物(按Pb计)	Lead and inorganic Compounds, as Pb	7439-92-1(Pb)				
211	铅尘	Lead dust		—	0.05	—	G2B(铅) G2A(铅的无机物)
	铅烟	Lead fume		—	0.03	—	
212	氢化锂	Lithium hydride	7580-67-8	—	0.025	0.05	—
213	氢醌	Hydroquinone	123-31-9	—	1	2	—
214	氢氧化钾	Potassium hydroxide	1310-58-3	2	—	—	—
215	氢氧化钠	Sodium hydroxide	1310-73-2	2	—	—	—
216	氢氧化铯	Cesium hydroxide	21351-79-1	—	2	—	—
217	氰氨化钙	Calcium cyanamide	156-62-7	—	1	3	—
218	氰化氢(按CN计)	Hydrogen cyanide, as CN	74-90-8	1	—	—	皮
219	氰化物(按CN计)	Cyanides, as CN	460-19-5(CN)	1	—	—	皮
220	氰戊菊酯	Fenvalerate	51630-58-1	—	0.05	—	皮
221	全氟异丁烯	Perfluoroisobutylene	382-21-8	0.08	—	—	—
222	壬烷	Nonane	111-84-2	—	500	—	—

续附表2

序号	中文名	英文名	化学文摘号	OELs(mg/m³)			备注
			(CAS No.)	MAC	PC-TWA	PC-STEL	
223	溶剂汽油	Solvent gasolines	—	—	300	—	—
224	乳酸正丁酯	n-Butyl lactate	138-22-7	—	25	—	—
225	三次甲基三硝基胺(黑索今)	Cyclonite(RDX)	121-82-4	—	1.5	—	皮
226	三氟化氯	Chlorine trifluoride	7790-91-2	0.4	—	—	—
227	三氟化硼	Boron trifluoride	7637-07-2	3	—	—	—
228	三氟甲基次氟酸酯	Trifluoromethyl hypofluorite	—	0.2	—	—	—
229	三甲苯磷酸酯	Tricresyl phosphate	1330-78-5	—	0.3	—	皮
230	1,2,3-三氯丙烷	1,2,3-Trichloropropane	96-18-4	—	60	—	皮,G2A
231	三氯化磷	Phosphorus trichloride	7719-12-2	—	1	2	—
232	三氯甲烷	Trichloromethane	67-66-3	—	20	—	G2B
233	三氯硫磷	Phosphorous thiochloride	3982-91-0	0.5	—	—	—
234	三氯氢硅	Trichlorosilane	10025-28-2	3	—	—	—
235	三氯氧磷	Phosphorus oxychloride	10025-87-3	—	0.3	0.6	—
236	三氯乙醛	Trichloroacetaldehyde	75-87-6	3	—	—	—
237	1,1,1-三氯乙烷	1,1,1-Trichloroethane	71-55-6	—	900	—	—
238	三氯乙烯	Trichloroethylene	79-01-6	—	30	—	G2A
239	三硝基甲苯	Trinitrotoluene	118-96-7	—	0.2	0.5	皮
240	三氧化铬、铬酸盐,重铬酸盐(按Cr计)	Chromium trioxide, Chromate, dichromate, as Cr	7140-47-3(Cr)	—	0.05	—	G1
241	三乙基氯化锡	Triethyltin chloride	994-31-0	—	0.05	0.1	皮
242	杀螟松	Sumithion	122-14-5	—	1	2	皮
243	砷化氢(胂)	Arsine	7784-42-1	0.03	—	—	G1
244	砷及其无机化合物(按As计)	Arsenic and morganic compounds, as As	7440-38-2(As)	—	0.01	0.02	G1
245	升汞(氯化汞)	Mercurio chloride	7487-94-7	—	0.025	—	—
246	石蜡烟	Paramn wax fume	8002-74-2	—	2	4	—
247	石油沥青烟(按苯溶物计)	Asphalt (petroleum) fume, as benzene soluble matter	8052-42-4	—	5	—	G2B
248	双(巯基乙酸)二辛基锡	Bis(mercaptoacetate) dioctyltin	26401-97-8	—	0.1	0.2	—
249	双丙酮醇	Diacetone alcohol	123-42-2	—	240	—	—
250	双硫醒	Disulfiram	97-77-8	—	2	—	—

续附表 2

序号	中文名	英文名	化学文摘号（CAS No.）	OELs(mg/m³)			备注
				MAC	PC－TWA	PC－STEL	
251	双氯甲醚	Bis(chloromethyl)ether	542－88－1	0.005	—	—	G1
252	四氯化碳	Carbon tetrachloride	56－23－5	—	15	25	皮，G2B
253	四氯乙烯	Tetrachloroethylene	127－18－4	—	200	—	G2A
254	四氢呋喃	Tetrahydrofuran	109－99－9	—	300	—	—
255	四氢化锗	Germanium fetrahydride	7782－65－2	—	0.6	—	—
256	四溴化碳	Carbon tetrabromide	558－13－4	—	1.5	4	—
257	四乙基铅（按 Pb 计）	Tettilothyl lead, as Pb	78－00－2	—	0.02	—	皮
258	松节油	Turpentine	8006－64－2	—	300	—	—
259	铊及其可溶性化合物（按 Tl 计）	Thallium and soluble compounds, as Tl	7440－28－0(Tl)	—	0.05	0.1	皮
260	钽及其氧化物（按 Ta 计）	Tantalum and Oxide, as Ta	7440－25－7(Ta)	—	5	—	—
261	碳酸钠（纯碱）	Sodium carbonate	3313－92－6	—	3	6	—
262	羰基氟	Carbonyl fluoride	353－50－4	—	5	10	—
263	羰基镍（按 Ni 计）	Niekel carbonyl, as Ni	13463－39－3	0.002	—	—	G1
264	锑及其化合物（按 Sb 计）	Antimony and compounds, as Sb	7440－36－0(Sb)	—	0.5	—	—
265	铜（按 Cu 计）铜尘，铜烟	Copper, as Cu Copper dust, Copper fume	7440－50－8	—	1,0.2	—	—
266	钨及其不溶性化合物（按 W 计）	Tungsten and insoluble compounds, as W	7440－33－7(W)	—	5	10	—
267	五氟氯乙烷	Chloropentafluoroethane	76－15－3	—	5 000	—	—
268	五硫化二磷	Phosphorus pentasulfide	1314－80－3	—	1	3	—
269	五氯酚及其钠盐	Pentachlorophenol and sodium salts	87－86－5	—	0.3	—	皮
270	五羰基铁（按 Fe 计）	Iron pentecarbonyl, as Fe	13463－40－6	—	0.25	0.5	—
271	五氧化二磷	Phosphorus pentoxide	1314－56－3	1	—	—	—
272	戊醇	Amyl alcohol	71－41－0	—	100	—	—
273	戊烷（全部异构体）	Pentane(all isomers)	78－78－4；109－66－0；463－82－1	—	500	1 000	—
274	硒化氢（按 Se 计）	Hydrogen selenide, as Se	7783－07－5	—	0.15	0.3	—
275	硒及其化合物（按 Se 计）（不包括六氟化硒，硒化氢）	Selemum and compounds, as Se (except hexafluoride, hydrogen selenide)	7782－49－2(Se)	—	0.1	—	—

续附表2

序号	中文名	英文名	化学文摘号 (CAS No.)	OELs(mg/m³) MAC	PC-TWA	PC-STEL	备注
276	纤维素	Cellulose	9004-34-6	—	10	—	—
277	硝化甘油	Nitroglycerine	55-63-0	1	—	—	皮
278	硝基苯	Nitrobenzene	98-95-3	—	2	—	皮,G2B
279	1-硝基丙烷	1-Nitropropane	108-03-2	—	90	—	
280	2-硝基丙烷	2-Nitropropane	79-46-9	—	30	—	G2B
281	硝基甲苯(全部异构体)	Nitrotoltione(all isomers)	88-72-2; 09-08-1; 99-99-0	—	10	—	皮
282	硝基甲烷	Nitromethane	75-52-5	—	50	—	G2B
283	硝基乙烷	Nitroethane	79-24-3	—	300	—	—
284	辛烷	Octane	111-65-9	—	500	—	—
285	溴	Bromine	7726-95-6	—	0.6	2	—
286	溴化氢	Hydrogen bromide	10035-10-6	10	—	—	—
287	溴甲烷	Methyl bromide	74-83-9	—	2	—	皮
288	溴氰菊酯	Deltamethrin	52918-63-5	—	0.03	—	—
289	氧化钙	Caicium oxide	1305-78-8	—	2	—	—
290	氧化镁烟	Magnesium oxide fume	1309-48-4	—	10	—	—
291	氧化锌	Zine oxide	1314-13-2	—	3	5	—
292	氧乐果	Omethoate	1113-02-6	—	0.1	—	皮
293	液化石油气	Liquified petroleum gas (L. P. G)	68476-85-7	—	1 000	1 500	—
294	一甲胺	Monomethylamine	74-89-5	—	5	10	—
295	一氧化氮	Nitric oxide (Nitrogenmonoxide)	10102-43-9	—	15	—	—
296	一氧化碳	Carbon monoxide	630-08-0				
	非高原	not in high altitude area		—	20	30	—
	高原:	In high altitude area					
	海拔2 000~3 000 m	2 000~3 000 m		20	—	—	—
	海拔>3 000 m	>3 000 m		15	—	—	—
297	乙胺	Ethyl amine	75-04-7	—	9	18	皮
298	乙苯	Ethyl benzene	100-41-4	—	100	150	G2B
299	乙醇胺	Ethanolamine	141-43-5	—	8	15	—
300	乙二胺	Ethylenediamine	107-15-3	—	4	10	皮
301	乙二醇	Ethylene glycol	107-21-1	—	20	40	—
302	乙二醇二硝酸酯	Ethylene glycol dinitrrate	628-95-6	—	0.3	—	皮

续附表2

序号	中文名	英文名	化学文摘号 (CAS No.)	OELs(mg/m³) MAC	PC－TWA	PC－STEL	备注
303	乙酐	Acetic anhydride	108－24－7		16	—	—
304	N－乙基吗啉	N－Ethylmorpholine	100－74－3		25		皮
305	乙基戊基甲酮	Ethyl amyl ketone	541－85－5		130	—	—
306	乙腈	Acetonitrile	75－05－8	—	30		皮
307	乙硫醇	Ethyl mercaptan	75－08－1		1	—	—
308	乙醚	Ethyl ether	60－29－7	—	300	500	—
309	乙硼烷	Diborane	19287－45－7	—	0.1	—	—
310	乙醛	Acetaldehyde	75－07－0	45	—		G2B
311	乙酸	Acetic acid	64－19－7		10	20	—
312	2－甲氧基乙基乙酸酯	2－Methoxyethyl acetarte	110－49－6	—	20	—	皮
313	乙酸丙酯	Propyl acetate	109－60－4		200	300	—
314	乙酸丁酯	Butyl acetate	123－86－4		200	300	—
315	乙酸甲酯	Methyl acetate	79－20－9	—	200	500	—
316	乙酸戊酯(全部异构体)	Amyl acetate(all isomers)	628－53－7	—	100	200	—
317	乙酸乙烯酯	Vinyl acetate	108－05－4	—	10	15	G2B
318	乙酸乙酯	Ethyl acetate	141－78－6		200	300	—
319	乙烯酮	Ketene	463－51－4		0.8	2.5	—
320	乙酰甲胺磷	Acephate	30560－19－1	—	0.3	—	皮
321	乙酰水杨酸(阿司匹林)	Acetylsalicylic acid(aspirin)	50－78－2	—	5	—	—
322	2－乙氧基乙醇	2－Ethoxyethanol	110－80－5	—	18	36	皮
323	2－乙氧基乙基乙酸酯	2－Ethoxyethyl acetate	111－15－9	—	30	—	皮
324	钇及其化合物(按Y计)	Yttrium and compounds (as Y)	7440－65－5		1	—	—
325	异丙胺	Isopropylamine	75－31－0	—	12	24	—
326	异丙醇	Isopropyl alcohol(IPA)	67－63－0	—	350	700	—
327	N－异丙基苯胺	N－Isopropylaniline	768－52－5	—	10	—	皮
328	异稻瘟净	Iprobenfos	26087－47－8		2	5	皮
329	异佛尔酮	Isophorone	78－59－1	30	—	—	—
330	异佛尔酮二异氰酸酯	Isophorone diisocyahate (IPDI)	4098－1－9	—	0.05	0.1	—

续附表2

序号	中文名	英文名	化学文摘号 (CAS No.)	OELs(mg/m^3) MAC	PC-TWA	PC-STEL	备注
331	异氰酸甲酯	Methyl isocyanate	624-83-9	—	0.05	0.08	皮
332	异亚丙基丙酮	Mesityl oxide	141-79-7	—	60	100	—
333	铟及其化合物(按In计)	Indium and compounds, as In	7440-74-6(In)	—	0.1	0.3	—
334	茚	Indene	95-13-6	—	50	—	—
335	正丁胺	n-Butylamine	109-73-9	15	—	—	皮
336	正丁基硫醇	n-Butyl mercaptan	109-79-5	—	2	—	—
337	正丁基缩水甘油醚	n-Butyl glycidyl ether	2426-08-6	—	60	—	—
338	正庚烷	n-Heptane	142-82-5	—	500	1 000	—
339	正己烷	n-Hexane	110-54-3	—	100	180	皮

注:1. 备注中“皮”的说明详见国标附录A的A.7。
2. 备注中“敏”的说明详见国标附录A的A.8。
3. 备注中“G1”、“G2A”、“G2B”的说明详见国标附录A的A.9。

附表3　常见可燃气体爆炸极限

序号	名称	化学式	在空气中爆炸限(体积分数)(%) 下限	上限	序号	名称	化学式	在空气中爆炸限(体积分数)(%) 下限	上限
1	乙烷	C_2H_6	3.0	15.5	66	环氧丙烷	$OCH_2CH_2CH_2$	1.9	37
2	乙醇	C_2H_5OH	3.4	19	67	乙氧基乙醇	$C_2H_5OCH_2CH_2OH$	1.8	15.7
3	乙烯	C_2H_4	2.8	32	68	乙酸乙酯	$CH_3COOC_2H_5$	2.1	11.5
4	氢	H_2	4.0	75	69	丙烯酸乙酯	$CH_2CHCO_2C_2H_5$	1.7	13
5	硫化氢	H_2S	4.3	45	70	苯乙烷	$C_6H_5C_2H_5$	1.0	7.8
6	煤油		0.7	5	71	环氧乙烷	CH_2CH_2O	2.6	100
7	甲烷	CH_4	5.0	15	72	乙硫醇	C_2H_6S	2.8	18
8	甲醇	CH_3OH	5.5	44	73	乙基甲基醚	$C_2H_5OCH_3$	2.0	10.1
9	丙醇	C_3H_7OH	2.5	13.5	74	乙基甲基酮	$C_2H_5COCH_3$	1.8	11.5
10	丙烷	C_3H_8	2.2	9.5	75	甲醛	$HCHO$	7.0	73
11	丙烯	C_3H_6	2.4	10.3	76	轻油		0.9	6
12	甲苯	$C_6H_5CH_3$	1.2	7	77	硝基苯	$C_6H_5NO_2$	1.8	
13	二甲苯	$C_6H_4(CH_3)_2$	1.0	7.6	78	硝基甲烷	CH_3NO_2	7.1	63
14	二氯乙烷	$C_2H_4Cl_2$	5. 6	16	79	苯酚	C_6H_5OH	1.3	9.5
15	二氯乙烯	$C_2H_2Cl_2$	6.5	15	80	苯乙烯	$C_6H_5CHCH_2$	1.1	8.0
16	二氯丙烷	$C_3H_6Cl_2$	3.4	14.5	81	乙苯	$C_6H_5C_2H_5$	1.0	78
17	乙醚	$C_2H_5OC_2H_5$	1.7	36	82	甲酸乙酯	$HCOOC_2H_5$	2.7	16.5
18	二甲醚	CH_3OCH_3	3.0	27.0	83	对二恶烷	$C_4H_8O_2$	2.0	22
19	乙醛	CH_3COH	4.0	57	84	异丁烷	C_4H_{10}	1.8	8.4
20	乙酸	CH_3COOH	4.0	17	85	萘	$C_{10}H_8$	0.9	5.9
21	丙酮	CH_3COCH_3	2.3	13	86	壬烷	$CH_3(CH_2)_7CH_3$	0.7	5.6
22	乙酰丙酮	$(CH_3CO)_2CH_2$	1.7		87	壬醇	$CH_3(CH_2)_7CH_2OH$	0.8	6.1
23	乙酰氯	CH_3COCl	5.0	19	88	仲醛	$(C_2H_4O)_3$	1.3	
24	乙炔	C_2H_2	1.5	100	89	戊烷	C_5H_{12}	1.1	8.0
25	丙烯氰	CH_2CHCN	2.8	28	90	戊醇	$C_5H_{11}OH$	1.2	10.5
26	烯丙基氯	CH_2CHCH_2Cl	3.2	11.2	91	丙胺	$C_3H_7NH_2$	2.0	10.4
27	甲基乙炔	CH_2CCH	1.7		92	丙基甲基酮	$C_3H_7COCH_3$	1.5	8.2
28	氨	NH_3	15	30.2	93	吡啶	C_5H_5N	1.7	12.0
29	乙酸戊酯	$CH_3CO_2C_5H_{11}$	1. 0	7.5	94	四氢呋喃	C_4H_8O	2.0	12.4
30	苯胺	$C_6H_5NH_2$	1.2	11	95	四氢糠醇	$C_4H_7OCH_2OH$	1.5	9.7
31	苯	C_6H_6	1.2	8	96	三乙胺	$(C_2H_5)_3N$	1.2	8
32	苯甲酸	C_6H_5CHO	1.4		97	三甲胺	$(CH_3)_3N$	2.0	11.6
33	苄基氯	$C_6H_5CH_2Cl$	1.1		98	三氧杂环己烷	$(CH_2O)_3$	3.0	29
34	溴丁烷	$C_3H_7CH_2Br$	2.5		99	松节油		0.8	
35	溴乙烷	CH_3CH_2Br	6.7	11.3	100	己烷	C_6H_{14}	1.2	7.4
36	丁二烯	$CH_2CHCHCH_2$	2.0	11.5	101	己醇	$C_6H_{13}OH$	1.2	
37	丁烷	C_4H_{10}	1.9	8.5	102	庚烷	$CH_3(CH_2)_3CH_3$	1.1	6.7
38	丁醇	C_4H_9OH	1.8	11.3	103	甲氧乙醇	$CH_3OC_2H_4OH$	2.5	14
39	丁烯	C_4H_8	1.6	9.3	104	乙酸甲酯	$CH_3CO_2CH_3$	3.1	16
40	丁醛	C_3H_3CHO	1.4	12.5	105	丙烯酸甲酯	$CH_2CHCO_2CH_3$	2.4	25
41	丁酸丁酯	$C_3H_3COOC_4H_9$	1.2	8.0	106	甲胺	CH_3NH_2	4.9	20.7
42	丁基甲基酮	$C_4H_9COCH_3$	1.2	8	107	甲基环己烷	$CH_3C_6H_{11}$	1.15	6.7
43	二硫化碳	CS_2	1.0	60	108	甲酸甲酯	HCO_2CH_3	5	23
44	一氧化碳	CO	12.5	74	109	乙胺(气)	C_2H_7N	3.5	14.0
45	氯苯	C_6H_5Cl	1.3	11	110	乙晴	C_2H_3N	4.4	16.0
46	氯丁烷	$C_3H_7CH_2Cl$	1.8	10.1	111	乙酸酐	$C_2H_6O_3$	2.9	10.3
47	氯乙烷	CH_3CH_2Cl	3.8	15.4	112	(正)葵烷	$C_{10}H_{22}$	0.8	5.4
48	氯乙烯	CH_2CHCl	3.8	31	113	丙醛	C_3H_6O	2.9	17
49	氯代甲烷	CH_3Cl	8.1	17.4	114	丙烯醛	C_3H_4O	2.8	31
50	二氯丙烷	$CH_3CHClCH_3$	2.6	11.1	115	乙醚	C_2H_6O	3.4	18
51	甲(苯)酚	C_6H_5OH	1.1		116	甲硫醇	CH_4S	3.9	21.8
52	环丁烷	$CH_2CH_2CH_2CH_2$	1.8		117	二甲基亚砜	C_2H_6SO	2.6	28.5
53	环己烷	$CH_2(CH_2)_4CH_2$	1.2	8.3	118	异丙醇	C_3H_8O	2.3	12.7
54	环己醇	$CH_2(CH_2)_3CHOHCH_2$	1.2		119	异丁醇(100 ℃)	$C_4H_{10}O$	1.7	10.9
55	环己酮	$CH_2(CH_2)_3COCH_2$	1.3	9.4	120	异丁醚	$C_4H_{14}O$	1.4	21
56	环丙烷	$CH_2CH_2CH_2$	2.4	10.4	121	异丙胺	C_3H_9N	2.0	10.4
57	萘烷	$C_{10}H_{18}$	0.7	4.9	122	(正)辛烷	C_8H_{18}	1.0	4.66
58	环己烯	$CH_2(CH_2)_2CHCHCH_2$	1.2		123	肼	N_2H_4	4.7	100
59	双丙酮醇	$(CH_3)_2COHCH_2COCH_3$	1.8	6.9	124	氧硫化羰	COS	12	29
60	二丁醚	$C_4H_9OC_4H_9$	0.9	8.5	125	氯丙烷	C_3H_7Cl	2.6	11.1
61	二氯(代)苯	$C_6H_4Cl_2$	2.2	9.2	126	3-氯丙烯	C_3H_5Cl	3.3	11.1
62	二乙基胺	$(C_2H_5)_2NH$	1.7	10.1	127	溴甲烷	CH_3Br	10	16
63	二甲胺	$(CH_3)_2NH$	2.8	14.4	128	氯乙醇	CH_2ClCH_2OH	5	16
64	二甲苯胺	$(CH_3)_2C_6H_3NH_2$	1.2	7	129	异丙基硝酸酯	$(CH_3)_2CHONO_2$	2	100
65	二氧杂环己烷	$(CH_2)_4O_2$	1.9	22.5	130	甲乙醚	$C_3H_8O_9$	2	10.1

附表4　常见气体的物理性质

名称	分子式	分子量	密度 ρ_n(kg/m^3) 20 ℃, 101.325 kPa	理想相对密度 G_i 20 ℃, 101.325 kPa	压缩系数 Z_n 20 ℃, 101.325 kPa	比热容比 κ 20 ℃, 101.325 kPa	沸点 T_b(K) 101.325 kPa	临界点				偏心因子 ω
								温度 T_c(K)	压力 p_c(MPa)	密度 ρ_c(kg/m^3)	压缩系数 Z_c	
空气(干)		28.962 6	1.204 1	1.000 0	0.999 63	1.4①	78.8	132.42	3.766	317	0.312	
氮	N_2	28.013 5	1.164 6	0.967 2	0.999 7	1.4①	77.35	126.2	3.393	312	0.290	0.039
氧	O_2	31.998 8	1.330 2	1.104 8	0.999 3	1.397①	90.17	154.78	5.043	426.2	0.288	0.025
氦	He	4.002 6	0.166 4	0.138 2	1.000 5	1.66	4.215	5.19	0.227	69.9	0.301	-0.365
氢	H_2	2.015 9	0.083 8	0.069 6	1.000 6	1.412①	20.38	32.2	1.297	31.04	0.305	-0.218
氪	Kr	83.80	3.483 5	2.893		1.67	119.79	209.4	5.502	909	0.288	0.005
氙	Xe	131.30	5.458 2	4.533		1.666	165.02	289.75	5.874	1105	0.287	0.008
氖	Ne	20.183	0.839 14	0.696 9	1.000 5	1.68	27.09	44.4	2.726	483	0.311	-0.029
氩	Ar	39.94 8	1.660 5	1.379	0.999 3	1.68	87.291	150.7	4.864	535	0.291	0.001
甲烷	CH_4	16.04 3	0.666 9	0.553 9	0.998 1	1.315①	111.6	190.555	4.599 8	161.55	0.288	0.011 5
乙烷	C_2H_6	30.07	1.250 0	1.038 2	0.992 0	1.18①	184.6	305.83	4.880	202.9	0.285	0.090 8
丙烷	C_3H_8	44.097	1.833 2	1.522 4	0.983 4	1.13①	231.05	369.82	4.250	216.6	0.281	0.145 4
正丁烷	C_4H_{10}	58.124	2.416 3	2.006 7	0.968 2	1.10①	272.65	425.14	3.784	227.7	0.274	0.192 8
异丁烷	C_4H_{10}	58.124	2.416 3	2.006 7		1.11①	261.45	408.15	3.648	220.5	0.283	0.176
正戊烷	C_5H_{12}	72.151	2.999 4	2.491 0	0.947 4	1.07①	309.25	469.69	3.364	237.9	0.262	0.251 0
乙烯	C_2H_4	28.054	1.166 0	0.968 6	0.994 0	1.22①	169.45	283.35	5.042	227	0.276	0.085 6
丙稀	C_3H_6	42.081	1.749 5	1.452 9	0.985	1.15①	225.45	364.85	4.611	232.7	0.275	0.147 7
丁烯-1	C_4H_8	56.108	2.332 6	1.937 3	0.972	1.11①	266.85	419.53	4.023	233.4	0.277	0.187 4
顺丁烯-2	C_4H_8	56.108	2.332 7	1.937 3	0.969	1.121 4①	276.85	433.15	4.20	198.9	0.272	0.202
反丁烯	C_4H_8	56.108	2.332 7	1.937 3	0.969	1.107 3①	274.05	428.15	3.99	234.7	0.266	0.205
异丁烯	C_4H_8	56.108	2.332 7	1.937 3	0.972	1.106 8①	266.25	417.85	3.998	234	0.275	0.194
乙炔	C_2H_2	26.038	1.083	0.899 0	0.993	1.24	189.13 (升华)	309.15	6.247	231	0.270	0.190

续附表 4

名称	分子式	分子量	密度 ρ_n(kg/m^3) 20 ℃, 101.325 kPa	理想相对密度 G_i 20 ℃, 101.325 kPa	压缩系数 Z_n 20 ℃, 101.325 kPa	比热容比 κ 20 ℃, 101.325 kPa	沸点 T_b(K) 101.325 kPa	临界点				偏心因子 ω
								温度 T_c(K)	压力 p_c(MPa)	密度 ρ_c(kg/m^3)	压缩系数 Z_c	
苯	C_6H_6	78.114	3.247 6	2.697 1	0.932 6	1.101	353.25	562.16	4.898	302.1	0.271	0.210
一氧化碳	CO	28.010 6	1.165	0.967 1	0.999 6	1.395	81.65	132.85	3.494	300.4	0.295	0.053
二氧化碳	CO_2	44.009 95	1.829	1.519	0.996 6	1.295	194.75(升华)	304.20	7.382	468.1	0.274	0.239
一氧化氮	NO	30.006 1	1.247 4	1.036		1.4	121.45	179.15	6.482	52	0.250	0.588
二氧化氮	NO_2	46.005 5	1.912 1	1.588		1.31	294.35	431.35	10.13	570	0.473	0.834
一氧化二氮	N_2O	44.012 8	1.830 2	1.520		1.274	184.69	309.71	7.267	457	0.274	0.165
硫化氢	H_2S	34.079 94	1.416 9	1.176 7	0.991 1	1.32	212.85	373.2	8.940	338.5	0.284	0.109
氢氰酸	HCN	27.025 8	1.123 5	0.933 1		1.31(65 ℃)	298.85	456.65	5.374	200		
氧硫化碳	COS	60.074 6	2.497 3	2.074			222.95	378.15	6.178		0.275	0.105
臭氧	O_3	47.998 2	1.995 2	1.657			181.2	261.05	5.57	537	0.228	0.691
二氧化硫	SO_2	64.062 8	2.726	2.212	0.980	1.25	263.15	430.65	7.885	524	0.269	0.251
氟	F_2	37.996 8	1.579 8	1.312		1.358	85.03	172.15	5.570	473		0.048
氯	Cl_2	70.906	2.947 6	2.448		1.35	238.55	417.15	7.708	573	0.285	0.090
氯甲烷	CH_3Cl	50.488	2.099 0	1.743 2		1.28	249.39	416.15	6.678	353	0.269	0.156
氯乙烷	C_2H_5Cl	64.515	2.682 1	2.227 5		1.19(16 ℃, 0.3～0.5 大气压)	285.45	455.95	5.266	330	0.274	0.190
氨	NH_3	17.030 6	0.708 0	0.588 0	0.989	1.32	239.75	405.65	11.28	235		0.250
氟利昂-11	CCl_3F	137.368 6	5.711 0	4.743 0		1.135	296.95	471.15	4.374	554	0.297	0.189
氟利昂-12	CCl_2F_2	120.914	5.026 9	4.194 8		1.138	243.35	385.15	3.923	558	0.280	0.204
氟利昂-13	$CClF_3$	104.459 4	4.342 8	3.606 7		1.150(10 ℃)	191.75	302.05	3.864	578	0.278	0.198
氟利昂-113	CCl_2-$FCClF_2$	187.376 5	7.790 0	6.469 6			320.75	487.25	3.413	576		

注:上角①表示 15.6 ℃、101 325 Pa。

参考文献

[1] 张乃禄,徐竟天,薛朝妹. 安全检测技术[M]. 西安:西安电子科技大学出版社,2007.

[2] 刘传玺,袁照平. 自动检测技术[M]. 北京:机械工业出版社,2008.

[3] 朱凤山,郑卉. 矿山安全计量技术[M]. 北京:中国计量出版社,2007.

[4] 孙悦,张亚凡. 传感器技术与应用教程[M]. 北京:清华大学出版社,2008.

[5] 金美兰,赵建南. 标准气体及其应用[M]. 北京:化学工业出版社,2003.

[6] 郑爱玲. 化学基础分析检验[M]. 北京:中国计量出版社,2003.

[7] 施文. 有毒有害气体检测仪器原理和应用[M]. 北京:化学工业出版社,2009.

[8] 王森. 在线分析仪表维修工必读[M]. 北京:化学工业出版社,2007.

[9] 左伯莉,刘国宏. 化学传感器原理及应用[M]. 北京:清华大学出版社,2007.

[10] 徐英华,杨有涛. 流量及分析仪表[M]. 北京:中国计量出版社,2008.

[11] 艾明泽,肖哲. 化学计量[M]. 北京:中国计量出版社,2007.

[12] 王化祥,张淑英. 传感器原理及应用[M]. 天津:天津大学出版社,1991.

[13] 王森,符青灵. 仪表工习题集:在线分析仪表分册[M]. 北京:化学工业出版社,2006.

[14] 朱明华. 仪器分析[M]. 北京:高等教育出版社,2000.

[15] 陈守仁. 自动检测技术[M]. 北京:机械工业出版社,1982.

[16] 孙运旺. 传感器技术与应用[M]. 杭州:浙江大学出版社,2006.

[17] 倪育才. 实用测量不确定度评定[M]. 北京:中国计量出版社,2004.

[18] GB/T 10248—2005　气体分析 校准用混合气体的制备 静态容积法[S].

[19] GB/T 5274—2008　气体分析 校准用混合气体的制备 称量法[S].

[20] GB/T 5275—2005　气体分析 校准用混合气体的制备 渗透法[S].

[21] GB/T 14070—1993　气体分析 校准用混合气体的制备 压力法[S].

[22] ISO 6145—8:2005　气体分析 用动态容积法制备标定用混合气体 第8部分:扩散法[S].

[23] ISO 6145—9:2001　气体分析 用动态容量法制备标定用混合气体 第9部分:饱和法[S].

[24] GB 12358—2006　作业场所环境气体检测报警仪 通用技术要求[S].

[25] GB 16808—2008　可燃气体报警控制器[S].

[26] GB 15322—2003　可燃气体探测器[S].

[27] GB 19522—2004　车辆驾驶人员血液、呼气酒精含量阈值与检验[S].

[28] GB 18285—2005　点燃式发动机汽车排气污染物排放限值及测量方法(双怠速法及简易工况法)[S].

[29] GB/T 18204.26—2000　公共场所空气中甲醛测定方法[S].

[30] JJG 663—1990　热导式氢分析器[S].

[31] JJG 940—1998　催化燃烧型氢气检测仪[S].

[32] JJG 635—1999　一氧化碳、二氧化碳红外线气体分析器[S].

[33] JJG 915—2008　一氧化碳检测报警器[S].

[34] JJG 914—1996　六氟化硫检漏仪[S].

[35] JJG 551—2003　二氧化硫气体检测仪[S].

[36] JJG 695—2003　硫化氢气体检测仪[S].

[37] JJG 801—2004　化学发光法氮氧化物分析仪[S].

[38] JJG 1022—2007　甲醛气体检测仪[S].

[39] JJG 535—2004　氧化锆氧分析器[S].
[40] JJG 945—1999　原电池法气体氧分析器[S].
[41] JJG 365—2008　电化学氧测定仪[S].
[42] JJG 662—2005　顺磁式氧分析器[S].
[43] JJG 968—2002　烟气分析仪[S].
[44] JJG 688—2007　汽车排放气体测试仪[S].
[45] JJG 657—2006　呼出气体酒精含量探测器[S].
[46] JJG 693—2004　可燃气体检测报警器[S].
[47] JJG 678—2007　催化燃烧式甲烷测定器[S].
[48] JJG 677—2006　光干涉式甲烷测定器[S].
[49] HJ/T 48—1999　烟尘采样器技术条件[S].

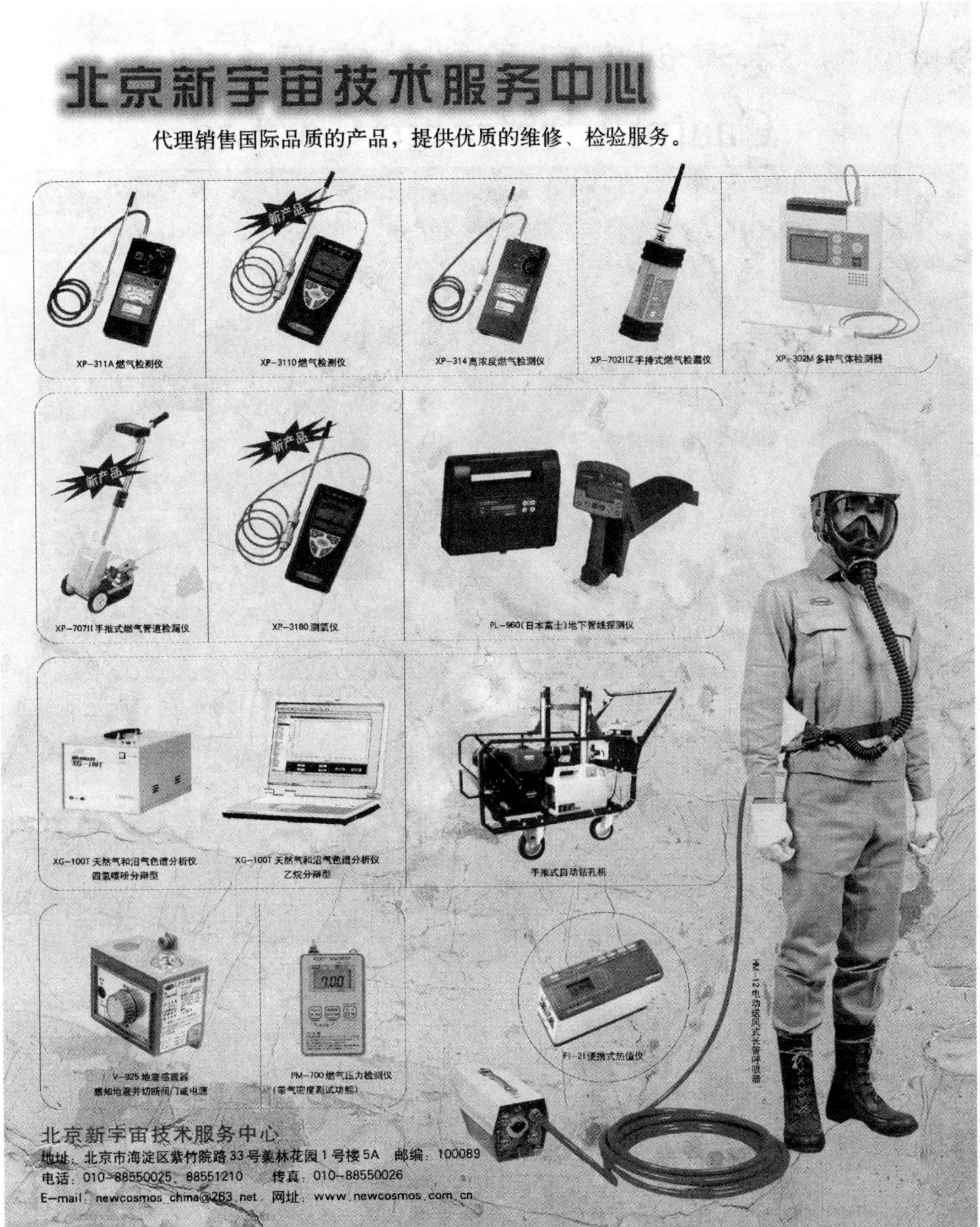
北京新宇宙技术服务中心
代理销售国际品质的产品，提供优质的维修、检验服务。
新产品
XP-311A燃气检测仪
XP-3110燃气检测仪
XP-314高浓度燃气检测仪
XP-702IIZ手持式燃气检漏仪
XP-302M多种气体检测器
XP-707II手推式燃气管道检漏仪
XP-3180测氧仪
PL-960(日本富士)地下管线探测仪
XG-100T天然气和沼气色谱分析仪
四氢噻吩分辨型
XG-100T天然气和沼气色谱分析仪
乙烷分辨型
手推式自动钻孔机
V-925地震感震器
感知地震并切断阀门或电源
PM-700燃气压力检测仪
(带气密度测试功能)
FI-21便携式热值仪
12电动送风式长管呼吸器
北京新宇宙技术服务中心
地址：北京市海淀区紫竹院路33号美林花园1号楼5A 邮编：100089
电话：010-88550025、88551210 传真：010-88550026
E-mail：newcosmos_china@263.net 网址：www.newcosmos.com.cn